"口述历史在中国"丛书

《口述历史在中国(第三辑)：记忆的建构与社会传承》编辑委员会

丛书主编　丁俊杰　崔永元

本辑主编　林　卉　胡　杨

副 主 编　康学萍　张龙珠

特约编辑　杨祥银

编　　委　王宇英　丁旭东　郭晓明　张明巍　高海涛　李笑岩　于　音

统　　筹　李　岩　左　婷　何　莉　徐铁忠　李贵荣　曹青江　林　琳

"口述历史在中国"系列活动学术顾问（按姓名拼音首字母排序）

亚历山大·弗伦德（Alexander Freund，加拿大） 加拿大温尼伯大学口述史中心主任

亚历山大·范·柏拉图（Alexander Von Plato，德国） 国际口述历史协会前副主席

旦赞·娜仁图雅（Danzan Narantuya，蒙古） 蒙古国立大学教授

道格·博伊德（Doug Boyd，美国） 美国口述历史协会当选主席

杰拉德·J. 阿尔巴雷利（Jerald J. Albarelli，美国） 美国哥伦比亚大学教授

英迪拉·乔杜里（Indira Chowdhury，印度） 国际口述历史协会时任主席

赖素春（新加坡） 新加坡国家档案馆口述史中心高级研究员

玛格丽特·茱莉（Margaretta Jolly，英国） 英国苏塞克斯大学女性口述史专家

保尔·汤普逊（Paul Thompson，英国） 英国埃塞克斯大学荣休教授

热田敬子（日本） 早稻田大学性别研究所研究员

托马斯·B. 戈尔德（Thomas B. Gold，美国） 美国加州大学伯克利分校教授

郑根埴（韩国） 韩国口述历史学会会长

陈　墨　中国电影资料馆研究员

陈　新　浙江大学公众史学研究中心主任

崔永元　中国传媒大学教授

丁　东　《炎黄春秋》前执行主编

定宜庄　中国社会科学院历史研究所研究员

傅光明　中国现代文学馆研究员

郭于华　清华大学教授

雷　颐　中国社会科学院近代史研究所研究员

梁　鸿　中国人民大学教授

钱文忠　复旦大学教授

唐建光　新历史合作社总编辑

王宇英　中国传媒大学副教授

吴文光　纪录片导演，"民间记忆计划"发起人

邢小群　中国青年政治学院教授

杨祥银　温州大学口述历史研究所所长

叶永烈　科普和纪实文学作家，资深口述历史实践者

郑月里（中国台湾）　台湾世新大学通识教育中心副教授

钟少华　北京市社会科学院历史研究所研究员

朱浤源（中国台湾）　台湾"中央研究院"近代史研究所研究员

左玉河　中华口述历史研究会秘书长

项目公邮　ccoh@cuc.edu.cn

联系地址　北京市朝阳区定福庄东街 1 号中国传媒大学 24 号楼

主办单位　中国传媒大学崔永元口述历史研究中心

　　　　　　中国人民大学历史学院

联合主办　北京市永源公益基金会

　　　　　　温州大学口述历史研究所

特别支持　中国红十字基金会崔永元公益基金

　　　　　　传媒大学教育基金会

"口述历史在中国"丛书

丛书主编　丁俊杰　崔永元

口述历史在中国

社会传承

记忆的建构与

第三辑

林卉　胡杨　主编

GUANGXI NORMAL UNIVERSITY PRESS

广西师范大学出版社

·桂林·

KOUSHU LISHI ZAI ZHONGGUO DISANJI
JIYI DE JIANGOU YU SHEHUI CHUANCHENG

图书在版编目（CIP）数据

口述历史在中国．第三辑，记忆的建构与社会传承 /
林卉，胡杨主编．—桂林：广西师范大学出版社，2021.11
（"口述历史在中国"丛书 / 丁俊杰，崔永元主编）
ISBN 978-7-5598-4372-2

Ⅰ．①口… Ⅱ．①林…②胡… Ⅲ．①口述历史学—
中国—国际学术会议—文集 Ⅳ．①K0-53

中国版本图书馆 CIP 数据核字（2021）第 207437 号

广西师范大学出版社出版发行

（广西桂林市五里店路 9 号　　邮政编码：541004）
（网址：http://www.bbtpress.com）
出版人：黄轩庄
全国新华书店经销
桂林金山文化发展有限责任公司印刷
（广西桂林市中华路 22 号　邮政编码：541001）
开本：787 mm × 1 092 mm　1/16
印张：19.75　　　字数：384 千字
2021 年 11 月第 1 版　　2021 年 11 月第 1 次印刷
定价：78.00 元

如发现印装质量问题，影响阅读，请与出版社发行部门联系调换。

目　录

III 口述历史与社会传承
Oral History and Social Succession

IV 口述历史实践个案
Oral History Case Study

后 记
Afterword

口述历史与非虚构创作

——中国传媒大学党委书记陈文申在第三届"口述历史在中国"国际研讨会开幕式上的致辞

尊敬的各位来宾、各位朋友：

非常高兴再次参加"口述历史在中国"国际研讨会。在此，我谨代表中国传媒大学对各位嘉宾的到来，表示衷心的感谢和真诚的欢迎！特别要感谢远道而来的美国哥伦比亚大学口述史中心教授杰拉德·J. 阿尔巴雷利、加拿大温尼伯大学口述史中心主任亚历山大·弗伦德、新加坡国家档案馆口述史中心高级研究员赖素春等，谢谢你们！

崔永元先生——我们还是更习惯称呼他小崔——是从 2002 年开始从事口述历史资料收集工作的，到今年已经有十五年时间。十五年间，这个团队不仅在口述历史领域积累了丰硕的成果，而且在口述历史的传播与教育方面也作出了积极的贡献。口述历史在中国成为一个大众认知的词汇，这和小崔以及他的团队所做的研究、传播、教育工作是密不可分的。前年，小崔的团队筹办的首届"口述历史在中国"国际研讨会，迄今为止吸引了来自中国、美国、加拿大、德国、英国、日本、韩国、印度、新加坡、蒙古国等十余个国家和地区数千位口述历史同人参与，线上线下百万人次互动，成为中国口述历史界的年度重要活动，这使得中国传媒大学成为世界关注中国口述史研究的焦点。

大学的存在，很重要的一个意义，就是知识的积淀、传承与创新。迄今为止，崔永元口述史中心已经收集到五千多人次参与、数百万分钟的口述历史资料，成为中国最大的口述历史库藏。丰富的口述历史资源每年都会吸引世界各地的学者前来查询。同时，中心也开展不同形式的教学和研究活动：开设选修课；与学校艺术学部和文学院合作培养研究生；小崔亲自领衔艺术口述史硕士培养方向，以口述历史资料和口述历史实践为各学科提供资源支持。

因为口述历史，原本默默无闻的普通人得到了发声的机会。同时由于各种因素的限制，大量宝贵的资料未能充分使用和开发。有鉴于此，今年"口述历史国际周"的主题是

"非虚构创作",旨在探索如何让那些曾经触动口述历史工作者的普通人的动人故事为更多人所知,这是今晚主题"中国故事会"的缘起。这些主题,既是对学术研究热点的延展,也是对当下社会关切的回应。

如今,"讲故事"不论在政治传播、商业传播,还是在公益传播、艺术传播领域,都已经成为流行观念。故事易于传达意见、情感和信念,易于倾听、理解和分享,易于激活或沉淀群体记忆。在国际传播领域,讲故事能有效缓解跨文化传播的焦虑,唤起共同的感情和体验。在当今人类社会发展面临各种不确定性的背景下,透过口述历史、非虚构创作,描摹更真实、颗粒度更精细的社会,无疑具有强烈的现实意义。这是一个对生活、对社会历史的话语构建过程。

我想,在今天的社会背景下,探讨"非虚构创作"这一主题,除了其本身的学术意义,还有明显的社会价值。

首先,有助于沉浸式地呈现历史。

非虚构创作的口述史将目光聚焦在日常的、平凡的、琐碎的事件上,对其进行沉浸式的观察,发觉其中蕴含着的时代脉络。其对事实的深度挖掘,对真谛的本真揭示,对故事的精彩讲述,共同构筑起来的是对历史的沉浸式呈现。在信息爆炸的时代,这一工作的意义非同寻常。

其次,有助于深入思考创造力与专业伦理的平衡。

非虚构创作的前提是不能编故事,这使作者不得不尽最大的努力发掘事实和搜集信息。自然状态、生活细节、往来信札,都可成为叙事素材,这个过程本身成为一个极具创造性的过程。将这一创作置于口述历史的领域,就要求作者秉持极高的道德准则和专业精神。如何在创造力和专业伦理之间寻求平衡,不仅对于口述史,对于中国传媒大学的诸多专业教育来说都是一个极具现实性的命题,希望本届论坛能有新启迪。

再次,有助于产出精耕细作的深度精品。

讲故事、听故事、分享故事是我们基于社会交往需求的其中三个信息行为。任何历史的本质都是叙事。口述历史更强调故事的质量,它面对如何让读者进入作品的故事情境,如何让故事主体、读者和讲述者之间产生情感共鸣等问题。非虚构创作需要精耕细作的功夫,因而更有可能产出深度精品。在注意力瞬息转换的网络时代,虽然即时的碎片化内容产品消费充斥市场,但社会对深度精品的需求并没有减弱,某种意义上说,这种需求更加旺盛了。如何能让社会成员静下心来系统地思考深层次的问题?如何吸引多元化的受众?如何发掘和呈现历史文本的深度意义?相信口述历史和非虚构创作的研究,会给我们开辟一条历史的林荫大道。

我非常高兴在这个初冬再次迎接来自全球各地的专家学者。前天,国家主席习近平和美国总统特朗普在故宫叙谈。置身有着六个多世纪绵延历史的宫殿群,两个世界最大经济体的领袖共商人类社会发展大势,这一极具意象化的场景也描绘了口述历史的使命——记住过去,着眼未来。岁月无今古,风光有性情。不管恢弘与细微,无论平常与奇异,让我们一起跟随崔永元和他的朋友们,去细细品味中国故事。

　　谢谢大家!

2017 年 11 月 10 日

序二

第三届"口述历史在中国"
国际研讨会专家评议节选

亚历山大·弗伦德（Alexander Freund，加拿大温尼伯大学口述史中心主任）

口述历史采访者的专业性其实是一把双刃剑。世界上很多有名的口述历史中心，包括温尼伯大学口述史中心，都非常重视采访者专业性的训练，因为这可以更高效地采访到想要的内容。但是口述历史的初心就是鼓励大众参与，让每个人都有机会说出自己的历史，所以有时候专业性太强，也会成为一种阻碍，会产生一种排外性，让受访者不太敢说出自己的经历。每个人都有权利创造自己的口述历史，所以每个人都应该参与口述历史。

陈墨（中国电影资料馆研究员）

口述历史一直受到质疑和挑战。最大的质疑是认为人的记忆总是不靠谱的，总是会出差错的，而且讲述的时候又有各种各样的顾忌，会添油加醋，所以口述历史从诞生的那一刻起就受到一些历史学家的蔑视。既然记忆会出问题，讲述也不靠谱，口述历史还有什么价值呢？这是每一个做口述历史的人都要思考和回答的问题。最初级的回答是，口述历史是不靠谱，难道历史文献和档案靠谱吗？这是抬杠式的回答，当然不是口述历史证明自身最好的回答。比较好的回答是口述历史要做心灵考古，必须借助口述人的陈述和其他的历史文献，通过进一步的考据才能够作史料使用。这仍然不是最好的回答。还有更好的回答是口述历史可以获得更大量的研究样本。每一个人的记忆表述和记忆差错都是不一样的，采访一个人的时候有可能出现问题，但是采访十个人、一百个人的时候，所有被扭曲的或者被遗漏的记忆都会得到恢复，所有个人的立场偏见和情感偏见都会得到平衡。这仍然不是最好的回答。还有比这更好的回答是心灵考古的升级，就是对心理、记忆、语言、社会做综合性的考察，口述历史得到这些学科资助的同时，也会回馈这些学科。口述历史不仅可以作为史料使用，也可以作为语言学的语料、社会学的资料、人类学的原始材料使用。这仍然不是最好的回答。最好的回答可能是我们还不知道口述历史到底有多大用处。一方面这是事实,我们确实不知道口述历史在一百年以后会有多大的作用;另一方面,还有一个野心勃勃的假设,在计算机计算能力成亿倍增长、在人工智能非常发达的当下,人文社会科学可能会面临一场巨大的变革,那就是把个人作为人文社会科学研究的一个基本出发点。口述历史是个人记忆的采集、收藏、开发和应用,它有可能成为人文社会科学飞跃发展的一个催化剂。

定宜庄(中国社会科学院历史研究所研究员)

参会的论文缺乏一个很重要的内容,就是要用口述的方式来做这项研究的原因。我在阅读这些文章的时候会问:这些是口述吗? 这跟口述有什么关系呢? 大部分论文没有专门把口述本身的特点表现出来。我们的历史和社会这么丰富多彩,可以用各种各样的方式来做研究,那么为什么选择口述? 这是参会者首先应该思考和解答的问题。

杰拉德·J. 阿尔巴雷利(Jerald J. Albarelli,美国哥伦比亚大学教授)

在口述历史采访的过程中要更多地了解受访者,在和受访者面对面访谈的时候,不但要聆听受访者的讲述,还应留意他的身体状态和感受。口述历史采访不仅是为了让人听到受访者的声音,还要让人了解受访者讲述时候的语境,这是口述历史的一个维度。然后,采访者需要做的是,通过文字把自己对受访者的感受体现在文章中,让读者对受访者也有那种真切的感受和关心。我希望听到一些具体的而非抽象的声音,因为口述历史永远是关于具体的事情,是在特定时间、特定空间下,一个特定的人,一种特定的声音。

赖素春(新加坡国家档案馆口述史中心高级研究员)

以论文发表来说,有一些论文格式问题是不能避免的,且也是必须做到位的。如果论文采用的是口述历史的方法,则应写进文章的文献综述中。因为口述历史虽然在国际上很红,但相对其他传统研究方法来说还是比较新的,所以有一些学者还不是很能理解这个方法。在论文的引言或者文献综述部分写明要用口述历史方法进行研究的原因,可以大大提高口述历史在中国的使用率。

雷颐(中国社会科学院近代史研究所研究员)

历史研究有很多方法,比如量化研究,尤其是现在社会史的研究成了一个热点。但是社会史研究重心都是数据,经济史研究重心都是模型,都看不到人,而口述历史最大的特点就是把人重新纳入历史研究中,特别是以往被忽视的女性群体,让我们听到她们的声音。

杨祥银（温州大学口述历史研究所所长）

口述历史可以进行非常深入的理论研究，可以做到四个转向，即记忆转向、叙事转向、关系转向和情感转向，而每一种转向背后都可以大量借用跨学科的概念、理论和知识对口述文本进行分析，只有这样，口述历史的研究才可以走得更远。

口述历史是兼具学术研究意义、社会行动议程和公共历史价值的学科。收集原始资料、促进跨学科应用、推动社会变迁、促进代际传承、提供决策参考等，这些都是口述历史的潜在功能，但是过去因为学科的界限，这些潜在功能并没有得到重视。因此，与其倡导口述历史的跨学科应用，不如倡导一体化学科的概念，而口述历史有可能打破这个界限。

郑月里（台湾世新大学副教授）

我要讲讲去马来西亚做口述史采访的经历。当我拿出录音机时，受访者就不敢讲话了，说录音不行，要我拿走才讲。怎么办呢？那我就手记。当时做一个访问差不多要四五个小时。有时受访者和我说下午可以采访，可是我等到晚上五点多，天黑了受访者都还没有出现，我当时的挫折感很大，但最终还是坚持下来了。我去了八次马来西亚，每一个访问都超过三个小时，而且问得都很清楚，采访过程都很完整。所以做口述历史需要的是耐心与毅力。

朱浤源（台湾"中央研究院"近代史研究所研究员）

档案馆是口述历史资料采集、保存和研究工作中的一个重要力量。高等院校的档案馆等机构对校史进行搜集的同时，在学生中开展口述历史实践活动，并在这个过程当中给予指导，这不但是大学档案馆有益的业务拓展，也是一个难得的理论与实践结合的机会。建议最好在工作开展的过程中签署法律协议来约束双方。

（专家评议按姓名拼音首字母排序）

Ⅰ 口述历史理论探讨

Discussion on Oral History Theories

口述历史语篇中采访者与受访者话语的计量语言学对比分析

——以"对话"式口述历史语篇为例[1]

◎鲁瑾芳　赵　雪[2]

摘　要：

对"对话"式口述历史语篇的聚类分析的结果表明,18 个语篇特征能够有效区分采访者和受访者的话语。采访者和受访者话语的差异主要表现为：采访者话语具有较强的互动性,受访者话语具有较强的叙事性;采访者的话题聚焦史实,受访者的话题跳跃分散;采访者话语引导访谈,受访者话语为访谈的主体。这与口述历史访谈的目的、参与者之间的关系等因素有关。

关键词：

口述历史;采访者话语;受访者话语;互动性vs.叙事性;话题集中vs.话题分散;对比分析

Comparative Analysis of the Quantitative Linguistics on
the Discourse of Interviewer and Interviewee in Oral History Text
—Taking "Dialogic" Oral History Text as an Example

◎　Lu Jinfang；Zhao Xue

Abstract：

The results of cluster analysis on the discourse of interviewees and interviewers in "dialogic" oral historical text show that 18 distinctive textual features can effectively distinguish the discourse of the two. And the main differences between the discourse of interviewees and interviewers are as follows：the interaction of the interviewer's discourse is stronger, and the narrative of the interviewee's discourse is stronger；the interviewer's

---

[1]　基金项目:本文是国家社科基金项目"口述历史语篇的计量语体研究"(17BYY213)的阶段性成果。

[2]　作者简介:鲁瑾芳(1991—),女,硕士研究生,绍兴市中等专业学校教师;赵雪(1960—),女,中国传媒大学文法学部教授,博士生导师,主要研究方向为现代汉语语体学、语篇分析、媒体语言研究等。

topic focuses on the historical facts, while the interviewee's is jumping and scattered; the interviewer's discourse guides the interview, but the interviewee's plays a principal status. All of these differences are related to factors such as the purpose of oral history interview, the relationship between participants and so on.

Keywords:

Oral History; Discourse of Interviewer; Discourse of Interviewee; Interactivity vs. Narrative; Focused Topics vs. Scattered Topics; Comparative Analysis

1 引言

口述历史是"用现代科技产物录音机、录像机来实现口述语言、声音、形象的保留,是有声音、可倾听、可观赏的历史"[1]。1948 年,美国现代口述史之父艾伦·内文斯(Allan Nevins)在哥伦比亚大学建立了第一座现代口述历史档案馆,标志着现代口述历史的正式诞生。

作为史学研究的一种方法,口述历史已广泛应用于社会学、人类学、传播学、民俗学等领域。近年来,学界在史学及跨学科应用等领域对口述历史展开了研究。然而总体来看,语言学视角下口述历史的研究成果不仅数量少,而且大多局限于对语言学家的访谈,例如,《当代修辞学》在 2013 年至 2014 年开设过"修辞学人口述史"专栏。因而,在这方面我们还是大有可为的。

语篇指一个任何长度的、语义完整的口语或书面语的段落。语篇的形式多种多样,可以是口头的或书面的、散文或诗歌、对话或独白。从一句谚语到整部戏剧、从瞬间的一句求救到会议上一整天的讨论,无不属于语篇的范围。[2] 本文将一部或一篇口述历史访谈抄本视为一个完整的语篇。

此前,笔者曾对口述历史语篇与日常谈话、学术论文进行对比分析,并发现,虽然口述历史语篇和日常谈话一样,采用了对话的形式,但与日常谈话不同的是,口述历史语篇具有一定的客观性,重在客观陈述历史事实,且具有书面化的倾向。笔者曾预测,口述历史语篇与学术论文语篇截然不同,因为它具有叙事性,倾向于人际互动,重在对历史事件的重构。但是研究发现,口述历史语篇与学术论文语篇也有相似之处,二者都具有单向性的倾向,均重在资讯传递。

在前期研究的基础上,我们根据口述历史语篇的呈现形式,将口述历史语篇分为"对话"式、"独白"式、"解说+对话"式三种类型。"对话"式口述历史语篇由采访者和受访者的话语

---

[1] 转引自岳庆平《关于口述史的五个问题》,《中国高校社会科学》2013 年第 5 期,第 83 页。

[2] [英]韩礼德、[英]哈桑:《英语的衔接:中译本》,张德禄等译,北京:外语教学与研究出版社,2007 年,第 1 页。

构成,它是将口述历史访谈的录音或录像直接转写、加工而成的语篇;"独白"式口述历史语篇是在"对话式"口述历史语篇的基础上,将采访者的话语去掉后加工而成的语篇,它在形式上与独白相似;"解说＋对话"式口述历史语篇是由旁观者的解说与访谈对话构成的语篇。

计量语言学(Quantitative Linguistics)是现代语言学的一个分支学科。1935 年,美国语言学家 G. K. 齐普夫 (G. K. Zipf) 在《动态语言学导论》(*The Psycho-Biology of Language*)一书中对词频分布规律进行了研究,他认为统计的方法可以用于研究语言中的各种现象。换言之,计量语言学是指以真实语料为基础,用精确的方法来研究语言结构与发展规律的学科。

本文以"对话"式口述历史语篇为语料,采用聚类分析法(Cluster Analysis)提取能够有效区分采访者和受访者话语的语篇特征,对"对话"式口述历史语篇中采访者与受访者话语的差异进行对比分析。这不仅有助于我们探讨"对话"式口述历史语篇的语体特征,而且对口述历史访谈实践也有一定的参考价值。

2 语料来源、处理及研究方法

本文语料为抗战老兵、电影人、报人、战地摄影记者等"对话"式口述历史语篇,共计 64 个样本,大约 10 万字,分别来自中国传媒大学崔永元口述历史研究中心、凤凰网等。[1] 我们将这 64 篇"对话"式口述历史语篇分成两部分——采访者话语和受访者话语,共计 128 个文本。其中,采访者话语 64 个文本,约 1 万字;受访者话语 64 个文本,约 9 万字。

我们采用"中国传媒大学在线分词标注系统",对"对话"式口述历史语篇中的采访者和受访者话语分词标注,并对标注的结果进行人工校对,自建词类语料库。采访者话语共计 6687 个词,受访者话语共计 52 180 个词。我们参照哈尔滨工业大学语言技术平台的依存句法分析,分别对采访者和受访者话语中的句子进行层次分析,并人工标注短语的类型[2],自建短语语料库。采访者话语共计 2619 个短语,受访者话语共计 4301 个短语。我们采用 Python 程序分别对采访者和受访者话语进行分句,并人工标注句型、句类和句式,自建句子语料库。采访者话语共计 651 个句子,受访者话语共计 2799 个句子。

本文主要采用聚类分析法对采访者和受访者话语进行分析。聚类分析法是一种多元统计分析的方法,它根据"物以类聚"的原理将相似度高或距离近的数据归为一类,将相似

---

〔1〕 口述历史语料来自崔永元口述历史研究中心,"人民记忆""我的抗战""西南联大抗战史"等微信公众号,袁成毅和丁贤勇主编的《烽火岁月中的记忆:浙江抗日战争口述访谈》(北京:北京图书馆出版社,2007 年)、高琴主编的《透过硝烟的镜头:中国战地摄影师访谈》(北京:中国摄影出版社,2009 年),以及凤凰网(网址为 http://news.ifeng.com/a/20140706/41034594_0.shtml)等网站。

〔2〕 参考张斌关于句子的理论,见张斌主编《现代汉语描写语法》,北京:商务印书馆,2010 年。我们对单句进行短语类型标注和层次分析;对复句进行语义逻辑分析,根据各分句之间的逻辑关系划分复句层次。

度低或距离远的数据归为不同的类别。传统的聚类方法主要有层次聚类法(Hierarchical Clustering)和非层次聚类法(Non-Hierarchical Clustering)。我们这里采用的是层次聚类法。层次聚类法,又称系统聚类法,它可以对变量(R 型聚类)或文本(Q 型聚类)进行聚类。其原理是根据距离的远近,自下而上地进行两两归并,直到数据完全归为一个类别;或自上而下地进行两两分离,直到所有数据各自归为一类。最后根据某些分析指标来确定聚类的结果。[1]

本文在聚类分析中,还涉及独立样本 T 检验的方法。独立样本 T 检验是对两个独立样本中总体的均值是否具有显著差异进行的检验。其基本原理是先提出原假设,即假设两个样本中总体的均值相同;然后,设定显著性水平为 0.05,并检验统计量是否呈正态分布;最后,假定原假设为真,根据 P 值判断是否拒绝原假设。如果 P>0.05,则判定检验结果与原假设一致;否则拒绝原假设,即两个样本中总体的均值具有显著差异。

3 统计结果与数据

在独立样本 T 检验的基础上,我们从 68 个语篇特征中筛选出 32 个具有显著差异的语篇特征,并以这 32 个语篇特征作为变量,对"对话"式口述历史语篇中的采访者和受访者话语进行聚类分析。我们经过两次聚类,最终提取出 18 个能够有效区分采访者和受访者话语的区别性语篇特征[2]。语言特征在词类层面有代词,语气词,代词中的第二、第三人称代词和疑问代词;在短语层面有复句平均层次数[3];在句子层面有单句,复句,单句中的主谓句和非主谓句,主谓句中的动词性谓语句和形容词性谓语句,陈述句,祈使句,疑问句,"是"字句,以及表强调的"是"字句。语用特征有称呼语。

3.1 语篇特征的筛选

在对"对话"式口述历史语篇中采访者和受访者话语进行聚类分析之前,首要任务是确定所要分析的语篇特征有哪些。然而,目前并没有一个现成的汉语语篇特征提取框架供我们参考,无论是语言层面的特征,还是语用层面的特征。因此,我们在对语料观察的

---

〔1〕 张文彤、董伟:《SPSS 统计分析高级教程》(第 2 版),北京:高等教育出版社,2013 年,第 289 页。

〔2〕 语言层面的区别性语篇特征按照"词类—短语—句子"的顺序排列。其中,词类按照先大类后小类的顺序排列;句子层面的语言特征按照"句型—句类—句式"的顺序排列,句型按照先大类后小类的顺序排列,以此类推。

〔3〕 单句平均层次数指的是一个文本中所有单句经层次分析后得到的层次数的平均值,复句平均层次数指的是一个文本中所有复句经语义逻辑分析后得到的层次数的平均值。一般来说,口语体多用结构简单的单句,书面语体多用重复句。换言之,在句子层面能够区分语体的语言特征,除单句和复句外,还有单句平均层次数和复句平均层次数。经过分析筛选,我们只提取了复句平均层次数进行聚类分析。

基础上,参考张斌关于词类、短语、句子的理论[1]和希夫林(Schiffrin)关于话语标记的界定[2],以及何自然等介绍的语用学理论[3],统计了"对话"式口述历史语篇的语言特征和语用特征(详见表6),共计68个。我们采用独立样本T检验的方法,以这68个语篇特征作为变量,将显著性水平P取为0.05,对采访者和受访者话语进行检验分析,经统计得出具有显著差异的语篇特征,见表1:

表 1　采访者和受访者话语独立样本 T 检验

语篇特征					方差方程的 Levene 检验		均值方程的 t 检验		
					F	P	t	df	P
语言特征	语法层面	词类	名词	1.专有名词 假设方差相等	26.544	0.000	2.583	126.000	0.011
				假设方差不相等			2.583	91.731	0.011
				2.处所词 假设方差相等	4.853	0.029	−2.003	126.000	0.047
				假设方差不相等			−2.003	113.686	0.048
			3.副词 假设方差相等		0.534	0.466	−2.992	126.000	0.003
			假设方差不相等				−2.992	122.637	0.003
			4.代词 假设方差相等		7.547	0.007	2.147	126.000	0.034
			假设方差不相等				2.147	109.181	0.034
			5.第一人称代词 假设方差相等		0.594	0.442	−5.09	126.000	0.000
			假设方差不相等				−5.09	124.805	0.000
			6.第二人称代词 假设方差相等		63.943	0.000	8.654	126.000	0.000
			假设方差不相等				8.654	67.387	0.000
			7.第三人称代词 假设方差相等		0.01	0.920	−4.06	126.000	0.000
			假设方差不相等				−4.06	125.074	0.000
			8.疑问代词 假设方差相等		40.221	0.000	6.325	126.000	0.000
			假设方差不相等				6.325	68.849	0.000
			9.数量词[4] 假设方差相等		1.007	0.318	−2.904	126.000	0.004
			假设方差不相等				−2.904	123.887	0.004
			10.语气词 假设方差相等		8.172	0.005	3.286	126.000	0.001
			假设方差不相等				3.286	111.230	0.001
			11.拟声词 假设方差相等		25.14	0.000	−2.422	126.000	0.017
			假设方差不相等				−2.422	63.000	0.018

[1]　参见张斌主编《现代汉语描写语法》。
[2]　Schiffrin Deborah, *Discourse Markers*, New York: Cambridge University Press, 1987.
[3]　何自然、冉永平编著《语用学概论》(修订本),长沙:湖南教育出版社,2002 年。
[4]　这里的"数量词"为数词和量词的合称。

语篇特征				方差方程的 Levene 检验		均值方程的 t 检验		
				F	P	t	df	P
语言特征	语法层面	短语	12.主谓短语	假设方差相等	2.236	0.137	2.027	126.000	0.045
				假设方差不相等			2.027	121.031	0.045
			13.联合短语	假设方差相等	0.064	0.800	−2.181	126.000	0.031
				假设方差不相等			−2.181	124.500	0.031
			14.同位短语	假设方差相等	6.206	0.014	−2.633	126.000	0.010
				假设方差不相等			−2.633	121.903	0.010
			15.量词短语	假设方差相等	0.15	0.699	−2.26	126.000	0.026
				假设方差不相等			−2.26	125.699	0.026
			16.复句平均层次数	假设方差相等	11.024	0.001	−14.011	126.000	0.000
				假设方差不相等			−14.011	111.204	0.000
		句子	句型	17.单句	假设方差相等	45.338	0.000	6.657	126.000	0.000
					假设方差不相等			6.657	77.020	0.000
				18.主谓句	假设方差相等	5.025	0.027	4.64	126.000	0.000
					假设方差不相等			4.64	120.940	0.000
				19.动词性谓语句	假设方差相等	6.859	0.010	4.415	126.000	0.000
					假设方差不相等			4.415	122.382	0.000
				20.形容词性谓语句	假设方差相等	52.92	0.000	3.013	126.000	0.003
					假设方差不相等			3.013	75.458	0.004
				21.非主谓句	假设方差相等	21.709	0.000	2.065	126.000	0.041
					假设方差不相等			2.065	82.305	0.042
				22.名词性非主谓句	假设方差相等	20.285	0.000	2.088	126.000	0.039
					假设方差不相等			2.088	86.565	0.040
				23.复句	假设方差相等	38.285	0.000	−12.676	126.000	0.000
					假设方差不相等			−12.676	83.567	0.000

续表

语篇特征				方差方程的 Levene 检验		均值方程的 t 检验		
				F	P	t	df	P
语言特征	语法层面	句子	句类	24.陈述句	假设方差相等	42.544	0.000	−12.035	126.000	0.000

语篇特征						方差方程的 Levene 检验		均值方程的 t 检验		
						F	P	t	df	P
语言特征	语法层面	句子	句类	24.陈述句	假设方差相等	42.544	0.000	−12.035	126.000	0.000
					假设方差不相等			−12.035	80.912	0.000
				25.感叹句	假设方差相等	10.722	0.001	−2.827	126.000	0.005
					假设方差不相等			−2.827	104.171	0.006
				26.祈使句	假设方差相等	61.998	0.000	3.517	126.000	0.001
					假设方差不相等			3.517	65.174	0.001
				27.疑问句	假设方差相等	91.717	0.000	12.636	126.000	0.000
					假设方差不相等			12.636	71.499	0.000
			句式	28."是"字句	假设方差相等	19.757	0.000	3.643	126.000	0.000
					假设方差不相等			3.643	95.336	0.000
				29."是"字句（表强调）	假设方差相等	88.902	0.000	4.7	126.000	0.000
					假设方差不相等			4.7	69.803	0.000
				30.省略句	假设方差相等	1.162	0.283	−2.055	126.000	0.042
					假设方差不相等			−2.055	115.751	0.042
语用特征	31.称呼语				假设方差相等	91.139	0.000	4.838	126.000	0.000
					假设方差不相等			4.838	63.305	0.000
	32.修正				假设方差相等	30.63	0.000	−3.564	126.000	0.001
					假设方差不相等			−3.564	82.646	0.001

　　表 1 中的 F 值和 P 值表示语篇特征在采访者和受访者话语中的分布是否具有显著差异。如果 $P < 0.05$，则表明语篇特征通过了显著性检验，它在采访者和受访者话语中的分布具有显著差异。在独立样本 T 检验过程中，t 值的计算会因方差是否相等而有所不同。因此，在判断两个样本的均值是否存在显著差异之前，需要先进行方差的齐性（Levene）检验。

　　由表 1 可知，在这 68 个语篇特征中，有 32 个语篇特征通过了显著性检验（$P < 0.05$），说明采访者和受访者话语的差异与这 32 个语篇特征的分布显著相关。

3.2　采访者和受访者话语的聚类分析

　　在独立样本 T 检验的基础上，我们将筛选后得到的 32 个语篇特征作为变量，将 128

个文本进行编号[1],对采访者和受访者话语进行聚类分析。

我们选择系统聚类中的 Q 型聚类,将原始数据标准化,采用离差平方和法(Ward 法),并以平方 Euclidean(欧式)距离作为度量标准,对 128 个文本进行第一次聚类。由于我们先将 128 个文本分为了采访者话语和受访者话语两类,因此,我们保存两个聚类数,并对这两个聚类成员进行频率统计,详见表 2:

表 2　第一次聚类后聚类成员的频率统计

		频率	百分比	有效百分比	累积百分比
有效	1.采访者话语	47	36.7	36.7	36.7
	2.受访者话语	81	63.3	63.3	100.0
	合计	128	100.0	100.0	

从表 2 可以看出,在采访者话语的 64 个文本中,有 17 个文本被聚类到受访者话语文本中,说明第一次聚类的正确率约为 73%。在此基础之上,我们又以这 32 个语篇特征为自变量,以聚类得出的两类聚类成员为因变量,进行单因素方差分析(ANOVA)[2]。我们发现,副词、数量词、拟声词、名词中的处所词和专有名词、代词中的第一人称代词,主谓短语、联合短语、同位短语、量词短语,主谓句中的名词性谓语句,感叹句、省略句和修正这 14 个语篇特征,均未通过显著性检验(P>0.05)。这说明这 14 个语篇特征并不能有效区分采访者和受访者话语,它们是影响聚类效果的干扰因素。因此,我们将这 14 个语篇特征排除,以剩余的 18 个语篇特征作为变量,采用同样的方法进行第二次聚类。同样,我们保存两个聚类数,并对这两个聚类成员进行频率统计,详见表 3:

表 3　第二次聚类后聚类成员的频率统计

		频率	百分比	有效百分比	累积百分比
有效	1.采访者话语	51	39.8	39.8	39.8
	2.受访者话语	77	60.2	60.2	100.0
	合计	128	100.0	100.0	

从表 3 可以看出,在采访者话语的 64 个文本中,有 13 个文本被聚类到受访者话语文本中,说明第二次聚类的正确率约为 80%,比第一次聚类的正确率高 7%。我们同样用单因素方差分析进一步检验,结果见表 4:

---

[1]　C1、C2、……C64 代表采访者话语文本,S1、S2、……S64 代表受访者话语的文本。对文本进行编号的目的是方便检验聚类效果。

[2]　单因素方差分析用于检验某个因变量在不同样本中的均值是否具有显著差异。若各组有显著差异,则说明该因素(分类变量)对因变量具有显著影响。

表 4　第二次聚类 ANVOA 检验结果

语篇特征				F	P	R²
语言特征	语法层面	词类	1.代词	27.012	.000	17%
			2.第二人称代词	128.197	.000	50%
			3.第三人称代词	7.914	.000	5%
			4.疑问代词	54.511	.000	30%
			5.语气词	40.465	.000	24%
		短语	6.复句平均层次数	68.428	.006	35%
		句子	句型	7.单句	113.611	.000	47%
			8.主谓句	70.691	.000	35%
			9.动词性谓语句	63.292	.000	33%
			10.形容词性谓语句	23.466	.000	15%
			11.非主谓句	14.019	.000	9%
			12.复句	49.214	.000	28%
		句类	13.陈述句	44.988	.000	26%
			14.祈使句	19.094	.000	13%
			15.疑问句	224.113	.000	64%
		句式	16."是"字句	28.158	.000	18%
			17."是"字句(表强调)	24.437	.000	16%
语用特征			18.称呼语	40.355	.000	24%

　　由表 4 可知,上述 18 个语篇特征均通过了显著性检验(P<0.05),说明代词、语气词、代词中的第二和第三人称代词及疑问代词,复句平均层次数,单句、复句、单句中的主谓句和非主谓句、主谓句中的动词性谓语句和形容词性谓语句,陈述句、祈使句、疑问句,"是"字句、表强调的"是"字句,称呼语这 18 个语篇特征,是能够有效区分采访者和受访者话语的区别性语篇特征。

3.3　区别性语篇特征在采访者和受访者话语中的分布统计

　　我们对这 18 个区别性语篇特征在采访者和受访者话语中的分布情况进行了统计,见表 5:

表 5　区别性语篇特征在采访者和受访者话语的分布情况

语篇特征				采访者话语			受访者话语		
				总比值[1]	均值	标准差	总比值[1]	均值	标准差
语言特征	语法层面	词类	1.代词	14.31	11.77	8.5	10.38	9.04	5.61
			2.第二人称代词	4.92	4.05	3.27	0.52	0.45	0.61
			3.第三人称代词	0.84	0.69	1.05	1.70	1.48	1.15
			4.疑问代词	3.07	2.52	2.40	0.67	0.58	0.52
			5.语气词	4.71	3.88	2.71	2.90	2.53	1.85
		短语	6.复句平均层次数	133.57	75.86	76.90	234.23	238.92	52.47
		句子	7.单句	77.88	52.81	29.51	27.76	26.91	9.91
			8.主谓句	52.84	35.83	20.07	18.58	20.83	16.31
			9.动词性谓语句	44.55	30.21	17.01	16.01	17.95	14.29
			10.形容词性谓语句	4.61	3.12	5.17	0.96	1.08	1.63
			11.非主谓句	7.83	5.31	8.74	2.57	2.88	3.46
			12.复句	21.51	14.58	15.66	71.38	80.05	38.23
			13.陈述句	24.73	16.77	20.23	91.18	102.24	53.09
			14.祈使句	1.54	1.04	2.44	0.04	0.04	0.32
			15.疑问句	70.51	47.81	26.84	3.57	4.01	6.99
			16."是"字句	18.59	12.60	12.35	5.57	6.25	6.49
			17."是"字句（表强调）	7.68	5.21	6.97	0.89	1.00	1.62
语用特征			18.称呼语	0.66	0.54	0.87	0.01	0.01	0.04

　　从表 5 可以看出，在采访者话语和受访者话语中，代词中的第二人称代词等 18 个语篇特征在总比值、均值和标准差的分布上存在显著差异，并且这些语篇特征大多为语法层面的特征。换言之，采访者和受访者话语之间的差异主要表现在语法层面上，而语法层面又包括词类、短语、句子三个方面。

　　先来看词类方面。采访者话语中的代词、语气词、代词中的第二人称代词和疑问代词在总比值和均值上均明显大于受访者话语，而采访者话语中的第三人称代词在总比值、均值上则明显小于受访者话语。这表明在口述历史访谈中,采访者较多地使用了代词中的第二人称代词和疑问代词、语气词;受访者则较多地使用了第三人称代词。此外,从标准差来看,采访者话语中的代词、语气词、代词中的第二人称代词和疑问代词的标准差均大于受访者话语;而采访者话语中的第三人称代词的标准差则略小于受访者话语。

再来看短语方面。受访者话语中的复句平均层次数在总比值、均值上明显大于采访者话语。这表明在采访者话语中,结构简单的短句较多;而在受访者话语中,结构复杂的长句较多。

最后来看句子方面。我们分别从句型、句类和句式三个角度来分析。

首先在句型上,采访者话语中的单句、单句中的主谓句和非主谓句、主谓句中的动词性谓语句和形容词性谓语句在总比值和均值上均大于受访者话语,而采访者话语中的复句在总比值、均值上则明显小于受访者话语。这表明采访者话语中单句较多,包括主谓句和非主谓句、主谓句中的动词性谓语句和形容词性谓语句;而受访者话语中的复句较多。一般来说,单句结构简单,复句结构复杂。我们对采访者和受访者话语的平均句长也进行了统计,结果见图1:

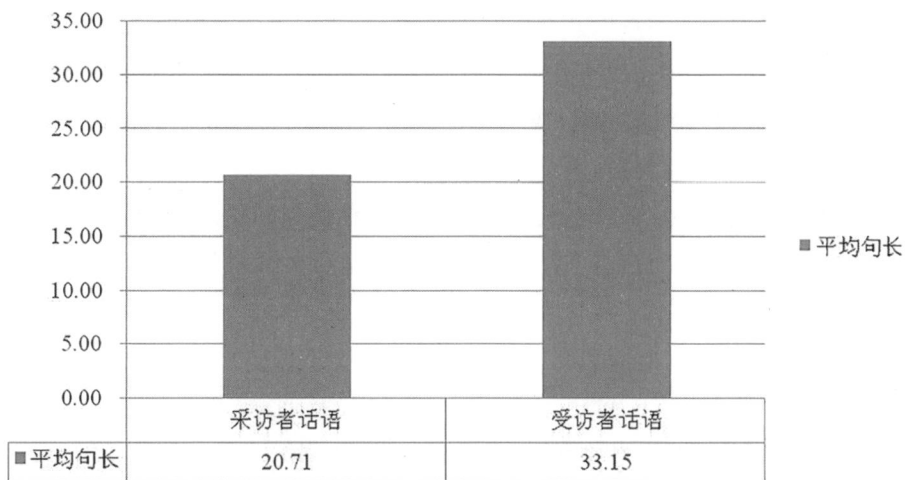

图1 采访者和受访者话语平均句长对比图

由图1可知,采访者话语的平均句长约为20.71,受访者话语的平均句长约为33.15,后者约为前者的1.6倍。这表明采访者倾向于使用结构简单的短句,受访者倾向于使用结构复杂的长句。

其次在句类上,采访者话语中的疑问句和祈使句在总比值、均值上均明显大于受访者话语,尤其是疑问句。从总比值来看,采访者使用疑问句的频数约为受访者的20倍。采访者话语中的陈述句在总比值、均值上则明显小于受访者话语。从总比值来看,受访者使用陈述句的频数约为采访者的4倍。

最后在句式上，采访者话语中的"是"字句在总比值、均值上明显大于受访者话语，尤其是表强调的"是"字句。从总比值来看，采访者用表强调的"是"字句的频数约为受访者的 8 倍。

此外，从语用层面来看，采访者和受访者话语之间的差异主要体现在称呼语的使用上。虽然采访者使用称呼语的总比值较小，但是与受访者相比，采访者在称呼语的使用上仍然占绝对优势。需要注意的是，采访者所使用的称呼语均为尊称。

4 讨论与分析

从上述统计结果来看，我们认为采访者话语与受访者话语的差异主要有：采访者话语具有较强的互动性，受访者话语具有较强的叙事性；采访者的话题聚焦史实，受访者的话题跳跃分散；采访者话语引导访谈，受访者话语为访谈的主体。

4.1 采访者话语具有较强的互动性，受访者话语具有较强的叙事性

从访谈参与者之间的关系以及交际目的来看，口述历史访谈中的采访者是话题的引导者，他要引导受访者讲述历史事件或人物。同时，采访者又是忠实的倾听者，他要对受访者的话语做出即时反馈，或提问，或质疑，或赞同，或附和，这样才能使访谈顺利展开。因此，采访者话语的互动性较强。

在访谈中，采访者使用语气词、代词中的第二人称代词和疑问代词等进行人际互动，使用"是"字句强调某些重要信息。结构简单的短句适合对话，"特指问句"可用于询问具体细节。例如：

（1）
记者：当时您用的是什么相机？（a）怎么拍摄？（b）
冀连波：……一场战斗中缴获了一台 F4.5 折叠式相机，之后就交给我用了。……照相馆都是让人坐着不动给人照，战场上照相可是真刀真枪，我拍了不少东西，华北几个主要战场我都去过了。（见中国摄影家协会编《透过硝烟的镜头：中国战地摄影师访谈》，北京：中国摄影出版社，2009 年，第 96 页）

例（1）中的采访者用两个简短的"特指问句"、第二人称代词"您"、疑问代词"什么""怎么"和"是"字句向受访者冀连波提问。这样可以使受访者的回答更有针对性。

在口述历史访谈中，受访者是叙述者，他通过回忆将亲历亲闻的历史事件讲述出来。因此，受访者话语叙事性较强。受访者多用第三人称代词叙事，有学者将第三人称代词视

为叙述标记。例如：

(2)

记者：这个县已经是咱们的政权了？

陈海峰：咱们(有)政权了，我们有县政府了。那么就到 5 团团部报到，报到以后，他们看到都笑，还有个老百姓来当领导。来不及换(军装)，团长批了个条，他说你到供给处去领一套军衣。他说你先到卫生队把工作接上。刚好，这时候派了一个训练班，整个团的卫生员在这儿学习。我就趁这学习班呢，讲第一堂课，讲皖南卫生工作的基本情况。皖南一路(过来)我们所知道的一些情况，他们很关心哪。(由崔永元口述历史研究中心提供)

例(2)中的受访者讲述了当时他到 5 团团部报到及给卫生员讲课的情况，上例 176 个字中就有 4 个第三人称代词。

综上所述，采访者话语互动性较强，受访者话语叙事性较强。

4.2 采访者的话题聚焦史实，受访者的话题跳跃分散

一般来说，标准差反映了词型使用频率的离散程度，标准差越大，词型使用频率波动就越大；词频差异越大，话题就越集中。由表 5 和表 6 可知，采访者话语中大部分词类的标准差比受访者话语的大。可见，采访者的话题比较集中，受访者的话题相对分散。

采访者大多是训练有素的专业人员，他们参与了访谈的策划，明确访谈的目的。在访谈中，他们要让访谈围绕口述历史的主题而展开，要挖掘出历史事件的更多细节，所以采访者的话题比较集中。而受访者通常没有经过这方面的训练，而且口述历史中的受访者大多年事已高，他们在讲述过程中难免信马由缰，话题跳跃分散。例如：

(3)

记者：当时这个黄河渡口是国民党守着的，是吧？

杨永松：当时好像他没有守兵在那里，他没有必要，我们要出发抗战，当时地方政府呢，也帮助我们动员船只啊，是坐船过去。

记者：当时还没有兵把守是吧？

杨永松：我没看见。他不需要在那里把守，那把守对我们没有意思，对日本，日本人还没来呢，是吧。过了河以后，经过荣河县，经过万泉县。我这个原来写的万泉，他们给我改了。就说啊，现在是叫万荣县，两个县合并，这解放以后的事。所以我没再改它了，因为改它呢，好多人也不知道这个万泉县，现在是叫两个县合并，在万泉县这

个地方呢,叫万荣。我们向侯马前进这个路上啊,群众是很热烈欢迎欢送,摆那么一个桌子,上面呢都摆着一些点心,有一些人在那里表示欢迎欢送的意思。这个点心当然也不多,就摆那么几盘,我们红军部队没有一个人过去拿那吃的,就是我们这个纪律很严格。当时天气太热,把长裤脱了,这是领导允许的,穿这个短裤衩。(由崔永元口述历史研究中心提供)

在例(3)中,采访者的第一次提问,问的是渡口是否有国民党把守。受访者的回答不仅不够确定,而且还将话题转移至渡河方式。于是,采访者针对首次提问中的问题再次发问。他在这两次提问中,都用了"当时"这个词表示过去的时点,这表明采访者的话题始终聚焦于历史事件,要挖掘出有关历史事件的关键信息。受访者在简单回答了采访者的问题后,接着又将话题转移至行军路线。受访者两次转移话题,都答非所问。这是因为受访者在讲述历史事件时,不仅需要根据采访者的提问展开叙述,更要铺陈细节,这样呈现给人们的才是有血有肉的历史记忆。如果说采访者的提问是"点"的话,那么受访者的回答则是"面";"点"需要聚焦,"面"则需要发散。所以在这位受访者的话语中,不仅有表示昨日的"当时""原来",还有表示今天的"现在"。这种"过去—现在—过去"的跳跃性叙述,恰恰表明了受访者的话题跳跃分散。

4.3　采访者话语引导访谈,受访者话语为访谈的主体

从访谈参与者之间的关系来看,采访者和受访者是"引导"和"被引导"的关系。在口述历史访谈中,采访者是话题的掌控者,谈什么、怎么谈,都由他来决定。采访中,采访者还要根据情况及时调整采访大纲,引导受访者延伸话题。例如:

(4)

记者:相机是哪来的?

蔡尚雄:沙飞发给我一台目测距离的陈旧蔡司照相机,听说是缴获来的。在物资条件极困难的年代,这对我来说十分珍贵。这个相机皮老虎[1]有点儿毛病,每次按快门,要用手护住镜头。

记者:搞摄影之初,都参加了哪些战役,拍了哪些照片?

蔡尚雄:……我经常随八路军、游击队深入到游击区和敌人后方活动,同战士一起行军作战,跋山涉水,走遍了敌后根据地。……当时,画报社的同志正紧张地赶印第二画报,并着手编辑第三期画报。这期内容有雷烨拍摄的冀东人民子弟兵的战

---

[1]　皮老虎是一款老式相机的名字。

斗生活,揭露日寇烧杀潘家峪的惨案,共 50 多幅作品。

记者:请您介绍一下雷烨的事迹。

蔡尚雄:雷烨是八路军的前方记者,又是冀东军区宣传科长,正巧他从冀东来阜平参加边区参议会,顺便带着他 1941 年—1942 年间在冀东拍摄的作品来画报社整理发稿。(见中国摄影家协会编《透过硝烟的镜头:中国战地摄影师访谈》,第 72 页)

在例(4)中,采访者通过强调疑问代词"哪"询问相机的来源,受访者在其引导下,不仅说明了相机是缴获来的,是沙飞送给自己的,而且还讲述了相机在使用过程中的一些问题。接着,采访者将话题转换为受访者当年参加的战役和拍摄的照片,受访者根据采访者的提问,详细叙述了他跟着八路军、游击队走遍敌后根据地的情况,并告诉采访者画报社正在编辑雷烨的作品。采访者根据受访者的叙述,将话题转至雷烨。可见,在口述历史访谈中,受访者说什么、怎么说,都是由采访者掌控的。

这样看来,似乎是采访者在访谈中居于支配地位。但是在语料中,采访者话语约有 1 万字,受访者话语约有 9 万字,后者是前者的 9 倍;在两者话语的平均句长上,采访者话语的平均句长约为 22.71,受访者话语的平均句长约为 33.15,后者比前者多了近 0.5 倍。采访者和受访者在话语量和平均句长上的显著差异,表明"对话"式口述历史语篇的主体是受访者的口述,受访者是信息的主要传递者。

此外,口述历史访谈中的受访者通常还在年龄、资历、社会地位、名望上具有优势。因此,采访者在访谈中较多地使用了尊称。在语料中,受访者共用了 7 个称呼语,既有别人对他的称呼,也有他对别人的称呼;而采访者所用的 44 个称呼语,却全部都是对受访者的尊称。例如:

(5)

记者:陈老,情报站这一段,您再给我们详细地讲一讲,这个情报站是一个什么样子?

陈海峰:多种多样,没有固定的。这个人是各式各样的,他可能是个农村的农民,他种庄稼的,他的任务(就)是要监视这个小镇上面的鬼子伪军据点里的一切动态,有什么情况,要给我们汇报。(由崔永元口述历史研究中心提供)

例(5)中的采访者以"陈老"称呼受访者,表示对抗战老兵的尊重。祝畹瑾认为,在汉语文化中,辈份和年龄或年辈起着至关重要的作用,级别、身份和谈话的正式性(指带有明确交际意图的话语)对称呼语的选择也有很大的影响。[1] 换言之,称呼语的使用反映了交际双方的身份、地位和社会权力关系。

由此可见,采访者和受访者之间的关系十分微妙。采访者作为访谈的引导者,掌控话题,把握着访谈的走向。受访者虽然并不掌控话题,但他们是口述历史的叙述者,其话语是访谈的主体。与采访者相比,受访者通常在年龄、资历、社会地位、名望上更具优势。因此,采访者的话语引导访谈,受访者的话语是访谈的主体。

5　结语

我们建立了口述历史访谈的语篇特征提取框架,通过聚类分析法,确定了 18 个能够有效区分采访者和受访者话语的区别性语篇特征。

通过对这 18 个区别性语篇特征在采访者和受访者话语中的分布进行对比分析,我们发现,采访者话语和受访者话语之间的差异主要有以下几点:

第一,采访者倾向于使用语气词、代词中的第二人称代词和疑问代词、疑问句,以及结构简单的短句;受访者倾向于使用第三人称代词、陈述句,以及结构复杂的长句。这表明采访者话语具有较强的互动性,受访者话语具有较强的叙事性。

第二,采访者话语中的词型使用频率波动大于受访者话语,这表明采访者的话题比较集中,重在挖掘历史信息;受访者的话题跳跃分散,重在铺陈细节,在口述历史中穿插着今天。

第三,采访者和受访者话语量和平均句长上的差异以及称呼语的使用情况,反映出采访者和受访者之间的微妙关系。采访者话语主要用于引导话题,受访者话语是口述历史语篇的主体。采访者和受访者共建了口述历史语篇。

由于时间和篇幅有限,本文未将口述历史访谈中采访者和受访者话语与新闻访谈、民族志访谈进行对比,未从社会语言学角度对采访者和受访者话语在性别、年龄、地域、教育背景、言语习惯等方面的差异进行探讨。我们将另撰文探讨上述问题,以弥补本文之不足。

---

〔1〕　祝畹瑾:《社会语言学概论》,长沙:湖南教育出版社,1992 年,第 155 页。

附录：

表6　采访者和受访者话语聚类分析拟提取语篇特征(N＝68)

语篇特征			采访者话语		受访者话语	
			均值	标准差	均值	标准差
语言特征	语法层面	词类	1.名词	19.92	12.77	22.77	11.42
			2.普通名词	12.71	8.86	14.59	7.05
			3.方位词	1.48	1.34	1.95	1.48
			4.人名	0.80	1.33	1.19	1.18
			5.地名	1.17	1.83	1.68	1.57
			6.机构名	0.76	1.24	1.1	1.68
			7.专有名词	0.89	1.33	0.41	0.66
			8.时间名词	1.89	2.04	1.41	0.93
			9.处所词	0.25	0.50	0.40	0.36
			10.动词	19.81	13.19	21.30	10.08
			11.形容词	3.16	3.33	3.45	1.85
			12.副词	6.46	5.44	9.13	4.61
			13.代词	11.77	8.50	9.04	5.61
			14.第一人称代词	1.25	2.18	3.32	2.40
			15.第二人称代词	4.05	3.27	0.45	0.61
			16.第三人称代词	0.69	1.05	1.48	1.15
			17.指示代词	2.89	3.52	2.80	2.03
			18.疑问代词	2.52	2.40	0.58	0.52
			19.数量词	4.93	5.03	7.36	4.41
			20.介词	2.39	2.25	2.77	1.50
			21.连词	1.70	1.65	1.51	0.99
			22.语气词	3.88	2.71	2.53	1.85
			23.叹词	0.17	0.75	0.08	0.17
			24.拟声词	0.00	0.00	0.03	0.09

续表

语篇特征			采访者话语		受访者话语	
			均值	标准差	均值	标准差
语言特征	语法层面	短语	25.主谓短语	18.97	4.47	17.18	5.49
			26.动宾短语	20.72	7.78	19.87	11.32
			27.定中短语	18.68	6.69	16.89	7.47
			28.状中短语	24.06	6.37	24.9	8.44
			29.述补短语	2.24	2.68	2.24	2.24
			30.联合短语	1.40	2.23	2.31	2.50
			31.连动短语	1.31	2.25	2.04	2.46
			32.兼语短语	1.09	2.61	0.85	1.32
			33.方位短语	2.25	2.85	2.00	2.04
			34.同位短语	0.70	1.47	1.46	1.77
			35.量词短语	4.17	3.78	5.72	3.97
			36.介词短语	3.70	3.14	3.83	3.26
			37."的"字短语	0.71	1.46	0.71	1.30
			38.单句平均层次数	383.14	92.47	390.32	100.45
			39.复句平均层次数	75.86	76.90	238.92	52.47
		句子	40.单句	52.81	29.51	26.91	9.91
			41.主谓句	35.83	20.07	20.83	16.31
			42.动词性谓语句	30.21	17.01	17.95	14.29
			43.形容词性谓语句	3.12	5.17	1.08	1.63
			44.名词性谓语句	0.42	1.63	0.20	0.69
			45.主谓谓语句	2.08	3.54	1.64	3.34
		句型	46.非主谓句	5.31	8.74	2.88	3.46
			47.动词性非主谓句	2.81	5.42	1.56	2.22
			48.形容词性非主谓句	0.42	1.63	0.56	1.07
			49.名词性非主谓句	1.56	3.51	0.56	1.55
			50.叹词性非主谓句	0.52	2.74	0.20	1.15
			51.象声词非主谓句	0.00	0.00	0.00	0.00
			52.复句	14.58	15.66	80.05	38.23

续表

语篇特征				采访者话语		受访者话语	
				均值	标准差	均值	标准差
语言特征	语法层面	句子	句类				
			53.陈述句	16.77	20.23	102.24	53.09
			54.感叹句	1.15	4.04	3.89	6.62
			55.祈使句	1.04	2.44	0.04	0.32
			56.疑问句	47.81	26.84	4.01	6.99
			57.反问句	0.73	2.41	1.52	2.69
		句式	58."是"字句	12.6	12.35	6.25	6.49
			59."是"字句（表判断）	7.40	9.44	5.25	5.79
			60."是"字句（表强调）	5.21	6.97	1.00	1.62
			61.倒装句	0.83	2.22	0.36	1.01
			62.省略句	13.33	10.56	17.91	14.35
语用特征			63.话语标记	0.26	0.49	0.36	0.80
			64.称呼语	0.54	0.87	0.01	0.04
			65.反馈项目	0.83	3.25	0.12	0.55
			66.打断	0.52	2.16	0.48	1.11
			67.修正	0.52	1.80	2.68	4.51
			68.重复	1.15	3.86	2	4.93

女性主义口述史视域下中国妇女研究概述

◎李慧波　王　玥〔1〕

摘　要：

本文通过对女性主义口述历史资料的分析，认为妇女研究存在广泛运用社会性别概念和视角、尝试建设中国女性学学科、积极进行政策推动与倡导、学术研究与行动研究密切结合等特点。在对女性主义口述史文本进行分析的过程中发现，妇女研究存在女性/性别研究不受重视或遭到误解、女性学学科建设存在诸多困惑等情况。未来的妇女研究应以马克思主义妇女理论为指导，结合本土实际，从多视角、多维度着手并积极鼓励男性研究者的参与。

关键词：

女性主义口述历史；妇女口述史；妇女研究

An Overview of Women's Studies from the Perspective of Feminist Oral History

◎　Li Huibo；Wang Yue

Abstract：

Through the analysis of the oral historical data of feminism, this paper believes that women's research has the characteristics of extensive use of gender concepts and perspectives, trying to build the discipline of Chinese feminism, actively promoting and advocating policies, and the close combination of academic research and action research. In the process of analyzing the texts of feminist oral history, it is found that women's research is not valued or misunderstood, and there are many puzzles in the construction of feminist discipline. Future women's research should be guided by Marxist women's theory, combined with local reality, start from multiple perspectives and dimensions, and actively encourage the participation of male researchers.

Keywords：

Oral History of Feminism；Women's Oral History；Women's Studies

---

〔1〕　作者简介：李慧波，女，毕业于首都师范大学历史学院，历史学博士，现为中华女子学院全球女性发展研究院讲师，研究方向为妇女口述历史、妇女发展；王玥，女，法学学士，中华女子学院中国女性图书馆馆员，研究方向为妇女口述历史、社会性别、图书情报等。

1 女性主义口述史的概念

目前学界或多或少存在着"妇女口述史属于妇女"的现象,一些女权主义者对此进行了批判。如定宜庄曾遇到这样的情况,她《最后的记忆——十六位旗人妇女的口述历史》出版之后,有一位美国人指出,她著作的对象虽然是女性,"却没有表现出自觉的女性意识"。[1] 这里的女性意识,指的是社会性别意识,即"从社会阶级结构看女性所受的压迫及其反抗压迫的觉醒","从女性生理特点研究女性自我,如周期、生育、受孕等特殊经验","从文化层面,以男性为参照,了解女性在精神文化方面的独特处境,从女性角度探讨以男性为中心的主流文化之外的女性所创造的'边缘文化',及其所包含的非主流的世界观、感受方式和叙事方法"。[2] 国内的很多社会性别研究专家也认为,某些口述历史研究"没有或不具有社会性别意识/视角",也就是说社会性别研究专家认为国内的口述历史研究者没有以社会性别视角(从某种意义上说,社会性别视角意味着发现、批评和改造社会或文化中的性别歧视)来观察社会,而且把那些女性对男性的依附性事实或歧视女性的事实视为当然的合理。在社会性别研究专家看来,这样做的后果会导致对女性发展、人格、利益和权利的损害。妇女口述史是什么?到底如何做妇女口述史?这就涉及厘清带有女性主义意识的口述史,即女性主义口述史,以及广义上以妇女为访谈对象的妇女口述史。

女性主义是从反抗性别歧视的斗争中产生的。"女性主义"一词是英文 feminism 的意译,它的概念源自西方的女权运动,泛指主张性别平等、男女平权的各种社会文化思潮,其中"女性主义"是经常被使用的两种译文。所以,女性主义口述史与一般的妇女口述史不同,女性主义口述史更具有批判性,甚至是赋权妇女改善两性不平等关系。基于上述女性主义口述史的概念,本文主要讨论目前女性主义口述史视域下妇女研究的现状,以期进一步明确女性主义口述历史的特性,同时为口述史研究领域的拓展作出努力。

本研究以女性主义口述史料为研究对象,主要资料来源为中国女性图书馆所藏的"妇女活动家访谈资料"。该资料是1995年联合国第四次世界妇女大会(北京)召开20周年之际,由中国女性图书馆培训的访谈员对参加过北京世妇会及推动《北京宣言·行动纲领》实施、推进社会性别平等的活动家的访谈成果。该系列访谈成果于2015年结集出版,包含"倾听与发现:妇女口述历史丛书"第6—9卷《记录她们20年的行动足迹——北京+20

---

〔1〕 许斌、定宜庄:《一个口述史学者的口述——定宜庄博士访谈》,《黑龙江民族丛刊》2003年第5期,第85页。

〔2〕 乐黛云:《中国女性意识的觉醒》,《文学自由谈》1991年第3期,第45页。

妇女活动家访谈录》[1]。访谈主题包括：与'95世妇会结缘、对'95世妇会的认识、'95世妇会后的行动实践、20年来的成绩及对今后中国妇女发展道路的规划和展望等。访谈员和受访者均具有明确的女性主义意识。出版该丛书的目标之一就是"希望通过年轻的访谈员与妇女活动家对话来梳理和总结20年来中国妇女发展的路径,也希望'95世妇会精神在年轻一代中得到传承"[2]。这类口述史的受访主体不仅是生理性别为女性的女性主义者,也有生理性别为男性的女性主义者,如丛书中的受访者方刚、李明舜、李树苗、张开宁等。书中的访谈员和受访者均具有社会性别视角。简而言之,女性主义口述史是以性别公正为目标,以口述史为手段,运用社会性别的视角,进行口述史的收集和研究。而普通意义上的妇女口述史,其受访主体是妇女,访谈者或受访者并不一定具有性别视角,不以挑战、改变不平等的性别关系为目的。

2 女性主义口述史视域下妇女研究的现状与反思

2.1 研究特点

笔者在对女性主义口述史文本进行分析的过程中发现,目前女性研究/性别研究的一些特点,主要表现如下:

2.1.1 广泛运用社会性别概念和视角

北京世妇会后,社会性别视角对各个研究领域产生了冲击,使得妇女研究领域的广度、深度和视野有了很大变化。如妇女/社会性别研究者王金玲说:"'95世妇对我最大的影响之一就是让我知道了可以用妇女(社会性别)的眼睛看世界……社会性别概念的进入、社会性别视角的引入使我知道社会性别实际上是一种社会制度,以及如何从社会建构这个角度来探讨性别的形成过程、性别关系、性别之间的权利等。"[3]女性学学者韩贺南说:"世妇会之后,我就开始有意识地用'社会性别'的视角来做研究。感觉到有很多问题还需要我们来关注,比如教育、女童等。"[4]总的来说,社会性别概念和社会性别视角不仅在妇女研究领域,而且在其他领域如社会学、社会工作、心理学、人口学、法律、经济、环保等都有影响力。所以,社会性别视角使得研究进程发生了变化。

2.1.2 建设中国女性学学科的探索

女性学学科建设的探究一直是高校性别学教材(见表1)探索的主要方面,不仅密切关

---

　　[1]　张李玺主编《记录她们20年的行动足迹——北京＋20妇女活动家访谈录》(第6—9卷),北京:中国妇女出版社,2015年。
　　[2]　张李玺主编《追寻她们的人生——女新闻工作者卷》,北京:中国妇女出版社,2016年,序第2页。
　　[3]　张李玺主编《记录她们20年的行动足迹——北京＋20妇女活动家访谈录》(第8卷),第58页。
　　[4]　张李玺主编《记录她们20年的行动足迹——北京＋20妇女活动家访谈录》(第6卷),第531页。

注国外社会性别理论和研究方法的动态,而且积极探索适合我国本土的社会性别研究的理论和方法。一些学者还出版了适合少数民族高校的女性学教材。可见,这一时期,学科建设的学理化程度及本土化程度明显增强。这对高校教师及学生掌握性别知识、形成性别公平的理念提供了帮助。

表 1　高校性别学教材

类型	作者/主编/译者	书名	出版年
介绍国外社会性别理论和研究方法	[英]坎迪达·马奇等著,社会性别意识资源小组译	《社会性别分析框架指南》	2004
	余宁平、杜芳琴主编	《不守规矩的知识:妇女学的全球与区域视界》	2003
	王宇等著	《女性学》	2007
	钟雪萍、[美]劳拉·罗斯克主编	《越界的挑战:跨学科女性主义研究》	2003
女性学学科建设的方法	孙中欣、张莉莉主编	《女性主义研究方法》	2007
	胡黄卿主编	《女性学基础》	2010
本土的社会性别研究的理论和方法	韩贺南、张健主编	《女性学导论》	2005
	骆晓戈著	《尴尬的温柔》	2007
	杜芳琴著	《妇女学和妇女史的本土探索:社会性别视角和跨学科视野》	2002
	佟新著	《社会性别研究导论:两性不平等的社会机制分析》	2005
少数民族高校的女性学教材	杨国才主编	《女性学学科建设与少数民族妇女问题研究》	2004
	杨国才、陈星波主编	《少数民族女性学学科建设与妇女发展》	2008
	刘云、杨霞著	《女性学学科建设在新疆》	2009
	李育红等著	《东乡族保安族女性/性别研究》	2007

2.1.3　政策推动与倡导

受中国人权事业和民主法治建设的驱动,以及西方人权观念和学术思潮的影响,这一时期,女性主义者对妇女权益的研究已经不单单停留在理论层面,而是注重多种方法和实践进行政策推动与倡导。如李明舜"参与了反家暴立法起草工作,2001 年的婚姻法的修改,2002 年民法典的亲属编的编制,2005 年的妇女权益保障法的修改,以及北京市的《妇女权益保障法实施办法》、河北省的《预防和制止家庭暴力条例》、深圳的《性别平等的条例》等"。[1] 夏吟兰"参加了《中华人民共和国婚姻法(修正案)》(2001 年)和《中华人民共和国权益保障法(修正案)》(2005 年)的起草"。[2] 李慧英"自 2005 年起,进行了'出生性别比失调'与'性别平等和男性护理假'的政策倡导"。[3]

2.1.4 学术研究与行动研究密切结合

很多女性主义者把自己的调查、科研与大众的利益结合起来。通过承接项目或其他方式,把社会性别分析框架运用到各领域中,并使研究对象直接受益。如少数民族学者杨国才说:"1998 年年底至 1999 年,美国大自然保护协会和云南省政府共同做了一个项目'滇西北地区的保护与发展行动计划'……尽管社会性别分析框架只是一种视角,但我把这种视角运用到了社会学调查方法上……然后把这些来源于老百姓的资料,又用于老百姓,赋权给老百姓,我觉得我在这个事上运用得非常好。"[4] 李洪涛说:"从 1996 年开始,社工系开始招普高本科生……我提出了'建立教学、科研与社会实践三位一体的教学模式',至今讲起此我还是引以为自豪的。"[5]

2.2 遇到的困难

在分析女性主义口述史文本的过程中发现,女性研究/性别研究在发展中还存在很多问题和不足:

第一,女性研究/性别研究不受重视或遭到误解。如有学者认为,"中国学术界的专家们的性别观念和性别文化落后,对于女性研究、性别研究存在贬低和蔑视","来自所谓主流、男权、西方女性主义者对中国妇女研究的打击",妇女研究"学术上不被认可","高校学生对于性别研究的误解"。[6]

第二,女性学学科建设存在诸多困惑。有学者觉得"女权主义理论课程的教授有着很大的压力"[7],对"性别与教育课程教学应该传承什么,怎样教学"[8]产生困惑。

第三,男性研究者参与少。由于中国妇女运动的独特历史和中国父权制文化的存在,

[1] 张李玺主编《记录她们 20 年的行动足迹——北京＋20 妇女活动家访谈录》(第 9 卷),第 119—138 页。
[2] 张李玺主编《记录她们 20 年的行动足迹——北京＋20 妇女活动家访谈录》(第 8 卷),第 165—209 页。
[3] 张李玺主编《记录她们 20 年的行动足迹——北京＋20 妇女活动家访谈录》(第 9 卷),第 177—218 页。
[4] 张李玺主编《记录她们 20 年的行动足迹——北京＋20 妇女活动家访谈录》(第 6 卷),第 258—259 页。
[5] 张李玺主编《记录她们 20 年的行动足迹——北京＋20 妇女活动家访谈录》(第 7 卷),第 287 页。
[6] 同上。
[7] 张李玺主编《记录她们 20 年的行动足迹——北京＋20 妇女活动家访谈录》(第 6 卷),第 520 页。
[8] 张李玺主编《记录她们 20 年的行动足迹——北京＋20 妇女活动家访谈录》(第 7 卷),第 287 页。

女性研究在以男权文化为主流的学术体系中不被重视,男性难以认识到自己从现有的性别文化中受到的伤害,女性研究者也往往忽视吸纳男性学者加入。所以,有学者发出这样的呼声:"社会性别说的就是一种关系,女人之所以这样,是因为有另外一群人的作用,那就是男人,但是我们在说妇女的时候,永远把另外一个因素忽略了,这样的改变也是有缺陷的改变,因为你改变一个人而不去改变影响她的另外一个人的时候,这种改变是不彻底的,矛盾只可能更大,这些都值得反思。"[1]"只是就妇女问题谈妇女是不够的,这样不能解决妇女问题,反而会把妇女问题孤立化、边缘化。""每个人都要做性别主流化的推动者。"[2]

2.3 思考

通过对女性主义口述史文本资料的分析,笔者认为,推动新时期妇女研究/性别研究的发展,可以从以下方面入手:

第一,要以马克思主义妇女理论为指导,做好妇女研究/性别研究工作。马克思主义妇女理论是马克思主义理论的重要组成部分。站在"两个一百年"奋斗目标的历史交汇点上,需要我们在马克思主义妇女理论指导下总结成功经验,坚持问题导向,深入研究新的历史条件下妇女发展中的新问题。

第二,妇女研究要多视角多维度着手。因为每个女性不单单是以个体存在于这个社会上的,她们的生活实践都与宏观政治、经济、社会、文化等交织在一起,所以,在分析和解读事件时,既要看到"时代提供给女性生存发展的有利条件",即她们在制约的空间中如何发挥主体能动性,同时也要看到"制度性或结构性的社会和文化对女性自我发展的制约性压迫和对自我决定的阻碍性支配因素"。[3]

第三,妇女研究不能脱离实践。只有学术研究与行动研究密切结合,互为相长,才能推进妇女事业的发展。如金一虹说:"我觉得社会变革和研究是有很密切的关系的,正因为参与了社会变革的活动,才会让理论研究更多生命力,对理论的研究也会让我对社会变革的活动有了更多的思考,我觉得也是相辅相成的。这大概是自己给自己的一个定位。"[4]李洪涛认为"有些学者做纯理论研究,就是写文章,我是行动取向的,喜欢做出来促进变化,希望能带来改变。在这种行动型的研究中感到特别有趣,有价值"[5]。

第四,妇女研究不能脱离男性研究者的参与。如果吸纳不同领域的男性学者参与进

---

[1] 张李玺主编《记录她们 20 年的行动足迹——北京＋20 妇女活动家访谈录》(第 8 卷),第 288 页。

[2] 张李玺主编《记录她们 20 年的行动足迹——北京＋20 妇女活动家访谈录》(第 7 卷),第 7 页。

[3] 杜芳琴:《追寻·发现·倾听:融生命史于宏大叙事中的妇女口述——评〈追寻她们的人生〉系列》,《山西师大学报(社会科学版)》2016 年第 6 期,第 13—17 页。

[4] 张李玺主编《记录她们 20 年的行动足迹——北京＋20 妇女活动家访谈录》(第 8 卷),第 29 页。

[5] 张李玺主编《记录她们 20 年的行动足迹——北京＋20 妇女活动家访谈录》(第 7 卷),第 283 页。

来,将会对性别平等事业产生积极影响。如韩贺南认为："新文化运动时期的男性学者都是非常关注性别话题的……我们新兴的学者也不能以为男性学者研究性别问题就是低等的,是不高雅的。男性研究性别问题,做的也是正经学问。另外就是对我们圈子里面的一些男性学者,我们不应该给他们压力,对他们评头品足是不正确的。"[1]

3　小结

女性主义口述史不同于一般的妇女口述史,它不仅具有强烈的批判精神,而且具有政治性,此外还具有行动导向,它是妇女研究的一种方法和路径。它一方面可理解为以女性主义者为主体的口述史,另一方面可以理解为女性主义视角下的口述史。通过对女性主义者为主体的口述史料的分析,笔者发现目前的妇女研究广泛运用社会性别概念和视角,积极开展建设中国女性学学科的探索,努力促进政策推动与倡导,并将学术研究与行动研究密切结合;但也面临着困难,如女性研究/性别研究不受重视或遭到误解,女性学学科建设存在诸多困惑,男性研究者参与少,成效受到质疑等。所以,笔者认为,新时期妇女研究一定要以马克思主义妇女理论为指导,结合本土实际,从多视角、多维度入手,并积极鼓励更多男性研究者加入。

---

〔1〕　张李玺主编《记录她们 20 年的行动足迹——北京＋20 妇女活动家访谈录》(第 6 卷),第 536 页。

口述历史与中学历史学科核心素养的培养

摘　要：

　　近年来，口述历史越来越多地被运用到中学历史教学中。一方面，口述历史资料可以作为重要的教学资源；另一方面，口述历史方法也可以用于历史教学。我国中学历史课程以培养唯物史观、时空观念、史料实证、历史解释和家国情怀等历史学科核心素养为教学目标。通过开展基于口述历史的教学活动，有助于逐步、全面地养成学生的历史学科核心素养。在这一过程中，教学应注意遵循真实性、目的性、平等性、适用性等原则。

关键词：

　　口述历史；历史学科核心素养；历史教学

Study on the Cultivation of Core Historical Accomplishment within the Practice
of Oral History in the Middle School

◎　Xu jingyu；Xiao Chenxuan

Abstract：

　　In recent years，oral history has been increasingly applied to history teaching in the middle school. On the one hand，oral history materials can be used as important teaching resources；on the other hand，the method of oral history can also be used for history teaching. The teaching aims of the history course in the middle school are to cultivate students' historical materialism，the concept of time and space，the ability of historical evidence and interpretation，the emotion of "family-country" and other core historical accomplishment. Through conducting oral history in the teaching activities，we can gradually and comprehensively cultivate students' historical core accomplishment. In this process，we should pay attention to follow the principles such as authenticity，purposiveness，equality，applicability and so on.

Keywords：

　　Oral History；Core Historical Accomplishment；History Teaching

---

　　〔1〕　作者简介：徐静玉（1972—），女，博士，南通大学文学院历史系副教授，主要从事中国近现代史研究；萧宸轩（1996—），男，硕士，杭州师范大学附属中学教师，主要从事中学历史教学研究。

1 引言

作为一种古老的记事方法,口述传统早已有之。早在文字出现以前,口述就是人们传递经验的一种方式。人们通过口耳相传的形式将人类历史一代代传承下来。不管是在中国还是在西方,口述传统一直贯穿于人类社会的发展过程之中。20 世纪以来现代意义上的口述历史真正进入大发展阶段。在当下史学研究视角不断下移的过程中,口述历史越来越凸显出它的作用。20 世纪 80 年代以来,西方现代口述史学的理论和相关操作技能被引入中国。近年来,我国的口述史学在各领域取得了较大的发展,其中一个很重要的方面是将口述历史引入当下的中学历史教学之中。

近年来,全球关于核心素养的研究方兴未艾。经济合作与发展组织认为核心素养是"覆盖多个生活领域的、促进成功的生活和健全的社会的重要素养"[1]。随着我国新一轮教学改革的推进,各学科在深化教育改革的过程中,纷纷引入了学科核心素养的理念。历史学科方面,国内多位学者对历史学科核心素养进行了探讨。如朱汉国指出,核心素养应是"在历史学习中获知的关键能力和个人修养品质"[2],从中体现出三维目标的有效整合;毛经文认为历史学科核心素养包括时空逻辑、史料实证、发展眼光、多元联系、客观评判、置身理解六个方面[3]。总的来看,历史学科核心素养涉及学生在学习历史课程过程中知识的获取、方法的掌握、价值观的完善等多个方面,能够体现历史学科的本质特征。2017 年发布的《普通高中历史课程标准(2017 年版)》(下简称《课标》),首次正式将培养和提高学生的历史学科核心素养列为教学目标,并将之归纳为唯物史观、时空观念、史料实证、历史解释、家国情怀五方面,要求将历史学科核心素养贯穿历史课程的设计、内容的选择、课堂的建构等多方面。

目前,学界对于如何运用口述历史培养中学生的历史学科核心素养已取得了一些成果[4],但尚无较为全面的研究。本文拟探讨如何在中学历史教学中通过口述历史培养学生的历史学科核心素养,论述口述历史对于培养历史学科核心素养的重要作用,并对教学中应遵循的原则进行探讨。不当之处,敬请指正。

---

〔1〕 张娜:《DeSeCo 项目关于核心素养的研究及启示》,《教育科学研究》2013 年第 10 期,第 42 页。

〔2〕 朱汉国:《浅议 21 世纪以来历史课程目标的变化》,《历史教学(上半月刊)》2015 年第 19 期,第 6 页。

〔3〕 毛经文:《让每个生命都能散发出自己的光芒——素养养育是历史教学的核心目标》,《历史教学(上半月刊)》2016 年第 5 期,第 27—32 页。

〔4〕 季芳:《聚焦人文:历史学科核心素养的培养》,《江苏教育研究》2016 年第 32 期,第 18—19 页;张雪亚、倪仲:《口述历史教学:人性化达成学科核心素养》,《人民教育》2017 年第 Z1 期,第 73—75 页;彭雨:《历史学科核心素养的发展与教学建议》,《教育现代化》2017 年 4 月第 14 期,第 162—164 页;陈超:《历史学科核心素养的构成与培养》,《福建教育学院学报》2016 年第 1 期,第 111—115、128 页。

2 培养唯物史观素养

唯物史观是揭示人类社会历史客观基础及发展规律的科学的历史观和方法论。[1]
人类的发展历史是复杂多样的,人们很难凭借直觉思维判断历史发展的规律。因而,若想
深入了解人类社会的发展历程,就必须依靠科学历史观的指导,即运用唯物史观的立场、
观点以及方法看待整个历史的发展、演变过程。通过掌握唯物史观,学生可以在学习历史
的过程中较好地把握人类历史发展的总趋势,从而对历史问题与时事政治产生合乎规律
的看法。对于一些历史事件的研究,学生需要通过了解亲历者的口述以获得更深层次的
认识。在口述历史教学过程中,学生是学习行为的主体,在科学理论唯物史观的指导下,
考察人作为"一切社会关系的总和"应体现出的社会历史发展进程中的作用,从中把握复
杂、多样的人类历史进程。

历史不仅是帝王将相的历史,也是人民群众的历史。口述历史的鲜活、细致正好填补
了过于精简的历史课本内容。生动的口述史料可以让学生在研读历史的过程中还原历史
的真实面貌,把握人类历史发展的整体规律。教师在教授"20 世纪下半期世界的新变化"
这一课的时候,可以运用相关的口述史料帮助学生掌握 20 世纪下半期人类世界发展的大
趋势。比如,基辛格在其回忆录中写道:"而我认为,一个奉行积极外交政策的中国,将使
我们需要有更高的外交技巧,……即如果能够同苏联和中国都发展关系,这种三角关系将
为我们维护和平提供巨大战略机会。"[2] 根据这段话,教师可引导学生分析当时的时代背
景和趋势,而学生可从中得出美国将对中国在外交上采取缓和战略,即历史发展大势是中
美邦交正常化的结论,以及在冷战大背景下,中国力求和平与发展这一目的,而和平与发
展将成为后来的时代主题。

马克思认为研究人的本质要从现实中的人出发,对现实的人的研究则必须从他们的
活动和物质生活条件,包括已有的和自己创造出来的物质生活条件出发。[3] 教师在讲授
"影视事业的发展"一课的时候,可以安排学生就该问题进行口述历史实践活动。通过走
访不同年龄段的人,学生能了解不同历史发展时期影视事业的发展情况,获得具有时代特
征的口述历史资料,从中发现影视事业的发展与人们的物质生活的改善有直接的联系。

---

[1] 中华人民共和国教育部:《普通高中历史课程标准》(2017 年版),北京:人民教育出版社,2017 年,第
4 页。

[2] [美]亨利·基辛格:《白宫岁月——基辛格回忆录》(第一册),陈瑶华、方辉盛、赵仲强等译,北京:世界
知识出版社,1980 年,第 217 页。

[3] [德]马克思、[德]恩格斯:《马克思恩格斯选集》(第一卷),中共中央马克思恩格斯列宁斯大林著作编
译局编译,北京:人民出版社,1995 年,第 67 页。

随着人们富起来,影视事业获得大发展,这一过程体现了社会历史发展的规律性。同时,影视事业的发展也体现出多元性,各个国家的影视作品具有差异但却相互包容、相互借鉴,促进双方共同的发展。

3 培养时空观念素养

时空观念是在特定的时间联系和空间联系中对事物进行观察、分析的意识和思维方式。[1] 从时间和空间这两个维度出发,对相关历史事件进行限定,使其表现出具体化的特征。学生在进行历史学习时,需要时刻明确历史学科的时空观念。只有在特定的时间和空间条件下,历史事件才会被赋予特殊的时代意义,学生才能理解完整的历史。社会历史总是按一定的时间顺序发展,前后相随,具有连续性;任何的社会形态、历史事件都处于一定的地理位置和环境中进行。[2] 时间具有一维性,一去不复返,历史上的每一个事件都是相对独立的。空间具有三维性,这就决定了历史事件在发生时的多样性,同一历史时段的不同地区将会发生不同的历史事件,而这些历史事件又是相互联系、相互影响的。

口述历史作为一种生动的历史表现形式,往往有两种形式:第一种是以人物生平为主线,"每一个作品,出自不同的人,甚至是出自同一人的不同人生阶段,它都会不一样……这是由他的出身、经历、性格、爱好等各种因素集合起来的"[3];另一种是以某一具体历史事件为主,通过多人口述共同回忆,于此便会出现亲历者与非亲历者极大的差别[4]。这两种基本的表现形式也正好契合历史学科核心素养中的时空观念培养的要求。

教师在讲授"红军长征"这一内容的时候,可以使用《谁最早口述长征:20 世纪 30 年代红军长征史珍本解读》作为课堂教学的主线索。通过老红军通俗易懂的口述历史资料,帮助学生构建红军长征的时间大框架,更好地理解、掌握红军长征过程以及其中重要的历史节点等内容。另外,西安事变作为实现全民族抗战的关键节点,教师在讲授"全民族抗战"课程内容的时候应引领学生进行分析。在这里,教师可以使用《张学良口述历史》等材料:"我大权在握,富贵在手",但是"我做那件事情没有私人利益在里头,我没混过与我自己地位、利益相关的东西,我没有!"[5] 学生结合当时的历史大背景,便可以从中感受到张学良发动西安事变的初衷。教师应注意的是,所有的口述历史资料均包含时间、空间两大维度,教师不应将材料割裂开来,应根据实际教学的需要选择相应的侧重点,以培养学生的

---

[1] 中华人民共和国教育部:《普通高中历史课程标准》(2017 年版),第 5 页。
[2] 王延科:《谈谈历史教学中的时间概念和空间概念》,《历史教学》1980 年第 6 期,第 56—58 页。
[3] 定宜庄:《口述史的独特作用》,《中国文化报》2016 年 9 月 9 日,第 008 版。
[4] 定宜庄:《口述传统与口述历史》,《广西民族学院学报(哲学社会科学版)》2003 年第 3 期,第 2—5 页。
[5] 唐德刚:《张学良口述历史》,北京:中国档案出版社,2007 年,第 121 页。

时空观念。

在进行口述历史实践的时候,时空观念的指导作用异常重要。口述者的口述内容是否符合其口述时间段下的基本时空特征,这是教师在指导学生进行口述历史实践中最应注意的方面。教师在日常的教学活动之余可以安排学生就某一主题的某一历史时段进行口述史的实际操作。如在讲授"现代中国交通事业的发展"这一课程时,教师可以安排学生就"文革"结束后的交通事业的发展情况进行实地的走访、访谈,以获取相应的口述材料,帮助学生了解在现代这个时间线索下、在中国这个空间范围内交通事业的情况,促使学生在课本知识的基础上深化对我国现代交通事业发展的认识。学生通过口述历史实践活动,依靠时间和空间两个维度,自主建构相应的知识体系,提高把握历史事件发生、发展的能力。

4　培养史料实证素养

史料实证是指对获取的史料进行辨析,并运用可信的史料努力重现历史真实的态度与方法。[1] 历史学科强调据史而论,想要进行有力的论证必须建立在丰富、真实、可靠的史料基础之上,坚持论从史出的原则。口述历史是基于受访者的回忆,而个人的记忆具有不确定性,既包含事实,也一定程度上包含受访者自己的想象。许多历史学家都曾质疑口述资料的真实性。教师在讲授历史课程时,应注重培养学生鉴别史料真伪的能力,掌握收集史料的方法,帮助学生以实证精神对待历史事件,使学生对历史真相有更深层次的了解。

口述历史可以填补已往史料记载的空白,用细致、生动的讲述,配合其他史料,真切地证明相关历史事件的真实可靠。教师在讲授"抗日战争"课程中日军的滔天罪行时,南京大屠杀是其中的重点。为了更好地揭露日本侵略者的残暴,使学生直观地感受南京在日寇的铁蹄下成了人间地狱,教师可以使用"100 位南京大屠杀幸存者口述证言公布"资料:如汪昌海说"日本兵看到了我,向我嘴上戳了一刀,到现在仍有疤痕";曹志坤说"日军的狂轰滥炸使得我左大腿被炸断,血肉模糊"……[2]教师通过在课堂上引用南京大屠杀幸存者的证言,充分揭露日本侵略者在中国犯下的滔天罪行。

口述历史访谈多是在事件发生数年甚至数十年之后才进行,并且受访者多数年岁已高,记忆能力随年龄的增长而逐渐衰退。更有人认为"现场见证者的陈述太过主观",会影

---

〔1〕　中华人民共和国教育部:《普通高中历史课程标准》(2017 年版),第 4 页。

〔2〕　"100 位南京大屠杀幸存者口述证言公布",国家公祭网,http://www.cngongji.cn/zt/xczkszy/index.htm,最后访问日期:2017 年 8 月 13 日。

响到历史的客观性。[1] 这是口述历史的不足之处,但教师却可以利用它来培养学生的史料实证素养。教师在教授"解放战争"课程时,可以指导学生在课后进行对老战士的口述访谈。由于解放战争距今时间较长,亲历者年岁普遍较高,所以其口述的内容出现误差的可能性也较大。在这一过程中,一方面,学生应如实记录口述者讲述的内容并将其返回口述者确认,尤其是要注意核对人名、地名、番号等一系列转录口述内容时易错的内容。由于口述者在访谈的过程中思维具有发散性,因而可能不单单就提纲而谈,也存在某一事件多次提及的可能。学生在整理口述资料的过程中应该注意核对前后所提及的同一历史事件的内容是否相同,若不同,则需在确认文本时着重提出来向口述者求证。另一方面,学生应注意发现相关史料,包括档案资料、书信、日记、回忆录等对同一事件是否存在不同的描述,并就发现的不同之处在教师的指导下进行深层次的求证,并从中掌握鉴别史料真伪的能力。此史料实证的方法要求较高,教师应在学生实践的过程中予以及时的帮助与指导,培养学生对待某一历史事件求真求实的精神,要求学生只有在考证无误的前提下,才能适当、规范地引用史料,并以此接近历史的真实面目。

5 培养历史解释素养

历史解释是基于史料实证基础之上的对历史事件进行客观阐述与评判的能力,《课标》中将其表述为人们通过多种不同的方式描述和解释过去,通过对史料的搜集、整理和辨析,辩证、客观地理解历史事物,不仅要将其描述出来,还要揭示其表象背后的深层因果关系。[2] 由于历史事件包含具体的时间线索,并且取决于政治、经济、思想文化、社会等多方面领域的合力作用,因此历史解释具有多样性。教师在使用口述历史进行教学的过程中应该扮演"引导者"的角色。"历史事件并非通过相同的途径影响每一个人"[3],当教师在课堂中给出经过史料实证的口述材料,学生会对材料阐发自己的观点。学生不一定要局限在传统的历史解释视角中,可以在可信的史料基础上,多角度、多方面看待和理解历史。进一步地,学生可以凭借自身养成的历史解释素养对现实中遇到的各类问题进行全面、深入的解释。

口述史不仅使文字的表述生动化、通俗化,而且能借助多种手段完整、真实地保存宝贵的历史材料,使活生生的历史原貌较为丰满地重现。[4] 在教学过程中,学生不是消极

---

〔1〕 [美]唐纳德·里奇:《大家来做口述历史:实务指南》(第二版),王芝芝、姚力译,北京:当代中国出版社,2006年,第11页。
〔2〕 中华人民共和国教育部:《普通高中历史课程标准》(2017年版),第4页。
〔3〕 [美]唐纳德·里奇:《大家来做口述历史:实务指南》(第二版),王芝芝、姚力译,第203页。
〔4〕 岳庆平:《关于口述史的五个问题》,《中国高校社会科学》2013年第5期,第90页。

被动的知识接受者,而是积极主动的知识探究者。基于口述史资料的运用,教师可帮助学生自主建构相关知识体系以及自身对历史独到的见解。比如在进行"现代中国教育事业发展"内容的教学中,教师可以引用南京大学历史系的口述历史成果《恢复高考四十年》来重现恢复高考这一重要的历史事件。教师应鼓励学生在正确解读史料的基础上,对恢复高考这一历史事件作出自己的解释。

当学生就自己口述历史实践所获得的口述材料阐发观点时,教师应当注重学生的差异性。不同的学生可以从自身的角度出发,对某一历史事件得出不一样的历史解释。在这一过程中,教师应注重学生解释历史的基础和方向,即是否遵循唯物史观的科学指导,以及是否对所得口述史料进行了细致的考证,而不应该对学生的历史解释内容进行过多的正误判断。

美国教师威金顿(Wigginton)创造的"狐火计划"(Foxfire Project)是运用口述历史培养学生历史解释素养多样性方面的一个著名案例。威金顿设计了各式各样的口述史课题作业,如"几年前的大飓风给当地老人带来了怎么样的影响"等。在口述历史实践过程中,威金顿坚持鼓励学生以一种客观、公正、综合的角度去解释他们访谈所得的口述史料。[1]

借鉴"狐火计划"案例,教师在讲授"通讯工具的发展"这一部分的内容时,可以安排学生以"通讯工具的发展"为题进行口述历史的实践活动。学生从中可以了解现代通讯工具从固定电话到"BB机""大哥大",再到手机的大致发展过程。随着通讯工具的变化,人们交流沟通越来越方便,但也有许多消极的影响。在学生获得口述资料的基础上,教师可以在课堂上展开"通讯工具的发展与我们是否有利"的讨论,要求学生引用收集的口述历史资料进行发言,从而培养学生对于"通讯工具发展"这一历史事件阐发自己的观点的能力。

6 培养家国情怀素养

口述历史提供我们的是一种"社会记忆"或"活的历史",它不一定完全真实,但它确实反映个人的认同、行为、记忆与社会结构间的关系。[2] 家国情怀是学习和探究历史应具有的人文追求与社会责任。[3] 学生学习历史的最终目的即养成家国情怀素养。现如今,留存口述历史最丰富的莫过于中国近代以来的历史,它还是一部中国民族的斗争史。口述历史材料留存者多是屈辱、斗争的亲历者,他们的口述史中所带有的情感往往更加复杂。无数英雄先烈前赴后继地进行救亡图存的抗争,为了实现民族独立、国家富强而奋勇向前,不惧帝国主义、封建主义恶势力的强权,以坚定不移的信念赢得了中华民族最伟大

---

〔1〕 周勇:《西方中小学的口述史课题及"狐火计划"》,《现代教学》2006年第9期,第49—51页。

〔2〕 定宜庄、汪润主编《口述史读本》,北京:北京大学出版社,2011年,第80页。

〔3〕 中华人民共和国教育部:《普通高中历史课程标准》(2017年版),第4页。

的胜利。口述历史不仅是"重现"历史的手段，同时也要注重对历史意义的分析。[1] 这种历史鲜活的感觉通常会将学生带回那段战火纷飞的革命年代，使学生产生共鸣。

教师在讲授抗日战争的时候不仅可以引用口述文字材料，还可以使用回忆性的视频纪录片。如使用崔永元《我的抗战》系列纪录片中的"远征""松山之战"，以及《山西幸存"慰安妇"口述实录》之类的口述实录视频。通过口述纪录片的引用，口述者言语的感染力能够传达给每一个学生，学生在学习的过程中能够深刻地感受到抗日战争的艰苦，有助于激发爱国主义精神，帮助认识到当下的和平环境来之不易，并且能够增强民族认同感。

口述历史实践的过程是口述者与采访者相互作用的过程。在口述历史中通常涉及口述者记忆里最突出的点，这会带出口述者强烈的思想感情，这种情感往往能够感染参与口述历史实践的每一个人。《课标》中给出了教学范例，教师在讲授课题"中华民族的抗日战争"和"人民解放战争"两个主题的时候可以设置相对应的活动主题——"老兵"的故事。[2] 在那个备受欺凌的年代，鲜血筑成了每一次的抗争。学生以口述历史实践的方式，对那段鲜活的历史形成一个更加全面、深刻的认识，以此激发民族认同感和爱国之情。

并且，从贴近学生日常生活的角度出发，教师还可以设置诸多有关共和国史方面的口述史小课题，如"改革开放以来社会生活的变化""交通工具的更新""通讯工具的变化""互联网的发展""'文化大革命'结束以来教育事业的发展"等。一直以来，传统史学多关注上层社会，而忽视了广大人民群众创造历史的地位。而口述历史是"围绕着人民而建构起来的历史，它为历史本身带来了活力，也拓宽了历史范围"[3]。通过口述历史的形式，学生可以进一步地贴近历史、感受历史。学生可以在课余时间，在教师的指导下选择其中一项口述历史小课题进行口述史实践操作。从设定的小课题出发，学生可以感知更加细致化、平民化、生活化的中国国情，抛开课本篇幅限制下的模式化的时间、地点、人物、事件、意义。学生在进行口述史实践的过程中可以充分感受中华民族正走在民族伟大复兴的大道之上，体会中国在政治、经济、教育、文化等诸多领域的蓬勃发展。学习历史是为了以史为鉴，是为了推动社会更好地发展，学生从这些口述历史小课题中会逐步形成、增强对本民族的自信心和自豪感。

7　在口述历史教学中应遵循的原则

近年来，口述历史在中学历史教学中得到越来越多的运用，教师将口述历史引入历史课堂教学的根本目的就是为了达成培养学生历史学科核心素养的教学目标。为此，教师

---

〔1〕 李向平，魏扬波：《口述史研究方法》，上海：上海人民出版社，2010年，第39页。
〔2〕 中华人民共和国教育部：《普通高中历史课程标准》（2017年版），第19页。
〔3〕 〔英〕保尔·汤普逊：《过去的声音：口述历史》，覃方明等译，沈阳：辽宁教育出版社，2000年，第24页。

在进行教学的过程中应遵循真实性、目的性、平等性、适用性等相关原则。

7.1　真实性

真实性是使用口述历史进行教学活动的前提。核查引用的口述历史资料以及访谈所得口述历史资料的真实性至关重要。口述历史是口述者对于自己亲身经历或者听闻的回忆,"既有因为年代久远、记忆不清而出现的失实,也有回忆者因自己的立场、观点所导致的偏颇"[1],并且还会出现因为受教育程度较低而导致的口述内容出现偏差的情况。因此,教师在使用口述史料进行历史教学之前,一定要对所使用的口述史料进行鉴别。教师可以通过核查将要运用的口述历史材料与档案资料、书信、日记、回忆录等相关史料的方法确保口述史料的真实性。

在学生进行口述史访谈的过程中也会存在以上非真实性的问题。除此之外,由于口述史访谈是一项面对面的活动,口述者在进行口述的时候,通常都必然带有表演的成分。他们对于情节的描述可能在内容上都会与上一次有所不同,因为内容会根据社会预期作出细微的调整。[2] 这就需要学生在进行口述历史实践之前做好充分的知识准备,在访谈过程中及时发现偏差的部分并将其记录下来,在结束访谈之后一方面向口述者询问,另一方面寻找相应的史料开展进一步的考证,保证所得口述史料的真实性。

7.2　目的性

在历史教学的过程中,口述历史的应用应具有目的性,即契合历史学科的教学目标。不论是在课堂中使用口述史料或者是指导学生进行口述历史实践,教师都不应只是为了形式新颖而应用口述历史方法,重要的是对于口述史料的选用应该基于课程设置的目的。因而,根据实际教学目标的需要选用合适的口述史料尤为重要。面对汗牛充栋的口述史料,历史教师应该"具有一种历史的意识和敏锐的眼光,把它们跟我们的历史课的教学联系起来"[3]。通常来说,在课堂中选用的口述史料应该具有带入感和渲染性,能够为学生创设一段真实、丰富、生动的历史环境,帮助学生自主建构相应的历史知识,促进学生对于课堂知识的把握和理解,使学生较好地达成本课的学习目标,以此提高学生的历史学科核心素养。

在口述历史教学实践中,教师应注重口述历史课题的选择。能够进行口述历史实践的课题有很多,而在哪些课题上指导学生进行口述历史实践是教师要考虑的。教师设置的口述历史课题应紧紧围绕教学目标的要求,贴近学生的实际生活。只有建立在以教学

---

〔1〕 庞卓恒、李学智、吴英:《史学概论》,北京:高等教育出版社,2006年,第39页。

〔2〕 定宜庄、汪润主编《口述史读本》,北京:北京大学出版社,2011年,第19页。

〔3〕 赵克礼、徐赐成:《中学历史教材研究与教学设计》,西安:陕西师范大学出版社,2011年,第204页。

目标为基础上的口述历史实践,才能更好地为历史教学服务,帮助学生掌握教学目标设定的要求。如在进行"中国民生百年变迁(20 世纪初～21 世纪初)"的探究活动课的时候,教师就可以设定如习俗、服饰、住房、饮食等口述历史课题供学生自主选择。学生从某一角度出发,可以在口述历史实践的过程中获得对民生百年变迁的感性认识,并深入探究引起变迁的原因和背景。

7.3　平等性

平等性主要是指在对于口述历史的解读、分析和运用上应注意学生之间以及师生之间的平等。近年来,随着教育理念的革新,教师在进行历史教学的过程中应该更加注重学生的主体地位,充分发挥学生的主动参与能力。教师作为"引导者"的身份应该为学生提供切实可靠的口述材料。在此基础上,学生在进行口述史料研读的过程中可能会就同一历史事件产生不同的看法。在不涉及根本性史实逻辑错误的前提下,教师应公正地对待学生得出的不同的历史解释,充分肯定学生思维的发散性。除此之外,教师应多在课堂教学中运用小组教学法,让学生针对给出的主题口述材料畅所欲言。小组内的同学之间可以相互点评,相互学习。

学生在进行口述历史实践的过程中,应当在口述历史实践主题制定、采访提纲讨论、采访任务细节分配、采访后期文稿整理、口述成果展示等各个环节相互帮助、共同思考,从而提高自身团结协作的能力。每一个学生在口述历史实践中都有自己思考的角度,都有发言的机会,都有出力的地方。而在这一过程中,由于口述历史"认为英雄不仅可以来自于领袖人物,也可以来自于许多默默无闻的人们","它促使师生成为合作伙伴"。[1] 通过指导学生进行口述历史实践,师生之间展开亲密的合作,就某一特定的口述历史课题进行设计。教师参与到学生的访谈、调查之中,增加师生的接触机会。教师在这一过程中应注意充分发挥教师"引导者"的作用,充分调动学生的能动性。教师要始终坚持以公平的态度对待每一个学生,帮助学生一步一步地完成口述历史实践。除此之外,教师也应以相互学习的思想,从学生身上汲取自身还需提高之处,不断完善综合素质。

7.4　适用性

适用性要求教师在使用口述历史的过程中能使其更好地契合历史学科的教育教学活动。在历史教学中,教师更要注重口述史料的适用性,要运用与教授内容契合、简单易懂,并能展现历史原貌的口述史料,以此达到更好的教学效果。选择适合教学内容的口述历

---

〔1〕　张广智:《"把历史交还给人民"——口述史学的复兴及其现代回响》,《学术研究》2003 年第 9 期,第106 页。

史资料是前提，任何口述历史资料的选用都应为教学服务。中学生由于受阅历等方面的影响，对于一些生涩、有隐含义的口述历史资料可能会解读不到位。因此，教师在选用口述史料时应尽量选取易于学生解读的材料。最后，教师还应注重所选用的口述历史资料的感染力。历史不应该只局限于教科书当中的条条框框，应该更多地向学生展现丰满的一面。能还原历史的口述史料可以激发学生的学习兴趣，帮助学生构建相应的历史知识框架。

由于口述历史实践是作为一种走出课堂的历史教学形式，在安排实践活动的过程中同样需要注重适用性。适用于口述历史教学方式的课题有很多，但是什么课题能够更好地体现出口述历史的优势，还需教师重点把握。教师在安排口述历史教学实践的时候应该明确，选择该课题能够实现其他教学方式无法比拟的优势，在此基础之上再运用口述历史开展教学。教师应多选择涉及本地区的社会历史演变的内容，这是属于贴近学生日常生活的历史，与学生本身息息相关。一方面，学生将提高对历史课堂的兴趣；另一方面，学生会增进对自己所生活的地区的感情，在潜移默化中形成对家乡的认同感和归属感。并且教师还应考虑到口述者，由于受到时间的限制，能够进行口述访问的历史事件以近现代为主。最后，教师还应注意学生的年龄特点以及知识储备程度，太过专业化的口述历史实践课题并不适合学生操作。

综上所述，口述历史的生动、丰富、形象可为当下中学的历史教学补充大量的"血肉"。口述历史引入中学历史课堂改变了原本枯燥、条框式的历史学习，激发学生的学习主动性。口述历史资料的使用以及口述历史的实践渗透历史学科教学过程的方方面面。一方面，教师可以通过在课堂上使用有选择的口述史料更好地达成教学目标；另一方面，通过教师的指导，学生在进行口述历史的实践中可以获得无法从书本和课堂中学得的知识和能力。在中学历史教学中运用口述历史，可以促使学生逐步养成唯物史观、时空观念、史料实证、历史解释、家国情怀五大历史学科核心素养。中学历史教学也将因为口述历史的加入而迸发新的生机和活力。

跨国亲历者：华侨华人口述历史的现状与特点[1]

◎ 邱晓桐[2]

摘 要：

作为一种方兴未艾的研究方法，口述历史在华侨华人研究领域中同样呈现出蓬勃的生机。目前，华侨华人口述历史的发展呈现出四个特点：现有研究涵盖了华人四大类型，具有明显就近性和地域性；国外项目的公众开放程度高；出国原因、职业经历、教育经历、家庭构成是华侨华人口述历史的基本内容；华侨华人妇女口述历史比例不高，但逐渐被重视。

关键词：

口述历史；华人；华侨；中国移民

Transnational Participants：The Status and Characteristics about Oral History Research of Overseas Chinese

◎ Qiu Xiaotong

Abstract：

As a research method，oral history shows great vitality in the field of overseas Chinese studies. This paper shows the whole current situation about oral history research project of overseas Chinese，and then discusses four characteristics，including current researches cover four types of overseas Chinese，with obvious proximity and locality；foreign projects is more open the public；the basic research contents include reasons，professional experience，educational experience and family composition；although it is a small percentage about female oral history，it is getting more attention.

〔1〕 基金项目：2017年大学生科技创新培育专项资金（"攀登计划"专项资金）立项项目"在穗日本移民的社会融入研究"（项目编号：pdjh2017b0072）。

〔2〕 作者简介：邱晓桐（1993—），女，暨南大学新闻与传播学院硕士研究生，主要研究方向为跨文化传播、海外华文传媒。

Keywords：

Oral History；Ethnic Chinese；Overseas Chinese；Chinese Immigrant

作为专门的研究领域，华侨华人研究已有百余年的历史。华侨华人是不可忽视的角色，不仅因为华侨华人"曾在历史上对中国本土的社会发展起过特殊作用，更在于华侨华人迄今仍是中国最重要的海外资源"[1]。因此，华侨华人研究具有重要价值。目前，华侨华人研究多集中于原始档案文献的整理、工具书的编写、重大历史事件以及重要华侨华人的个人研究。近年来，一些学者逐渐认识到华侨华人研究的局限性，口述历史的应用在华侨华人领域的研究中逐渐引起重视。

口述历史"可以将过去被人遗忘或隐藏了的真面目重现眼前，让世人更加明白一些被遗忘的历史观和生活体验，以及书写历史的人未能意会的感受和经历"[2]。同时，口述历史能够填补历史文献的不足，并且在移民史、劳工史、妇女史等领域均有广泛应用。华侨华人研究也同样涉及社会学科的多个领域，包括文化史、生活史、劳工史等，可以说口述历史在华侨华人研究中有着天然的优势。基于此，本文将具体考察中国地区及国外地区现有的华侨华人口述历史研究和项目的发展现状，尽力挖掘现有研究的发展特点。作为一篇回顾性的文章，笔者希望为华侨华人这一类独特的"跨国亲历者"的口述历史发展态势作出细小的贡献。

1 多地区华侨华人口述历史的发展现状

1.1 中国内地（大陆）地区

华侨华人研究开始于清末，民国时在波动中发展。中华人民共和国成立后，除因1960年至1978年受极左思想影响曾短暂停滞外，华侨华人研究在中国内地（大陆）地区总体上受到了极大的重视。其中，也不乏一些学者使用口述历史的方法来研究华侨华人。

清代就有一些关于海外华人、船员的口述记录。[3] 19世纪后期，中国开始对外输出契约华工，其中有不少中国人被诱骗出洋，"买卖猪仔"成风，国内外舆论对此颇有微词。为缓和舆论压力，清政府于1874年派出了以陈兰彬为首的调查团到古巴，对华工的生活

〔1〕 庄国土：《回顾与展望：中国大陆华侨华人研究述评》，《世界民族》2009年第1期，第51页。

〔2〕 Slim H. and Thompson P.，*Listening for a Change：Oral Testimony and Development*，London：Panos Publications，1993，p. 14.

〔3〕 李安山：《中国华侨华人研究的历史与现状概述》，载周南京主编《华侨华人百科全书·总论卷》，北京：中国华侨出版社，2002年，第997—1036页。

和工作各方面情况进行调查。陈兰彬等人对当地华工进行了口述访谈,口述内容包括华工的籍贯情况、合同情况、婚姻状况、地区分布及身体状况等,最终编写而成《古巴华工口供册》[1]。

中华人民共和国成立后,口述历史在华侨华人研究中的应用更为广泛。高校的研究机构走在前沿,厦门大学南洋研究所和中山大学东南亚历史研究所联合开展了契约华工采访调查项目。1963年,刘玉遵、黄重言等人到当时的广东省阳江县织簀农场对1960年自印尼归国的近百名老华工进行调查访问,将报告及44名华工的口述录收集成书《"猪仔"华工访问录》[2]。2011年,韩山师范学院的潮学研究院华侨华人研究所还赴马来西亚美里市开展了美里华人的口述历史项目。

改革开放后,华侨华人成为一股重要的力量,华侨华人研究受到极大重视。1981年,全国侨联成立中国华侨历史学会。此后,广东、福建、广西等主要侨乡所在省成立了华侨历史学会,各省市的华侨历史学会在华侨人物、地方侨史和侨情研究方面均有不错的成绩。[3] 各类华侨华人协会也开展了一些华侨华人口述历史项目。2004年,中国华侨历史学会启动了"老归侨口述历史"项目,先由各地侨联组织挑选一些具有代表性的老归侨进行口述历史访谈,再由中国华侨历史学会审阅,最后作为历史资料结集出版。2007年1月,该项目的第一本书《风雨人生报国路:山西归侨口述录》出版,此后天津、广西、广东、福建、海南、浙江、河北、吉林、湖北、安徽等省市的共12本归侨口述录相继出版。[4] 另外,厦门市侨联、厦门市华侨历史学会、厦门华侨博物馆共同开展了归国华侨杰出人物口述历史项目,"以本地归侨作为采集'口述历史'资料的主要对象兼及部分与本地联系密切的海外华侨、华人"[5]。广东华侨博物馆也积极运用口述历史的研究方法来编修《广东华侨史》,2014年就曾借古巴侨领访问团到广州期间开展口述历史访谈工作。[6] 从2002年开始,《海南日报》记者蔡葩以口述历史的方式关注了海南华侨与南洋文化,并在华侨华人口述史的基础上完成了《有多少优雅可以重现》《风从南洋来》《海南华侨与东南亚》等书。在

〔1〕〔清〕陈兰彬:《古巴华工口供册》,同治十三年(1874),现存中国国家图书馆。1993年,约翰·霍普金斯大学出版社出版其英文版。

〔2〕 刘玉遵、黄重言、桂光华、吴凤斌编《"猪仔"华工访问录》,广州:中山大学东南亚历史研究所,1979年。

〔3〕 庄国土:《回顾与展望:中国大陆华侨华人研究综述》,《世界民族》2009年第1期,第51—59页。

〔4〕 截至2017年8月15日,"老归侨口述历史"项目出版的系列书有《风雨人生报国路:山西归侨口述录》(2007)、《回首依旧赤子情:天津归侨口述录》(2007)、《再会吧南洋——海南南洋华侨机工回国抗战回忆》(2007)、《蹈海赴国丹心志——广西归侨口述录》(2008)、《八闽侨心系故园:福建归侨口述录》(2008)、《岭南侨彦报国志——广东归侨口述录》(2008)、《椰风蕉雨话侨情:海南归侨口述录》(2008)、《钱江侨杰数风流——浙江归侨口述录》(2009)、《燕赵赤子绘宏图:河北归侨口述录》(2010)、《报效祖国献青春:吉林归侨口述录》(2011)、《荆山楚水系侨心——湖北归侨口述录》(2012)、《徽风皖韵聚侨心——安徽归侨口述录》(2012),共12本书。

〔5〕 陈毅明主编《国门内外:"侨"的口述历史资料》,北京:海洋出版社,2010年,前言第6页。

〔6〕 张悦:《广东华侨史编委会对古巴侨领访问团开展口述采访》,广东侨网,2014年1月24日,网址为http://www.qb.gd.gov.cn/news2010/201401/t20140124_460443.htm,最后访问日期:2017年10月21日。

蔡葩等人的推动下，2016 年海南省推出了"南洋文化口述历史"计划。

此外，留学生、访问学者在海外求学时也积极利用海外资源、运用口述历史来研究华侨华人。厦门大学历史学系教师陈衍德在 1992 年至 1993 年于菲律宾雅典耀大学（Ateneo de Manila University）交流期间，访问了大量华侨华人，最终择取了其中 68 位华人的访谈录，完成《现代中的传统——菲律宾华人社会研究》[1]一书。1999 年，学者李明欢在其荷兰阿姆斯特丹大学的博士学位论文基础上修改而成的专著《我们需要两个世界：一个西方社会中的华人移民社团》（"We Need Two Worlds"：Chinese Immigrant Associations in a Western Society）[2]利用社会调查、口述历史等方法，详细研究了荷兰华人社团的形成与发展的历史。

1.2　中国港台地区

1959 年，台湾"中央研究院"近代史研究所开始与美国哥伦比亚大学东亚研究所合作口述历史研究。20 世纪 70 年代开始，台湾"中央研究院"近代史研究所开展了专题口述历史访问，涉及了企业界、科学界、艺术界、妇女界等多个领域。[3] 1996 年，由张存武、朱浤源、潘露莉访问，林淑慧记录的成果《菲律宾华侨华人访问记录》[4]面世，该书是"菲律宾华人史料基础调查与搜集计划"（Overseas Chinese in the Philippines：A Survey of Sources）的成果之一。台湾金门县也开展了关于金门华人的口述访谈，以侨居地作为单位，从 2008 年开始金门县政府相继出版了 13 本《金门乡侨访谈录》[5]，涉及的侨居地有印尼、文莱、砂拉越、新加坡、日本、泰国等。金门乡侨多聚集于印尼，《金门乡侨访谈录》系列中就有 4 本关于印尼华侨的著作。

香港方面，王苍柏的《活在别处——香港印尼华人口述历史》展示了 10 位香港印尼华人的故事，在此基础上探讨香港印尼华人的身份"杂交性"和文化上的"流离失所"。王苍柏认为香港印尼华人从印尼回到祖国时经历着"逆向的文化震荡"和"回归的危机"，从内

---

〔1〕　陈衍德：《现代中的传统——菲律宾华人社会研究》，厦门：厦门大学出版社，1998 年。

〔2〕　Li Minghuan，"We Need Two Worlds"：Chinese Immigrant Associations in a Western Society，Amsterdam：Amsterdam University Press，1999。

〔3〕　林琼华：《口述史与地方志编纂研究》，《广西地方志》2015 年第 2 期，第 22—28 页。

〔4〕　张存武、朱浤源、潘露莉访问，林淑慧记录：《菲律宾华侨华人访问记录》，台北："中央研究院"近代史研究所，1996。

〔5〕　截至 2017 年 8 月 15 日，金门县政府总共出版了 13 本关于金门华人的著作，分别为《金门乡侨访谈录（初版）》（2008）、《金门乡侨访谈录（二）——文莱、砂拉越篇》（2008）、《金门乡侨访谈录（三）——香港、越南篇》（2009）、《金门乡侨访谈录（四）——新加坡篇》（2009）、《金门乡侨访谈录（五）——菲律宾马尼拉、宿雾篇》（2009）、《金门乡侨访谈录（六）——菲律宾卡加鄢、依里岸篇》（2009）、《金门乡侨访谈录（七）——印尼篇》（2009）、《金门乡侨访谈录（八）——狮城、槟城篇》（2010）、《金门乡侨访谈录（九）——日本、泰国篇》（2012）、《金门乡侨访谈录（十）——印尼续篇》（2012）、《金门乡侨访谈录（十一）——印尼三篇》（2013）、《金门乡侨访谈录（十二）——印尼四篇》（2013）、《金门乡侨访谈录（十三）——马来西亚续篇》（2014）。

地移居香港时又体现了旅行文化的特征——"在居住中旅行,在旅行中居住"。[1] 朱纯仪对家里两位印尼华侨妇女(朱纯仪的母亲与姨妈)进行了口述访谈,并探讨了口述历史对抢救身边人的人生故事具有十分重要的价值。[2]

1.3　国外地区

第二届海外华人研究与文献收藏机构国际合作会议上,日本香川大学的王维在结合日本华侨叶详英女士的口述访谈基础上,强调了口述历史在华侨华人研究中的重要价值:"现在不仅是在日本,世界各地的老一代华侨在减少,这就为我们提供了一个紧迫的课题。文献资料可以无限地收集和保存,但活着的资料的收集是有限的。"[3]

国外地区运用口述历史来研究华侨华人的时间较早,华人学者在其中承担了主要角色。新西兰华侨二代冯吴碧伦在政治学、社会学研究的基础上,结合了新西兰老华侨的口述历史,完成了《纽西兰[4]华人同化之研究》(*The Chinese in New Zealand*:*a Study in Assimilation*[5]),书中重点探讨华人移民新西兰的过程、排华法案、华人教育等方面。叶宋曼瑛则是新西兰华人史、口述史和妇女史研究方面的佼佼者,主要著作有《新西兰华裔妇女生平》(*Home away from Home*:*Life Stories of the New Zealand Chinese Women*,香港译本为《也是家乡——八位妇女口述华人沧桑故事》)、《龙在云乡》(*Dragons on the Long White Cloud*:*The Making of Chinese New Zealander*)和《毛利裔华人》(*Being Maori-Chinese*:*Mixed Identities*)。[6] 周耀星研究的是 19 世纪 50 年代至 20 世纪 80 年代间新西兰华侨华人的政治、经济等各个方面,《纽西兰华侨史略》中记载了诸多史实和早期老华侨的口述访谈。[7] 英美立(Rene Yung)在 2009 年开展美籍华侨华人口述项

〔1〕　王苍柏:《活在别处——香港印尼华人口述历史》,香港:香港大学,2006 年。

〔2〕　朱纯仪:《印尼华侨口述历史——两位女性的生活面》,《文化研究》(香港)2008 年第 10 期。

〔3〕　王维:《华侨·华人研究中口述历史史料的可能性——以日本华侨女性史·口述生活史为例》,第二届海外华人研究与文献收藏机构国际合作会议,香港:香港中文大学,2003 年 3 月 13—15 日。

〔4〕　中国港澳台地区以及海外华人将"新西兰"译为"纽西兰"。

〔5〕　Ng Bickleen Fong, *The Chinese in New Zealand*:*a Study in Assimilation*,Hong Kong:University of Hong Kong Press,1959.

〔6〕　Manying Ip, *Home away from Home*:*Life Stories of the New Zealand Chinese Women*,Auckland:New Women's Press,1990.香港译本为《也是家乡——八位妇女口述华人沧桑故事》,香港:三联书店(香港)有限公司,1994 年。Manying Ip, *Dragons on the Long White Cloud*:*The Making of Chinese New Zealander*,Auckland:Tandem Press,1996;Manying Ip, *Being Maori-Chinese*:*Mixed Identities*,Auckland:Auckland University Press,2008.

〔7〕　周耀星编著:《纽西兰华侨史略》,新西兰:纽西兰(新西兰)双星出版社,1996 年。

目——"遥华风声"（Chinese Whispers）项目，运用了文字、摄影、艺术等多种艺术表现形式。[1] 除了上文提到的几位新西兰华人学者的研究，凯尔·里夫斯（Keir Reeves）梳理了收藏在新西兰箭镇的湖区博物馆（Lakes District Museum，Arrowtown）早期中国淘金者的口述录音。[2]

澳大利亚和新加坡一直都是华侨华人移居的重要国家，其华侨华人口述历史研究颇有成就。澳大利亚维多利亚州立图书馆在 1976—1983 年开展了 19 名华侨华人的口述历史项目（Oral History Interviews with Chinese Immigrants and Their Descendants，编号为 MS14434）。莫拉格·洛赫（Morag Loh）在此项目基础上，探讨了中国移民在"白澳政策"时期的工作、家庭、妇女生活、种族等方面的情况。[3] 西澳大学孔子学院也开展了改革开放后在澳华人的身份认同专题的口述历史。[4] 新加坡国家档案馆口述史中心也有诸多关于华侨华人的口述历史专题，分别是唐人街（Chinatown）、新加坡宗乡会馆（Chinese Clan Associations in Singapore）、华人方言群（Chinese Dialect Groups）、新加坡中文教育史（Education in Singapore，Part 2：Chinese）、新加坡华文文坛［Literary Scene in Singapore（Chinese）］、新加坡传统中医药史（Traditional Chinese Medicine in Singapore）等，其余如日治时期的新加坡（Japanese Occupation of Singapore）、新加坡先驱人物（Interviewees in Pioneers of Singapore）和消失中的行业（Vanishing Trades）专题中也收录了不少华侨华人的口述录音和文字资料。

美国也是口述历史在华侨华人研究应用较为广泛的地区之一。曾著有《中国人在明尼苏达》（Chinese in Minnesota：The People of Minnesota）的作者之一富勒（Sherri Gebert Fuller）和明尼苏达历史学会合作开展了明尼苏达华人口述历史项目。华盛顿大学东亚图

---

〔1〕 "遥华风声"项目旗下有四个子项目：Chinese Whispers：Sierra Stories；Chinese Whispers：Golden Gate；Chinese Whispers：Bay Chronicles；Chinese Whispers：Mapping the Traces。网址为 http://chinese-whispers.org/，最后访问日期：2017 年 7 月 25 日。

〔2〕 Keir Reeves，"Tracking the Dragon Down Under：Chinese Cultural Connections in Gold Rush Australia and Aotearoa"，*Graduate Journal of Asia-Pacific Studies*，Vol. 3，Issue 1（June 2005），p.49.

〔3〕 Morag Loh，"Testimonies from White Australia：Oral History Interviews with Chinese Immigrants and Their Descendants"，*The La Trobe Journal*，http://www.slv.vic.gov.au/sites/default/files/La-Trobe-Journal-90-Morag-Loh.pdf，最后访问日期：2017 年 7 月 12 日。

〔4〕 曾富城：《作品推荐：〈我的故事：在澳华人的文化身份认同研究〉》，微信公众号"口述历史"，2017 年 6 月 21 日，https://mp.weixin.qq.com/s?_biz=MjM5MDIyMTMwOA==&mid=2649538997&idx=1&sn=347747895c27c304f34e7cfb8c17d50b&chksm=be5077268927fe307d2346e9041f0731a87ead2e108bbecf32621ac71-428a844ee0a966ca7d7&mpshare=1&scene=1&srcid=0622GMvg8RrV8Fgv6cHFL7Fm&key=baf732038d89-126b0380db23fee2c4088e252fa7b42353d869b2f9a99d0d85111699da95b33a905c8a307c0bf48d4beafb97b9f3669e0e0-42487de376b6985a6697cf961627fcaaf6232f8915b89ed1a&ascene=0&uin=NzM2NjAxNDA0&devicetype=iMac+MacBookAir7%2C2+OSX+OSX+10.12+build（16A323）&version=12020810&nettype=WIFI&fontScale=100&pass_ticket=2%2FLwVXlrh9BKjHef8e0xPGO%2FbYFxOPb5ll%2B6AuNaZeY%2FEnx%2Fg2%2FG4%2F0otaja50Pr，最后访问日期：2017 年 7 月 18 日。

书馆(The UW East Asia Library)从 2014 年开展了名为记忆与故事中的历史(History through Memories and Stories)的西雅图华人移民口述历史项目,主要研究来自中国以及世界其他地区的西雅图华人移民社区的生活和经历,成果有《西雅图华裔美国人的百年前景》(*Reflection of Seattle's Chinese Americans：The First Hundred Years*)、《第二波华人心声:大西雅图地区华人移民口述史》(台湾译本,*Voices of the Second Wave：Chinese Americans in Seattle*)等。[1]

2　现有华侨华人口述历史研究呈现的四个特点

华侨华人研究涉及的领域广泛,有移民史、劳工史、文化史等,而口述历史在这些领域中均有运用。华侨华人研究领域的广阔性,加上口述历史的广泛适用性,华侨华人口述历史可研究的具体方向十分可观。上文所涉及的华侨华人口述历史著作与研究项目可以概括为以下四种类型:

第一,社会学等学科研究者使用口述历史方式形成的研究报告、著作。社会学家在考察华侨华人某些专题时,会运用口述历史的方法,辅以其他社会学科方法形成的社会学研究。如陈衍德的《现代中的传统——菲律宾华人社会研究》、李明欢的《我们需要两个世界:一个西方社会中的华人移民社团》、王苍柏的《活在别处——香港印尼华人口述历史》等都属于这一类型。

第二,史学研究者用以存档的口述史料(档案)。这一类型的著作多为高校、研究机构完成的,主要目的是存档,以备后来的研究者使用。如中山大学东南亚历史研究所的《"猪仔"华工访问录》、台湾"中央研究院"近代史研究所的《菲律宾华侨华人访问记录》、新加坡国家档案馆口述史中心存档的华人口述历史资料等。

第三,华侨、归侨组织用以记录的口述访谈。华侨、归侨组织一直以"拯救性工程"来从事华侨华人口述历史研究。华侨、归侨组织有大量的人力、物力对华侨华人进行口述访谈,这类著作涵盖面广、历时长,常以地缘为单位,有以籍贯地区为单位的(如中国华侨历史学会的"老归侨口述历史"项目),也有以华人原侨居地为单位的(如台湾金门县开展的《金门乡侨访谈录》系列)。

第四,基于口述历史形成的非虚构写作。就目前研究来看,这类著作少,发展空间大,如蔡菁的《有多少优雅可以重现》等。

---

　　〔1〕　Ron Chew, *Reflection of Seattle's Chinese Americans：The First Hundred Years*, Seattle：University of Washington Press, 1994；Dori Jones Yang, *Voices of the Second Wave：Chinese Americans in Seattle*, America：East West Insights, 2011. 台湾译本为钟德瑞编著《第二波华人心声:大西雅图地区华人移民口述史》,台北:政大出版社,2014 年。

华侨华人一直以来都是中国历史进程中重要的参与者，华侨华人口述史的发展也越发得到重视。接下来，笔者将探讨华侨华人口述历史在研究与项目实践中呈现出的四个特点。

2.1 涵盖华人四大类型，研究具有明显就近性和地域性

著名华人研究学者王赓武提出了"海外华人的四大类型"的说法，将华人主要分为四种类型——华商型（The Trader Pattern）、华工型（The Coolie Pattern）、华侨型（The Sojourner Pattern）、华裔或再移民型（The Descent or Re-Migrant Pattern）。[1] 从上文对华侨华人口述历史的现状考察来看，华侨华人口述历史涵盖了以上这四种类型。

华工型研究更集中于美国地区，这与美国三波移民潮中的第二波移民潮有关。19 世纪 50 年代后，不少华人因美国加州"淘金热"和美国太平洋铁路建设产生的大量劳工需求而进入美国，形成了大量的华工型移民。历史上，东南亚一直是比较热门的华人移民地，沿海地区的中国人大多到南洋谋生，进而形成了华商型移民、华侨型移民，所以这两类的口述历史研究主要集中于东南亚地区。而华裔或再移民型则集中于澳大利亚地区，中国香港地区的学者对再移民型的华侨华人口述历史研究也颇有建树。相比之下，内地在华人研究中具有先天优势，研究涉及面广，但更注重 1949 年后的归侨口述历史。

中国内地（大陆）在华侨华人口述历史方面一直以抢救性工程为主，重视归侨口述史，对海外华侨华人资源利用不足。就目前资料来看，1979 年出版的《"猪仔"华工访问录》可视为中华人民共和国成立后归侨口述史的第一步。该书由刘玉遵、黄重言等人于 1963 年到广东省阳江县织簧农场对印尼归国的 44 名老华工进行调查访问而成。全书分为两部分：第一部分为《一页"猪仔"华工血泪史——印度尼西亚前苏东种植园及邦加锡矿四十四名"猪仔"华工的调查报告》，附有籍贯统计表、出国前家庭成分统计表、出国时间和出国路线等数据资料；第二部分为周亚招、林亚进等 44 名老华工的个人口述访谈文字记录。中国华侨历史学会 2004 年开展的"老归侨口述历史"项目更突显出中国内地（大陆）对归侨口述史的重视程度。"老归侨口述历史"项目目前已出版 12 本相关书籍，主要以内地（大陆）各个省市为单位。内地（大陆）归侨口述史主要依托于归侨组织机构，资源获取便捷。

香港印尼华侨的研究也是归侨口述历史研究中的重要组成部分。香港特区政府统计处 2011 年发布的《人口普查主题性报告：少数族裔人士》显示，共有 451 183 名少数族裔人士居住在香港，占全港人口 6.4%，其中近三成（29.6%）为印尼人。[2] 香港印尼人主要由印尼家务工人和香港印尼华人组成，香港印尼华人既包括了从内地到香港的印尼华侨，也

〔1〕 王赓武：《中国与海外华人》，香港：香港商务印书馆，1994 年，第 5—12 页。

〔2〕 香港特区政府统计处：《2011 年人口普查主题性报告：少数族裔人士》，2012 年 12 月，第 17 页，http://www.census2011.gov.hk/pdf/EM.pdf，最后访问日期：2017 年 7 月 8 日。

有直接从印尼移居香港的华人。[1] 香港印尼华侨多数生于印尼,在印尼度过童年和青年时期,在中华人民共和国成立之际纷纷回国建设,20 世纪 70 至 80 年代移居香港。他们坎坷的人生经历使得不少学者对此产生了研究兴趣,前文提及的王苍柏和朱纯仪都是研究香港印尼归侨口述史的学者。

此外,一些内地(大陆)学者在外求学或进行学者访问时,也会适当利用当地资源进行华侨华人口述历史的实践与研究,比如厦门大学历史学系教师陈衍德的《现代中的传统——菲律宾华人社会研究》。该书是陈衍德于 1992 年 3 月至 1993 年 3 月在菲律宾雅典耀大学的教师交流计划的一部分。访问学者在外求学时间长,做海外口述史更具优势,国内组织或个人"做海外华人口述史需要耗费大量的时间和交通食宿成本"[2]。2014 年的《从森林中走来:马来西亚美里华人口述历史》一书是内地(大陆)海外华侨华人口述历史研究比较少的成果之一。2011 年,韩山师范学院潮学研究院华侨华人研究所所长黄晓坚等人赴马来西亚美里市对 45 位华人代表做了口述访谈,并走访砂拉越华族文化协会、美里市立图书馆,对当地华人庙宇、义山、社区等进行实地调查。此外,台湾学者张存武、朱浤源、潘露莉等人多次到菲律宾马尼拉等地对华人进行口述访谈,以抗日篇和文教工商篇分类,将 49 位菲律宾华人的访问录(其中陈振佳先生为自传)收录于《菲律宾华侨华人访问记录》一书中。

各地区的华侨华人口述历史主要基于"就近原则"。一方面,完成一个口述历史项目需要投资大量的时间、金钱与精力,其中金钱成本的可压缩性较大。在笔者统计中的一些大型的华侨华人口述历史研究项目中(见表 1),从立项开始,最快的出版成果也需要两年,华侨华人口述历史项目持续时间长,跨度大。就近对华侨华人进行口述访谈,既能对本地区的资源进行妥善利用,也能合理减少成本。但另一方面,"就近原则"的使用很容易使得各地区过多关注本地资源,对其他地区资源利用不足,难以在一个地区形成系统性。

表 1　大型的华侨华人口述历史研究项目统计表

地区	项目名称	主办机构	时间	主要成果
中国内地(大陆)地区	"老归侨口述历史"项目	中国华侨华人历史研究所	2004 年至今(2007 年出版第一本著作)	《风雨人生报国路:山西归侨口述录》《椰风蕉雨话侨情:海南归侨口述录》等
	归国华侨杰出人物口述历史项目	厦门市侨联等	2004 年至今(2010 年出版第一本著作)	《国门内外:"侨"的口述历史资料》
	美里华人口述历史研究	韩山师范学院	2011 年至今(2014 年出版第一本著作)	《从森林中走来:马来西亚美里华人口述历史》

[1] 郭俭:《香港族裔经济中的印尼华侨与华人》,《东南亚研究》2016 年第 3 期,第 61—70 页。

[2] 黄晓坚、陈俊华、杨姝等编《从森林中走来:马来西亚美里华人口述历史》,广州:广东人民出版社,2014 年,第 11 页。

地区	项目名称	主办机构	时间	主要成果
中国港台地区	金门乡侨口述历史计划	金门县政府	2008—2014	《金门乡侨访谈录（二）——文莱、砂拉越篇》《金门乡侨访谈录（四）——新加坡篇》等
	"菲律宾华人史料基础调查与搜集计划"	台湾"中央研究院"近代史研究所	1992—1994	《菲律宾华侨华人访问记录》
国外地区	History through Memories and Stories, Oral History Interview for Seattle Chinese Immigrants	华盛顿大学东亚图书馆	2014 年项目正式成立	*Reflection of Seattle's Chinese Americans：The First Hundred Years*（1994）*Voices of the Second Wave：Chinese Americans in Seattle*（2011）
	Chinese Whispers	英美立团队	2009 年至今	http://chinese-whispers.org/
	Oral History Interviews with Chinese Immigrants and Their Descendants	澳大利亚维多利亚州立图书馆	1976—1983	*Testimonies from White Australia：Oral History Interviews with Chinese Immigrants and Their Descendants*
	Chinatown, Chinese Dialect Groups, Education in Singapore (Part 2：Chinese),etc	新加坡国家档案馆口述史中心		http://www.nas.gov.sg/archives online/oral_history_interviews/ browse-project
	Minnesota Chinese Oral History Project	明尼苏达历史学会		http://www.mnhs.org/

（注：笔者根据现有华侨华人口述历史研究项目资料等整理而成）

2.2 国外地区华侨华人口述历史公众开放程度高

自从 1948 年美国哥伦比亚大学创立口述历史研究中心以来，口述历史在国外已经形成一定的标准和规模。口述历史学会林立，口述历史项目的开放程度比较高。国外在华侨华人口述历史上起步早，大型的、有组织性的、长期性的华侨华人口述历史项目比较多。

2002 年，美国明尼苏达历史学会开展了明尼苏达华人口述历史项目，该项目的所有访谈录音、文字记录收藏于明尼苏达历史学会的官方网站[1],读者、学者可通过该网站查询、下载。新加坡国家档案馆口述史中心开展的华侨华人口述历史专题,全部以网上公开资源呈现,收录于新加坡国家档案馆官网的"在线档案"[2]一栏中。华盛顿大学东亚图书馆在 2014 年开展了西雅图华人移民口述历史项目,该项目记录了不同社会经济背景、来自不同地区的西雅图华人移民的生活经历。其中最重要的成果之一便是钟德瑞的《第二波华人心声:大西雅图地区华人移民口述史》,书中的口述者均为出生于 1949 年以前,历经日本侵华战争、解放战争,后到美国深造的美籍华人,多为华盛顿大学毕业生和波音公司的华人工程师。该书的录音和资料可以通过华盛顿大学图书馆和美国国会图书馆获取。

2.3　出国原因、职业经历、教育经历、家庭构成是华侨华人口述历史的基本内容

在华侨华人口述历史的研究内容上,出国原因、工作经历、家庭背景和华侨华人自身的教育经历都是国内外口述研究的基本内容。而中国内地(大陆)地区的归侨口述历史还强调了归侨建设国家、组织要求等的回国原因。另外,华侨回国热潮也多有提及,如:

> 1950 年,新中国成立后不到半年,就有人回国了。老师是支持的,到了 1952 年和 1953 年达到高潮。一批一批地走,每批几百人。高中毕业生百分之八九十都走了。[3]

华文教育一直以来都是维系海外华人的重要方式,在中华文化传承上起着重要作用。华侨华人口述历史研究中,华文教育占有重要一席,《从森林中走来:马来西亚美里华人口述历史》和《活在别处——香港印尼华人口述历史》着重谈及了华文教育。

2.3.1　中国内地(大陆)学者更注重归侨认同研究

在归侨的口述历史中,相比出国经历,中国内地(大陆)学者对其归国后的经历更感兴趣。"老归侨口述历史"项目的成果中,归国后的经历占有浓重的一笔,作者多以归侨回国后的工作、学习等经历来反映中华人民共和国的历史。归侨在建设祖国的号召下回国,大多先在华侨补校、侨青班等学习,后升入大学,历经"土改""文革"等事件。归侨的口述记录了这些历史事件中的个人经历,在文献记录上添入了"人"的色彩:

---

〔1〕　明尼苏达历史学会:Minnesota Chinese Oral History Project-Interview with Harry Chin/Jane Wilson/Sheila Chin Morris/Oy Huie Anderson,网址为 http://www.mnhs.org/,最后访问日期:2018 年 7 月 31 日。

〔2〕　新加坡国家档案馆口述史中心:Oral History Interviews@ Archives Online,网址为 http://www.nas.gov.sg/,最后访问日期:2018 年 7 月 31 日。

〔3〕　王苍柏:《活在别处——香港印尼华人口述历史》,第 39 页。

"文化大革命"爆发时，我们刚回国5年，由于语言障碍，我们越写检查越有问题，我们越来越变成了"坏人""反动"，甚至连累到了孩子们。[1]

1958年"大跃进"，首钢要招工人，我也想报名当工人，因为"工人阶级是领导阶级"嘛，当时思想是这样子的了。老师不同意，鼓励我先考大学。[2]

其次，由于该系列的口述者基本是归侨组织选取的，多数口述者都谈到了自身与归侨组织的关系。同时，归侨对祖国的热爱、与祖国的关系也是归侨口述历史成果突出的重点，像"祖国是我温暖的家""岁月难忘，祖国情深""我的根在祖国"等的目录均能体现。

而港台学者在华侨华人口述历史的成果中注重其家庭的华侨背景、华侨在国外的工作和生活经历等。诸多华侨华人在出国前的家庭结构中都已有华侨背景，这些华侨家人在海外的成功激励了年轻人的出洋热情，也为他们出洋铺垫了道路。另外，华侨华人在海外的工作、生活经历丰富，且多随时代改变，他们的海外求学、经商、海外抗日经历等都是学者关注的内容。

2.3.2　在国内学者的海外华侨华人口述访谈中，教育问题都是重点关注的内容

辛亥革命后，华文教育逐渐成型。华文学校在海外华侨华人心中有着重要作用，除了以文艺活动、地理位置等为基础形成的同乡会等归侨、华侨组织外，也有部分以华文学校为单位形成的同校会、校友会。

表2　香港东南亚华人社团的性质分类和总数[3]

性质	数量
校友会	37
地缘团体	15
文艺团体	4
综合团体	3
专业团体	1
学术团体	1
总数	61

在香港学者王苍柏整理的61个香港东南亚华人社团中，校友会占37个。"事实上，校友会是大多数香港印尼华侨参加的唯一团体，他们一般很少参与和介入非华侨的诸如同

---

〔1〕　陈毅明主编《国门内外："侨"的口述历史资料》，第78页。
〔2〕　王苍柏：《活在别处——香港印尼华人口述历史》，第137页。
〔3〕　同上，第17页。

乡会之类的组织。"〔1〕多数华侨华人口述者都会提及华文学校的就读、升学经历,如王礼溥先生所言:

> 一九三九年,我进三宝颜中华中学附小三年级。五月,父亲应马尼拉百阁华侨学校之聘主持校政,十二月,我也北上马尼拉与他团聚,我俩一起住于校舍里。〔2〕

《活在别处——香港印尼华人口述历史》的口述者多提及巨港中学,《第二波华人心声:大西雅图地区华人移民口述史》口述者主要毕业于华盛顿大学。

其次,后代子女教育和子女成就也是华侨华人口述的重要内容。中华文化中一直以学为重,华侨华人对后代的教育十分重视。

> 我对小孩的教育很注重,我育有四女一男,共有五个小孩,五个全部读到大学毕业。老大女生,学的电脑科系,她在文莱读完高中,即保送台湾的中山大学,后来又赴新加坡深造,取得新加坡大学的硕士学位,目前从事电脑贩售。〔3〕

2.4　华侨华人妇女口述历史比例不高,但逐渐被重视

若将性别视角引入华侨华人研究中来看,可以发现,传统的华侨华人研究中妇女研究比例小,重视度不高。范若兰在考察新马华侨华人妇女史料时探讨了华侨妇女史研究中不常用口述历史的问题。"从华侨妇女史的研究来看,目前还很少有人利用口述档案,只有陈国贲和张齐娥的《出路——新加坡华裔企业家的成长》一书利用华人企业家的口述资料,其中描写了企业家的母亲和妻子对他们的影响。"〔4〕

笔者选取了国内外地区综合性华侨华人口述历史作品中的 4 本——《从森林中走来:马来西亚美里华人口述历史》《金门乡侨访谈录(二)——文莱、砂拉越篇》《活在别处——香港印尼华人口述历史》和《第二波华人心声:大西雅图地区华人移民口述史》作为代表,考察其中口述者的华人妇女比重。在综合性华侨华人口述历史作品中,虽然不难发现华人妇女的身影,但普遍而言,女性占比低,其中部分华人妇女口述者还是以夫妻、团体共同采访的形式出现的。

---

〔1〕　王苍柏:《活在别处——香港印尼华人口述历史》,第 250 页。

〔2〕　张存武、朱浤源、潘露莉访问,林淑慧记录:《菲律宾华侨华人访问记录》,第 261 页。

〔3〕　李永凤等口述,董群廉访问和记录整理:《金门乡侨访谈录(二)——文莱、砂拉越篇》,台湾:金门县政府,2008 年,第 43 页。

〔4〕　范若兰:《国外有关近代新马华侨华人妇女史料介绍》,《八桂侨刊》2001 年第 1 期,第 18—23 页。

表3　综合性华侨华人口述历史代表著作中华人妇女比例

地区		代表著作	华人妇女	总数
中国	内地（大陆）地区	《从森林中走来：马来西亚美里华人口述历史》	12（其中2名为夫妻共同采访，4名为团体采访）	45
	香港地区	《活在别处——香港印尼华人口述历史》	3	10
	台湾地区	《金门乡侨访谈录（二）——文莱、砂拉越篇》	5	37
国外地区		Voices of the Second Wave：Chinese Americans in Seattle	15（其中3名为夫妻共同采访）	35

口述历史是妇女研究的一种重要方式，国外学者对华人妇女口述历史较为重视。新加坡档案馆的一些华侨华人口述历史专题也是华人妇女口述历史的重要组成部分。馆中虽然没有华人妇女专题口述历史项目，但在"日本统治时期的新加坡"和"正在消失的行业"这两个主题中收录有许多华人妇女的口述录音。"'正在消失的行业'记录了女佣、洗衣工、媒婆、接生婆、女伶的生活，从侧面反映了华侨华人妇女的生活状况。"[1]陈梅（Chan Mui）是其中记录的一位洗衣工，其语言朴实，口述的是当时洗衣工骑单车收衣服和衣服的价格等情况：

几角钱，三角钱一件衣服而已，七角钱一块床布。人家叫 bed sheet，七角钱，一套就六角钱。洗衣服三角钱，一套就六角钱。[2]

新西兰华人学者叶宋曼瑛在新西兰华人妇女史研究方面著有《新西兰华裔妇女生平》，该书用口述历史的方法，访谈了"最早进入新西兰的先行者毕振华、林琼意，以战时难民身份来到新西兰的黄玉兰、刘月仙、吴碧伦（即冯吴碧伦）、李影芳，受惠于1948年新西兰移民政策的调整与牧师丈夫一同抵新的何美恩，跨越老华侨和新移民的黄英"[3]。

另外，华人妇女口述内容上难与丈夫、儿女等家庭成员分离。而华人男性口述史则不同，其口述内容多为自身工作等经历，一些口述者甚至可能不谈及自己的妻子。《金门乡侨访谈录（七）——印尼篇》中王能言女士口述内容都是回忆曾祖父、祖父的，如：

---

〔1〕　范若兰：《国外有关近代新马华侨华人妇女史料介绍》，《八桂侨刊》2001年第1期，第18—23页。

〔2〕　杨玉李：《Chan Mui 陈梅口述历史访谈：消失中的行业》，新加坡陈梅住所，1989年3月22日，新加坡档案馆。

〔3〕　邱志红：《新西兰华侨华人史研究的回顾与思考——以中文研究著述为中心》，《暨南学报（哲学社会科学版）》2016年第2期，第41—52页。

我阿祖当秀才的时候,他的书房很漂亮,里面都是古物,可惜我们走日本(日军入据金门,金门人逃难称"走日本")时都被别人毁掉了。[1]

3　结语

华侨华人口述历史已经初成规模,总体而言中国港台地区、国外地区的研究比较深入和扎实。对此,中国内地(大陆)学者可以从以下三方面继续深入研究。

第一,中国内地(大陆)地区的归侨口述历史由归侨机构、省市相关机构作为主要单位长期执行,归侨口述历史虽然颇有成就,但是仍然停留在初期阶段,对归侨在多次移民中的文化认同、身份认同等没有过多深究。香港大学王苍柏博士在这一方面可谓弥补了一些遗憾,《活在别处——香港印尼华人口述历史》一书在 10 位香港印尼华人的口述历史的基础上,对"印尼—中国内地—中国香港"多次移民中显现的文化适应和身份转变问题都作了深入探讨。相比香港,内地归侨口述历史一直以抢救性工程为主,在抢救老归侨的活历史资源的工作上十分活跃,但也须深入探讨其背后凸显的文化问题。

第二,华侨华人妇女口述历史一直没有受到中国内地(大陆)学者重视。传统华侨华人研究一直以男性为中心,口述历史恰好可以弥补这一点。学者李向平和魏杨波认为:"口述史研究法的运用,乃是解构了历史研究的权力结构,让社会上没有声音的弱势者如少数族群、妇女、没有书写能力者或边缘分子,有机会将自我经验通过自我的叙述进行自我呈现,这乃是对传统历史研究的权力结构,作了彻底的改造。"[2]老一代华侨华人所处的时代背景正是风云变幻、思想巨变之际,许多华侨华人妇女从传统"男尊女卑""重男轻女"等思想中解放出来,活跃于海外,走向人生的新篇章。华侨华人妇女口述历史恰好可以补足这一时期女性地位变化、思想解放的文献资料。

第三,新一代中国移民的口述历史也需要引起足够的重视。目前,唯有西澳大学孔子学院开展的华人口述历史是针对中国新移民的。中国改革开放以来,新一代中国移民主要以知识、技术移民为主,新移民所在的时代背景与老一代华侨华人完全不同,中国的崛起实实在在地影响着新一代中国移民,新移民的口述历史也需要相应启动。

[1] 董群廉访问:《金门乡侨访谈录(七)——印尼篇》,台湾:金门县政府,2009 年,第 82 页。
[2] 李向平、魏杨波:《口述史研究方法》,上海:上海人民出版社,2010 年,第 7 页。

口述史中的情感：排除抑或考察的对象？

◎石田隆至[1]

摘　要：

笔者在口述史调查中，将讲述者的情感亦作为考察对象，且不仅是客观地考察，而是将研究者自身的情感被卷入其中的情况也作为考察分析的对象。在对中华人民共和国教育审判的日本战犯的口述调查中，亲历者回忆自身罪行的苦恼经历，讲述其认识发生变化时，表述语言过少且平淡。此时，笔者作为调查者适时介入，传达自身对其讲述的感受；讲述者由此产生情感的高扬，最终完成了讲述。通过以这一称之为"情感交流法"的调查及分析，确认将亲历者的经历更丰富更深刻地加以重现之可行性，同时，揭示笔者是如何在调查研究中对"情感交流法"加以运用与雕琢。

关键词：

情感交流法；主观—客观图式；日本战犯；历史认识

Emotions in Oral History：In or Out?

◎　Ryuji Ishida

Abstract：

The purpose of this article is to elaborate on "emotional interaction approach". This is methodology of oral history interviews，firstly，to examine not only narrative but also changing emotion of narrator，secondly，not to treat emotion objectively，thirdly，to analyze researcher's changing emotion involved with emotion of narrator. Concretely，in oral history interviews toward Japanese war criminals of New China，when they hesitate to confess their own war crime，it's too little to narrate how a sense of guilt had been changing. So，by telling narrator such impression of researcher in intervening way，we often can give emotion of narrator a lift. Then，we are able to analyze why emotion of narrator（and researcher）is uplifted，and we can gain an insight into the experience of deeply admitting own guilt.

---

[1]　作者简介：石田隆至（1971—），日本国立一桥大学大学院社会学研究科博士课程毕业，上海交通大学副研究员，明治学院大学国际和平研究所研究员，中归联和平纪念馆理事。感谢陈俊勇翻译、张宏波校对。

Keywords：

Emotional Interaction Approach；Subjective-Objective Perspectives；Japanese War Criminals；Historical Perspective

1 导语——问题之所在

口述史的作用仅仅是作为以史料实证为基础的历史学的补充性方法论，还是说它具有超越现有历史学局限的挑战性？在思考这个问题时可以从多个方面论述，但笔者在本文中要考察的是口述调查中的情感处理方法。

伴随口述者的讲述，口述者本人甚至采访者一方都可能产生情感的变化。关于这一点，以往的研究往往认为这种情感因素妨碍了冷静、客观的分析，只是将口述者的话语作为考察分析的对象。那么，语言和情感是否可以分离呢？在进行口述调查时，有的"东西"用现有的语言是无法表达的，这时通常会以眼泪、愤怒或者沉默等各种情感的形式表现出来；当口述者的情感发生大幅波动时，其表述甚至正是最贴切的，可以作为其讲述内容整体的关键词。有的口述伴随强烈的情感，因此可能会失去逻辑性，出现前后不一致的情况。因此，研究者需要根据现有的材料，分析看似混乱的背后，情感和价值观与材料本身之间的关联性。当然，将口述转写成文字时，使用"笑""沉默""无话（寻找措辞）"等描述都是很常见的。但这些表述仅仅被看作是口述者讲述内容的附加成分，很少有人将之视为与其他口述内容同等重要的研究素材，口述中的情感表达在多数情况下也往往被研究者冷静地加以"对象化""客体化"处理。

然而，研究者也是有感情的，认为"他们完全不会受到伴随强烈情感的叙述所影响"是不符合实际的。有时研究者会对受访口述者的价值观产生亲近感，对其高涨的情绪也会感同身受；有时候则会产生反感甚至厌恶的心理。实际上，研究者的亲近感或反感等通常会使其加深对讲述内容的理解，但在论文中则很难表现出其影响。研究者应该杜绝按照自己主观的价值观或者以论文的假说将叙事者的口述内容加以"重构"，为了保证研究本身的"客观性"，研究者在记述口述者的讲述时有必要同时将自身的情感也记录下来。不将口述者的情感和其背后的价值观与其讲述及史料视为同等重要，甚至将调查研究者的情感和价值观直接剔除，以此保证的"客观性"究竟意义何在？这是对意在追求"客观性"历史研究的方法论提出的无法回避的根本质疑。在口述史调查的第一线，不难发现：调查研究者的主观性将档案史料或者口述材料视为客体，这是"主观—客观图式"研究方法的局限性。

将口述中呈现的情感也作为考察对象，其本身具有重要的研究意义，但凡有经验的口述史研究者都已经不同程度地意识到了这一点。而日本社会的历史认识现状，则让我们进一步认识到这种研究方法的重要性。历史修正主义者的历史观试图美化日本在亚洲·太平洋战争中的所作所为，且20世纪90年代以来，这种历史观的社会影响显著增强。历史修正主义者及其拥护者并非试图通过挖掘新事实而篡改历史，无论怎样指出其引以为据的所谓根据并非事实，他们都不会改变其历史观。无论历史学家和战争亲历者如何揭露日本在战争中的加害事实，他们也只会回应道"日本人不可能做这样的坏事"，"教授日本的负面历史是自虐行为"，"日本要重获自信心就需要新的历史"，等等。[1] 也就是说，这种广泛存在于当今日本社会的美化侵略战争的历史观，是基于情感和价值观而非基于历史事实的。这表明，我们有必要正视情感和价值观问题，它不仅仅是历史学方法论层面的问题。弄清历史事实固然十分重要，但如果我们只求探明事实，是无法解决日本历史认识上存在的问题的。因此，在弄清事实的同时，我们还有必要将历史观背后的情感和价值观问题作为研究对象加以考察。

笔者的上述主张并非什么新奇的言论。关于认识论中"主观—客观图式"的局限性问题，在近代社会科学确立初期，即被马克斯·韦伯的"价值自由"说以及卡尔·曼海姆的"存在制约"学说等反复加以提出[2]。然而，之后的人文社会科学研究并没有将这一问题意识发展成为新的方法论，而依旧主要依赖于"主观—客观图式"。不可否认，"主观—客观图式"充分把握了基本的认知框架，所以仅此图式亦能够在一定程度上探明事实。但是当今日本社会广泛地接受历史修正主义的主张，这说明现实已经使人无法再忽视韦伯和曼海姆所提出的问题了。

从上述问题意识出发，笔者提出了口述史调查研究中的"情感交流法"。此研究方法是在精神病理学家野田正彰对战争亲历者的面对面调查方法的基础上，由笔者与合作研究者通过口述史调查的实践逐步形成的研究方法。

2 何谓"情感交流法"？

野田正彰为精神病理学专家，通过对战争受害者或加害者进行精神病理学的访谈调查，揭示了战争经历对他们精神方面的影响，尤其分析了日军中广泛存在的情感僵化现象与日本社会不肯回顾总结那场战争的姿态之间的关系。在调查研究过程中，先将被调查

---

〔1〕 战后的历史教育在一定程度上直面了日本在战争中的加害行为。而"自由主义史观"批评这种教育，称其为"自虐史观"。"自由主义史观"群体的初代代表作是藤冈信胜的《耻辱的近现代史——克服之正当时》（汚辱の近现代史——いま、克服のとき），日本：德间书店，1996年。之后，许多作者写了诸多类似作品。

〔2〕 ［德］马克斯·韦伯：《社会科学认识和社会政策认识的"客观性"》，［日］富永祐治译，日本：岩波书店，1998年；［德］卡尔·曼海姆：《意识形态与乌托邦》，［日］铃木二郎译，日本：未来社，1968年。

者所讲述的内容,与调查者野田自身对此所产生的违和感或共鸣一并记录下来,之后将其呈现给被调查者,再将调查者的反应记录下来。他同时导入了文化人类学和社会学的研究方法,开发出"情感交流法",这亦是此研究方法的一大特点。[1] 通过分析战争加害者与受害者的情感模型或者应有情感的缺失,试图探讨战后日本社会在此问题上呈现的特质,可以说是一项先驱性研究。

笔者尝试将上述方法应用于人文社会科学的质性调查研究中。正如野田所指出的,日本社会通常倾向于将感情性的口述视为消极的。因此,有必要有意识开拓新的研究方法,从而挖掘出与情感同时被压抑的、尚未能讲述的战争经历。为此,调查研究者需要意识到自身以冷静客观为由的僵硬情感,采取全新的态度去面对被调查者及其讲述。也有必要在此基础上开拓一种"解释学"的方法:首先它不仅要求记录口述的内容,还要记述被调查者的情感变化;其次,要求记述研究者由于接触到不同的历史观及经验、立场,所引起的研究者自身发生的情感及认识的变化。"解释学"的这一方法将通过对上述因素进行交叉的综合性分析,解释人们认识的形成机制。

笔者在调查研究历史认识及战争加害/受害问题时,时常意识到研究者做不到纯粹的"客观"分析。比如,当接触到高龄的原日本军人讲述时,即使是具有浓厚军国主义和帝国主义色彩的内容,笔者也会思考战后出生的自己是应该批判、否定地面对他,还是把他作为教训和反省的对象接受。换言之,笔者几乎无法不意识到自己的"责任"而进行口述史研究。在面对战争受害国的受害者时,笔者往往抱有这样的观念:日本自身的民族主义并非是只要在理论和认识层面上摆脱其体系就能解决的。

这在一般的史料实证研究中也是类似的。由于任何研究者都是历史的和社会的存在,所以在进行历史资料的分析和解读时不可能完全不受文化要素的限制。以战后日本对有关南京大屠杀史料的态度为例,这一点尤为明显。即使利用相同的史料,也难以因此期待"获得共同的客观的历史"以及拥有"共同的历史认识"。然而,主观—客观图式却是以人的认识所可以达到客观为前提的(依此图式,中日双方通过相同的史料即可就南京大屠杀达到共同的历史认识)。关于历史事实,即使我们可以站在同一地平线考察,也仍然可能存在着感情上的隔阂和对立,阻碍着"历史共识"的形成。在历史认识问题上,不仅是历史事实,文化背景和情感层面都支撑着这一真实感,只是在探讨历史认识问题时,后者并未受到多少关注。

在调查研究中会遇到,需要认知自己是立足于怎样的"客观性"的时刻。例如,当遇到认知和经验完全不同的他者——在数年间采访过众多"从军慰安妇"(日军性奴隶),面对

---

[1] [日]野田正彰:《战争与罪责》,日本:岩波书店,1998 年;[日]野田正彰《虏囚的记忆》,日本:原美篇书房,2009 年。

她们的讲述，"反省""谢罪"一类的措辞如何能应对受害女性们的经历？或者，当遇到赞美日军侵略行径的右翼论者无论怎样的事实都不肯直面的情境，意识到他们本身就不曾理解何为人的尊严，由此我们不得不面对另一种"黑暗"时，是怎样的无奈与无措？这种情况，野田正彰将其视为"破绽的瞬间"，在研究中积极地将其作为通过"情感交流"建立相互关系的契机去把握，并应用精神医学的机制加以分析。

所谓精神分析，是指由经历过分析自身精神（教育分析）的医生，通过接受被分析的患者的抵抗（谴责或怀疑）来达到缓解其症状的治疗方法（笔者在对森原一等亲历者的口述调查中，意识到其感情可能会发生波动——因其生活在抑制感情的文化环境中，可以此方法促使其从限制中解脱）。精神分析的根本洞察力来源于如下的想法，即将患者的抵抗行为视作一种"转移"，且这种"转移"再现了导致患者发病的社会关系。这时，医生承担患者的"转移"，并置身其中，将自己作为自己的观察对象，同时自觉意识到，通过教育分析可能会产生"逆转移"，并保持自己观察者的身份，成为具有双重性的存在。野田也将这种方法应用于历史研究当中。当接触不同的历史认识以及难以把握的灾难性体验时，自身的情感反应以及认知框架都会发生变化。野田将这些变化作为研究对象，分析其中的意义[1]。

这一方法并非远离战争亲历者（受害者和加害者）带有主观性的讲述及不同的历史认识，并试图将其视作"客体"把握，而是将通过接触到它所产生的调查者自身内在的变化也作为观察对象，这是一种"自我分析的历史研究方法"。这一方法与以往的研究方法相比，或许在如何保证客观性方面会受人诟病。当然，方法论并非在一夜之间确立起来，笔者也通过反复摸索来实践"情感交流法"。通过这一过程可以得出一个结论：研究者的潜在观点，始终被视为主观情感和价值观，而被置于研究对象之外，难以呈现出来。它只有通过接触他者的情感和价值观，才勉强有机会表面化。[2]

中国学者也曾提出有必要开发此类研究方法。中国社会科学院原研究员孙歌在谈及南京大屠杀的感情记忆问题时指出，不仅日本的右派，即使良心派历史学者也特别重视，甚至拘泥于经过档案史料实证证实的历史。孙歌进而指出，这种方法存在很大的问题，因为被史料实证确定的历史只不过是历史中的一小部分而已。[3] 针对孙歌提出的这一方法论上的根本问题，日本有学者做出回应，但无法认为此回应回答了孙歌的问题，亦未闻

---

〔1〕 精神分析学家爱利克·H. 埃里克森以后的"心理＝历史学"也以同样的构想进行历史分析。[美]爱利克·H. 埃里克森：《幼儿期与社会》，[日]仁科弥生译，日本：原美篇书房，1977—1980年，及《青年路德：精神分析、历史分析研究》，[日]大沼隆译，日本：教文馆，1974年。

〔2〕 以这种方法为基础的口述研究成果之一可参考拙稿《从对宽大的回报到承担战争责任：围绕一个原士兵的"无尽的认罪"》，《PRIME》（明治学院大学国际和平研究所）2010年第31期，第59—72页。笔者基于"情感交流法"的口述史调查研究是与中国研究者张宏波（明治学院大学教授）合作完成的。

〔3〕 孙歌：《中日战争感情与记忆的构图》，《世界》（日本）2000年第673期，第158—170页。

受孙歌等学者实施的"日中·知的共同体"这一项目触发而开发新的研究方法。[1] 这也再一次体现出日本社会的一大特点:倾向于压抑情感,不愿意积极地探索其意义。反之,如果深入探讨日本社会中常常被加以不可视化处理的情感,会有益于探索日中之间历史认识问题解决的可能性。[2]

从以上问题意识出发,笔者在此文中将论证以下观点:在口述调查研究中,将情感纳入考察对象中,且非单单客观地考察情感,而是将研究者自身在调查研究中发生的情感及变化也纳入研究对象,如此便有可能论证仅仅依靠文献史料所无法探究的复杂多面的历史。

3 如何把握难以理解的经历

笔者进行了十余年口述调查研究,调查对象为 20 世纪 50 年代被关押在中国抚顺以及太原的一批日本战犯。日本许多战争亲历者很少承认或反思战争期间的加害行为。然而,在中国认定为战犯的约 1100 人中,许多回国后都承认自己过去的犯罪行为,并坚持反省自己——尽管程度上存在差异。坦诚承认罪行、及时进行反省、防止悲剧重演,这是"和平国家"的前提,而日本社会至今都还没有意识到其重要性[3]。在日本,更多的人认为承认犯罪的这一批人是被中国共产党"洗脑"了。在左派和自由派知识分子中也可以普遍看到这种倾向[4]。因此,尽管这些战犯是承认加害事实的稀有人证,但他们很少成为研究的对象,他们的战争认识本应该为众多的日本战争亲历者所拥有。至于这一批战犯是如何获得这种认识的,这不仅是一个历史学课题,对社会学和政治学来说也是重要的研究题目。实际上,目前对这一批人的正面研究[5]屈指可数。

不过,作为当事人的战犯和关押战犯的中国战犯管理所管教人员的回忆资料[6]有很多,某种程度上我们可以根据这些资料了解其概要经过。这也表明,当事者双方都认为这是需要记录下来的历史事实。至于日本战犯的认识是如何发生变化的,笔者在此只做一

---

[1] 关于孙歌与日本学者的讨论,请参考拙稿《"感情、价值观"问题的历史认识:为展望今后的和平教育》,《PRIME》(明治学院大学国际和平研究所)2015 年第 38 期,第 79—91 页。

[2] 孙歌:《谈论亚洲时的困境:寻求认知的共同空间》,日本:岩波书店,2002 年。

[3] [日]吉田裕:《日本人的战争观:战后史中的变容》,日本:岩波书店,1995 年。

[4] 例如《管理所中生长的醒悟归国战犯忏悔之迷》,《朝日新闻》(日本),1956 年 8 月 2 日。

[5] 以往的先行研究中,除了上述野田正彰的研究,还有[日]冈部牧夫、[日]荻野富士夫、[日]吉田裕编《侵略中国的证言者们:读"认罪"的记录》,日本:岩波书店,2010 年。

[6] 详细追溯战犯们战争认识变化过程的代表性回忆录中,战犯方面的有[日]岛村三郎的《从中国归来的战犯》,日本:日中出版,1975 年;原管理所职员方面的有中国归还者联络会翻译编辑委员会(日本)的《觉醒:抚顺战犯管理所的六年》,日本:新风书房,1995 年。

一概述。从 1950 年 7 月至 1956 年夏季,他们被关押在抚顺战犯管理所六年[1],在此将六年划分为四个时期,并概述他们的认识是如何变化的。[2]

第一阶段"反抗期"(1950 年 7 月—1951 年春):没有意识到自己是战犯的日本人显露出战前就持有的对中国人的蔑视态度,持续反抗管理所员工。他们每天从早到晚地玩围棋、象棋、扑克,自暴自弃,但同时内心也在恐惧着会被处决。与此同时,中国管理所方面在日本战犯的膳食、生活环境等方面始终按照国际惯例贯彻人道主义待遇。

第二阶段"学习期"(到 1954 年 3 月左右):日本战犯震惊于中朝两国在朝鲜战争中的胜利,开始思考中国究竟是什么样的社会。另外,因受到中方人道主义待遇,态度也逐渐温和,开始学习时事和阶级理论。不久后,大多数战犯认识到日本发动的战争是侵略战争。

第三阶段"审讯期"(到 1954 年秋):大多数战犯即使已经承认战争性质是侵略,但承认自己的行为是战争犯罪并非易事。因此,为了使其认识到自己的罪行,管理所开展了坦白、审讯、相互批评等。认识自己罪行的过程是痛苦的,但最终大部分的战犯都将自己的罪行供述出来,实现了认罪。

第四阶段"表现活动期"(到 1956 年夏天的判决):在认罪活动中,战犯学会了从战争受害者的角度考虑问题,站在受害者立场获得了新的社会认识和自我认识。为了深化这种认识,他们开展了文艺、戏剧、诗歌创作等各种文化活动。

上述概括性的综述也存在局限性,很多读了当事者回忆录的读者会产生这样的印象:暂且不论战犯们的认识产生了变化这一结果,他们的认识是如何变化的,这一过程十分不易理解。的确如此,战争体验是一种过于特殊的经历,后人很难通过想象再次体验当事者的感受。作为当事者的战犯们也认识到了这一点,他们会很严肃地说,其他人根本就不太可能理解自己[3]。即使是相对详细地描写战犯变化过程的回忆录,也会在回忆录前言做出说明:这段经历是很难用语言描写的,是难以表述清楚的体验。例如以下为战犯泽田二郎的以下文字,令人印象深刻。

---

[1] 关于太原战犯管理所,后文也有记述,来龙去脉稍微复杂一些,但认识的变化过程大致相同。被判处有期徒刑的战犯在 1956 年夏天之后被收监。

[2] 以当事人的回忆录为基础,也参考了张宏波的《认罪是怎样实现的》,载[日]冈部牧夫、[日]荻野富士夫、[日]吉田裕编《侵略中国的证言者们》,第 22—48 页。

[3] 战犯归国后形成的组织(中国归还者联络会)一直只允许战犯当事人成为会员,之后其支持者即便想加入此会,也只能成为"赞助会员",最终该组织因会员高龄于 2002 年解散(其山阴支部拒绝解散,至今仍高举"山阴中归联"旗帜与后继团体一道开展反战、日中友好活动)。原因在于,战犯管理所期间的认罪经历是亲历者以外的人难以理解和继承的。参照中国归还者联络会(日本)编《归国后的战犯们的后半生:中国归还者联络会的四十年》,日本:新风书房,1996 年,第 662—664 页。

这是一段不可思议的经历,很难用言语表达清楚。"那到底是什么?"尽管存在这样的疑问,但无论何时,回味此事时总是伴随着感动,是一种强烈且珍贵的回忆。

即使刚结束认罪活动,我们仍然认为"自己经历了了不得的事情。这到底意味着什么呢? 今后必须认真思考……"[1]

由此看出,对于这段特殊的经历,其中很多细节连当事者自身也未能用清晰的语言表达出来。另一名详细记述了管理所经历的战犯是绘鸠毅。他认为,中国的战犯管理所体现了基督教的"邻人爱"的思想。[2] 不过考虑到这一时期确为中华人民共和国建立之初,除了将其评价视作一种类比,很难做出其他的解释。近年来,这一历史甚至屡次被描述为"抚顺奇迹"[3]。"奇迹说"顾名思义,是形容其为一种非同寻常的、超乎想象的经历,看似易懂但实际并没有解释清楚究竟发生了什么。因此,难免引起"为什么会有可能发生奇迹"的疑问,结果就会误入一种"循环论"当中。

相反,当事者由于也没有完全理解究竟发生了什么,因而会轻易地做出超越性的解释,认为自己理解了自身的一切经历,这一想法也是"主观—客观图式"中潜藏的理论前提。正是由于根据普通的认知方式很难把握这一经历,所以才有必要将目光投向一些没有形成文字的情感、缺乏记述的细节等,使事实经过得以整体呈现,这样才有可能使未被文字记载的历史展现出来。前述的泽田,将这种难以把握的经历描述为使情感异常振奋的瞬间。[4] 同时,如上所述,泽田反复表示这是一段难以用语言表述的经历。这一点绘鸠毅的情况也相同。在此可以再次确认,日本社会是一个难以把握情感具有的积极意义的社会。

有的经历即便是亲历者本人也难以理解,第三者自不必说。为了呈现其经历的意义,通过以"情感交流法"这一新的方法论克服以往的"主观—客观图式",对口述材料加以考察分析,以此获得新的见解。排除超越性的视角,转而重视情感因素,为讲述难以用语言描述的经历创造条件。由此,原本至今没有讲述过的,或者无法用语言叙述的经历逐渐得以讲述。此外,通过调查者对讲述者表明不厌烦被卷入"过去"的世界之中,讲述者此时得

〔1〕 [日]泽田二郎:《从战败到归国:从一九四五年八月到一九五六年七月》,载中国归还者联络会(日本)编《归国后的战犯们的后半生》,第1—22页。

〔2〕 [日]绘鸠毅:《"皇军"士兵,西伯利亚拘留,抚顺战犯管理所:康德学徒重生记》,日本:花传社,2017年。另外,绘鸠毅不是基督徒。

〔3〕 在抚顺战犯管理所担任管教日本战犯的金源所著回忆录《奇缘》中使用了这一词语,这是该表述的起源之一,见金源《奇缘:某战犯管理所所长的回忆(第一回)》,[日]山边悠喜子译,《中归联(季刊)》(日本)2000年第15期。上面提到的泽田也使用了"奇迹"这一表述。

〔4〕 "陆军曹长的认罪发表是一个突破口。在此刺激下,像是纯粹的共鸣,大家一起发声,认罪发表接连不断,所有人这种奇异的兴奋达到了顶峰,一时间管理所全体都轰动起来了。这种非凡的兴奋期持续了两三个月。"(泽田二郎口述)

以期望分享自己通常难以被人理解的特殊经历，从而放心去回忆、安心地讲述自己的经历及感受。此外，调查者将倾听后自身情感、认识的变化传达给讲述者，此时，调查者与讲述者既是"观察者"，同时也成为"被观察者"。这一空间使亲历者以往在他人面前难以讲述的经历得以讲述，也容易促使双方产生新的发现与洞察。

在笔者采访调查过的一些原战犯中，很多人都是在接受提问或在讲述过程中发现自己以前没有意识或者没有用语言表达过的某一经验。在那一刻，讲述本身常常伴随着一种独特的情绪的高涨。下文以被收押于太原战犯管理所的原日军士兵森原一（1923—2013）的口述素材[1]为典型例子加以说明。

4　从森原一回忆录中感受到的欠缺

虽然篇幅短暂，但森原追溯在战犯管理所里产生的战争认识的变化，将之写成了回忆录《加害者的传记》（以下简称《传记》）[2]。《传记》中记录了他的几项战争犯罪行为，其中之一是在山西省口泉镇下令杀死了被视为"间谍"的一对中国兄弟中的一名。仅就其记录了在非战斗情况下杀死平民的犯罪行为这一点，也具有不同于一般记述战争经历的书籍的独特之处。

然而，关于如何能够承认一般在供述中容易犹豫不决的犯罪行为，森原在《传记》中并未表述。森原写道，日本战犯在战俘营和战犯管理所被要求对自己战时的行为进行反思，管理所的职员日常对他们细致周到，最后他怀着感激写道：中方"帮助我们找回了做人的良心"。在《传记》中，尽管可明确看出，他并不是在中方要求反省时马上就动手写出供述的，那么作为"日本鬼子"怎么就转变成了反战者，甚至还能够产生对中国的感谢之情呢？匪夷所思的是，《传记》中对于其自身变化的具体过程，仅有只言片语。战犯的认知变化历程是读者最想了解的部分，可文中既没有辩解为了减轻刑罚而夸大坦白自己所犯的罪行，也没有中方提出认罪就可以减刑这样的"交易"，更没有被逼供以及拷问或者"洗脑"一类的迹象。从读者的角度看，希望作者细致说明的环节奇妙地缺失了，这却让笔者产生了兴趣。

进一步仔细阅读《传记》就会发现，森原尽管被收监在战犯管理所三年半左右，但对前两年的生活几乎没有什么描写。由于已经记录了后半段时间发生的认识上的变化，所以

---

[1]　对森原一采访的研究成果已经收录于张宏波、笔者著《加害的讲述与中日战后和解——受害者能接受的反省是怎样的》，《PRIME》（明治学院大学国际和平研究所）2009 年第 30 期，第 91—103 页。这部分的采访内容以及分析与本文有重复之处，但本文立足于口述史调查中的感情处理，问题意识有所不同，且有大幅度的修改补充。

[2]　[日]森原一：《加害者的传记》，《中归联（季刊）》（日本）2006 年第 37 期，第 50—57 页。

可以预测前半段时间里发生了什么。他尽管年事已高,但仍然在从事向后代讲述自身战争经历的和平活动。为了加深对其轻描淡写的后半部经历的理解,笔者与合作研究者还是决定直接采访森原一。

5 始终轻描淡写的"永年"监禁期

采访调查是 2008 年 2 月进行的,地点是在森原一居住的石川县金泽市。他的讲述如同他的《传记》一样,轻描淡写,本人也非常稳重而寡言。

对关押于太原战犯管理所(以下简称"太原")的战犯来说,存在一段可以称之为"前史"的时期。直到 1952 年年底被移到"太原"之前,他们被安置在河北省永年县的军事训练团(以下简称"永年")。在那里,聚集着许多战后仍然留在中国的日本人。他们之中的大多数人都像森原一样,是战后有组织地留在山西省参加国共内战的原日本军人或者其他军队随员及其家属。"永年"收留 1000 多名日本人,但其中只有 120 多人之后被送往"太原",因为那时对这一批人进行了"重要战犯"和"非重要战犯"的区分。读《传记》便可以明白,森原被送往"永年"是因为他没有对自己过去的行为做出反省,是到"太原"后才认识到自己战争中行为的"加害"性质。因此,为了进行对比,笔者从其作为战犯在"永年"的经历以及当时的认识开始采访。

据森原描述,从 1950 年被送往"永年"到第二年,战犯们没有被特别要求做什么,和过去一样过得很悠闲。不过一段时间后,开始学习和劳动。学习就是参加关于社会发展史的讲座和讨论,劳动包含为挖水渠而铲芦苇根,栽培、收割麻,种植棉花等。在劳动时,最初有中国士兵监视,但监视者的数量逐渐减少,最后干脆就没有监视了。后来,供述战争行为的坦白运动开始后,为防止其串供,中方禁止他们私自讲话。所以在劳动时,他们也只是默默地工作。

当笔者问森原对这种劳动作何感想时,他回答道当时只是简单地一心劳作,"会想为什么让我们干这些活","为了早日回家要认真干活"。从 1950 年年底到 1951 年,中华人民共和国在全国范围内开展了整风运动,"三反""五反"运动等。这一批日本人作为"阶级敌人",同样开展了自我反省运动。然而,日本人从没有在大众面前进行自我批评或者相互批评的经历,因其日常生活中有着强烈的集团主义文化特点,对被要求进行批评与自我批评有着强烈的抵触情绪。从森原的讲述中也可以了解到,这段时期战犯们只是被动地去适应周围的环境,并没有自主地思考中方要求的意义所在。[1]

---

[1] 同样被监禁于"太原"的战犯永富浩喜的回忆录中也有这种很强的违和感,参见[日]永富博道《白狼的爪痕:山西残留秘史》,日本:新风书房,1995 年。

另外，关于这一时期学习的效果，森原说道：

> 在此之前，我们只接受了神武天皇以来的天皇一族的历史相关的教育，或者是要遥拜"皇居"的教育。所以，当了解到从奴隶社会到封建社会的时代变迁的历史时，便会感慨：哦，还有这种观点。当学到这些观点全都来自唯物史观时，我们的认识就发生了巨大转变。这一学习对我产生了很大的影响，我觉得我之前的想法都错了，虽然无法挽回。最后就是这样的情况。不过，因此就说我的认罪意识有多深的话，其实也还谈不上。[1]

森原接受的是皇国史观教育，对他来说，阶级斗争史观是新鲜的，似乎让年轻的他感受到了与年龄相应的惊喜。讲述这些时，森原稍带兴奋，可以看出这也是他发生变化的一个契机。不过，他也直率地讲，他的历史观和社会观发生了变化，可这并没有直接导致他"认罪"。从这里可以看出他毫不做作的人品。

不久他们便开始被要求进行坦白。由于日本人之间被禁止私语，大家都觉得"轻易开口讲话会被恶意揣测，那会很麻烦"，所以大家都默默地写自己的坦白书。逐一写下坦白书以后，提交给中国组长。森原大约写了有40页草稿纸。他提交后，并没有被要求写更详细的内容，也没有收到对书写内容的任何评价，只是有人对他说："你再考虑一遍。"他一共被要求写了三次，但他说三次都写了同样的内容。他记忆里没有谁被称赞过写得好。

有一次，来自"永年"某个中队的中队长（中国人），对森原所属的中队下达了一个通知："我让你们写坦白书，但你们之中有人净写些没用的东西。这样写的人，我只能让他再写一遍了。"森原说："我想这是在说我吧？我并不知道哪里没用啊！"不过他知道，对方一定是觉得重要的事情没有被写出来。森原说突然想起来，虽然自己写了放火抢粮的行径，不过并没有写处决农民"间谍"的事情。然而，当时自己并不在场，也不是自己下令处决的，所以感觉不写也没关系。虽然后来他承认了"是自己下令的"，但是那一时期自己还没有认识到。当时他认为，自己并不在发出命令的位置，只是作为军队组织成员为实施作战而起到了发出指示的作用而已。

这一通知到达两周左右之后，森原被叫出去，并被命令转移到"永年"大队总部的直辖中队去。直辖中队监管的是重罪犯。当森原转移时，令他印象深刻的是，感受到比普通中队"更冰冷的氛围"，他说"已经做好了最坏的打算"。尽管班里的成员已经做完自我介绍，但大家都低着头，也不打招呼，只是一片沉默。此外，还不停地被指导员提醒鞋子的摆放方式，班员不停地互相批评，连筷子的握法也会受到批评，"当时满是反抗心理"。班员一

---

〔1〕 ［日］石田隆至、张宏波：《森原一口述历史访谈》，日本石川县金泽市森原一住所，2008年2月。

直不停地写坦白书,但森原没有收到指导员的任何命令,纸也没给,也没有被问话,就这样又过去了一个月。他说,这是因为他去"永年"不久中方就已经决定把他移送到"太原"的缘故。还说,当时"非常无聊,但又必须紧张起来……真的特别无趣。似乎被关进壳子里包裹起来,反省也不见有进展"。随后,直辖中队的全体人员都被送往"太原"。

森原证实了"永年"时期的详细情况。在这个阶段,他们劳动、学习、坦白,各种活动都按要求做了。但可以看出,日本军队时期的思想依然没有变化。他自己也谈道:"由于普通中队中放了大量的书籍……只要你读一读那些书,口头上也能很自然地说出类似的话了。"所以他也想,只要能说一些赞赏共产主义的话,也许就会被原谅。

令笔者印象深刻的是,战犯并没有担心中国人因为战争时期日本人对战俘或普通百姓的恶劣行径而进行报复。前日本军队不仅没有按照战时国际法来对待中国战俘和居民,而且不断施以虐待、屠杀、奴役等各种暴行。正因此,战后许多人都在乙丙级战犯审判中被判刑。[1] 森原也牵涉屠杀百姓的行为,但在关押到"永年"后,不仅没有遭到报复,还享受中方提供的充足食物,因此他并没有特别注意中日两方对待战俘的区别。采访后笔者才知道他在"永年"曾接受了盲肠手术,不过他也回忆道,自己手术后私下与病友相互感叹"真是讨厌这样的生活啊"。回想战争时期,日本军队是不会为战俘治疗的。森原尽管没有视中方为自己提供的手术、住院服务为理所当然,但他也并没有考虑过此问题上两国之间的差距。不仅是森原,他说自己所在的普通中队里,所有人都是这种认识。当他们被移往"太原",被铐上手铐之际,他们则想:"我什么都没干,为什么要这么对待我?"这集中体现了他们这一时期的认识,笔者感受到此时他们必定是缺乏"他者意识"的。可以看出,意识到自身过去的行为是犯罪,意识到自己的战争责任,还需要认识上相当大的飞跃。

似乎与在"永年"时期的认识水平有关,森原在讲述这段经历时总显得平平淡淡。关于上面提到的两国间的落差,在经历了几十年的岁月后,乃至在笔者进行的口述史调查中他似乎还没有意识到,甚至表现出了"为什么会问这样的问题"的神态。然而,当之后谈到"太原"的情况时,森原一的情绪发生了明显的变化。

6 显示出情感激动的"太原"时期的回忆

1952 年 11 月,战犯们刚被转移到"太原"不久,担任管教的王振东(后任太原战犯管理所所长)在所有战犯面前做出指令。森原告诉我,他记得不是很清楚,只回忆道:"你们把来中国后每一天的活动再回想一遍,各自反省一遍。在纸上写下你们每天的活动。"

据他说,这是继"永年"之后,再一次被下发了草稿纸,此后一直进行坦白,持续了两年

---

〔1〕 ［日］林博史:《BC 级战犯审判》,日本:岩波书店,2005 年。

多，大约到 1955 年的春天才停止。在"太原"，没有"永年"时期的劳动，到监禁后半期的学习也只在班内开展。房间比"永年"时期狭窄得多，本是 6 个到 8 个榻榻米大的单间要住11 个人，起居就很辛苦了，能走出房间就只有早晚两次处理粪便的机会。班员之间没有私人交流，也完全不知道其他各班的情况。从早到晚一直写坦白书，然而上交后，每次"看守都只会说一句'好了，你再考虑一下'，然后就把坦白书还回来了。就这么一直重复着"。管教人员也没有任何指示及命令，森原也一次都没有被叫出去接受调查[1]。

在《传记》中几乎空白的"太原"的这两年里，他们只是在狭窄的房间里反思过去的行为，一味默默地写坦白书。这真是他人难以想象的看似平静实则充满波澜的经历啊！果真如此的话，笔者深感要写的东西应该是太多了，如当时的苦恼、纠结、反抗、绝望，以及应该多大程度承认自己罪行的内心活动，等等。不过，关于这两年的经历，森原在接受采访时也只是比《传记》中讲述得稍微详细一些，依旧是轻描淡写。森原绝非没有感到痛苦，只是似乎在重复着当初那单调日子一样，口述时异常的平静。

经过这样的日子，森原大约在 1954 年年末终于将他之前从未写过的内容全部写出并提交。他讲道，"写了那么多次都给退回来了，这其中一定是有原因的。那可能就是这件事吧"，于是他想到了以下两件事：

第一件事是搜索村落时发现了一名身负重伤濒死的八路军，他让警察将其枪杀了。就此事他说："我写道'本来觉得这件事和我没有关系，但其实并非如此，因为是我下达的命令，所以我承认这是我犯下的罪行'。"此事在他的《传记》中并未记述。

另一件事就是之前也提到的，在口泉镇杀害"间谍"一事。"当我写口泉镇的经历时，兄弟中那位哥哥的眼神清楚地浮现在我脑海中。他那时的眼神很可怕，我想起那一幕就觉得应该写出来。"讲到这里，森原的眼睛里泛起了一丝泪光。与"永年"时期平平淡淡的回忆不同，当触及自己罪行的核心部分时，他还是显得难以表述，原本就不善言谈的他此时说话更不利落了。即便是曾经对自己的罪行进行过反省的人，当面对第三者讲述时，依然做不到流利顺畅。这一点笔者十分能理解。笔者也感觉到，森原的眼泪源于两点：一是又想起了自己的罪行，二是想起了自己坦白过程中所经历的痛苦。笔者认为他更应写出所有经历，包括那两年的痛苦经历，其中还应该有尚未讲述出来的某些内容。

如果按照森原本人的回忆，他的自我认识、战争认识产生变化的原因在于时间的流逝以及身处可以持续直面自己问题的环境，但这并不足以说明他对战争的认识是如何实现了质的飞跃。不过，从他讲述的内容来看，当时看问题的视点已经产生了变化。比如，他认识到之前觉得和自己没有关系的杀人问题上自己的责任所在，从被杀害的农民"间谍"

---

[1]　也有人被叫出去核对坦白内容及管理所方面的侦讯调查结果。这一点也与管理政策的进展有关。更多请参考拙文《新中国的战犯政策中的"宽大"与"严格"：以初期战犯教育为中心》，《PRIME》（明治学院大学国际和平研究所）2010 年第 32 期，第 67—80 页。

的眼神里感觉到了其特有的情感。他的讲述不是对已发生事实的罗列,而是意识到了一个"受害者—加害者"的结构,并且他第一次承认了自己是加害者。事后再回顾,会觉得理当认识到"受害者—加害者"这一结构,但在此之前他从来没有意识到这一点。自觉意识到自身的罪行是不能转嫁给他人的,意识到不能笼统地仅仅视之为"战争的悲惨"结果,所以森原在讲述时才会流下眼泪。对他来说,那一刻是自我觉醒的决定性时刻。这一点如果不结合他激动的情绪一道记录,是无法被发现的。

7 产生变化时期的回忆

从"永年"时期"我明明什么都没干"的认识,到"太原"时期承认自己杀害"间谍"的责任,这一变化过程如上所述,单调得令人失望。正因如此,回顾这单调又充满困苦的两年,他再多些饶舌的讲述似乎也不会让人感觉有多么不可思议。实际上这与《传记》的语调基本无二,都显得十分平静。

然而,当认识产生变化那一刻来临之际,伴随着讲述,泪水湿润了他的双眼。这种反差是否只是由于他认识到了自己的罪行以及想起了自己的认罪经历? 当然,自己被认定为重要战犯,被关在气氛紧张的管理所中,如果把在中国的所作所为全部写出来,可能会被处以重刑。在这样的恐惧中,他"苦恼并犹豫"了近两年。不过,他也并没有为自己"辩解",比如说"要杀就杀吧,直接写出来好了"或"被强迫不得不写"。尽管他的讲述中有伴随着眼泪才能表达之处,这一点笔者也深有感受,但是仍难找到讲述"太原"那两年经历时的冷静,与流着泪水讲述意识到自己犯罪经历之间的内在关联性。耗时两年,森原终于将自己的行为和责任全部写出来的那一瞬间,他是否感受到了之前自己也无法表达的"某种东西"? 伴随着眼泪的情感波动,或许与之相对应的只能通过泪水才可以表达。

在以"主观—客观图式"进行的口述采访中,笔者也会将流着泪坦白一切的那一瞬间作为具有决定性意义的时刻记录下来。但是,要在此基础上做进一步的口述采访可能会很困难。而将流下眼泪那一瞬间前后的讲述中存在的落差与缺失赋予积极的意义,视之为未能以语言表述的历史、决定口述整体氛围的未知认识显露出来的时刻,并将这一调查者的印象传达给口述者的介入性手法就是笔者在口述史实践中不断摸索的"情感交流法"。

笔者就森原将所有细节都写出来的那一瞬间,进行了更深入的提问。森原对这一"瞬间"的回忆给人以一种不可思议的印象。据他说,他当时明显感觉到,"只要写出来,就没有再需要写的东西了"。他不是在考虑供认到什么程度以换取对自己有利的处理,而是觉得应该坦白一切,将所有经历都讲述出来。森原的感觉似乎没有错,他的坦白书没有像往常一样被退回,让他"松了一口气"。纠结不断的痛苦的两年就此结束了。当时不仅限于对自己犯罪事实的坦白，他意识到自己就是加害者这一认识上的转变，也被管理所方面认可。对此，笔者也进一步确认了他明白自己已经被认可时的一些细节。

> 当把一切都供述出来时，我开始觉得这与我之前的想法不同。这种变化不是某个瞬间的突变，而是由至今的经历中一点一点地明白了中国的政策究竟是什么。[1]

笔者及合作研究者似乎一直都认为，一定是有某种"变化"先发生了，才会产生"认罪"这一结果。然而，森原是先认罪，之后才感受到了自身的"变化"。当谈到这一点的时候，森原明显和之前的讲述状况不同，他似乎在一边思考，一边寻找合适的表述，之后又一边讲述，一边在认可自己的讲述。此刻他所讲述的"变化"，在对笔者讲述之前恐怕尚没有思考并讲述出来的机会。他浮现出的表情，看起来似乎对自己的语言也感到意外和吃惊。笔者此时换一个角度再次提问，还是会得到他同样的答复。

> 那时自己心中的芥蒂已经彻底消除了，对解放军的政策也逐渐地理解了。在那之前，在自己心中总是有个"问号"。毫无疑问，现在它已经消失。……我终于可以理解解放军对待我们的态度了。之前一直抵抗的东西现在全部写出来之后终于消失了。之前我总是有一种疑念，不知道他们会对我们做什么，那之后毫无疑问，"紧绷的弦断了"，轻松了不少。[2]

森原这一讲述，明确将自己的加害事实坦白以后，开始真正感受到自身发生的"变化"。在这之前他似乎没有意识到他在"不断地变化"。也可以以此理解他之前作的其他讲述，比如"说是明白了，但内心却并没有明白"。虽然没有意识到自己的认识发生了变化，但是在长达两年的时间里专注于自己的过去，一定是会发生变化的。而且，认识到自己的变化是滞后于变化本身的，这一点是在口述采访时笔者才意识到。换言之，在《传记》和笔者对他口述访谈的前半部分，关于导致最后认罪的那两年经历，他的认识实际上"几乎为空白"。当坦白一切后被中方接受，那一瞬间"意识到"两年的痛苦经历不是"空白"，而是"细微变化的积累"，"意识到"自以为"空白"的时期其实并不是没有意义的，最后伴随着这种"意识"流下了泪水。《传记》中没有描述变化发生的那一瞬间前后的情形，而只是直接告诉读者"发生了变化"这一结果。而"原因—结果"这样单纯的结构是无法理解并把握他复杂的认罪经历的。这一点只有在口述调查中通过理解其感情与其讲述中存在的裂

---

〔1〕 ［日］石田隆至、张宏波：《森原一口述历史访谈》，日本石川县金泽市森原一住所，2008 年 2 月。
〔2〕 同上。

痕,才能清楚地探明。此外,调查研究者试图把握亲历者战争责任认识的变化,而自身的认识框架也在此过程中发生了相应的变化。

8 彻底的自我批判:带来从虚幻自我及他者的解放

对于另一个无法理解的要点,笔者也作了介入性访谈。正如之前介绍的,森原成为战犯以后,中方给予他充足的食物、及时的疾病治疗等,始终没有对他们进行以前经历过的日军时期的私自施暴等。但是,他关于这一系列经历的记述都是轻描淡写的,在对笔者采访中的讲述也是相同的。然而,他作为日军的一员,参与了虐待中国战俘与屠杀中国平民的暴行,所以他很担心"不知道他们会对我做什么",而抱有一种不安。而曾经的敌人,现在却对自己周到有加。笔者也无法看出他对此有任何的疑问或困惑。日本军队一般不会为战俘提供充足的食物,但当他们自己成为战俘战犯时却完全相反,享受在当时而言可谓充足的食物,对此他表示:"当时也没想什么。"[1]

感到不安的同时,他也将这种善待看作理所当然,这种感觉对笔者来说也很奇怪。对食物感到"满意",这和日本军对待战俘的态度是截然相反的,他虽然意识到两者的不同却也没有想过这是为什么。如果说其欠缺把握事物的主体性,笔者可能就不再抱有疑问了。不过果真仅仅如此吗?

试想,如果从内心恐惧"不知他们会对我做什么",深信坦白所有罪行一定会被处决,那么就不会出现认罪的那一"瞬间"。所以,他或多或少应该是抱有一种信任感:即使认罪也不会被处决。提供这种担保的,正是中方对战犯们施予的人道主义的待遇,尽管他没有意识到待遇的意义,但是这种待遇一定与其安心感之间存在相关性。于是,笔者又问他:导致你认罪的因素里,人道主义待遇或者直面自己内心的过程,哪一因素起到更重要的作用? 森原回答说后者的作用更大。

> 所有的一切都回到自己这里,只有当自己把自己弄清楚了,才会相信对方。之前一直独自躲在阴影里恐惧着,自己在制造一个阴影。……如果不是自己认清楚了,是难以看清楚躲在阴影中的自己的。[2]

在此,森原的讲述也完全有违调查者的设想。并不是因为中方提供了人道主义待遇,对此心存感激而产生了信任感,再由此坦白一切。通过承认自己的一切,将包括管理所人

---

[1] 经过大同和太原的战争经历,对当时中国人的生活水平非常了解,所以他才说这个水平的食物很满足的。

[2] [日]石田隆至、张宏波:《森原一口述历史访谈》,日本石川县金泽市森原一住所,2008 年 2 月。

员在内的中国人都认定为受害者，因此"终于理解了解放军对待自己的态度"。也就是说，终于认识到中方的人道主义待遇与日军的待遇有本质上的差异后，才对他者产生了信任。在那之前自己所面对的不是他者而是"自己制造的阴影"，所以并没有注意到他者为自己提供的待遇所具有的意义。承认一切就是重新获得自我，通过获得自我而发现了他者。他者认识的缺乏并非伦理道德上的问题，而是认知结构上的问题。因为以前面对的是日本社会炮制的认识上的"中国佬""恐怖的中国共产党员"，从而无法发现人道的、有良好教育的且温和耐心的现实中的中国人。通过坦白一切使自己一身清爽，才得以发现一点一点逐步变化的自己，以及面前那些过于宽大的他者。

讲到这里，森原也浮现出似乎对自己某一部分的讲述内容感到吃惊的表情。不仅是作为调查者的笔者，森原本人也一定从自己的讲述中发现什么了。确实，如果没有成为"一身清爽"的人，是决不会对事物有一种深刻的洞察的。

9 结束语

笔者2007年在山西省太原市进行档案资料调查时，查到了森原在管理所生活的最后阶段写下的《手记》。那是在坦白了罪行的基础上写下的文字。访谈结束时，我给他看了50年前他自己写的文章。认真阅读后，他感慨良多，如是说道：

> 我确实写了这篇文字，但我只是把我的所作所为写下来了，对此并没有反省。现在回想起来，那时还没达到反省的境界。这些"自身的罪行"给中国人带去了什么影响呢？对他们的家人又造成了什么影响？写这篇文字时我还完全没有考虑过。真正的供述，实际上是必须达到这一程度的。[1]

森原现在逐渐能够客观地看待自己的行为了，当时仅仅列举自己参与的犯罪事实就已经是尽了全力，现在则能够不加掩饰地追述当时的情况。当时根本就没认为那是自己的责任，或者根本就没有认识到存在责任的问题，而今不仅认识到责任，而且能够直面自己的责任。访谈时，森原认为写《手记》时自己不过仅仅达到了记述事实的程度而已。尽管这样，坦白书没有再被退回来。即便还没有反省，但明确承认个体的行为责任，而非暧昧地推卸给自己所属的集体，这一点得到了中方的认可。正因为坦白书没有退回来，森原才认识到他写的那些内容才是管理所要求的。上述森原留给笔者深刻印象中的语句，"说是明白了其实内心并没有明白"，这句话也需要放在这一语境中加以理解。这是一种静悄

---

〔1〕 ［日］石田隆至、张宏波：《森原一口述历史访谈》，日本石川县金泽市森原一住所，2008年2月。

悄的变化,是逐步积累的结果,以至于让人无法注意到这种变化。他的供述为管理所接受时,森原才认识到自己已经发生的变化。

另外,需要注意的是,使之能意识到变化的发生,与他者的参与有关。森原这种"意识到"仅以"主观—客观图式"是难以把握的,因为森原的认罪经历本身就难以纳入"主观—客观图式"之中,正因如此才有难用语言表达之处。可以认为,结果是一种很大的"变化",却没有与之相应的扣人心弦的表述,这也正是由于以上特点造成的。

口述历史不仅再现历史事实,而且还可以再现情感。不是通过直接舍去复杂的关联性,而是积极地理解、把握、运用、开发复杂的关联性的方法论,我们才可以获得更加丰富的真实的历史。

Ⅱ 口述历史与记忆建构

Oral History and Memory Construction

被建构的"恐惧记忆"

——来自在沪日本人的日常生活体验分析[1]

◎ 中村贵[2]

摘　要：

2012 年中国发生的涉日游行对在沪日本人产生了很大影响。"感到恐惧"是在沪日本人对该事件的主导叙事,他们的"恐惧记忆"主要是对"现在、这里"发生的事情的心理反应,继而将它变为了身体记忆。而日媒带有刺激性、偏见性的相关报道,更容易使得在日日本人感到恐惧。在日日本人的"恐惧记忆"是通过日媒报道而被建构的,在某种意义上它是想象中的恐惧。可见,对该事件的恐惧既有身体记忆的恐惧,也有想象中的恐惧。而在沪日本人对该事件则保持冷静的态度,并与政治保持一定的距离。通过他们对该事件的叙述,可以发现生活在两国之间的"交叉性"群体的存在,他们对同样处境的群体表示同情,强调中日两国间"一衣带水"的关系,希望两国友好。事实上,这也是通过长期在沪生活并在日常生活中有了接触中国人的经验后发出来的声音。

关键词：

在沪日本人;涉日游行;"恐惧记忆";口述史方法

The Constructed "Fear Memory"

—An Analysis of the Daily Life Experience of Japanese in Shanghai

◎　Nakamura Takashi

Abstract：

Japanese who live in Shanghai have been greatly affected both as individuals and groups by the 2012 anti-Japan demonstration. "Feeling fear" is the main narrative of this event, and their "fear memory" was mainly the

---

〔1〕　基金项目:本文系中国博士后科学基金第 58 批面上资助"现代上海日侨生活史研究"的项目成果。项目编号:2015M581554。此文已刊于《华东师范大学学报(哲学社会科学版)》2017 年第 5 期,经作者修改补充后收入本书。

〔2〕　作者简介:中村贵(1979—),男,日本福冈人,文学博士、国际文化博士,华东师范大学民俗学研究所讲师(晨晖学者)。

psychological reaction to what happened "now and here", and later it was turned into the body memory. The irritative and biased reports from Japanese media have greatly terrified "Japanese in Japan". Therefore, the "fear memory" of "Japanese in Japan" is constructed by Japanese media, so in a sense it is a kind of "imagined fear". We can see "fear in physical memory" and "fear in imagination" in the fear of this event. However, Japanese who live in Shanghai that the author interviewed keep a cool mind towards this event and keep distance to politics. Through their narration of the incident, we can find that there exist "cross groups" living between the two countries, who feel sympathy with each other. In addition, some Japanese even emphasize that China and Japan are "neighbors separated only by a strip of water" and wish a friendly relationship between the two countries. This wish is "voiced" after living in Shanghai where Japanese have contacted with Chinese frequently in daily life for a long time.

Keywords：

Japanese in Shanghai；Anti-Japanese Demonstration；"Fear Memory"；Method of Oral History

作为"方法"的口述史主要关注普通人对历史事件的经历与记忆，从而揭示事件背后的社会意义。[1] 在沪日本人是构成在沪外国人的重要群体之一，并且从近代至今有着较长在沪生活的历史。2012 年发生的涉日游行对在沪日本人而言，不仅使个人，而且使群体都受到巨大影响。那么，他们当时如何看待此事件，经历了怎样的生活体验？本文主要探讨在沪日本人对 2012 年涉日游行的生活体验，尤其是通过口述史方法倾听"默默无闻的声音"，阐明他们对该事件的生活体验背后的复杂心态。

1　现代在沪日本人概况

对于近代上海日本侨民的整体史研究，学界已经有一定的积累。[2] 然而，较少受到关注的是，就一般的现代在沪日本人个体而言，他们在上海这一座国际城市的空间里是如

〔1〕　本文所说的作为"方法"的口述史与所谓历史学的口述史有所不同，它探讨的不是客观事实本身，而是通过个人对历史事件的选择性记忆构成的"主观性事实"。请参阅拙文《追寻主观性事实：口述史在现代民俗学应用的方法与思考》，《文化遗产》2016 年第 6 期，第 89—95、158 页。

〔2〕　陈祖恩：《上海日侨社会生活史：1868—1945》，上海：上海辞书出版社，2009 年；陈祖恩：《寻访东洋人：近代上海的日本居留民(1868—1945)》，上海：上海社会科学院出版社，2006 年；陈祖恩：《上海的日本文化地图》，上海：上海锦绣文章出版社，2010 年；徐静波：《近代日本文化人与上海(1923—1946)》，上海：上海人民出版社，2013 年；[日]高纲博文：《近代上海日侨社会史》，陈祖恩译，上海：上海人民出版社，2014 年。

何生活的,他们对上海的印象、他们的"上海体验"是怎样的。[1] 为此,笔者主要采用口述史的方法,关注改革开放至今的现代在沪日本人的生活史。同时,为了区别与近代定居于上海的日本人即上海日侨,本文使用"现代在沪日本人"这一名称旨在强调这是一个在两国间频繁往返的群体。他们从中日两国恢复建交(1972年)和签署《中日和平友好条约》(1978年)之后逐渐来到上海。20世纪80年代,日本企业开始在上海参与建设大型工厂项目,发展酒店以及零售等行业。到了90年代,伴随着日企纷纷来沪开公司,公司派遣的员工及其家属也来到上海居住,居住地主要为长宁区古北新区与浦东新区。

据统计,在沪日本人人口,2000年为8 370人,后来每年不断增加,到2007年达到47 794人,当时上海超过美国纽约市,成为世界城市中日本人最多的城市。此后,虽然受到两国之间政治的影响,在沪日本人有所减少,但是,2010年后也依然有4—5万的日本人在沪生活。[2]

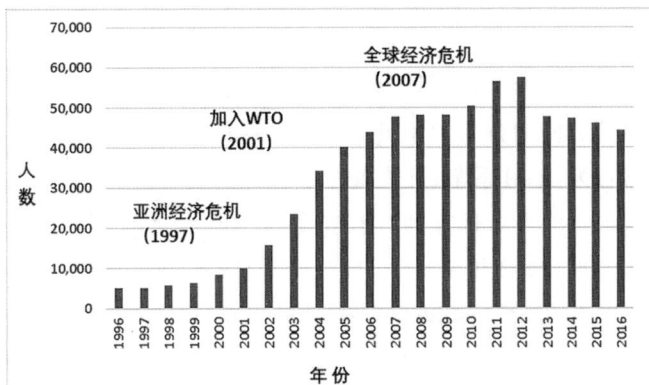

图1　在沪日本人人口趋势(1996—2016)[3]

---

[1]　关于现代在沪日本人研究,例如王佳蕾在《日本旅居者在上海的跨文化适应研究》(硕士学位论文,华东师范大学应用心理学系,2009年)中,通过访谈和研究量表,分析了来沪日本人(留学生和外派者)的跨文化适应水平及其影响。日本学者堀内弘司在《和侨(日本侨民)在中国:他们的跨国工作与生活》(《中国で生きる和侨たち:そのトランスナショナルなビジネス・生活》,神奈川:樱美林大学东北亚综合研究所,2015年)中,通过民族志的方法,阐明了在华七〇后的日侨的人生经历以及三种创业模式,其中包括在沪日本人的情况。日本学者石川照子在《在上海工作的日本女性的现状与意识:基于问卷调查的分析》(《上海で働く日本人女性の现状と意识:アンケート调查にもとづく考察》,《大妻比较文化:大妻女子大学比较文化学部纪要》12号,2011年)中,依靠访谈与问卷调查,以在上海工作的日本女性为研究对象,论述了她们的来历、生活、工作、"上海体验"等。总之,目前关于现代在沪日本人的研究并不多。关于现代在沪日本人的当下的、个体的生活体验,尽管有些学者曾经提出自己的观点,然而还停留在概括性研究层面。通过深度访谈,从个体的生活经验回到现代在沪日本人及其所处社会中的研究并不多见。

[2]　请参阅日本外务省领事局政策课编《海外在留邦人数调查统计》〔平成29年(2017年)详细版〕。"在留邦人"指的是在国外居住三个月以上的日本人。根据该调查统计,关于在沪日本人的具体数字("上海在留长期滞在者数")是:2010年为50 430人,2011年为56 481人,2012年为57 458人,2013年为47 725人,2014年为47 423人,2015年为45 941人,2016年为44 387人。

[3]　本图根据日本外务省领事局政策课编《海外在留邦人数调查统计》资料,由笔者制作。

笔者自 2009 年起居住在上海,其间接触到不少长期居住于上海的日本人,并对他们的"当下的日常"产生极大兴趣。在上海,这些日本人组建或经营的有上海日本商工俱乐部、县人会(同乡会)、各类兴趣社团、日文杂志、日式餐厅、日本超市等等,而且这些群体已相对稳定。但是,他们仍然容易受到祖国(home country)与接受国(host country)间政治的影响。特别是这几年中日两国关系并不稳定,那么在这种情况下,他们在上海是如何生活的? 他们看到了什么? 又是怎么想的?

本文以 2012 年涉日游行为案例,主要探讨在沪日本人对该事件的体验及记忆。本文的关注点并不在于事件本身,而在于他们对该事件的看法。换言之,即隐藏于事件背后的在沪日本人心中的体验与记忆。

2 在沪日本人与 2012 年涉日游行

2.1 2012 年涉日游行概况

2012 年 9 月在中国各地爆发了涉日游行。这次游行发生的主要原因在于日方对钓鱼岛的"购岛"、"国有化"等极端行为。由此,少数中国市民在日领馆、日企工厂附近聚集示威,并且出现了打砸行为,如日系车、日式餐厅以及日企被砸被烧等。

涉日游行时,中国媒体上对日方的"购岛"等行为有大量的特别报道,如《日方不要作出错误的决定》(《文汇报》2012 年 9 月 10 日版),《日方不应躲避非法"购岛"责任》(《新民晚报》2012 年 9 月 18 日)等,严厉批评并坚决反对日方采取的措施。而日媒也对这次游行有不少报道,如《中国 50 多个城市发生涉日示威》(NHK 环球广播网,2012 年 9 月 15 日版),《中国涉日游行纵火、抢夺——最大规模扩大五十座城市》(《每日新闻》2012 年 9 月 16 日版),等等。日媒报道的主要内容除了在日本使馆、日企工厂以及商场外面的示威活动,较多的是日系车被掀翻,以及日系超市商场玻璃窗被打破、抢夺商品、纵火焚烧等损失状况。这些行为虽然发生在少数地区,然而这些"刺激性""片面性"的报道与画面,给日本民众心中的中国和中国人形象带来巨大的负面影响。

在这样容易情绪化的状况下,在中国的日本人和在日本的华人就成了"弱势群体"。这起事件的危险性虽然远不如对他们的生命和财产安全造成严重威胁的战争或灾害,但是对这些"弱势群体"来说,也是一种难以忘怀的体验。那么,当时的在沪日本人都经历了怎样的体验? 下面即依靠口述史方法来了解他们的生活体验以及在这些生活体验背后的心态。

2.2 "默默无闻的声音"——在沪日本人对这次涉日游行的叙述[1]

在该事件发生时,两国媒体报道了示威活动的具体状况及两国间的政治矛盾,专家学者们纷纷讨论该事件背后的原因,但在当时,媒体上几乎没有在华日本人和在日华人的声音。当然,媒体报道以事件本身的内容为主,这些声音也许不在媒体关注的范围内。

在上海的日本使馆和古北新区(日本人主要居住区),也多次发生了涉日游行。日本外务省和使馆在网站发布警讯,呼吁在沪日本人不要接近游行队伍,也不要做出太招摇的举动,以确保自身安全。有的日企不让日本员工外出工作,在沪日本人举办的各种社团活动也被取消,等等。也就是说,两国政治上的问题,直接影响到在沪日本人的日常生活。因此,对在沪日本人而言,不管是对个人还是群体来说,这都是一种难以忘怀的体验。

对于事件的记忆,日本学者小关隆指出:"人们从过去发生的无数事件中,基于现在的想象力对特定的事件进行选择、唤起,并通过表象化的操作重新建构行为。记忆不单纯是过去事件的储藏库,它是记忆主体针对自身所处状况唤起特定的过去事件并赋予意义的主体行为。"[2]我们无法记住过去发生的所有事情,只能对特定事件进行选择性记忆,而记忆往往又是以现在为起点唤起过去的事情,它会受到现实生活经历的影响,因此记忆本身具有现实意义。

在此需要特别指出的是,事实上记忆研究的关注点并不在于记忆的真实性,而在于记忆的产生过程以及记忆对特定群体的意义。"记忆和记忆的主体,即生活在当下现实的人们对所属的社会集团的自我认同,有着本质的联系。任何人都无法摆脱所属社会集团及其影响。因此,记忆不是一种单纯个人的行为。"[3]

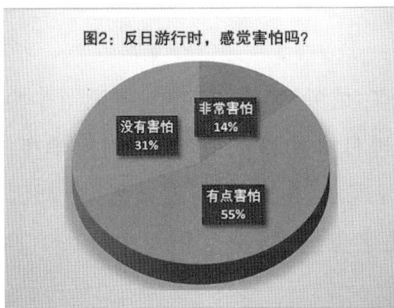

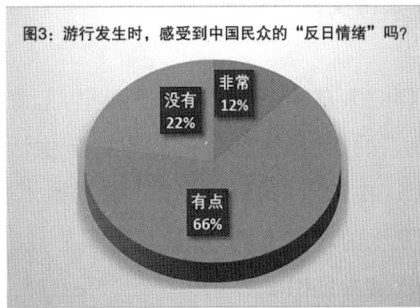

图2:反日游行时,感觉害怕吗?

没有害怕 31%
非常害怕 14%
有点害怕 55%

图3:游行发生时,感受到中国民众的"反日情绪"吗?

没有 22%
非常 12%
有点 66%

对这次涉日游行,每个在沪日本人都有自己的体验及记忆,这些个体记忆同时也是作

[1] 关于在沪日本人对涉日游行的叙述,是笔者于2015年9月至2016年8月之间进行采访收集的,是研究课题"现代上海日侨生活史研究"的项目成果。由于个人隐私的问题,只在文章里简介他们的个人信息。

[2] 见[日]市雅俊等编《记忆之相:纪念的文化史》(《記憶のかたち:コメモレイションの文化史》),东京:柏书房,1999年,第7页。

[3] 同上。

为"弱势群体"的在沪日本人的群体记忆的一部分。作为"弱势群体",他们的声音被有意无意地忽略。笔者仅能从有限的资料中探寻这种声音。其中有一本名为《在华日本人108人：即便如此我们仍住在中国的理由》(《在中日本人108人のそれでも私たちが中国に住む理由》)的日文书,作者对108位住在上海的日本员工进行了调查并做了翔实的数据统计。[1] 如上图2与图3显示,游行发生时七成左右的在沪日本人感到恐惧,同时约有八成的人或多或少感受到一种"反日情绪"。那么具体而言,这些在沪日本人在日常生活中究竟有何体验,又有何感想。

2.2.1　A女士的叙述——一个典型的叙述

A女士2011年来到上海,原来在日本小餐厅工作了二十多年。辞职后,她来上海学习汉语,现在在高校学习汉语。她的叙述代表的是在沪日本人对这次游行的典型反应。

问：(笔者,以下同)发生了示威活动时,感觉怎么样？

答：那时很恐惧啊。(划线为笔者添加,以下同)在课堂上,语言老师没说什么(没有谈到游行之事),同班的各国留学生很担心我,他们说没事吧等等。我感觉有点高兴,因为在日本无法体验这种"海外世界"(外国人担心与安慰自己的事情),哈哈。那时日本使馆通知了我们,不要坐公交车、尽量避免外出等,日企也放假,在地铁、公交车上几乎看不到日本人。

问：游行发生的那一天,您在做什么？是否有直接影响？

答：跟平时一样去学校上课,跟平时一样回家了,但是晚上不出门了。没有受到直接影响。听说,日本使馆那边有了影响,但是那时我住在离使馆远点的地方(因此几乎没有受到影响)。

在自称"来自乡下"的A女士眼里,上海是一座"炫酷"城市,通过与各国留学生和其他在沪日本人的交流,她享受上海的留学生活。通过日本使馆的通知、各国留学生的提醒,她知道了这次游行的具体情况。虽然她不在游行现场,也没受到直接影响,却因"在场"(在游行发生的城市里)而感觉到恐惧。这是她的亲身经历,这也和大多数在沪日本人的感受相似(请参见图2)。

---

[1]　在文章中引用的图表来源均为在中日本人108人计划(日本)编《在华日本人108人：即便如此我们仍住在中国的理由》(《在中日本人108人のそれでも私たちが中国に住む理由》),东京：阪急Communications,2013年,第60—61页。笔者略作修改。

2.2.2 B先生的叙述——"土著派"〔1〕的叙述

B先生2001年来到上海,之前在日本从事媒体工作,现在是日语外教。他从2001年开始就住在上海,配偶是上海人,是一位"土著派"的在沪日本人。他主要叙述了上海与日本之间的关系。

> 问:每周都有游行吗?
>
> 答:那只是两三周吧,游行高潮时,每周末都有的,周六周日。
>
> 问:您在上海生活,担心"反日情绪"吗?
>
> 答:不介意,因为平时完全感觉不到这种情绪,或者说是没有。之前日本在上海不是说没做过坏事,但几乎没有做过大坏事。你看,<u>现在10万人以上的日本人住在上海</u>,<u>因而中国人与日本人之间还是有人际交流的</u>。

他由于长期住在上海,已经适应了当地生活。因此,可以说"感觉不到涉日情绪"是他的真实的生活体验之一。尽管"日本在上海不是说没做过坏事,但几乎没有做过大坏事"的观点并不符合史实(在1932年和1937年分别发生过"一·二八事变"和"八一三事变"),但是他想要强调的是中日两国、上海和日本之间的交流。据统计,在沪日本人人数大约是5万,再加上游客和短期访问(三个月以内)的日本人,共计有5万以上的日本人在上海,他们平时在工作上、生活上与当地人进行交流。因此,他比较了解在具有"海纳百川"的上海城市里的两国人之间的交流。再者,他对这次游行保持冷静的态度,与政治保持一定的距离,这是因为他本人是从初中开始对中国和中国文化感兴趣的"知中派",并适应了上海的当地生活。

2.2.3 C先生的叙述——批评日媒与强调中日友好

C先生20世纪70年代第一次来上海,最初是日本公司派遣的员工,后来在上海日企工作,现在是一家日企的总经理。他根据亲身经历叙述这次游行的感受,主要谈到日媒对这次游行的报道和中日两国之间的关系。

> 问:您在上海有没有感觉到两国政治关系的微妙变化?

---

〔1〕 在近代上海日侨研究中,上海日侨分为两派,一是"会社派",一是"土著派"。"会社派"是日本公司派遣过来的员工,较多的是中上阶层。他们"因公司经营方针和任期长短的限制",认为"上海只是人生的中转站"。"土著派"是自己经营中小企业、商店、饮食业等的日本人,大多数是中下阶层。他们把上海作为"自身事业发展的永居地"。(请参阅陈祖恩《上海的日本文化地图》,第18—19页)本文所说的"土著",不分社会阶层、公司员工与自营之别,只是长期住在上海的日本人。日本外务省所说的"在留邦人"(即长期住在外国的日本人)的标准是居住日期三个月以上的日本人。这个标准是由于行政管理上的方便划定的。因此,对于"长期"和"土著派"的定义,笔者还在考虑当中,以后还要划定这些概念。

答：在工作层面上，我与中国人之间的关系没什么变化。但是，日本媒体是混蛋，他们那时报道了各种各样的、真真假假的信息。因此，导致日本人渐渐地倾向于"反中""嫌中"。

有位日本记者给我打了电话，问我："C 先生，您的（中国）员工怎样骚动？"我不懂他的意思，问："什么？"他说："贵公司有不少中国员工对吧？"是的，我的公司九成以上是中国员工，他问我，"他们对这件事件说什么？"没说什么呀，跟平时一样，日本客户来我公司，谈生意啊。不过，那位记者不相信我的话，他认为中国发生了骚动，认为我肯定是隐瞒了真相。

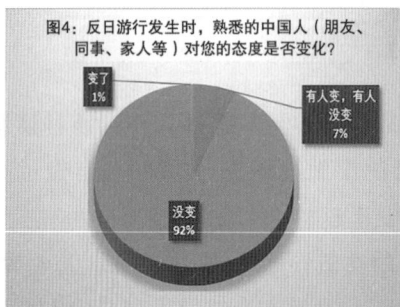

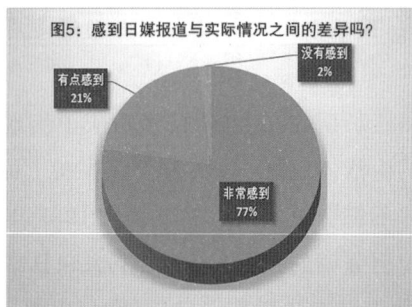

图4：反日游行发生时，熟悉的中国人（朋友、同事、家人等）对您的态度是否变化？

变了 1%
有人变，有人没变 7%
没变 92%

图5：感到日媒报道与实际情况之间的差异吗？

有点感到 21%
没有感到 2%
非常感到 77%

根据 C 先生的叙述，在上海发生两国间的"敏感"事件，两国人之间的关系跟平时一样，并无多大变化。很多在沪日本人也持有这一看法（请参见图 4）。

再者，他严厉批评日媒对这次游行的报道真假混杂，并透露了接受在日媒体记者的带有偏见性的询问。

对于这次游行的日媒报道，除了他，其他在沪日本人也提出了自己的见解。例如，A女士说："这次日媒报道很有问题。其实，在日本大家都不知道大连、青岛、上海在哪里，因此（看到日媒的报道后）觉得中国各地都发生了激烈的涉日游行。我在上海很安全啊，不过，没来过中国的人不知道。"据数据显示，九成以上的在沪日本人也认为日媒报道与实际情况之间有差距（请参见图 5）。

问：记者认为中国员工骚动，而您把这件事隐藏了？

答：是的。我公司的员工都会说日语，做与日本相关的工作，我公司用的是日本客户的钱来维持运营。中国员工都知道这件事（公司的情况与自己的情况）。不仅对我公司的员工，对所有在日企工作的中国员工来说，"涉日游行"是一件非常难过的事情。怎么说呢，我感觉很丢脸，也许他们那时感觉脸上无光。事实不是他们说的那样的，政治是政治。

问：事件发生当天，您跟平时一样工作吗？

答：当然，当然，那时员工没有请假的，大家都在工作，客户也来公司谈生意。现在中国有 10 万以上的日本人，对吧。所以，两国之间的关系就是"一衣带水"，从古至今两国是邻国关系，两国要密切地携手发展下去。

值得注意的是，他叙述自己亲身经验的同时还关怀着另一个"弱势群体"，即在日企工作的中国员工。面对两国的紧张关系，最容易受影响的就是在对方国家的自国人（在日中国人和在中日本人）。在这个意义上，他们可以说是"弱势群体"，也是两国间的"桥梁"。我们要倾听这些"默默无闻的声音"，要了解他们的日常生活及其背后的心意现象。由于长期住在上海，与中国员工有着频繁的交流，C 先生能理解游行发生时在日企工作的中国员工的心态，并盼望恢复"一衣带水"的中日关系。

2.2.4 D 女士的叙述——为了中日两国的友好关系

D 女士 2009 年来到上海，以前在日本当高中教师，一直对日语教育感兴趣，由此来上海教日语，现在是日语外教。她主要谈到对这次游行的感受以及其对日语系的中国同学们的关心。

问：游行发生的那天，您在干什么？有课吗？

答：那个，我当时不在上海，在苏州。对于该事件，通过各种渠道，有所了解，感到恐惧。听我的日本同事（外教）说，在苏州买水果时，当地人跟他（或她）说"你是日本人吧，你们干这种事情"等等。

通过媒体、传闻等渠道接触这件事，D 女士的第一感受就是恐惧。这是跟其他在沪日本人同样的反应。接下来，她叙述了在政治影响下的日语教学与她的中国学生的事情。

问：今后可能还会发生类似事情，如果再次发生，您怎么看待？

答：由于政治影响不得不回国，那我就没办法了。但是，怎么说呢，并不是所有中国人是反日的，也有不少喜欢日本、日语的。

对于这件事情，我认为学习日语的中国人也很难受，或很复杂吧。当时我非常担心日语系的同学们的心情，他们是怎么想的？例如，他们在家里，家人谈到这件事时，他们会说什么呢？也许有的同学被问"你为什么学习日语呢"，也许有学生本身也对选择学习日语感觉困惑。不过，那时他们像平时一样学习。

D 女士认为，个人无法避免政治影响，但她自己想要继续教授日语。另外，对于涉日游行,她很关心日语系的中国同学们的心情,这种态度和 C 先生一样,因为她在课堂上每天接触中国同学,所以能感受到他们微妙的心理变化。可以说,通过日语教学接触中国同学,她承担了中日交流的一部分,扮演着中日两国间的"桥梁"角色。

总之,他们的叙述可以归纳为以下几点:

对于这次两国间的敏感事件,在媒体上有大量的刺激性报道,这容易令人情绪化。在这种情况下,他们以冷静的态度看待这起事件。从他们的叙述来看,他们对这起事件的态度,取决于他们是否适应并了解当地社会。同时,他们有一个明显的倾向,即与政治保持着一定的距离(如"政治是政治"之类的叙述)。从 C 先生和 D 女士的叙述中可以看出,他们对在日企工作的中国员工与在日语系学习的中国学生的情况表示担忧、同情。这说明中日之间存在"交叉性群体"(如住在上海的日本人、在日企工作的中国人等)。并且,他们因具有"共同身份"(受到两国间的政治影响),所以可以了解对方情况。

3　日媒报道与在日日本人

如上所述,在 A 女士与 C 先生的叙述中,他们都提到了日媒的偏见性报道。而问卷调查(图 5)也显示出,绝大多数的在沪日本人也认识到日媒报道与实际情况之间的差距。那么,直接受到日媒影响的在日日本人对涉日游行有何反应,对中国和中国人又有怎样的印象?现代社会受到大众媒体的巨大影响,使得不少日本人只是通过被媒体表象化的信息知道中国与中国人。

以下内容是笔者 2016 年夏天在日本某大学讲座(题目:"在沪日本人社会史")时,授课学生提交作业的一部分(作业名称:"上课前后的'上海印象'",笔者在课堂上简介在沪日本人对涉日游行的经验性叙述)。例如:

　　(我的)祖母是华人,我一直跟中国人有交流,因而对中国没有不好的印象。……很多时候我都会跟朋友说"并不是所有中国人都是反日的"。他们却说"你看媒体报道,都这么说(中国人都是反日的)了嘛"。他们都不相信我的话。对他们而言,媒体报道中的"现实"即是全部的事实,甚至可以说媒体中的信息"比现实更真实"。

有一项问卷调查(《第 12 回日中共同世论调查》,2016 年)显示,对于有关中国的信息来源问题,九成以上(94.2%)日本人的答案是日本新闻报道。在新闻报道中,电视台的报道占了 75.1%。[1] 可见,大多数在日日本人认识中国的主要来源是日本媒体,因而他们

---

〔1〕《第 12 回日中共同世论调查》(2016 年),特定非营利活动法人言论 NPO,http://www.genron-npo.net/world/archives/6368.html,最后访问时间:2016 年 9 月 26 日。

对中国、中国人的印象受到不少日媒报道的影响。当然,在涉日游行的报道中,也有部分日本人意识到日媒的偏见性报道。具体如下:

> 上课前,在我的印象中,上海只是一座发生涉日游行的城市。但是,这种印象并不是自己去上海后的感受,而是通过日媒报道,被建构的印象。
>
> (发生游行时)日媒纷纷报道了涉日游行。没有中国朋友的我,自然对中国产生了不好的印象。……媒体的确报道了事实,不过好像他们以编辑信息的方式,操控了我们(日本人)对中国的印象。

他们各自认为中国或上海的负面印象是被媒体塑造出来的。大众传媒的大量信息真假混杂,因此人们需要自己培养媒体素养(Media Literacy,即选择性、批判性解读信息的能力)。此外,被媒体塑造的负面印象往往是通过面对面的实际交往,继而逐渐被消解,或者转为正面印象的。例如:

> 进大学后,我开始打工,打工的地方也有中国留学生。刚见到他(或她)时,对他(或她)有点不好的印象。但是,跟他(或她)聊天时感觉他们并没有想象中那么冷漠,这是让我很惊讶的。
>
> 改变中国(上海)的印象,是跟进到大学后开始打工有关的。有个中国留学生,他很用功,很温和。来中国顾客时,他会主动去接他们,帮我们的忙。我和他年龄相近,他经常跟我讲自己家乡的事情。

以上调查问卷还显示,去过中国的日本人(15.6%)、认识中国人或有中国朋友的日本人(19.6%)比例虽不高,但是通过面对面的交流(现在约70万华人在日本,约13万日本人在中国),可以在很大程度上消解双方的误解,继而改善互相的印象。

总之,当今在日日本人主要通过日媒的报道来了解中国、中国人,因此,日媒对涉日游行的刺激性、偏见性的相关报道,使得在日日本人容易感到恐惧。虽然不少人了解到这些报道带有偏见性,但随着媒体的大肆报道,他们对中国、中国人的亲近感也迅速下降。在日日本人的恐惧为日媒报道所建构,在某种意义上它是想象中的恐惧。但是,通过实际交往、培育媒体素养以及用博客和互联网等自媒体发出自己的经验性叙述的声音,这些被建构的负面印象将得到逐步消解。

4 结论

对在上海的日本人而言,2012年发生的涉日游行是使他们感到恐惧的事件。他们的恐惧主要是通过亲身经历而产生的身体记忆。而在日日本人的恐惧则是由于日媒片面性报道而被建构的想象中的恐惧。

此外,通过在沪日本人对该事件的叙述,可以发现他们对该事件保持着冷静的态度,同时,还可以发现生活在两国之间的"交叉性"群体的存在。而且,他们往往对身处同样环境的群体(如日企的中国员工、日语系的中国同学等)表示同情,甚至有人强调中日两国间"一衣带水"的关系,盼望两国友好。

值得注意的是,夹在两国间的在沪日本人与在日日本人因为媒体的介入而产生了距离。也就是说,在沪日本人通过亲身经历来了解中国和中国人,而大多数在日日本人则通过大众媒体了解中国和中国人,由此两者对中国、中国人的观点迥然不同。例如,笔者在沪过得平静安逸,然而每次回国经常被问"你在中国生活有遇到什么危险吗"。这个提问说明了在沪日本人与在日日本人对中国、中国人认识上的差距。遇到这类事情,在沪日本人虽然是日本人的身份,但不少人感觉到了自己与在日日本人之间的距离。可见,此时他们已经是带了"他者性"的群体,可称为日本人中的"内在的他者"。

那么,在沪日本人在上海的日常生活中是如何建构自我认同的,他们在日常生活中又是如何维持相互之间的关系,如何塑造在沪日本人的群体及其意识的,他们夹在两国之间的生活世界受到了怎样的影响,笔者今后将对这些问题进行进一步的探索。

南京大屠杀受害者与广岛原子弹爆炸被爆者的口述史对比研究

◎杨小平　朱成山[1]

摘　要：

　　本论文旨在通过南京大屠杀受害者与广岛原子弹爆炸被爆者的口述史的对比研究，明确中国与日本对于战争记忆的口述史表述与研究上的不同特征，探讨跨文化下的口述史研究的课题与可能性。通过对比研究，我们发现：第一，两者的差异点方面，受害经历讲述内容的差异（战后人们对南京大屠杀与广岛原子弹爆炸的暴力性的认知的差异是造成这种差异性的重要因素）、讲述的契机与记忆方式不同；第二，两者的共通点方面，两者的口述都体现了当事人在家庭史维度下的受害社会关系史、记忆与忘却构成的个人记忆、交织的情绪追溯与精神创伤。透过事例分析，可以说口述史连接了"今天"的"我"与"过去"，口述史体现了历史的多样性，口述史研究是历史研究的视角与文化人类学的田野调查方法、社会学的统计方式等跨学科的综合研究与社会实践。

关键词：

　　战争记忆；南京大屠杀；广岛原子弹爆炸；证言；口述史

A Contrastive Study of Oral Histories of Survivors of the Nanjing Massacre
and the Experience of A-bomb in Hiroshima

◎　Yang Xiaoping；Zhu Chengshan

Abstract：

　　Through a comparative study of the oral history of Nanjing Massacre and Hiroshima A-bomb survivors, this paper aims to clarify the types of war memories existing between Chinese and Japanese people and discuss the possibility of oral history fostering peace from the perspective of cross-cultural communication. We found that the contents of post-war testimonies differ per society between the two cases, an important factor being the issue of

---

　　[1]　作者简介：杨小平，男，博士，岛根大学讲师，主要研究方向为文化人类学、博物馆学等；朱成山，常州大学教授，主要研究方向为和平学等。

violence during the Nanjing Massacre and the A-bomb in Hiroshima. The trigger and ways of remembering each experience are different. We also identified commonalities, including the fact that oral history has strong ties to social relations, and that some memories are remembered while others are forgotten. Moreover, the survivors exhibit signs of serious psychological and emotional wounds. Through case study analysis, it can be said that oral history creates a link between our past and present selves, and demonstrates the diversity of history. The study of oral history is a comprehensive and practical method of study.

Keywords：

War Memory；Nanjing Massacre；Hiroshima A-bomb；Testimony of Survivors；Oral History

莫里斯·哈布瓦赫在《论集体记忆》中通过对集体记忆与个人记忆之间的关联与差异进行分析,强调个人记忆的集体性。[1] 而本尼迪克特·安德森通过对记忆的集合在共同体的形成中的作用的分析,阐释了民族主义的形成和扩散。[2] 学界对第二次世界大战的历史研究,从政治、经济、军事、文化、国际关系等角度的探究,宏观地构建了世界史的脉络,也形成了各国的国家史。但是另一方面容易被忽略的,是战争体验是以个人的直接体验为单位的,在战后表现为多样化的战争记忆。口述史中的个人战争记忆的表述,实际上就是用微观的方式构建"小历史",进而深刻地理解"大历史"。对于战争与和平的关注,不能在还原历史上止步。对战争当事人的口述史研究就是通过分析碎片化的日常生活史和口述史,共同感受当事人对战争的解释,反思战争,理解和平。

1 选择南京大屠杀受害者与广岛原子弹爆炸被爆者的原因

1.1 两者是最具代表性的战争记忆的当事人

1982 年发生日本文部省修改历史教科书事件之后,1985 年侵华日军南京大屠杀遇难同胞纪念馆的建成与开放,使南京大屠杀史学研究引起史学界高度的关注和重视。2014年 2 月 27 日,第十二届全国人大常委会第七次会议作出庄严的决定,将 12 月 13 日确定为南京大屠杀死难者国家公祭日。这标志着对南京大屠杀遇难同胞的纪念上升到国家法律和政治的高度,国家公祭日成为对全民族开展爱国主义教育的生动教材,南京大屠杀的历史成为国家记忆。2015 年 10 月 9 日,联合国教科文组织将中国申报的《南京大屠杀档案》正式列入《世界记忆名录》,标志着南京大屠杀的档案从一个国家的历史档案转化为人类

---

〔1〕 ［法］莫里斯·哈布瓦赫:《论集体记忆》,毕然、郭金华译,上海:上海人民出版社,2002 年。

〔2〕 ［美］本尼迪克特·安德森:《想象的共同体:民族主义的起源与散布》,吴叡人译,上海:上海人民出版社,2005 年。

共同的遗产,南京大屠杀的历史成为世界的共同记忆。南京大屠杀受难者的经历是南京大屠杀的历史脉络记忆的重要部分,个人口述则是记忆传承的重要方式。

而 1945 年 8 月 6 日,美军在广岛投下的原子弹不但促使日本投降,具有加快第二次世界大战结束的历史意义,同时也标志着核时代的到来。并且,原子弹爆炸使城市变成废墟,造成大量人员的伤亡——1945 年 8 月 6 日至 1945 年年底不仅致使接近 14 万广岛市民死亡,而且让更多的市民遭受核辐射的影响。他们成为最早的原爆经历者,也是历史的见证人。如此大量的人员伤亡,也使他们“顺理成章”地成为日本遭受战争伤害的象征。同时,在朝鲜战争、冷战等战后不同时期的“核危机”时,广岛、长崎的受害体验更加引起关注。1996 年 12 月,爆炸中留存下来的原爆遗址作为废除核武器与人类追求和平的象征被登记成为世界文化遗产,英文名称为 The Hiroshima Peace Memorials。广岛原子弹爆炸被爆者成为世界“废除核武器,追求和平”的代言人与象征。当今的世界,2011 年东日本大地震造成福岛第一核电站的放射性物质泄漏,朝鲜在积极开发核武器,美国和俄罗斯一边裁减废旧核武器,一边进行着新的临界下的核试验。广岛原子弹爆炸被爆者经历的原爆体验,仍然警示着世界的核危害,他们在呼吁“无核世界”上具有象征意义。

1.2　两者有着不同的历史脉络

南京大屠杀发生在 1937 年 12 月 13 日至 1938 年 1 月,南京被日军占领。除军队外,大量的南京市民遭受杀戮,并且城市各处出现放火、强暴、掠夺等暴行。大屠杀发生后至 1945 年 8 月 15 日日本宣布投降的这段时间里,日军通过扶植伪政权,长期占领和控制南京。日军建立“慰安”所,大量的中国妇女被强征做性奴;建立文化掠夺机构,大肆掠夺南京的历史文物,进行文化侵略。南京大屠杀受害者直接遭受的是多样的伤害。而广岛的原子弹爆炸被爆者经历的是美军从 1 万米高空投下的原子弹所造成的影响。爆炸本身在十几秒内结束,但之后的暴风、烧伤、核辐射摧毁了广岛的城市,给经历者留下终生的影响。

南京大屠杀与广岛原子弹爆炸是两个完全不同的事件,因此决定了当事人的记忆存在差异。尽管受到伤害是两者的共同点,然而无论是在战争中的各自的历史脉络,还是战后的世界格局,都使中日双方对于战争体验的记忆方式有着不同的内容与意义。通过具体的当事人的口述,可以了解他们对那段历史的解释。这样的解释正是战后中日历史记忆的不同特点的重要表现。

2　南京大屠杀受害者口述史研究

2.1　南京大屠杀微观史研究的提出

自 20 世纪 80 年代以来,对南京大屠杀的研究成果大多集中在宏观历史的层面,缺乏对历史亲历者的微观史学的深入研究。2014 年 12 月 1 日,侵华日军南京大屠杀遇难同胞纪念馆在其冥思厅入口处的墙上,公布了"30 户受害家庭南京大屠杀遇难者名录",受到了学界、媒体和观众的广泛的肯定。在这样的第一手调查资料的基础上,笔者正式提出南京大屠杀微观史研究的课题。

微观史学关注的对象不再是精英人物,而是普通大众的群体。在研究方法上,通过叙事本身具有的解释功能,呈现历史现实本身存在的多样性。在史料的运用上,以一手资料为研究基础,注重深入透彻的细节分析,挖掘个人记忆,探究主体的关联性。南京大屠杀微观史研究通过对南京大屠杀受害者及其关联群体、区域的叙事性书写,充实南京大屠杀的历史叙事,形成包括个人记忆、集体记忆、国家记忆的多层次的历史记忆。微观史研究正是将口述史研究融入宏观的抗日战争研究中。

2.2　"南京大屠杀 300 户家庭受害研究"研究课题

2016 年南京大屠杀微观史研究课题被列入国家社科基金课题指南,拟耗时 5 年进行调查。该课题由"南京大屠杀 300 户家庭受害研究""南京大屠杀档案中的人员受害状况研究""南京大屠杀期间的难民所研究""南京大屠杀期间西方在宁人士生活史"等 4 个子课题构成,其中"南京大屠杀 300 户家庭受害研究"子课题组的重点就是对南京大屠杀受害者及其家庭成员做口述调查,并引用人类学的方法,给所有对象绘制家庭成员图,形成南京大屠杀受害者的家庭史。在个人记忆与集体记忆之间,创新地构建了家庭记忆。

此外,南京大屠杀幸存者家属参与调查过程,丰富了口述史研究的"当事人"的视角。例如,下文具体事例中的南京大屠杀幸存者常志强,他的女儿常小梅长期陪同父亲参加证言活动,不仅熟悉常志强的受害经历,同时以女儿的角度理解当事人的心理、情感,能从内至外诠释常志强的个人记忆。此外,常小梅作为家庭成员还参与了父亲的生活史,如拍照记录了常志强每次的绘画(及其构思)。这样的碎片化的记录为微观史研究提供了新的研究方法,有利于构成受害者家庭史,明确以个人为主体的历史解释。

2.3　事例分析——南京大屠杀受害者常志强的口述史分析
2.3.1　南京大屠杀受害者常志强口述中的南京大屠杀

　　我叫常志强。我原来姓戴,在抗战胜利后改名,于 1928 年出生。1937 年农历冬月 11 日,日军在南京(开始)大屠杀。那时我家住在城东八宝街 1 号,家里有太祖母、祖母、父母亲、姐姐戴桂珍和我以及 4 个弟弟,共 10 口人。父亲叫戴英俊,母亲张氏,那时我家在金陵闸附近开了一间小商铺,卖点小商品(香烟、火柴等),维持生活。

　　日军在进攻南京前,先对八府塘进行轰炸。记得那是一个晚上,日军飞机扔炸弹,很多人被炸死烧死,有的人被炸得尸体横飞。因为那里是贫民窟,大多是草房,轰炸还引起大火,烧得不成样子。由此,造成人们极度混乱和恐慌,纷纷逃往外地。过了一段时间,日军逼近南京,形势也更加紧张。老祖母对父亲说:你们赶快到难民区逃命去吧,我老了,只好听天由命吧!分手时,父母亲当时都哭了。那时父母拖儿带女,带着我们姐弟六个:姐姐11岁,我不到10岁,还有4个弟弟,阿龙8岁,阿三6岁,小发4岁,最小的弟弟叫小来,还在吃奶。我们从金陵闸出来,向难民区逃难。刚走到王府园旁的内桥,就被中国守军封锁拦住了,不给我们走。他们说,再走就要开枪了。我们和其他难民一起,过不了内桥,只好先回到王府园,打算第二天再走。

第二天天刚亮,我们吃了点稀饭正要走,就听到日本兵的大炮向城里直轰,有的人向防空洞里躲,有的人到处乱跑。后来炮声渐渐停了,有人说可能破城了,大家正要向难民区跑,这时日本兵已经打进来了。日军开始向难民开枪射击,然后又用刺刀捅,用大刀砍。难民们哭的哭,喊的喊,乱作一团,有的老百姓还进行反抗。我们躲进一户人家院内。日军用枪打死了我的父亲和两个弟弟,强奸并杀害了我11岁的姐姐戴桂珍。那时我母亲抱着2岁的小弟弟戴小来,胸部被刺一刀,还不肯放下弟弟,接着日军又刺一刀,母亲丢掉弟弟,躺倒在地上,胸口咕咕地冒出了鲜血,小弟弟还爬着哭着要在母亲怀里吃奶,鞋子都掉了。我赶紧跑过去,把小弟弟送到母亲跟前。母亲用力拉开衣服给小弟弟吃奶,但因胸口被严重刺伤,头一歪死过去了。我由于过度惊吓,眼冒金花,昏死过去。

后来,他们的尸体被红万字会就近收埋在王府园后面的菜地里。我问当地收尸的人,他们说有个小男孩趴在死去的母亲乳房上吃奶,奶水、泪水、鼻涕结成小冰块,母子俩冻在一起,怎么也拉不开。我哭着说,那就是我可怜的妈妈和弟弟。[1]

2.3.2　口述采访分析

首先,南京大屠杀受害者常志强对于南京大屠杀的亲历口述,反映出几个特点:

1.南京大屠杀经历包括了战前家庭生活情况、日军攻城与杀戮、家人死难等多个过程;

2.对于家庭成员以及家庭生活情况的记忆与描述;

3.按照时间序列的整理;

4.亲身经历的南京大屠杀场景的描述;

5.对于家人死亡场景的深刻记忆;

6.口述个人经历的同时,包含了情感的追溯。

---

〔1〕　杨小平:《常志强口述历史访谈》,南京常志强住所,2017年3月26日。

其次,2017 年 3 月,笔者与常志强的采访对话反映出口述的流动性。

> 问:请您说说 1937 年前后的情况吧。
>
> 答:家里开了一间小商铺,生活还算丰富。有老祖母在,她对周围的人很好,是很有名的大善人……
>
> 问:您老祖母是什么时候去世的呢?
>
> 答:我老祖母没有去世啊。去照顾周围的人去了。
>
> 问:请您再说说您妈妈、弟弟,他们在 1937 年被日本人杀害时的样子。
>
> 答:有什么好讲的,都讲过好几次了。

事实上,老祖母早在战争结束后不久就已经去世,但是在常志强现时的记忆里,老祖母仍然是活着的"帮着周围人的大善人"。在对过去历史的记忆中,常常有唤起悲惨情感的记忆被忘却的情况。在常志强的口述中,对老祖母的美好记忆成为他在南京大屠杀精神创伤的自我释怀。

常志强的小女儿常小梅说父亲早些年很少对子女谈起当年的经历。对常家的子女来说,常家过去的历史是一个谜,家里的兄弟姐妹没人敢提。战争留给这个家庭的是一种"禁忌"。"我现在似乎越来越理解爸爸心里的那种苦了。他对谁都很好,但跟谁都不是很亲近,就像是一座孤岛。小时候怕问,长大了知道得多了就不忍心问,如果他自己忘都忘不掉,我们也就尽量不让他回想起来。"儿子常明泉说,每次接受完采访,或者录完证言,常志强就要在床上躺几天。而子女们也自觉地"不闻不问",让父亲自己慢慢释怀。随着常志强不断参加揭露南京大屠杀暴行的证言活动,接受媒体的采访,常家的子女才了解到父亲当年的经历。常小梅说随着父亲年龄越来越大,他以后不可能一直讲下去,家人希望这段记忆能够一代代传承。[1] 常小梅会主动去问南京大屠杀时期父亲经历的一些细节,也会在父亲做证言时,在旁边陪伴;有时还会补充父亲的口述内容。

通过对常志强的采访以及家庭成员对于记忆方式的阐述,一方面追溯了常志强个人经历下的南京大屠杀的历史场景,另一方面构成了家族史维度下对于南京大屠杀的解释。在侵华日军南京大屠杀遇难同胞纪念馆外的广场上,有一组"母亲已经丧生在日军的屠刀下,还不懂事的孩子趴在母亲的身上吃奶,大一点的哥哥跌坐在一旁,泪眼模糊"的青铜雕像。雕像的设置将常志强的个人记忆以艺术性"物化"的方式,再生南京大屠杀的经历,将之转化为南京大屠杀公共记忆的象征。

---

[1] 付岩岩:《89 岁南京大屠杀幸存者:忍饥挨饿一夜,等来的却是灭顶之灾》,《交汇点》新闻客户端,2017 年 1 月 4 日,http://jhdr.xhby.net/content/201701/04/c454716.html,最后访问日期:2017 年 8 月 31 日。

3 广岛原子弹爆炸被爆者口述史研究

3.1 广岛原子弹爆炸被爆者

1946 年开始,每年的 8 月 6 日,在广岛市和平纪念公园以及广岛市和平纪念碑前都会举行广岛"和平纪念仪式"。参加者除了原子弹受害者及其亲属,外国代表、日本首相等政界人物,还有普通市民、外国游客等。仪式的一个重要内容,就是将每年新增加的受原爆影响死难人员的名册放入纪念碑下的石柜中,沉痛缅怀死者的同时,宣扬"废除核武器,追求和平"的诉求。根据广岛市的统计,2017 年 8 月 6 日截止,登记在册的死难者超过 30 万人,有记录的仍然在世的"被爆者"接近 20 万人。这里的所谓"被爆者"指经历了原子弹爆炸并受到影响,持有广岛市颁发的"原爆被爆者健康手册",得到政府各种补助的原子弹爆炸经历者。"原爆被爆者健康手册"由当事人自主向市政府提交材料申请。持有"原爆被爆者健康手册"的原爆受害者可以享受到国家的医疗福利以及经济补贴。

3.2 广岛原子弹爆炸的记录

如前所述,在广岛投下的原子弹是人类历史上第一次使用的原子弹,标志着核时代的到来。在 8 月 6 日原子弹爆炸以后,周边军队及群众参加救援的同时,各种调查活动也展开了。在战后,形成了大量的关于原子弹爆炸的记录,如《广岛县史(原爆资料篇)》〔《広島県史》(原爆資料編)〕[1] 和《广岛原爆战灾难志》(《広島原爆戦災誌》)[2] 等。1945 年 8 月 15 日,日本宣布投降,盟军占领日本后,立即派遣美国战略轰炸调查团进入广岛和长崎,对原子弹爆炸的影响进行调查,编写了报告《广岛与长崎的原爆效果》(*The Effects of the Atomic Bombs on Hiroshima and Nagasaki*)[3]。1946 年美国设立了原爆伤害调查委员会(Atomic Bomb Casualty Commission,简称为 ABCC),编写了很多诸如《原爆伤害调查委员会业绩报告书》(《原爆傷害調査委員会業績報告書》)[4]等调查报告。因此,对比南京大屠杀相关的历史资料与记录,广岛(以及长崎)的原子弹爆炸的过程及其造成的影响的资料非常详实。

另一方面,战后通过"原爆慰灵祭""和平纪念仪式"等悼念性活动,以及保存原子弹爆炸中残留的房屋、桥梁、树木等方式,使原子弹爆炸的历史得以保存和记录。尤其是在

---

〔1〕 广岛市县厅编《广岛县史(原爆资料篇)》〔《広島県史》(原爆資料編)〕,广岛市县厅,1972 年。

〔2〕 广岛市役所编《广岛原爆战灾难志》(《広島原爆戦災誌》),广岛市役所,1971 年。

〔3〕 The United States Strategic Bombing Survey, *The Effects of the Atomic Bombs on Hiroshima and Nagasaki*:*Chairman's Office 30 June 1946*,Washington:U.S. Government Printing Office, 1946.

〔4〕 原爆死伤调查委员会编《原爆伤害调查委员会业绩报告书》(《原爆傷害調査委員会業績報告書》),原爆死伤调查委员会,1959—1975 年。

1996 年,经历了原子弹爆炸留下的圆屋顶建筑作为"广岛和平纪念碑"被列入世界文化遗产,使广岛的原子弹爆炸的历史从地区记忆转向世界性的记忆。

3.3 沉默与作证

战后初期,一些直接参与了原子弹爆炸受害者救援的医生或者行政人员、研究者,通过日记等形式记录了 8 月 6 日前后所目击到的原子弹爆炸的情景以及爆炸后的避难、救援等经历。[1]另一方面,很多人忙着重建生活,选择忘记这段惨痛的历史。此外,部分的原子弹爆炸被爆者出于种种原因不愿意申请"原爆被爆者健康手册",不愿意让人知道自己是原子弹爆炸经历者。其主要的原因是,原子弹爆炸被爆者很长一段时期受到歧视与排斥。受害者们除了身体外伤带来的痛苦,在核辐射的影响下出现比如白血病、生育受损等病症,造成心理恐惧与精神创伤,使他们被日本社会边缘化。被爆者害怕受到社会的边缘化,害怕灰色记忆的唤起带来的是悲痛的感受,因此选择沉默。

直到 20 世纪 70 年代以后,被称为"被爆证言者"的原爆幸存者开始在各种公开的场合讲述他们的原子弹爆炸被爆经历与记忆。他们的讲述内容大多是原子弹爆炸当时的个人经历,以及身边发生的事情。具体包括:原子弹投下的一瞬间,自己对于原子弹爆炸的声音与闪光的茫然,然后是巨大能量的热能与暴风下,房屋倒塌,到处火灾,遍地的死尸,等等。随着年龄的增加,亲身经历的人们的逝去,经历者们开始害怕原子弹爆炸经历被忘却,于是鼓起勇气加入证言活动。下面的论述将使用笔者田野调查的部分资料,分析口述行为的证言者如何从沉默走向发声作证,以此明确这样的行为转变除去其背后的社会与政治因素外体现的文化象征性。

3.4 事例分析——广岛原子弹爆炸被爆者细川浩史的口述史分析

3.4.1 广岛原子弹爆炸被爆者细川浩史口述中的原子弹爆炸经历

细川浩史,男性,1928 年出生于广岛。1945 年 8 月 6 日,在离爆炸中心点 1.3 公里的地方经历了原子弹爆炸。他的家庭成员中,当时 13 岁的妹妹在距离爆炸中心点 0.8 公里的地方参加劳动时被炸身亡。虽然当年的细川浩史只有 17 岁,是高中生,但在当时,日本高中生都被动员去工厂等参加劳工,他被分配到广岛电信局工作。下面是他对于 8 月 6 日经历的口述。

早上刚上班没一会儿,8 点 15 分,突然感觉到强烈的闪光与暴风冲击。我的座位在最后,而且在柱子旁边的缘故,我没有被强光烫伤。窗户的玻璃碎掉,像凶器一样

---

〔1〕 例如[日]蜂谷道彦著《广岛日记》,晓萌、王无为译,北京:世界知识出版社,1958 年。

插在我身上。尽管全身是血,但是可以行走,(我)拼命扶着楼梯往外逃。我现在都还记得,在电信局外的石头阶梯上有很多人的血手印。我与同事一起往最近的京桥川逃的途中,听到有人从倒塌的房屋废墟中(发出)求救的声音,但是我们却没有去救助的力气。在河原附近,一个被严重烧伤的崇德中学一年级的学生向我们要水喝。但是我们之前被教育"如果给重度烧伤的人喝水的话,马上就会死掉",所以我们也没有给他水喝。但是,现在回想起来,(真)后悔,如果当时给他水就好了。因为当时并不知道核辐射,我们就那么待在外面,晚上住在同事的家里。第二天,整个城市都变成一片废墟。烧过的废墟里面到处是白骨、炭化的遗体,那些不能辨别出性别(的)、膨胀的遗体就那么静静地散落在地上。我徒步回到宫岛的家,才知道妹妹死了。

我的妹妹在 6 月刚刚满 13 岁,在原子弹爆炸中心点 0.8 公里的地方,参加将房屋推倒制造防火带的劳动时被炸的。临死的妹妹被军用货车从广岛市内运到郊区,得到那附近的主妇照看。妹妹说"小母,让我牵着你的手",就那样牵着手在 6 日的晚上停止了呼吸。7 日,妹妹的遗体被带回家。衣服已经烧没了,披着一件浴衣,脸很干净。在妹妹劳动的地方,带队老师和学生总共 228 人全部死亡。其中的很多人连尸骨都找不到,妹妹被运到郊外,可以说是不幸中的万幸。我一生的悲痛就是失去了妹妹。[1]

3.4.2　口述采访分析

首先,广岛原子弹爆炸被爆者细川浩史对于"原子弹爆炸"的口述,反映出几个特点:

1.原子弹爆炸经历中包含了爆炸后的自己的身体的、精神上的感受;

2.口述的经历不仅有自己的,也有"听到"的家庭成员的;

3.按照时间序列描述;

4.描述中包括人受到的伤害,也有城市的毁坏情况;

5.描述了与其他的被爆者之间的交流场景。

其次,在很多人不愿讲述被爆经历的情况下,细川浩史向我们说明了他愿意口述的理由:

我开始口述原子弹爆炸经历,在 2000 年左右。在那之前不是拒绝讲述,而是因为不想再想起。像我这样的经历过原子弹爆炸的人,很多人都死了。而他们到死都没有把自己经历的痛苦留给世人。我现在岁数也大了,不想把对于原爆的破坏力的记忆带到坟墓里面去。这也是我们对于年轻一代的责任,告诉他们原子弹的可怕,告

---

〔1〕　杨小平:《细川浩史口述历史访谈》,日本广岛和平纪念资料馆,2012 年 7 月 9 日。

诉他们和平的重要性。

战争是国家暴力,将人变成武器,而它的终极形态就是原子弹。我认为原子弹不仅仅是向广岛与长崎,而是向全人类投下的,(它)否定了人的存在。现在的广岛和平(纪念)公园非常漂亮。但是我希望大家知道,70多年前的这里,人们生活着,热闹过。一瞬间变成废墟,那些生活的场景也伴随着原子弹消失了。[1]

受政治的、社会的因素影响,战后很长一段时间内,原子弹爆炸被爆者被社会边缘化,他们的经历被暴力地归结为"病体"或者"社会的累赘",甚至与和平文化相隔离,被隐藏和埋没。广岛原子弹爆炸被爆者面对"记忆风化",选择参加讲述经历的证言活动,阐释他们对于原爆体验的记忆与解释。

4 南京大屠杀受害者与广岛原子弹爆炸被爆者的口述研究对比

4.1 两者的差异点

4.1.1 讲述内容不同

在具体的经历中,南京大屠杀受难者讲述的重点是人受到的伤害,比如杀戮、性暴力、刺伤等;广岛原子弹爆炸被爆者的口述则描述了人所受的伤害与城市的毁灭。如前文解释比较研究对象的选择理由时所说,南京大屠杀与广岛原子弹爆炸两种不同的历史事件决定了受害经历的不同。但是,这里要强调的另一个影响讲述内容的重要因素,是战后中国与日本社会对于南京大屠杀、广岛原子弹爆炸的暴力性的认知的差异。

尽管日本政府、日本社会民众使用"南京大屠杀是否有30万"这样的伪命题意图否定日军暴力本质及其真实性,但是这也反映出其对南京大屠杀伤亡人数的关注,却缺乏对于历史过程的整体性认知。南京大屠杀受害者的口述也主要是基于自己的亲身经历,缺少关于南京大屠杀整体历史的知识。究其原因,首先是战后很长一段时间内缺失了对于记录南京大屠杀的史料的发掘、保存和研究;其次南京大屠杀受害者缺少讲述的契机,受害者之间也缺少相互交流的机会。而战后的日本社会对战争加害责任的回避,缺失对战争暴力行为的教育,日本民众也就自然不知道南京大屠杀中城墙及市区建筑等被毁坏、财产与文化资源被掠夺等情况,很难理解南京大屠杀的综合性、多样性结构。相比之下,对于广岛原子弹爆炸,中国与日本民众的认知都是人员伤亡和城市毁灭,两种破坏结果共同构成了原子弹威力的象征。前文提到,战后日本积累了大量的记录原子弹爆炸的历史资料。尽管广岛原子弹爆炸被爆者亲身讲述经历的繁盛始于20世纪70年代后期,但是从1946

---

[1] 杨小平:《细川浩史口述历史访谈》,日本广岛和平纪念资料馆,2012年7月9日。

年就开始的"慰灵祭",每年8月6日将原子弹爆炸被爆者联系起来,所以从一开始"8·6"就是广岛原子弹爆炸被爆者的集体记忆的象征。1954年成立的日本原子弹被爆者团体协会,不仅让被爆者团体内部的被爆者之间紧密联系,还能通过世界大会等众多方式提供被爆者听取其他的原子弹爆炸被爆者的经历的契机。其结果是,广岛原子弹爆炸被爆者口述的不限于个人的经历,还包括他人的经历以及原子弹爆炸的客观性知识等,是对于原子弹爆炸的综合性理解。

4.1.2 讲述的契机与记忆方式不同

南京大屠杀受害者的讲述集中开始于20世纪80年代后期,发起于侵华日军南京大屠杀遇难同胞纪念馆开展的受害者证言收集活动。证言收集活动对南京大屠杀历史的个人记忆的保存和整理发挥了重要作用,纪念馆也成为受害者口述历史的基地。然而,如影随形的是它的局限性。证言收集需要有规范的采访格式与方式,但这样容易形成单一模式的证言内容,缺少多样性。随着国内对历史教育的加强,以及国际社会对南京大屠杀的关注,南京大屠杀受害者越来越多地去学校、去海外,面对多种多样的听众对象,去讲述他们的历史,这就增加了口述的丰富性。

广岛原子弹爆炸被爆者的讲述,虽然经历了1945年至1952年盟军占领期间的严格限制,但是记忆保持了它的延续性。除了前文阐述的"慰灵祭"及各种集会,另一个特点就是出版了大量的证言集,作者既包括各种团体组织,也有众多的个人。口述内容以文字的形式得到记录,其影响力也随之扩散。而南京大屠杀近年来虽然有一些证言集出版,但是与日本相比,还有很大的差距。随着中国媒体的快速发展,在录像语音的记录方面,中国的口述史记录将得到大幅的提升。

4.2 两者的共通点

4.2.1 个人主体下的家庭史、社会关系史

两者的口述都体现了当事人在家庭史维度下受到的伤害,同时描述了避难、救助等与社会周围群体联系的方式。家庭成员的死难反映了南京大屠杀、广岛原子弹爆炸等战争行为的暴力性,也体现出受害者的社会关系的被破坏。比如南京大屠杀受害者常志强记忆中的家人惨死,最后只剩下自己;广岛原子弹爆炸被爆者细川浩史记忆中的妹妹遭遇死难,以及他没能够救助其他受难者,破坏了他对于人的救助的认知。

4.2.2 记忆与忘却构成的个人记忆

荻野昌弘对包括自然灾害、战争等一系列对人类来说具有伤害的、负面影响的东西和事件等"负的文化遗产"中的"忘却"进行了讨论。研究的视点在于事件的结果,关注现代社会和个人是如何阐释其存在或者意义的。文章中提到不同的行为主体,在面对同一记忆的时候,表现出忘却或者记忆、废除或者保存、沉默或者作证等个体实践特征,并且尽管

方式相反,但目的都在对过去的灰色记忆进行"消毒"。所谓"消毒",就是消除记忆中灰色的、负面的意义。[1] 南京大屠杀受害者常志强在记忆中,用老祖母"仍然活着"的记忆替代家人惨死的场景。

4.2.3 交织的情绪追溯与精神创伤

无论是南京大屠杀还是广岛原子弹爆炸,其影响不仅体现在身体上的伤害,还表现在长期性的精神创伤。相对于物质生活状况,幸存者的精神创伤却一直没有引起人们的关注,他们很少得到有针对性的社会治疗。幸存者在事件发生期间的遭遇和之后的生存经历各不相同,因此,在精神创伤上的表现也有很大差异。除了部分自我治疗能力较强的幸存者,许多幸存者都未能摆脱过去的阴影。年轻时的精神创伤开始"复活",他们经常为噩梦惊醒,他们的言行开始日益偏离日常生活的轨迹,而且随着年龄的增长,这种精神疾病的表征越来越明显。正如本文,南京大屠杀受害者常志强不愿再讲述家人的惨死,广岛原子弹爆炸被爆者细川浩史妹妹的死难成为细川"一生的伤痛"。

5 结论

5.1 口述史连接"今天"的"我"与"过去"

口述史研究关注历史亲历者的生活细节及其社会关联性,是注重个体化、事件性、区域性、叙事化等方式的历史研究方法。同时,口述史研究又立足于更广阔的社会史、文化史视野,讲述个体的细节性的生活体验,但是背后却深刻地反映了那个时代人们的生活状态、个体心理的构建方式以及宏观层面下诸如社会的结构形态等众多问题。口述史研究呈现的是历史现实本身存在的多样性,能够拉近"今天(现实)"的我们与"过去(历史)"的距离。

5.2 口述史体现历史的多样性

口述史研究可以揭示以往的历史研究中不易发现的细节,研究结果能够充实历史的大结构,也可以用来纠正以前的某些片面的观点或思路。更为重要的是提供以个人为视角的解释历史的方法,形成对于个人记忆、集体记忆、国家记忆的多层次的历史记忆研究的有效视角。

5.3 口述史研究是跨学科的综合研究与实践

口述史可在历史研究的视角下,融入文化人类学的田野调查法、社会学的统计方式

---

〔1〕 [日]荻野昌弘编,[日]小川伸彦等著,[日]齐藤悦则译《文化遗产的社会学:从卢布美术馆到原爆圆屋》(《文化遗産の社会学:ルーヴル美術館から原爆ドームまで》),日本:新曜社,2002年。

等,形成跨学科的综合研究与实践。例如,现在的战争口述史研究由过去关注当事人的受害史为主,转向受害前、受害中、受害后的一条时间轴心长线,努力实现点、线、面的结合与统一。多学科的融合,形成多样性的、多层次的历史架构,从过去的构建历史脉络,转向阐释历史全景。通过详细调查当事人的战前、战后的生活史(家庭生活、社会生活、人际关系等)和心理变化等,发现那些被排除在公共记忆(集体记忆、国家记忆)之外的、当事人的多样性的个人记忆(侵华的经历、反战的斗争、生活中的被歧视等)。多样性的个人记忆与家庭史不仅仅反映了他们对于"历史"的解释,同时构成了战争历史的真实全景。历史全景中呈现的人的活动与思想,有助于克服国家主义、民族主义历史观下的国际隔阂,促进跨越国家的相互谅解。

记忆碎片:长春电影学院表演班学员口述拾遗

◎康　婕[1]

摘　要:

　　为了更好地扩大电影事业队伍的需要,长春电影制片厂于 1960 年初开始筹建长春电影学院,但由于种种原因,两年后学院建制被撤销。单就表演班来看,其招收的唯一一届毕业生并未直接分配回长影厂演员剧团,但是这些学生没有荒废表演,而是继续为中华人民共和国的表演事业作出自己的贡献。由于年代久远,学院表演班的资料几乎没有留存下来,笔者通过当事人口述,整理了一些记忆碎片,以期初步还原当时的表演教育情况,补充 20 世纪 60 年代我国东北地区电影表演养成教育的部分内容。

关键词:

　　长春电影学院;表演班;口述历史

Fragments of Memory: Oral Gleanings of Students of

Changchun Film Academy Acting Class

◎　Kang Jie

Abstract:

　　In order to increase the needs of the film career, Changchun Film Studio began to organize the Changchun Film Academy in early 1960. However, the academy was revoked due to a variety of reasons two years later. Referring to the performance class, its only graduates were not directly assigned to the actor troupe of Changchun Film Studio. These students did not drop performing, and continued to make their contributions to the performance of art of PRC. Because it has passed such a long time, the materials of the performance class have not been retained. The author sorts out some fragments of memory by recording the parties, hopes to preliminarily restore the situation of the past performance education, and supplies the content of the firm performance education of northeast China in the 1960s.

Keywords:

　　Changchun Film Academy; Acting Class; Oral History

---

　　[1]　作者简介:康婕,女,中国传媒大学戏剧与影视学博士后,研究领域:电影史、电影产业、明星研究。

20 世纪 40 年代末到 80 年代初,中国内地(大陆)演员的电影表演渠道相对单一,演员选拔与培养途径主要有两种方式:其一,各电影制片厂演员剧团下基层招收学员,开办演员培训班进行短期培训,学员毕业后直接进入剧团作为新生力量参与电影表演,剧团表演经验丰富的老演员用"以老带新"和"一带一"的形式言传身教,使新人演员尽快融入集体,熟悉表演工作,以便尽早独立完成表演任务;其二,在国家设立电影学院后,其表演系毕业生可以直接分配到各个剧团,但最初的作品也要经历"以老带新"的过程。院校培养可以说是当时中国内地(大陆)演员选拔、培养的主要路径之一。

1949 年至今,中国内地(大陆)有三所电影类专业学校设置了电影表演课程,分别是北京电影学院(简称"北影")、上海电影专科学校(简称"上影")和长春电影学院(简称"长影")。其中除了北京电影学院一直开办至今并保留完整的校史资料,上海电影专科学校和长春电影学院均已消失于历史大潮中,其院校资料难以查询。本文主要聚焦的长春电影学院更是如此。这所在中华人民共和国电影表演教育史上昙花一现的艺术学校,原本四年的学制,实际上只以电影学院的名义运作了两年,而招收的唯一一届学生毕业后也未能分配回长春电影制片厂(简称"长影厂")演员剧团。但是因其历史存在价值,长春电影学院存在的历史意义不能被忽略。遗憾的是,由于年代久远,学院留存的资料几乎为零,只有亲历者的口述历史才可以弥补这一缺憾。

笔者经过长影厂演员剧团原团长宫喜斌与其夫人张百爽(同为长影厂演员剧团演员)引荐,找到了当时表演班的两名学生——现国家一级演员朱德喜与牛皎寰夫妇,对两位老师进行了 3 个小时左右的口述采访。在这段珍贵的口述记录中,朱德喜与牛皎寰夫妇从自身经历出发,回忆长春电影学院表演系成立初期的招生情况、培养课程及其学员后续表演发展等情况,并就其中的细节表达自己的切身体会。

本文分为三个部分,第一部分将集中介绍中国的电影表演学院派传统,第二部分把焦点定位在长春电影学院的演员培养教育上,第三部分以笔者和朱德喜、牛皎寰夫妇的口述记录为主,作为对第二部分论述的补充,还原采访现场。

1 学院派的表演传统

中国的电影表演教育,创始于 20 世纪 20 年代的上海。国内电影人在电影传入中国之初就意识到选拔、培养自己的电影演员人才的重要性,为满足拍摄电影时的演员需求,相继筹建过一些选拔、培养电影表演人才的学校。张石川最早提出培养专业电影演员的理念,并创办明星影戏学校。"早期许多男女明星,电影学校出身者不少。据程步高的回忆,当时的电影学校,只招演员。"[1] 20 世纪 20 年代在沪的电影教育机构就达 17 家之多。除此之外,一些较大型的民营电影公司也会开办电影表演培训,任用培养出的演员参演该电影公司的相关电影作品。中华人民共和国成立后,国家对新一代电影演员的需求增加,银幕呼唤更符合时代精神的新形象,演员们也希望系统地接受苏联斯坦尼斯拉夫斯基表演体系的训练。在这种大环境下,建设中华人民共和国电影表演教育体系迫在眉睫。

1949 年以后,国家积极筹建电影专业院校。随着人民电影事业步入正轨,电影教育工作也逐步开展。由于国有电影制片厂的繁荣发展,电影演员的选拔与培养从市场行为转化成国家行为,国有电影制片厂取代私有化的电影公司,成为承载演员们从业梦想的新的造梦摇篮,各电影制片厂演员剧团承担了电影演员生产的主要职能。由于各演员剧团急需补充电影表演人才的新鲜血液,除去自主挖掘,相关电影院校表演专业毕业的学生也受到剧团欢迎。1950 年 5 月建立的电影表演艺术研究所(北京电影学院前身)开班授课,意味着中华人民共和国第一所电影学校诞生了,学院派电影演员群体踏上了历史舞台。

当时苏联模式对中国社会影响很大,中国内地(大陆)与苏联的电影交流十分频繁:"仅 1949 年到 1957 年的 8 年间,中国就译制了苏联的长艺术片 206 部,长纪录片和科教片 59 部,各种短片 202 部(其中美术片 24 部,纪录片 39 部,科教片 139 部)和其他许多新闻短片。看过苏联电影的中国观众共计达 15 亿人次。在这 8 年间,中国翻译了来自苏联电影方面的各种论著和资料共 2400 多万言,出版了 175 种书籍和'电影艺术译丛'共 66 期。与此同时,苏联电影专家、顾问、教授频繁来华,指导中国电影;苏联电影代表团也多次到中国进行友好访问,举办苏联电影展。1952 年的'中苏友好月'期间,苏联电影在中国的 60 个城市放映,观众人次达 1 亿以上。"[2] 介绍苏联影片、导演、演员成为中国电影刊物的重要职能,苏联影片成为中国人了解世界的主要窗口。

在学习交流过程中,苏联模式对中国内地(大陆)电影表演教育体系的建立发展起到深刻影响,其中最为标志性的事件就是斯坦尼斯拉夫斯基的表演体系的输入。斯坦尼斯拉夫斯基表演体系是苏联戏剧家斯坦尼斯拉夫斯基根据自己与前人的演剧创作经验,总结形成的一套"系统、科学、行之有效的表演教学和表演创作方法,及戏剧体系"[3]。他提出"有声电影演员就应该比舞台演员在技巧方面精湛得多,并且要更加完美。……这样的演员需要戏剧教育,真正的表演(学校)。要通过莎士比亚、格里包耶多夫、果戈理、契诃夫这样一些世界天才的剧目,而不是通过那些大成问题的电影剧本,才能培养出这样的演

---

〔1〕闫凯蕾:《明星和他的时代:民国电影史新探》,北京:北京大学出版社,2010 年,第 10—11 页。

〔2〕启之:《毛泽东时代的人民电影(1949~1966 年)》,台北:秀威资讯科技,2010 年,第 86 页。书中原文转引自蔡楚生《向十月革命欢呼! 向苏联电影学习!》,《中国电影》1957 年第 Z1 期,第 4—7 页。

〔3〕林洪桐:《表演艺术教程:演员学习手册》,北京:北京广播学院出版社,2000 年,第 6 页。

员"[1]。这种表演教育理念也为内地（大陆）电影表演教育的戏剧表演教学方法打下基础。

继承自苏联电影学院定向培养专业电影演员的方针，北京电影学院等一批新的电影专业院校建立。为了更好地学习苏联模式，北京电影学院和中央戏剧学院（简称"中戏"）纷纷邀请苏联专家来京授课。最后虽然由于历史原因，苏联专家中途撤走了，但整个斯坦尼斯拉夫斯基表演体系却被完整地保留下来。各电影制片厂演员剧团派出人员接受苏联专家的教学，并学以致用，再将这套体验派教学体系传承下去，形成了较有规模、系统化的学院体制，成为延续至今的中国表演学派的学院派传统。

长春是 1949 年后中国电影的摇篮之一，长春电影制片厂的历史要直接追溯到"满映"时期，演员训练班的传统也一直延续，"满映"演员训练班中的很多学员直接成为东北电影制片厂（简称"东影厂"）与长影厂演员剧团的重要建设力量。除此之外，随着 1949 年后中国人民电影事业的蓬勃发展，为了更好地适应社会主义建设进程，逐步扩大电影事业队伍的需要，经文化部和中共吉林省委批准，1960 年初，长影厂开始筹建长春电影学院，并于同年 5 月开始招收新生，校址就在长影厂院内，学院设有电影导演系、电影文学系、摄影系、美术系和表演系，首期招生 150 人。

对于研究演员培养来说，现阶段大部分素材仍是以各电影制片厂的厂史书籍为研究基础，以各制片厂厂志、纪念图册、研究专著，以及针对性的史料梳理、口述历史、评论文集为辅助，其余的市面上关于长春电影学院的资料实在不多见。关于各电影制片厂演员剧团的单独研究书籍较为缺乏，甚至可以用凤毛麟角来形容。

2　长春电影学院演员培养

电影表演与话剧表演不同，选拔、培养标准也必定有差异。电影演员的选拔标准之一是个人形象和气质与角色、时代审美之间的关联性。在特定历史条件下，符合当时意识形态需要的角色形象是电影创作与选角的关键因素。中国的"十七年"电影时期，带有小资气质的老上海明星被自然淘汰，符合工农兵形象的银幕新人成为大家青睐的对象。改革开放后，工农兵形象逐渐淡出，流行文化下的潮流青年崭露头角。"演员的选拔并不是普通百姓意识中的单纯的选美，而是依据电影表演创作的性质和要求挑选适合的职业人。"[2] 受国家政治体制与社会意识形态的历史条件影响，在计划经济时代，电影演员的选拔除个人素质考核外，政治审查也是重点评判标准之一。很多旧式演艺世家出身的演

---

〔1〕　[苏]玛·阿·弗烈齐阿诺娃：《斯坦尼斯拉夫斯基体系精华》，李珍译，北京：中国电影出版社，1990年，第 401—402 页。

〔2〕　张辉：《电影表演美学研究》，北京：中国电影出版社，2011 年，第 320 页。

员被排除在外,在国家选拔演员的游戏规则中,政治身份的"纯洁性"是中国与其他国家和地区演员选拔标准的最主要区别。

在"十七年"电影时期中,相比戏剧学校,电影学校的专业电影表演教育更具针对性,毕业分配也以电影制片厂为主,而戏剧类院校培养的主要是话剧演员,两者的表演身份有一定区别。与北京、上海和长春三大传统电影基地相对应,北京电影学院、上海电影专科学校与长春电影学院这三所专门培养电影表演人才的电影专业学校既是时代的产物,又承载着当时中国电影表演教育传播的重任。虽然后两者开办时间不长,但是不能抹杀它们存在的时代意义。此次口述采访对象,正是当年长春电影学院表演班的学员朱德喜与牛皎寰两位老师,通过他们的描述,笔者试图勾勒当时长春演员培养的学院派记忆场面。

长春电影学院招考生源98%都是高中应届毕业生,招考方式通过老师下基层学校散点式选拔,以命题小品等方式考察学生的声、台、形、表与表演的想象力,但主要仍以个人形象为主,符合当时银幕主流工农兵形象者优先。考试从1960年1月开始,招考城市的范围涉及全国。办学之初学制设为两年,后改为四年。长春电影学院由长影厂直接领导,厂长亚马兼任院长,张望、李莫愁任副院长。吴天、林杉、王启民、卢淦、浦克分别担任导演、文学、摄影、美术和表演系主任。由各项专业人员任教师,按高等学校教学大纲授课。[1]其中表演老师共10名,主要有两类,一是在北京电影学院苏联专家班进修过的,二是长影厂的前辈演员。

首届表演系学生有:范仲礼、江潼、于淑芬、马英山、唐经纬、王作斌、于长连、刘香兰、鲁成刚、谭玉芬、姚慧君、宋慧萍、赵国庆、宋禄有、姚英杰、刘丁臣、陈先柏、谌取丽、赵洪基、朱德喜、魏启仪、张运济、牛皎寰、王慈、贾淑云、苏朝云、申修言、纪亚华、吴秀山、车振威、冀茂东、于长彦、徐宾堂、甘雨洲、霍秀珍、于月娟、高永恒、曾宪福、李治国、孙培奎、卢丽明、张丽贤[2]等50余人。分为两个班,每班25人左右,采取边学习边淘汰的方式筛选人才,每半年淘汰一批,所以最后只有朱德喜、甘雨洲、牛皎寰、鲁成刚等22人顺利毕业。每个班老师的分配方式是:一个表演老师(主讲老师)加5个表演辅导老师,共6个老师只负责一个班;台词老师、形体老师和戏曲老师则同时负责两个班。除表演基本功,滑冰、骑马等特长班也属于专业必修课。

上课规划主要有:专业课部分,每周一、三、五上午是表演课,主要学习的是斯坦尼斯拉夫斯基表演体系,从做无实物练习到单人小品、双人小品、多人小品到命题小品;每周二、四、六上午是台词课,下午则包括了影片分析、音乐欣赏、美术欣赏、影片欣赏等其他课程。针对电影教学的特色,影片欣赏以观看电影为主,影片分析则要求学会通过导演手

〔1〕 胡昶:《长春市志 电影志》,吉林:东北师范大学出版社,1992年,第228页。
〔2〕 长春电影学院表演系名单部分来自表演系同学录《梦开始的地方——忆长春电影学院》,私人印制。

法、镜头运用，从演员表演、蒙太奇剪辑等多角度详细点评。公共课部分包括政治经济学、文艺概论、戏剧史、电影史和美术分析等课程。在上课的过程中，表演系的学生也会参与电影的群众演员实习，但基本不会是主角。在教学第二年就已经开始艺术实践。

虽然长春电影学院的办学初衷和教学任务是"教授电影创作和生产专业知识，培养具有政治、艺术和技术理论的德才兼备的电影专门人才，为长春电影制片厂和东北各地方电影制片厂输送干部"，但实际没有如愿以偿。1962年5月，中共吉林省委因故撤销了长春电影学院建制，表演系的学生并入吉林艺术专科学校表演系，自此中华人民共和国电影史上昙花一现的电影学院——长春电影学院结束了它的使命，只存在了两年的时间。

1964年这批表演系学生毕业时，并没有被分配回长影厂参加电影表演工作，而是与北京电影学院、中央戏剧学院的部分毕业生参与组建吉林省话剧团，包括舞美、灯光、道具、服装、行政人员等。整个团共有80人，以话剧表演为主，其中朱德喜等人后加入长春话剧院。"文革"期间，吉林省话剧团表演了《消息树》《刘英俊》《麦贤得》等现代戏片段。"文革"后，电影制片厂得以恢复，但是这群毕业生没有回长影厂，而是自寻出路，接拍影视剧。

3　亲历者的记忆碎片

关于长春电影学院的部分资料，崔永元团队已经梳理了一些。在各个院系中，表演培养的部分是此次口述采访的重点。2014年12月，笔者驱车赶往大连，与在大连艺术学院影视学院任教的长影演员剧团团长宫喜斌取得联系。22日，在团长宫喜斌、张百爽（以下简称"张"）夫妇的帮助下，笔者得以采访当时在长春电影学院表演系学习，目前也在大连艺术学院影视学院教授表演的朱德喜（以下简称"朱"）、牛皎寰（以下简称"牛"）两位老师，就长春电影学院表演系的相关问题展开调研。以下是采访对话的部分记录[1]。

问：想了解长春电影学院的具体建立信息。

牛：我就知道是1960年1月份成立学院。

朱：当时咱们国家就一个北京电影学院，长春作为电影业的摇篮，有很多老艺术家，也应该设立一个电影学院。根据这种情况，长影厂就打了报告，由吉林省委做决定，批准承办长春电影学院，就在长影大院里建的。

牛：是长春电影制片厂承办的。

朱：老师是苏联专家和1954年苏联培养的中国第一批教师（这里指的是表演老

〔1〕　朱德喜、牛皎寰、张百爽口述，康海、李喜萍、康捷整理《朱德喜、牛皎寰、张百爽口述访谈》，大连艺术学院，2014年12月22日。

师）。学校分 5 个系，表演系、导演戏、文学系、设计系、美术系。按大学本科建制，第一任长影厂院长（厂长）叫亚马。常务院长李莫愁，《白毛女》的导演，从延安过来的。系主任来自上海，老师是北电 60 年（1960 级）毕业生，还有苏联专家，其他都是长影的系主任。

牛：还有长影演员剧团的老演员，10 个表演老师，总共招学生 150 人。表演系五十几个人，分两个班，一个班 25 人左右，一边学习，一边淘汰，有期末考试，半年淘汰一批。老师非常负责任，如果你干这一行不合适，还不如干别的。所以两个班毕业后剩下总共 22 个人，平均一个班 11 个人。另外，我们老师是这样分配的，1 个表演老师（主要教学老师）、5 个表演辅导老师，这是 6 个老师。然后配备的台词老师两个班都要负责，形体老师两个班也都要负责。然后，还有戏曲方面的老师教授形体等，滑冰、骑马，这些都是专业必修课。

表演课方面，每周一、三、五是表演课，二、四、六是台词课，这是上午。下午是影片分析、音乐欣赏、美术欣赏、影片欣赏。影片分析和影片欣赏不是一个老师教。影片欣赏就看电影。影片分析就是从导演手法、镜头应用、演员的表演、蒙太奇等方面讲解。影片分析是几个系一起上大课。

政治经济学、文艺概论、戏剧史、电影史、美术分析我们也学，教育还是很全面的。

问：谈谈学校专家方面的内容，主要是哪里的专家过来教学？

牛：是苏联专家培养的老师——北京电影学院苏联专家班毕业的学生来教我们。就是长影派去的人学完了，回来教我们。

问：等于说当时的表演观念还是苏联斯坦尼斯拉夫斯基表演体系？

朱：整个教学大纲。

牛：对，我们就是学他们的体系。整个教学大纲就是这个体系，我们学的都是体验派。

问：长春电影学院电影表演教学的特点是什么？长影演员剧团在电影表演这方面有没有教学实践相结合，会不会叫学员试镜，参与电影方面的表演而不是局限在话剧表演？

牛：参与了。在四年学制中，前两年我们学的完全是电影手法。

问：电影手法？

牛：完全的从内心的出发。

朱：电影表演方法。

牛：完全的电影表演方法。我们那时没有解放天性，经常做表演小品练习，包括无实物练习、单人小品、无言小品、双人小品、多人小品、命题小品。我们的小品从无实物到命题，全都是自己编的。

问：电影的表演方法跟话剧的区别在哪里？

牛：训练开始的时候，没有大的区别。舞台表演是基础，教学的整个训练中，包括剧目的选择也还都是以话剧为主。

问：1960 年代你们招生生源构成，招考的 50 个学员的成分，分别是工人、学生、农民，还有什么？

牛：生源 98％都是毕业生，1960 年应届毕业生。我们那时考试是老师亲自挑选。比如，我们正在上课呢，招考老师就到每个班上看，点人，点完了，给你一个题，做个小品，唱个歌，跳段舞蹈，就可以去考了。

问：这算初试吗？

牛：现在说就算初试。就是你可以报长春电影学院的名了。然后我们就去报名了。没有公开招考报名，就是老师到各毕业班去选人。

朱：全国重点招生就在长春电影制片厂。像北方有哈尔滨、齐齐哈尔、沈阳、长春、大连，这些个城市都有招考小组去，1960 年上半年开始，招完之后就通知你什么时候去考试。我就是到大连考的，当时有上千人报名。我在学校唱过歌，获过奖，在这之前，音乐老师先到各个学校了解情况。当时旅顺考点最后就考上了 5 个人。我是面试后，就进行考试，一次过关，就定下来了。

问：有几试？

牛：正式考有两试。初试不算。

问：那个时候大家对电影都很向往的吗？那时我们不讲明星，都说文艺工作者，评"22 大电影明星"，是学习苏联评功勋演员。那时候短暂的明星现象和演员是否有身份的差别？

朱：有。

问：那时对明星认识怎样？

朱：那时对明星，就是出名了。

问：写信吗？

牛：没有，没有个人崇拜。

问：当时很多老报纸都有演员封面，比如，上影、长影、北影画报封面。

牛：一般的学校看不到。像我们吉林的学校，高中就那么几个班。大连会多点。而且 1960 年毕业的人少。我 1957 年考高中，我们那年，全县毕业初中 24 个班，到高中班就 4 个班，所以，特别好走。不像现在，到处都是高中。

问：大连有上千人参加招考，那您这边（吉林）多少人？

牛：不清楚，吉林就考上了我一个。

问：不是说大家都很向往吗？

张:不。1950年代和1960年代,确实很向往,但是家里总有一个传统观念,孩子不能搞艺术,要学一门技术。

牛:每个人情况不一样。那个时候,我高中,没想到会考表演,当时就知道"秦怡"。那时,我哥哥是宣传部部长,说挺好啊,去吧,家里不同意,我就知道这个。

问:选拔演员也需要政审吗?

张:当然有政审。

牛:我们那批也没有啊。

朱:1960年代也有。

牛:我们谁都可以考。

问:当时电影演员的选拔标准是什么? 主要是看形象吗?

朱:看形象。

牛:选拔的老师完全按专业标准,半年一淘汰,被淘汰的孩子可以到师范学校当老师,安排挺好的。

朱:有几个,当兵服兵役了。

问:那个年代,演员是否要选工、农、兵形象的?

牛:我们不管,看形象。

问:这么看来主要还是按类型选拔。

牛:(按)类型有发展。

问:等于说是在学习过程中承办的单位是电影制片厂,主办是吉林省。依托于电影厂的资源培养电影人才,那么在学习的过程中,学员有没有更深入的艺术实践?

牛:有,在《达吉和她的父亲》《刘三姐》等电影里做群众演员,但是学习期间还是不让上主角戏,做群众半天,回来后就接着上课。

问:什么时候就开始接触到大银幕艺术实践?

牛:第二年就开始艺术实践了。到学两年的时候,中央有个精神叫"八字方针",即"调整、巩固、充实、提高"。这"八字方针"之后,就把长春电影学院拿掉了,跟北京电影学院合并。但是吉林省不放这一批人,想把人才留下来,特例请批下来我们是大专(过去是中专)。

问:这个和吉林艺术学院是一回事吗?

牛:一回事。就是吉林省艺术学院。

问:长春电影学院就存在两年?

牛:对,昙花一现。

朱:1963年,正是国家的困难时期,毛主席号召自力更生。毕业分配,中文系分到东北师范学院去了,导演系都留在长春了,他们念完了4年。

问：这就涉及长春电影学院的学员出路问题。

牛：毕业之后我们就这样了。有北京电影学院、有中戏的毕业生，再加上我们这批，成立了吉林省话剧团。成员都是清一色的大学生，加上做饭的是 80 个人。

问：等于说你们这 80 个人，跟长春电影制片厂没关系。

牛：没关系。舞美、灯光、道具、看大门的、所有的行政人员、管服装的、做饭的一共 80 多人。

问：你们是拍电影还是排话剧？

朱：排话剧。

牛：我们成立了话剧团，省里对我们有三年规划，一年农村、一年工厂、一年部队，让我们这些年轻人都去锻炼。我们只去了一年农村，之后由于历史原因，部队和工厂就没去。

以上是笔者与朱德喜与牛皎寰夫妇的口述采访部分记录。因为时间有限，部分问题浅尝即止，略有遗憾，期待未来有机会进一步深入采访补充。

4 写在结尾的话

针对长春电影学院的采访，实际上是一次意外的收获。在笔者针对长影厂演员剧团的调研中，原演员剧团团长宫喜斌、张百爽夫妇提供了大量帮助，也是在他们的引荐下，才得以顺利采访到朱德喜与牛皎寰夫妇；这两位老师现在仍然坚持在表演教育一线，将长春电影学院所学的表演相关知识传授下一代的年轻学生们。

整个采访以演员选拔、培养的方式与方法为切入视角，尝试探寻处于计划经济时代的长春电影学院演员招生培养情况，从一个侧面助力研究中国特色演员选拔与培养模式是如何在苏联模式的影响下逐步建立，而又自成一派的。对认识现代中国内地（大陆）演员选拔和培养的渠道、方式与方法也有一定帮助。但是，因为时间地点等局限，还是难免有遗憾，采访过程略显仓促，对电影学院的学员采访人数也有限，目前只有两位接受了采访，希望未来有机会可以补充。

广州民众的沦陷记忆
——基于现存亲历者口述资料的研究[1]

◎朱瑞琪[2]

摘 要：

广州民众对于沦陷时期的共同记忆主要包括对空袭的记忆、对逃难的记忆、对侵华日军的记忆、对沦陷生活的记忆四个部分。广州民众在沦陷期间的个人经历是沦陷记忆形成的基础和主干。个人经历受到社会环境、年龄、原生家庭情况等因素的影响，其多寡直接决定记忆的丰富性。因个人经历不尽相同，个体记忆具有独特性。沦陷记忆包含个人情感，因痛苦的遭遇会给人带来强烈的心理感受，所以民众对其的记忆往往最为深刻。传闻是民众沦陷记忆的重要组成部分，人们通过传闻不断延伸自我对家庭、社会的记忆，而传闻又强化他们对战争恐怖、日军残暴的固有印象。抗战宣传教育对民众构建沦陷记忆有重要影响，其中蕴含的民族意识与爱国主义思想通过舆论对个体沦陷记忆的构建施加作用。

关键词：

广州沦陷；亲历者口述；沦陷经历；沦陷记忆的构建

The Memories of the Cantonese to the Fall of Canton

—A Study Based on the Oral Histories of the Living Experienced People

◎ Zhu Ruiqi

Abstract：

The common memories of the Cantonese to the Fall of Canton mainly include four parts: the memories of air raids; the memories of fleeing from wars; the memories to the Japanese invaders; the memories of the life under the Japanese occupation. The personal experience of the Cantonese during the period of the Fall was the

---

[1]　原参会论文《从模糊厌恶到清晰仇敌——1915—1945年广州民众的日本观》为2016年暨南大学大学生创新创业训练计划项目成果。本文为原参会论文的进一步研究改进之作。

[2]　作者简介：朱瑞琪(1995—)，女，中山大学历史学硕士，现为广州市第十七中学历史教师。

foundation and backbone in the memory forming, which influenced by the social circumstance, individual age and the condition of the native family. Because the experiences were different, the memories were different. These memories include not only the people's experiences, but also the feelings and the emotions when the people facing these experiences. The bitter experiences brought strong psychological feelings to the people, so they have become the most impressive parts of their memories. The memories of the Japanese occupation have both personal experiences and hearsay. Individual people extend their memories of family and society through hearing and learning about other people's experiences. The hearsay strengthened their impressions of the Japanese army's brutality and the hard life. After the war, the national consciousness and patriotism contained in propaganda and education affect the building of the individual memory through public opinion.

Keywords:

the Fall of Canton; the Oral Histories of the Living Experienced People; the Experiences under the Japanese Occupation; the Construction of Memories about the Japanese Occupation

广州民众在沦陷时期的经历是广州抗战史的一个重要部分,迄今为止,学术界在该领域的研究已取得一定成果。早期,关于沦陷时期广州民众经历的学术著作大多注重阐述日军的暴行和民众遭受的苦难,突出广州民众对日伪残暴统治的反抗。如中共广州市委党史资料征集研究委员会办公室编的《沦陷时期广州人民的抗日斗争》[1]和广州市政协文史资料委员会等编的《广州抗战纪实》[2]等,相关论文有方忠英的《日寇在广州的暴行和广州人民的抗日斗争》[3]、沙东迅的《抗日战争时期广东人民的生活》[4]等。这些论著有力地揭露了侵华日军的残暴行径以及日本侵华战争对中国人民造成的巨大伤害,具有重要的历史意义。然而,由于政治立场、个人情感和有限资料等因素的影响,这些著作一般都存在脸谱化、片面化的倾向。而且,上述著作通常笼统地叙述沦陷时期广州民众的群体遭遇,对个体感受关注不够。

近年来,学者开始从不同角度研究沦陷时期广州民众的生活。首先,从经济角度看,马永的《日伪统治时期的广州经济》[5]、骆立的《抗战时期日军对广州沦陷区工商业物资

〔1〕 中共广州市委党史资料征集研究委员会办公室编《沦陷时期广州人民的抗日斗争》(党史资料选编),广州:中共广州市委党史研究委员会办公室,1985年。

〔2〕 广州市政协文史资料委员会、广州市人民政府参事室、白云区政协文史资料委员会等合编《广州抗战纪实》,广州:广东人民出版社,1995年。

〔3〕 方忠英:《日寇在广州的暴行和广州人民的抗日斗争》,《广东史志》1995年第3期,第80—87页。

〔4〕 沙东迅:《抗日战争时期广东人民的生活》,《广东史志》2002年第4期,第3—7页。

〔5〕 马永:《日伪统治时期的广州经济》,硕士学位论文,广州大学专门史,2007年。

的统制和掠夺》[1]和黄菊艳的《日军侵粤战略与广东战时经济损失（上）》[2]等文章在研究广州沦陷时期经济情况的同时，均提到当时民生艰难。钟荣帆的《抗战期间广州生活必需品价格研究》[3]则通过考察与普通民众生活息息相关的物价水平，说明沦陷期间广州生活必需品价格的动荡使人民的生活极度困难。周蕴蓉的《抗战时期广东的灾况和社会救济》[4]、张遂新的《抗战时期日伪政权在广州的"社会救济"》[5]等论文则从日伪当局的"社会救济"措施入手，论述了日伪政府财政状况的捉襟见肘和救济工作的虎头蛇尾，反映了沦陷时期广州经济的衰败和民众生活的困难。其次，从人口变动的角度看，黎淑莹的《广州沦陷前后的难民问题》[6]叙述了沦陷前后大量广州民众因战乱而沦为难民，并考察了广州民众逃难的几条主要路线。而张遂新在《日伪统治时期广州的人口迁移》[7]一文中指出，广州沦陷时期，由于战争和自然灾害的影响，社会经济濒临崩溃，人民生活之艰辛倍于以往，因此人口统计数据剧烈变动。再次，沈成飞的《广州沦陷时期保甲制度的推行及其特色》[8]从保甲制度的角度研究了日伪政权对基层社会的控制及其对广州民众的影响。总的来说，以上各成果丰富了广州抗战史的研究，有助于进一步扩展和细化学术界关于广州沦陷时期民众生活状态的认识。然而，从研究材料来看，上述各学术成果仍主要采用传统的文献材料，对口述资料的运用不足。此外，依然存在对个体感受关注不够的问题。

值得注意的是，口述历史在我国抗战史研究领域中日益受到重视，特别在港澳地区，整理、研究普通民众抗战记忆的口述历史著作已经出现，如刘智鹏、周家建的《吞声忍语——"日治"时期香港人的集体回忆》[9]，其中收录了 17 位亲历香港沦陷时期（1941 年 12 月 25 日—1945 年 8 月 30 日）幸存者的口述回忆。而林发钦、江淳主编的《平民声音：澳门与抗日战争口述历史》[10]一书则整理了超过 40 位经历抗战的澳门普通民众的口述资料。这些学术作品为研究抗战时期港澳地区的社会民生提供了珍贵的参考材料。近年

---

〔1〕 骆立：《抗战时期日军对广州沦陷区工商业物资的统制和掠夺》，《前沿》2012 年第 20 期，第 159—160 页。

〔2〕 黄菊艳：《日军侵粤战略与广东战时经济损失（上）》，《红广角》2016 年第 2 期，第 4—8 页。

〔3〕 钟荣帆：《抗战期间广州生活必需品价格研究》，《乐山师范学院学报》2015 年第 7 期，第 80—86 页。

〔4〕 周蕴蓉：《抗战时期广东的灾况和社会救济》，硕士学位论文，暨南大学中国现代史，2004 年。

〔5〕 张遂新：《抗战时期日伪政权在广州的"社会救济"》，《广东技术师范学院学报（社会科学）》2013 年第 11 期，第 28—34 页。

〔6〕 黎淑莹：《广州沦陷前后的难民问题》，《南京大屠杀史研究》2011 年第 2 期，第 53—58 页。

〔7〕 张遂新：《日伪统治时期广州的人口迁移》，《广州社会主义学院学报》2013 年第 3 期，第 96—103 页。

〔8〕 沈成飞：《广州沦陷时期保甲制度的推行及其特色》，《广东社会科学》2009 年第 4 期，第 111—119 页。

〔9〕 刘智鹏、周家建：《吞声忍语——"日治"时期香港人的集体回忆》，香港：中华书局（香港）有限公司，2009 年。

〔10〕 林发钦、江淳主编《平民声音：澳门与抗日战争口述历史》，广州：广东教育出版社，2015 年。

来,已有学者开始使用亲历者口述资料研究广州沦陷史。如上文已提及的《抗战时期日伪政权在广州的"社会救济"》一文就使用了广州沦陷亲历者吕强的访谈材料,但口述资料在该文中仅用以辅助。而曾巧兰的《抗战时期的广州白鹤洞难民区》[1]则大量采用了亲历者刘芳的口述资料,但该文并非严格意义上的学术论文。可见,与港澳地区相比,广州民众的口述记忆未受到足够重视,对其的挖掘、利用也尚未充分。

亲历者口述资料的收集和使用对进一步探索广州沦陷时期的历史有重要作用。首先,使用亲历者的口述资料可以弥补先行研究忽略个体感受的不足,有利于反映历史的复杂性和人文性,从而在社会情况与民众心理的角度上拓展研究空间。其次,随着时间的推移,在世亲历者的人数将不断减少,对他们进行访谈、收集他们的口述资料是一项抢救性工作。因此,通过亲历者口述资料研究广州沦陷史具有一定的学术意义和社会意义。

本文依据数位广州沦陷亲历者的口述材料,结合相关的文献资料,对广州民众的沦陷记忆进行研究。沦陷记忆不仅包括对沦陷时期的记忆,还包括对沦陷前夕及抗战胜利初期的记忆。本文第一部分介绍 20 位访谈对象的基本情况,包括姓名、性别、出生地或幼年生活地点、受教育程度、原生家庭情况等。第二部分对访谈对象的口述资料进行整理,展示广州民众沦陷记忆的主要内容,以此探讨广州社会对沦陷时期的共同记忆。第三部分重点研究广州民众沦陷记忆形成和构建的过程,分析个人经历、传闻和抗战宣传教育在其中发挥的作用,借此初步探索广州民众民族意识的觉醒历程。

1 访谈对象基本情况

本文主要采用 20 位亲历抗战的广州老人的口述资料。在接受访问的老人中,在广州出生的有 13 人,他们讲述的内容是本文的主要参考资料。另外,有 4 位老人生于距离广州较近的顺德、南海。其余 3 位老人分别在距离广州较远的肇庆、台山和兴宁出生或成长。在这 7 位老人中,有的曾在沦陷时期的广州生活,有的则于战后初期迁至广州,他们的口述内容可作为本文的补充资料,具有一定的参考价值。在 20 位老人中,有 7 位男性,13 位女性;年龄最大的为 97 岁,最小的为 83 岁(截至 2018 年)。访谈对象的基本情况见下表:

---

〔1〕 曾巧兰:《抗战时期的广州白鹤洞难民区》,《文物天地》2015 年第 8 期,第 43—45 页。

表 1　访谈对象基本情况

姓名	性别	出生时间	出生地或幼年生活地点[1]	受教育程度	原生家庭情况[2]	沦陷时期年龄
刘 苏	男	1928 年 3 月 11 日	广州大沙头（广州近郊）	私塾 1 年，工作后接受扫盲教育	父亲曾开设小型船舶修理厂	10—17 岁
林鉴好	女	1924 年 2 月	广州大沙头（广州近郊）	文盲	父亲为船舶修理工，早逝，家庭贫困	14—21 岁
邝福民	男	1933 年 12 月	广州河南（广州近郊）	初中	父亲为广东省银行职员	5—12 岁
袁耀南	男	1935 年	广州龙津路（广州市区）	小学以上	父亲袁节卿为中医师，曾入精武会，与关崇志等倡设私立广东体育专门学校	3—10 岁
李 时	男	1933 年	广州市带河路（广州市区）	私塾	父亲为布匹经纪	5—12 岁
陈少容	女	1932 年	广州河南圆门口（音）（广州近郊）	私塾 1 年，工作后接受扫盲教育	父亲为旅店员工	6—13 岁
李礼帮	男	1933 年[3]	广州第十甫曾二巷（广州市区）	初中以上	父亲为南洋侨工，家境殷实	5—12 岁
谭志明	男	1929 年或 1930 年[4]	广州东山（广州市区）	文盲	家庭贫困	9—16 岁或 8—15 岁

[1]　由于部分老人不知道出生地的准确地点或经多次迁移，故采用其幼年生活地点代替。另外，本列所标注的"广州近郊""广州远郊""广州市区"皆以 20 世纪 20—40 年代广州城区范围为参考。

[2]　因多数老人的母亲为家庭主妇，故仅提及父亲职业。

[3]　李礼帮老人身份证显示其出生时间为 1933 年，老人自述为 1931 年。

[4]　据谭志明老人自述，他出生于 20 世纪 20 年代，但不清楚具体年份。谭志明老人证上的身份证号码显示其出生于 1936 年，但老人说上述年份不准确。据其亲属的说法，老人 2018 年应为 88 岁，由此可推断老人出生于 1929 年或 1930 年。

续表

姓名	性别	出生时间	出生地或幼年生活地点	受教育程度	原生家庭情况	沦陷时期年龄
何 端	女	1921年	生于番禺，少年时生活在广州三角市、魁巷、高第街、多宝路等地	文盲	家境殷实，祖上曾在广州三角市等地开设银铺。丈夫为大学生，在广三铁路工作	17—24岁
黄丽娥	女	1935年	广州大新路（广州市区）	私塾3个月	父亲为小贩，家庭贫困	3—10岁
林四妹	女	1934年	广州东平村（广州远郊）	文盲	父母皆为农民，家庭贫困	4—11岁
戴 女	女	1926年	广州石围塘（广州近郊）	文盲	父母皆以种田、卖菜为生，家庭贫困	12—19岁
范少如	女	1930年	广州多宝路（广州市区）	高中	父亲曾在广州、韶关任铁路站长，后开设进出口商行，家境殷实	8—15岁
黄桂仙	女	1933年	生于顺德，后居于香港，7岁时由香港返回顺德，1942年逃至广州	工作后接受扫盲教育	3岁时，父亲在越南去世，母亲改嫁，由祖父母抚养。祖父母去世后，由姑姑抚养成人	5—12岁
劳耀颜	女	1931年	生于广东南海，曾在香港、澳门、广州生活	工作后接受扫盲教育	父亲曾开设小型餐馆	7—14岁
叶少情	女	1933年	广东南海大沥	文盲	父母为农民	5—12岁
何银宽	女	1924年	广东顺德杏坛上地	工作后接受扫盲教育	父母为农民	14—21岁

续表

姓名	性别	出生时间	出生地或 幼年生活地点	受教育程度	原生家庭情况	沦陷时期年龄
何巧云	女	1928 年	生于新加坡,8 岁时经香港、广州返回肇庆	小学 2 年	父亲为新加坡华侨	10—17 岁
谢佩娟	女	1932 年	广东台山	文盲	父母为农民,家境贫困	6—13 岁
温子宏	男	1933 年	广东兴宁	中学以上	父母为农民	5—12 岁

2 广州民众沦陷记忆的主要内容

1938 年 10 月 21 日下午 2 时,日军机械化部队三千余人侵入广州,[1] 广州从此开始长达 7 年的沦陷期。亲历者对这一特殊历史时期有共同的记忆。根据现存亲历者的口述资料,他们的沦陷记忆主要包括四个方面:对空袭的记忆、对逃难的记忆、对侵华日军的记忆、对沦陷生活的记忆。

2.1 对空袭的记忆

抗日战争期间,广东曾遭受多次空袭。在 20 位接受访问的老人中,有 17 位老人亲历飞机轰炸,13 位在广州出生的老人全部包括在内。虽然日军对广州的空袭主要集中在沦陷前夕,但依据民众记忆的特点,关于日军空袭的记忆常常与沦陷时期的记忆联系在一起。因此,广州民众对空袭的记忆是他们沦陷记忆必不可少的部分。

自 1937 年 8 月 31 日到 1938 年 10 月 21 日广州沦陷期间,日机对广州实施长达 14 个月的飞机轰炸,对广州民众的生命财产造成巨大伤害。1938 年春,日军飞机重点轰炸粤汉、广九、广三铁路和沿线各站。[2] 当时居住在广九铁路附近的林鉴好称:"他们来炸广九车头[3]的时候,我们就特别害怕。有一次,飞机又来轰炸了,炸弹落偏了,落到我们木屋对开的那块田上,炸到田里了。那个地方落过炸弹,几年都不长禾苗。我们吓得不得

---

〔1〕 中国人民政治协商会议广东省广州市委员会文史资料研究委员会编《广州百年大事记(下)》,广州:广东人民出版社,1984 年,第 502 页。

〔2〕 曾庆榴、官丽珍:《侵华战争时期日军轰炸广东罪行述略》,《抗日战争研究》1998 年第 1 期,第 107—119 页。

〔3〕 即广九铁路。本文依据受访者口述照录,未做更改。

了,我就躲在床底下,用破席子、破被子挡着。"〔1〕范少如对日机袭击交通线的记忆也十分深刻,她称:"飞机炸得太厉害了,炸铁路、炸桥梁、炸小艇。"〔2〕

自1938年4月中旬起,日机在多次窥探后,开始对广州市区狂轰滥炸。〔3〕《新华日报》载:"广州市被连续无目的地轰炸了十二日了,……五月二十八日起,敌机大规模地向广州市区轰炸了,来的飞机最少是十二架,最多的时候是五十二架,掷的炸弹都是三百磅至五百磅的巨弹,一次投下的弹数最多的日子是一百二十个,每天来袭最少三次。五月二十九、六月六日,整日在轰炸中,全市市民简直没有喘息的机会。"〔4〕当时居住在广州带河路的李时说:"有飞机轰炸,但是我们家没有被他们炸中,所以我们捡回了性命。当时我们听到警报声以后就成天躲在屋子里,就躲在床底下。"〔5〕居住在市区的何端也称:"警报响了,不知道多少架飞机来了,我们就逃跑,逃去不炸的地方。我在广州市见过飞机轰炸,那时候我们有钱,我们就去长堤那间新亚酒店租房,因为新亚建得那么结实,炸不到的。我们去那里避一下,很多人去那里避难。"〔6〕

日机在疯狂轰炸铁路沿线站点和市区的同时,也袭击了广州的远郊。林四妹称:"那架飞机一飞过,就有炸弹掉下来,炸弹刚好掉到一家人的房子里,他全家人都死了。全没了,刚刚在吃中午饭的时候。飞机来,'轰轰轰',来不及逃跑。"〔7〕当时已逃回番禺石楼乡下的陈少容也回忆称:"我姑姑背着我逃,去到那个灵兴庙(音),那里有棵大树,我们看到那些飞机就在头顶盘旋。我们围着那个粪坑,那个粪坑里有很多粪便,粪虫一只只往上爬,看见就害怕,那些飞机又在轰炸。"〔8〕

抗日战争期间,日军除轰炸广州外,也袭击了广东其他地区。因此,不少老人在逃出广州后也经历了空袭。由于韶关在广州沦陷后一度成为广东的省会,因此日军对粤北的

---

〔1〕 朱瑞琪:《林鉴好口述历史访谈》,广州市荔湾区芳和花园4号,2016年9月29日。林鉴好,女,1924年生于广州大沙头,亲历广州沦陷。

〔2〕 朱瑞琪:《范少如口述历史访谈》,广州市越秀区元岗中路271号,2018年2月5日。范少如,女,1930年生于广州,广州沦陷前夕,随家人逃往韶关避难。1945年抗战胜利后,返回广州。

〔3〕 左双文:《华南抗战史稿》,广州:广东高等教育出版社,2004年,第10页。

〔4〕 夏衍:《广州在轰炸中》,《新华日报》1938年6月12日,第2版。

〔5〕 朱瑞琪:《李时口述历史访谈》,广州市海珠区宝岗路49号南北广场,2016年10月4日。李时,男,1933年生于广州市带河路,亲历1938年10月广州沦陷,沦陷期间随家人逃至香港避难。

〔6〕 朱瑞琪:《何端口述历史访谈》,广州市海珠区燕子岗路40号,2018年1月25日。何端,女,1921年生于番禺,青少年时期生活在广州高第街、三角市一带,家境殷实。广州沦陷期间,何端与丈夫在广州德政北路生活了两年。1940年,何端回到丈夫的故乡顺德。1941年,再跟随丈夫迁往肇庆。抗战胜利后返回广州。

〔7〕 朱瑞琪:《林四妹口述历史访谈》,广州市白云区石井镇庆丰村兴隆东街东七巷10号,2018年1月31日。林四妹,女,1934年生于广州东平村,幼年时随父亲逃往广州太和茅草庄避难,亲历广州沦陷。

〔8〕 朱瑞琪:《陈少容口述历史访谈》,广州市海珠区宝岗路41号A3,2018年2月7日。陈少容,女,1932年生于广州,广州沦陷前夕,她随父母逃往番禺石楼、石碁等地避难,1945年抗战胜利后返回广州。

轰炸十分残酷,持续时间也最长。[1] 当时在韶关避难的范少如对日机轰炸之频繁、残酷印象深刻:"那时候天天躲飞机,那些飞机,天天都来炸,由广州起飞,一路飞到韶关,3架、6架、9架来炸。那些人理着头发都马上逃跑。连那些山洞、山头都炸过。有时那些老师就在防空洞门口给我们上课。我好几个同学都被炸死了。我们小学也被炸了。所以每次轰炸完,人们都回家数人,看看家里有没有被炸死的,或者失踪的。有一次很惊险,我们小学被炸了,炸死很多人。我们发现我弟弟没回来,我们担心得要死……快到夜晚他才回来,他那时候还很小,他说害怕炸到他,所以绕过一座大山头回来,韶关的山很高的……我们家的房子都被炸掉了两间,还有一间木屋是因为隔壁着火烧到了……那时候很可怕,我都不知道自己什么时候会死……那些炸弹掉下去,就是一个水塘那么大的坑……我和我外婆去清远,坐在一艘小艇上。日本仔[2]真坏,专门炸小艇。那些疍家婆来不及走,我和我外婆、我弟弟也来不及走,我外婆就说:'神保佑啊……'那些疍家婆跑,我们也跑,逃回滩上。"[3] 当时同样身处韶关的邝福民也有类似的经历,他说:"当时日本飞机来空袭,我亲眼见过飞机飞过落炸弹。日本仔飞机来的时候有警报,警报一响,我们课也不上就躲在山岩里避难,解除警报以后才上学。"[4]

珠江三角洲南部和西部同样受到了日机的骚扰。李礼帮提到他在老家新会曾目睹空战:"那时候那些飞机在我们家乡上空飞。我们在地面看上去,那些飞机大概一个暖水瓶那么大,因为距离远,那时候飞机不是飞得很高。我们站在地上,看到两架飞机在格斗,在天空上边打架,我们就到操场那里。"[5] 何巧云则对日机袭击肇庆有记忆,她称:"日本仔的飞机每天都来轰炸两三次,每次防空警报一响,我们就要逃跑,跑得很急。那些飞机每次过来都炸1个小时,飞机'轰轰轰'地响,用飞弹炸,扔完炸弹就用机关枪'哒哒哒'地扫射下来。"[6]

广州沦陷后,盟军为打击日伪,也对位于沦陷区的广州进行飞机轰炸。1945年4—5月,美机多次向广州河南军事目标区投弹。[7] 当时居住在广州芳村石围塘的戴女对此有

---

〔1〕 左双文:《华南抗战史稿》,第12页。

〔2〕 "日本仔"是广州民众对侵华日军的蔑称,下同。

〔3〕 朱瑞琪:《范少如口述历史访谈》,广州市越秀区元岗中路271号,2018年2月5日。

〔4〕 朱瑞琪:《邝福民口述历史访谈》,广州市海珠区宝岗路49号南北广场,2016年10月3日。邝福民,男,原籍广东斗门,1933年12月在广州出生,亲历1938年10月广州沦陷,后逃至韶关马坝避难。

〔5〕 朱瑞琪:《李礼帮口述历史访谈》,广州市越秀区人民街日间托老服务中心,2018年1月23日。李礼帮,男,祖籍广东新会,父辈为南洋侨工,1933年5月生于广州,幼年时期生活在广州市第十甫路曾二巷,广州沦陷前夕随家人逃至故乡新会农村避难。

〔6〕 朱瑞琪:《何巧云口述历史访谈》,广州市海珠区宝岗路49号南北广场,2016年10月4日。何巧云,女,祖籍广东肇庆,1928年生于新加坡华侨家庭,8岁时随家人由新加坡乘船经香港、广州返回肇庆,亲历日本侵华战争。

〔7〕 左双文:《华南抗战史稿》,第160—161页。

深刻记忆:"他们炸那些大营,炸那些车头,我们就逃去池塘边。我们附近有很多荔枝树,我们抓住那些荔枝树来躲。三更半夜,那些飞机来炸,我们也要逃跑。那些飞机来炸那些大营,我们看着那些飞机'唰'一声飞过,看到那些炸弹就挂在飞机两只机翼上,它飞得很低,炸黄沙。炸黄沙的时候,他们想炸南站,没炸准,炸弹掉在马蹄(荸荠)茨菰塘里,那些泥飞得老高,炸了一个大坑。日本仔来了以后,就在石围塘集合,石围塘车站那里是他们的大营。那些飞机来炸,不是日本仔来炸,是中国人、外国人来炸的,炸断那些路,不让日本仔通行。"[1]而沦陷后期在广州十八甫生活的黄桂仙对此也有印象:"说起空袭,我记得日本仔投降那年,炸十八甫路。我们就在附近,炸十八甫怀远驿口那间丽华大药房(音)。那些职工死了十几个人,那个炸弹刚好落到那间药房那里,人全死了。很惨的! 那时候街坊凑钱开坛祭奠那十几条尸体。"[2]

据有关方面的不完全统计,仅 1937 年 8 月 31 日至 1938 年 10 月 21 日期间,日机对广州的轰炸共炸死居民 6000 多人,毁坏房屋 4000 多间,毁坏船只近百艘。[3]而 1944 年 7 月至 10 月的盟军连续轰炸也使得广州市民死伤惨重。[4]空袭对广州民众造成的巨大死伤令他们胆战心惊,是他们沦陷记忆的重要组成部分。

2.2　对逃难的记忆

广州沦陷前后,大量民众因战乱离开广州,踏上外逃之路。在广州出生的 13 位访谈对象中,林鉴好、李时、袁耀南、何端、戴女等 11 位老人都曾有逃难的经历。虽然刘苏本人没有逃难,但他的母亲、大哥大嫂等人都曾在广州沦陷前后逃往外地。可见,有关逃难的记忆是广州民众沦陷记忆的另一重要组成部分。

根据老人们的口述,广州民众逃难的主要原因有三。第一,对战争和日军的恐惧导致广州民众大量外逃。首先,不少民众为躲避日军空袭而逃离广州,陈少容回忆道:"日本仔来嘛。那时候到处都兵荒马乱的,不走怎么行? 人人都逃跑,到处都爆炸。主要是为了躲避空袭。"[5]其次,关于日军残暴的传言在广州市内广泛传播,日军行为不检,许多广州民众因此惊恐外逃。谭志明称:"我父亲就带着我们到处乱逃,跟着大队(人群)。我们问别

〔1〕　朱瑞琪:《戴女口述历史访谈》,广州市越秀区下塘宝汉直街 97 号,2018 年 2 月 1 日。戴女,女,1926年生于广州芳村石围塘,广州沦陷前后随家人逃往南海、东漖、茶漖等地避难,不足 1 年即返回石围塘居住,亲历广州沦陷。

〔2〕　朱瑞琪:《黄桂仙口述历史访谈》,广州市越秀区下塘宝汉直街 54 号,2018 年 1 月 26 日。黄桂仙,女,1933 年生于广东顺德龙山。日本发动侵华战争后,黄桂仙逃到香港避难,投靠在香港打工的姑姑。1941 年日军占领香港,黄桂仙与家人被遣返回乡。1942 年,9 岁的黄桂仙乘船到广州,生活在广州十八甫一带,亲历广州沦陷后期诸事。

〔3〕　广州市档案馆编《侵华日军在广州暴行录》,北京:中国档案出版社,2005 年,第 140—141 页。

〔4〕　同上,第 162 页。

〔5〕　朱瑞琪:《陈少容口述历史访谈》,广州市海珠区宝岗路 41 号 A3,2018 年 2 月 7 日。

人,人们说日本仔来杀人了,我们就跑。他们说,日本仔又来杀人了,我们就接着跑。"〔1〕刘苏也称:"当然害怕,因为要疏散家人,如果不疏散可能会全家遇害,生活很困难。有点儿钱的人肯定走。可以走的人都走了。"〔2〕戴女也表示:"我们这样才逃跑。我们害怕日本仔来,不知道日本仔到了以后会怎么样。"〔3〕

第二,战争和日伪的残酷统治使得广州经济凋敝,不少民众因无法在广州谋生而外逃。广州沦陷前夕,不少工人已由于局势动荡而失业。陈少容称除空袭外,父亲的失业也是全家人逃回乡下的重要原因。〔4〕遭日军占领后,广州的经济也没有得到恢复。李时称:"最初,日本仔来的时候,我们不知道他们这么坏。直到后来慢慢发现不能留在广州了,在这里无法谋生,所以我们就像逃命一样,托别人带路,筹集路费,逃去了香港,在那里谋生,我们没有帮日本仔打工。"〔5〕除城市居民外,广州远郊的农民也由于无法耕种而不得不外逃。曾生活在广州远郊东平村的林四妹称:"日本仔来的时候,我们还在东平。后来,我到处逃跑,搬去太和了,那里叫茅草庄。我们主要靠耕田谋生,有些贼佬来,把牛、猪、鸡都抢走了,我们没有牛可以用,就耕不了田,没得吃,我们没有办法谋生就逃走了。"〔6〕

第三,由于国民政府机关在广州沦陷前已逐步撤退到粤北,一部分在政府部门或国营企业工作的民众跟随政府撤出广州。邝福民称:"由于我父亲是以前广东省银行里的职员,日本仔来的时候,他就一个人先上韶关马坝避难,每个月寄钱回来。"〔7〕范少如老人称:"我七八岁的时候去了韶关。那时候广州快要失陷了,我们坐火车去的。我父亲是在铁路工作的,他原来在广州当站长,后来他就在韶关当站长。"〔8〕

此外,还有民众因个人原因逃出广州。袁耀南称:"日本仔来的时候……本来我父亲就很怕事,他不想万一出了什么事就要被拉去做汉奸,他不想,所以他带我们逃难。"〔9〕

通过整理分析访谈材料可知,广州民众逃难主要有 4 种去向,总方向是由沦陷区逃往

---

〔1〕 朱瑞琪:《谭志明口述历史访谈》,广州市越秀区人民街日间托老服务中心,2018 年 1 月 23 日。谭志明,男,生于 1929 年或 1930 年,世居广州东山,亲历广州沦陷。

〔2〕 朱瑞琪:《刘苏口述历史访谈》,广州市越秀区建设横马路 5 号,2016 年 9 月 14 日。刘苏,男,原籍东莞中堂,1928 年 3 月 11 日生于广州大沙头,亲历广州沦陷。

〔3〕 朱瑞琪:《戴女口述历史访谈》,广州市越秀区下塘宝汉直街 97 号,2018 年 2 月 1 日。

〔4〕 朱瑞琪:《陈少容口述历史访谈》,广州市海珠区宝岗路 41 号 A3,2018 年 2 月 7 日。

〔5〕 朱瑞琪:《李时口述历史访谈》,广州市海珠区宝岗路 49 号南北广场,2016 年 10 月 4 日。

〔6〕 朱瑞琪:《林四妹口述历史访谈》,广州市白云区石井镇庆丰村兴隆东街东七巷 10 号,2018 年 1 月 31 日。

〔7〕 朱瑞琪:《邝福民口述历史访谈》,广州市海珠区宝岗路 49 号南北广场,2016 年 10 月 3 日。

〔8〕 朱瑞琪:《范少如口述历史访谈》,广州市越秀区元岗中路 271 号,2018 年 2 月 5 日。

〔9〕 朱瑞琪:《袁耀南口述历史访谈》,广州市海珠区宝岗路 49 号南北广场,2016 年 10 月 3 日。袁耀南,男,黄啸侠拳会永远会长,岭南武术运动讲习所特聘专家。1935 年在广州龙津中出生,广州沦陷时跟随父母由广州逃往英德。其父袁节卿,中医生,曾加入精武会,20 世纪 20 年代末与关崇志、区声白等人在连元街陈家祠倡设私立广东体育专门学校。

非沦陷区,这与先行研究的成果基本吻合。[1] 第一,大部分广州民众选择返回祖籍所在地。李礼帮称:"广州将要沦陷的时候,我们就回江门那边了,回我老家了。全家搬回去了。"[2] 袁耀南称:"我3岁大就回到了英德,就是广东省英德县,我原籍。"[3] 当时身在肇庆农村的新加坡归国华侨何巧云也表示:"广州市里的人有乡下的都逃回乡下避难,没有乡下的就没办法了……广州市里很多人都逃回乡下避难。"[4]

第二,跟随国民政府撤退到广东省战时省会韶关。如上述的邝福民和范少如。

第三,部分有条件的民众选择逃往当时尚未受到战火波及的港澳地区。除李时外,黄桂仙也曾由顺德逃去香港,投靠在香港打工的自梳女姑姑。"走日本仔[5]的时候,我从顺德逃到香港……后来我爷爷奶奶死了,我没了依靠就去香港投靠自梳女姑姑,很凄凉的!"[6] 而在香港沦陷[7]后,澳门成为难民的下一个避难地。出生于广东南海的劳耀颜就在香港沦陷后再逃往澳门。她称:"日本仔在广州的时候我在澳门,我八岁就在香港。十一二岁就在澳门。因为日本仔打香港,我们就从香港逃去澳门。"[8]

第四,不少世代生活在广州的底层民众既无祖籍地可回,又没有能力逃往粤北、港澳等地,因此只能在广州郊区或周边农村躲避。世居东山的谭志明称:"乡下比较近的,就回乡下。我们这些没有乡下的,都不知道乡下在哪里,我父亲说我们家几代都没回过乡下了。所以我父亲就带着我们到处乱逃,跟着大队(人群)跑……逃到那些郊区,从西村那里走。"[9] 而原本就生活在广州郊区的民众则选择迁往远郊或周边农村。当时居住在广州芳村石围塘的戴女称:"我们逃去人家那些乡下地方了,逃去南海了。我们在那边都没有亲戚朋友,住我们隔壁的那户人家在南海有亲戚,我们跟着他们一起去别人亲戚那里。"[10] 这部分民众逃难的时间一般都比较短暂,他们通常在局势稍稍平稳后即返回

〔1〕 黎淑莹指出广州民众逃难的主要路线有:一,短距离的流亡,即往广东北部、西北、西南方向逃亡,且尽量往远离交通线的山区和乡间避难;二,长距离的流亡,主要往内地逃亡;三,流亡到港澳地区。参阅黎淑莹《广州沦陷前后的难民问题》,《南京大屠杀史研究》2011年第2期,第53—58页。

〔2〕 朱瑞琪:《李礼帮口述历史访谈》,广州市越秀区人民街日间托老服务中心,2018年1月23日。

〔3〕 朱瑞琪:《袁耀南口述历史访谈》,广州市海珠区宝岗路49号南北广场,2016年10月3日。

〔4〕 朱瑞琪:《何巧云口述历史访谈》,广州市海珠区宝岗路49号南北广场,2016年10月4日。

〔5〕 "走日本仔"意为"因日军侵粤而外逃"。

〔6〕 朱瑞琪:《黄桂仙口述历史访谈》,广州市越秀区下塘宝汉直街54号,2018年1月26日。

〔7〕 1941年12月25日,驻港英联邦军在杨慕琦及莫德庇的指示下向日军投降,香港沦陷,从此进入所谓"三年零八个月"时期。参阅邝智文《重光之路——日据香港与太平洋战争》,香港:天地图书有限公司,2015年,第16、32页。

〔8〕 朱瑞琪:《劳耀颜口述历史访谈》,广州市越秀区人民街日间托老服务中心,2018年1月29日。劳耀颜,女,1931年生于广东南海,幼年时期曾随母亲长期生活在广州。抗战爆发前随父母前往香港,香港沦陷后再往澳门,抗战胜利后返回广州。

〔9〕 朱瑞琪:《谭志明口述历史访谈》,广州市越秀区人民街日间托老服务中心,2018年1月23日。

〔10〕 朱瑞琪:《戴女口述历史访谈》,广州市越秀区下塘宝汉直街97号,2018年2月1日。

广州。

不少老人依然清晰记得逃难过程中的艰辛。戴女回忆："我们都没床睡觉，就铺张席子睡，姐妹母亲几个挤在一起。我们逃到那里，日本仔跟着又去了那里。我们只能接着逃跑，逃去芳村东漖、茶漖那里，在那里睡祠堂，就是拿些稻草，垫着张席子，睡在别人的祠堂里。"[1] 邝福民称："我们由广州一路经清远、乐昌、九江、连县、沙坪，花了一整个月才到韶关马坝……我们3个当时由我大哥带领，搭艇，经历千辛万苦。"[2] 袁耀南也对逃难过程中的艰苦记忆犹新，他称："我们就走了，就是说走路回英德。那时候我父亲的学生开车，就去到三水芦苞，刚刚大风大雨。……我那次快死了。我最小，我母亲背着我，顾不得我多少，她光顾着逃跑，逃慢一点儿都不行。那时很紧张，由芦苞、清远，一路到英德。日本仔跟着就来了……我喝了很多雨水。"[3]

抗战时期，由于日军残暴，人们无法营生，政府撤离，大量广州民众外出逃难，他们或返回原籍，或撤至粤北，或奔逃港澳，或流徙乡下。被迫逃难的无可奈何，逃难过程的千辛万苦都在广州民众的心里留下深刻的印象，这使得逃难记忆成为广州民众沦陷记忆的重要构成部分。

图1　1938年10月广州民众慌忙出逃[4]

2.3　对侵华日军的记忆

广州沦陷后，日军入城。在广州民众眼中，侵华日军开始由传言想象中的笼统形象转

〔1〕　朱瑞琪:《戴女口述历史访谈》，广州市越秀区下塘宝汉直街97号，2018年2月1日。

〔2〕　朱瑞琪:《邝福民口述历史访谈》，广州市海珠区宝岗路49号南北广场，2016年10月3日。

〔3〕　朱瑞琪:《袁耀南口述历史访谈》，广州市海珠区宝岗路49号南北广场，2016年10月3日。

〔4〕　广州市档案馆编《侵华日军在广州暴行录》，北京:中国档案出版社，2005年，第64页。

变为真实可感的清晰群体,而部分民众与日军有过直接接触,对其形成了比较具体的认识。

广州沦陷初期,由于日军军纪败坏,加之有关日军暴行的传言在民众间广泛传播,广州民众极为害怕侵略军,几乎所有访谈对象都表达了他们对日军的恐惧。

其中,最突出的是他们对日军性暴力的惊惧和憎恨。广州沦陷前后,市内到处都流传着日军强奸妇女的消息,刘苏、林鉴好、戴女、黄丽娥等十多位老人都表示自己曾经听到过相关的传言或亲眼看见日军的暴行。戴女称:"我们就去石围塘偷煤……芳村山村那里也有很多人去石围塘那里偷煤。我听那些人说,有个芳村山村的女孩被日本仔捉到,被 7 个人轮奸,生生把她弄死了……那时候,日本仔见人就捉,见女人就捉来强奸。我们那时候有禾田,我们堆了稻草堆,日本仔用枪尾剑〔1〕戳那些稻草堆,捉人。我姐姐就躲在稻草堆里,免得被他们捉到,如果被捉到了就会被他们强奸。那时候他们叫那些女孩'花姑娘'。那时候我也很慌张的,因为我也十二三岁了,我也很害怕的!他们不管老嫩大小的,八九十岁的他们也捉来强奸。芳村葵蓬洲(音)……有一个老太婆,70 岁了都被日本仔捉了强奸。没人性的!"〔2〕而谭志明、黄丽娥甚至目睹了日军的暴行。谭志明说:"我亲眼看见他们当场按死一个六十多岁的老太婆。那时候我虽然小,还是看到了,好多人远远地看,哪里敢围上去?……人人都说残忍,真的!"〔3〕黄丽娥称:"日本仔一下车,就'花姑娘''花姑娘'这样叫,几十岁的老婆婆都被他们用一把梯子压住,他们就这样强奸了那个老婆婆……我们那时候虽然不是很懂,但是都看到一点儿。"〔4〕而林鉴好的经历则更为惊险,她回忆称:"有一次,我在河边摸蚬的时候,被日本仔看到了,他就追过来,我只能蹚水逃跑,水已经漫到我大腿中部了。因为他穿着皮靴过不来,我才跑掉的。还有一次,日本仔进城的时候,两个日本仔扛着枪就来找'姑娘'。我当时十多岁,我母亲只有我一个孩子。我们都很害怕,当时我母亲拖着我跑到隔壁,钻到床底下躲起来。我父亲就拦着房门,不让他们走进来。那一次,如果他们进了,我们母女俩被他们捉去就完了。那些日本仔穿那些皮靴,就是会'嘎噔嘎噔'响的那种。因为我父亲拦着房门不让他们进去,他们就踢了我父亲两脚,因为这个,又没钱给我父亲治疗,我父亲后来就死了。"〔5〕

其次,不少访谈对象都记得日军殴打、杀害民众的残暴行径。戴女回忆日军残杀她邻居时仍心有余悸,她说:"我们隔壁那户有一个男孩……二十多岁,也在石围塘被日本仔捉到了……日本仔用绳子把他吊着,扔到石围塘最深的地方,淹着。他快死的时候,又把他

〔1〕 即刺刀。本文依据受访者口述照录,未做更改。

〔2〕 朱瑞琪:《戴女口述历史访谈》,广州市越秀区下塘宝汉直街 97 号,2018 年 2 月 1 日。

〔3〕 朱瑞琪:《谭志明口述历史访谈》,广州市越秀区人民街日间托老服务中心,2018 年 1 月 23 日。

〔4〕 朱瑞琪:《黄丽娥口述历史访谈》,广州市越秀区北京南路太平沙同庆坊 17 号,2018 年 2 月 5 日。黄丽娥,女,1935 年生于广州大新路,亲历广州沦陷。

〔5〕 朱瑞琪:《林鉴好口述历史访谈》,广州市荔湾区芳和花园 4 号,2016 年 9 月 29 日。

拉上来,再碾他,把水都碾出来,就这样把他弄死了。"[1]袁耀南也目睹了遭到日军杀害的同胞的惨状:"他们走后,我们就看到那些躺下的(死的)。……事后,我们到左邻右里去看一下。唉,那些很可怕的!我看到那些被他们刺死的,有些可能是反抗的,不让他们抢东西的。"[2]林四妹也称:"我婶婶的手都被日本仔打断了。他们逃去很远的河塘那边的深坑里躲起来,我婶婶的孩子又不听话,一直哭。因为害怕哭声会被日本仔听到,那些人就不和我婶婶一起走了,让她自己走。日本仔看到她,就把她的手打断了。"[3]

此外,在不少老人的回忆中,日军还大肆破坏、抢掠。戴女回忆称:"我们家的房子就被日本仔拆了,他们把家里的东西全部搬走了。他们没柴烧,就拆我们的房子,拆我们的床板,劈了烧火煮饭……柴米油盐都被拿走了,鸡鸭鹅都被抓走了……我们逃跑的时候,那些禾苗快要成熟了,刚刚开始收割了。日本仔把我们的禾苗都割了,用来喂马。"[4]当时已避居新会的李礼帮也称:"那时候日本仔经常进屋骚扰。那些日本仔,包括我们家里的那个座钟,德国制的,他们也识货,抢走了。"[5]

笔者收集的口述资料显示,由于接触的日军个体不同,不同广州市民对日军的记忆有一定独特性。在刘苏老人的记忆中,那个与他直接接触的日军并不像传闻中的那样可怕,他称:"那时候只剩下我和我父亲在大沙头。房子旁边有一小块地,我父亲在那里种菜,以供食用。有一次,我父亲光顾着种菜,有个日本仔[6]过来,问我有没有他手中那种香烟,我回答他没有。那时候我父亲吃那些熟烟,有一两包,用些杂物盖住,怕别人偷。我把这些烟找出来,对日本仔说有这些。那个日本仔说不抽这些。就是这样,我们用手势和点头、摇头的方式沟通。那个日本仔不是凶神恶煞的,他可能看我年纪小吧。"[7]黄桂仙也有类似的记忆,她称:"我们走到一个地方,有一帮日本仔在。当时去很多地方都要过日本仔的关卡。我那时候小小的,穿件大人衣服,像个乞丐一样,有个日本仔倒了不知道什么东西给我吃……然后摸了一下我的头,拍了一下。我小小的,那个时候说日本仔很喜欢小朋友的。"[8]

然而,在袁耀南的记忆中,他与日军的直接接触则相当惊险。他称:"小时候,那时候要拉壮丁当汉奸,日本仔入城了,我父亲那个时候不管怎么说都比较合适。他就装病,用

〔1〕 朱瑞琪:《戴女口述历史访谈》,广州市越秀区下塘宝汉直街97号,2018年2月1日。

〔2〕 朱瑞琪:《袁耀南口述历史访谈》,广州市海珠区宝岗路49号南北广场,2016年10月3日。

〔3〕 朱瑞琪:《林四妹口述历史访谈》,广州市白云区石井镇庆丰村兴隆东街东七巷10号,2018年1月31日。

〔4〕 朱瑞琪:《戴女口述历史访谈》,广州市越秀区下塘宝汉直街97号,2018年2月1日。

〔5〕 朱瑞琪:《李礼帮口述历史访谈》,广州市越秀区人民街日间托老服务中心,2018年1月23日。

〔6〕 由于当时有较多日本平民居住在广州市内,为免争议,笔者特意在2017年3月19日再次询问刘苏老人。刘苏老人明确表示他所接触的日本仔是日军,而非日本平民。他称这个日本仔当时身穿军服,还背着枪尾剑。特此补充。

〔7〕 朱瑞琪:《刘苏口述历史访谈》,广州市越秀区建设横马路5号,2016年9月14日。

〔8〕 朱瑞琪:《黄桂仙口述历史访谈》,广州市越秀区下塘宝汉直街54号,2018年1月26日。

一条船……他睡在里面，盖着被子，我们几个……和我母亲盘着坐。唉！日本仔到了，他们一踩那条船，把我父亲拉起来，看一下他是不是真的病了。那时候很惊险。"〔1〕戴女关于与日军直接接触的记忆也充满恐惧。她说："我们要去大同路卖菜，我们过海（珠江）要经过码头，好几个日本仔守着那个码头。我们走过，他们会捉住我们，给我们打针，什么时候要打一次都有规定。〔2〕……我趁着他们给我姐姐打针的时候，我就静悄悄地躲过去，我最害怕打针了。"〔3〕

需要指出的是，有个别访谈对象表示，广州沦陷期间，她们从来没有见过日军。广州沦陷后，何端曾在德政北路丽水坊一带居住了两年，但在这两年里她从未看见日军。〔4〕陈少容也称自己从没亲眼见过日军。〔5〕经访谈对象及其亲属补充，原因可能在于当时她们不经常出门，而且日军并未深入她们居住的街巷。〔6〕

广州沦陷时期，侵华日军暴行累累，广州民众由此形成了恐惧、憎恨日军的共同记忆。由于部分民众曾与日军有过直接接触，因此他们对于日军的记忆又具有一定的独特性。

2.4 关于沦陷生活的记忆

广州民众对沦陷生活的记忆主要包括了对沦陷期间物质生活水平、广州社会状态的感性记忆。沦陷时期，因战争摧残和日伪掠夺，广州市面百业萧条，民众生活极为贫困。广州民众对沦陷时期的生活有切身体会，因而不少访谈对象对此的记忆十分具体。

广州普通民众对沦陷时期生活之贫困、谋生之艰辛记忆颇深。当时经济的残破和日军的抢掠令社会底层民众的生活雪上加霜，贫困的人们只能想尽一切办法寻找食物。林鉴好称："我母亲就天天去海珠桥脚一德路果栏那里买把甘蔗回来，切开一块块后，让我摆在旧时卜卜斋门口卖。东山那里有一座耶稣堂……我母亲天天去那里听耶稣，听完就拿一勺子粥吃。她听完耶稣回来，花1毛钱买日本仔的剩饭。……给我吃一碗，再留下一半

〔1〕 朱瑞琪：《袁耀南口述历史访谈》，广州市海珠区宝岗路49号南北广场，2016年10月3日。
〔2〕 日伪出于防疫或施行化学战的目的曾强迫沦陷区民众注射药物，戴女的回忆可能来源于此。南京大屠杀后，日伪当局曾通过关闭城门、检查防疫证明、调查户口等强制手段广泛进行注射。参阅张慧卿《"宣抚"还是控制：后大屠杀时期日军在南京的卫生防疫》，第五届抗日战争史青年学者研讨会（上海：复旦大学），2018年5月12—13日，第11页。而1940年6月5日《抗战旬刊》报道："（番禺县）市桥日寇藉名防疫，强迫我各地同胞赶（赴）市桥打针……有打五六针的，有打眼眉及颈头的，连日惨死已达4人。谣传此类毒针有断种的，有癫痫的，有急性的，有慢性的，不一而足。一般同胞甚为恐慌，多不敢到市桥，故市桥异常冷淡。"参阅沙东迅《侵华日军也曾在粤进行化学战》，《抗日战争研究》1998年第4期，第121—127页。
〔3〕 朱瑞琪：《戴女口述历史访谈》，广州市越秀区下塘宝汉直街97号，2018年2月1日。
〔4〕 朱瑞琪：《何端口述历史访谈》，广州市海珠区燕子岗路40号，2018年1月25日。这部分由其子陈向欣补充说明。
〔5〕 朱瑞琪：《陈少容口述历史访谈》，广州市海珠区宝岗路41号A3，2018年2月7日。
〔6〕 陈少容明确表示自己当时还是小孩子，很少上街。而何端长子陈向欣也对笔者说，他母亲结婚后，整天都待在家里，所以并不知道外面的事情。

当天晚上我们母女俩一起吃。"[1]戴女也回忆道:"我们逃难回来的时候就惨了,什么都没了,家空物净。禾苗被他们(日本仔)割了,东西都被他们(日本仔)搜刮干净了。……我们就摘路边的野菜吃。……我母亲就受不住了,吃着吃着,肚子胀得很大,好像有了孩子一样,……又没钱看病。"[2]为了谋生,戴女曾为日军挑泥修筑基围:"5 毛钱军票挑 1 天,5毛钱军票只能买 1 斤米……那时候买米也困难,米很贵,每天不同价钱。那时候用军票,我们姐妹两个就赚 1 块钱军票,赚 2 斤米,2 斤米刚刚够我们父女 3 人吃 1 天。我那时候十二三岁了,挑泥的时候,腿都长满了冻疮,很辛苦的,没办法,那时候。我父亲年纪大了,唉,那时候很凄凉。……我们早上去排队……很多人去挑的。"[3]

广州市内很多原本殷实的家庭也不能幸免,生活水平一落千丈。陈少容回忆:"日本仔没来的时候,虽然我父亲要养一家人,但我们家的环境很好的,我家很漂亮的。日本仔来了以后,我们能卖的就卖,能借的就借,能当的就当。那些当票都有这么厚(大概 2 厘米),慢慢就没钱了,就断当了,东西就没了。什么都拿去当,只要是能卖的就卖掉,只要是能吃的我们都吃。……吃番薯、吃野菜,什么都吃过了。那时候很艰难,没饿死就已经很好了。那时候我父母和我在石碁住,没饭吃。市桥李塱鸡的母亲做大寿,去了的话,一人可以分 4 两米。那时候听别人说起,我们知道了,就 3 个人一起去……那些米是不可以带出村的,我母亲就拿些小袋子,绑在身上,害怕他们查。唉,那时候风大雨大,我们仨走得像狗一样……全湿了。为了 1 斤 2 两米,我们走了十几条村……由石楼走到市桥。"[4]

不少访谈对象对沦陷时期广州市面的景象也有一定记忆。沦陷前后,因大量市民外逃,广州市内人口大幅减少,街道冷清。1937 年,广州人口为 121.9 万人。[5]到 1938 年 8月 25 日,市公安局调查显示,广州市仅623 694人。[6]到 1938 年 10 月,由于日军侵粤,广州市内人口进一步减少,但无法得知具体数字。[7]莫嘉度写道:"1938 年 10 月 22 日,市内只有火灾和破门入户。一些好奇的外国人和路透社及美联社的代表参观了城市。市内

〔1〕 朱瑞琪:《林鉴好口述历史访谈》,广州市荔湾区芳和花园 4 号,2016 年 9 月 29 日。

〔2〕 朱瑞琪:《戴女口述历史访谈》,广州市越秀区下塘宝汉直街 97 号,2018 年 2 月 1 日。

〔3〕 同上。

〔4〕 朱瑞琪:《陈少容口述历史访谈》,广州市海珠区宝岗路 41 号 A3,2018 年 2 月 7 日。

〔5〕 广州市地方志编纂委员会编《广州市志》(卷二:地理卷),广州:广州出版社,1998 年,第 277 页。

〔6〕 广州市档案馆编《侵华日军在广州暴行录》,第 174 页。

〔7〕 时任葡萄牙驻广州总领事莫嘉度认为,到 1938 年 10 月 12 日,广州居民估计有 40 万,但在 5 天之内全部消失。参阅[葡]莫嘉度著、[葡]萨安东编《从广州透视战争:葡萄牙驻广州总领事莫嘉度关于中日战争的报告》,舒建平、菲德尔译,上海:上海社会科学院出版社,2000 年,第 179 页。1938 年 10 月 16 日的《国华报》则载:"日寇南侵……因此离市者甚多,尤以十四晚及十五昼为众,以老弱妇孺占大多数……计两日内离省者当有数万人。"参阅《老弱妇孺离市》,《国华报》1938 年 10 月 16 日,第 4 页。而林沛端认为广州沦陷当天,留市未走的市民不过三数千人。参阅林沛端《抗战时期广州沦陷情状》,载广州市政协文史委员会编《广州文史资料存稿选编》(第 4 辑:军政类),北京:中国文史出版社,2008 年,第 206 页。

'生灵俱灭',见不到日本人,也没有中国人的踪影,只有火灾、撬门和抢劫。"[1]林鉴好回忆:"人都走光了。没人了。我们逃难的时候都没人了,人人都逃回乡下了,全静下来了。"[2]

1938年12月10日,伪广东治安维持会在广州成立,其后极力号召民众返回广州。[3]而日军的行为在局势稳定后也得到约束,一部分外逃的市民开始回城。刘苏称:"日本仔得到广州之后,他们的骚扰没有那么厉害了,稍稍平静了下来。"[4]林鉴好也称:"后来,那些日本仔就不敢那么无礼了,就有些规矩了,平静一点儿了,我们才回来。后来一个时期人们陆陆续续都回来了,日本仔来了一段时间以后就有点儿礼貌了,不敢乱抓人了,不敢怎样怎样了,就是有点儿规矩了。"[5]谭志明也有类似的经历:"到处乱逃了一段时间以后,听别人说,到三几年(1930年)的时候就平定下来了。有些人就回广州市住了,……我们跟着大队(人群)逃去比较远的郊区,很快就回来了。"[6]

然而,因经济凋敝,不少民众回城后仍然失业,贫民无以为生,广州街头上乞丐日渐增多,甚至出现了饿死人的惨象。谭志明称:"每间铺头的东西全没了,全被人偷走了。想重新做生意,因为没工打。……靠做小贩维持生计,但是又没人买东西。街上都没人走,广州市都安静成什么样子了!那样就开始饿死人了,这样的情况一直持续了下去,不知道饿死了多少人。"[7]陈少容也称:"那时候很惨的。很多人卖儿卖女,饿死的,什么人都有。路上有很多乞丐,很惨的!街上好多饿死的,有些小孩子瘦得像根藤一样,他们后来都饿死了。"[8]《侵华日军在广州暴行录》载:"1940年五六月间,广州粮荒严重,饿毙路尸及弃婴随处可见……城西方便医院7附近,恒有因饥饿僵毙道旁者。"[9]

到沦陷后期,日伪更通过限时兑换加紧对广州金融的控制,以便进行经济掠夺。1942年7月,伪中央储备银行广东分行在广州成立,"中储券"开始在广州沦陷区流通使用,广东伪政权要求广东商民在两个星期内完成"中储券"和旧币(法币和毫券)的兑换。[10]黄桂仙还能清晰回忆起当时的情况:"我就记得那些钱一夜之间全没了,'储备券',关金券(音),……那时候街上都有'剃刀门楣'。摆街的,就是现在的储蓄所,买卖钞票,那些叫

〔1〕 [葡]莫嘉度著、[葡]萨安东编《从广州透视战争:葡萄牙驻广州总领事莫嘉度关于中日战争的报告》,舒建平、菲德尔译,第160页。

〔2〕 朱瑞琪:《林鉴好口述历史访谈》,广州市荔湾区芳和花园4号,2016年9月29日。

〔3〕 张遂新:《日伪统治时期广州的人口迁移》,《广州社会主义学院学报》2013年第3期,第97页。

〔4〕 朱瑞琪:《刘苏口述历史访谈》,广州市越秀区建设横马路5号,2016年9月14日。

〔5〕 朱瑞琪:《林鉴好口述历史访谈》,广州市荔湾区芳和花园4号,2016年9月29日。

〔6〕 朱瑞琪:《谭志明口述历史访谈》,广州市越秀区人民街日间托老服务中心,2018年1月23日。

〔7〕 同上。

〔8〕 朱瑞琪:《陈少容口述历史访谈》,广州市海珠区宝岗路41号A3,2018年2月7日。

〔9〕 广州市档案馆编《侵华日军在广州暴行录》,第177页。

〔10〕 左双文:《华南抗战史稿》,第120页。

'剃刀门楣'。'剃刀门楣'就是理发店里那些人弄一条布,好像妇女的马带(音),帮别人剃面,完了之后,就刮一刮,就叫'剃刀门楣'。就是说这些铺头出门让他们搜刮一下,进门也让他们搜刮一下。"[1] 在这种情况下,广州民众的生活更加困难,社会治安也难以维持。黄桂仙回忆:"街上很多乞丐,比如你在街上拿着一块叉烧,他们一手抢了就吃。还有抢东西的,什么都有。"[2] 黄桂仙的记忆与相关资料的记录非常相似:"不少马路边,每天都有十个八个饿死的尸骸,一些因饥饿过度,而在街上抢食物的,被物主追赶跌倒,虽已是头破血流,但临死之时,还要将抢得的食物往咀(嘴)里塞,确是惨不忍睹。"[3]

贫困饥饿是广州民众对沦陷生活的共同感受,在战争摧残与日伪掠夺双重打击下,原本富庶繁荣的广州城人口减少,经济凋敝,民生艰难,社会混乱。

3 广州民众沦陷记忆的形成与构建

以亲历者的口述资料为例,广州民众的沦陷记忆有如下特点:第一,以个人经历为主,同时包括关于他人经历的传闻;第二,着重记忆日军的暴行;第三,沦陷记忆中不仅有具体事件,还包含个人感受和情绪。这些特点体现了广州民众沦陷记忆形成和构建的过程,本文将在以下内容中对其进行探讨。

3.1 个人经历是形成沦陷记忆的基础与主干

广州民众在沦陷时期的个人经历主要是指他们在沦陷期间的亲身遭遇,这些经历为他们个体记忆的产生提供了初始材料与时间线索,是形成沦陷记忆的基础与主干。而个体意义上的沦陷记忆实际上是一种以自我经历为原点,通过眼见、耳听等方式向外延伸,触及家庭遭遇、社会变化的记忆,即所谓"个人主体下的家庭史、社会关系史"[4]。

沦陷时期个人经历的多寡对沦陷记忆是否丰富有决定性作用。以戴女的沦陷记忆为例,她的经历如下:

①广州沦陷前夕,遭遇日机轰炸,祖母因惊吓过度而死。

②广州沦陷时,逃往南海、东漖、茶漖避难,逃难过程十分艰苦。

③逃难约1年后返回,因家中房子已遭日军拆毁,庄稼也被日军割尽,被迫吃野菜充饥,母亲因此而死。

---

[1] 朱瑞琪:《黄桂仙口述历史访谈》,广州市越秀区下塘宝汉直街54号,2018年1月26日。

[2] 同上。

[3] 汪宗猷编《广州满族简史》,广州:广东人民出版社,1990年,第89页。

[4] 杨小平、朱成山:《南京大屠杀受害者与广岛原子弹爆炸被爆者的口述史对比研究》,第三届"口述历史在中国"国际研讨会(北京:中国传媒大学),2017年11月10—12日。文章已收入本书。

④沦陷期间,曾与姐姐一起在石围塘偷捡煤块。

⑤看见日军在石围塘扎营。

⑥去大同路卖菜时经过日军关口,险些被日军强迫注射药物。

⑦日军修筑石围塘基围时,为赚取军票,曾去挑泥。

⑧亲历盟军飞机轰炸。

⑨日本投降后,卖菜时看到日军扫街,目睹大量日军尸体顺着珠江流走。[1]

因为经历颇多,戴女的沦陷记忆与其他受访者相比显得特别丰富。个人经历的多寡受到多种因素的影响。首先,个体在战时的遭遇与其所处的社会大环境密切相关,个人经历是群体经历的缩影,以广州、香港两地民众对日机空袭的记忆差别即可说明。如上文所述,由于日机对广州的空袭持续时间长、次数多、范围广,广州民众普遍对其有深刻印象。虽然香港民众对日机空袭也有一定记忆,但他们的记忆大多集中在1941年12月8日日机轰炸启德机场:"1941年12月8日早上8时,我在家中听到几声巨响,一时不知是什么声音,便隔窗观看,才知是日本军机轰炸启德机场。"[2]这是因为日机对香港的空袭主要发生在1941年12月8日至25日间[3],袭击次数也远较广州少。香港、广州虽然同处华南沿海,但战时情况不完全相同,民众在抗战时期的遭遇因而会有所不同,所以两地民众的抗战记忆虽然有类似的背景和底色,但也具有一定的差异。

此外,年龄、原生家庭情况等主观因素也对个人在沦陷时期的经历有直接影响。一般情况下,年龄越大,个人经历就会越多,同时心智也越成熟,沦陷记忆就会越丰富,反之亦然。如果原生家庭的经济情况相对较好,如范少如、李礼帮、何端等,因为他们几乎没有挨饿受冻的经历,所以他们关于生活困难的记忆就会相对较少。而原生家庭非常贫困的,如戴女、林四妹、林鉴好等,她们有长期不得温饱的经历,她们关于物质匮乏和艰难求生的记忆就会特别多。

由于沦陷时期每个人的经历不同,对个人而言,沦陷记忆本质上是一种属于自我的独特记忆。每位访谈对象的沦陷记忆都具有鲜明的个人色彩。何端在访谈中反复提起她在肇庆生孩子的事情,她称:"我们就去肇庆,逃到那些大有钱佬[4]那里。我们就住在有钱佬的房子里,我丈夫在那里教有钱佬的孩子们读书,我就跟着。那个有钱人说:'我让你在这里住,可不是让你在这里生孩子的。'刚好隔壁有间房子,我们就租下了,我家婆跟着,我

---

〔1〕 以上各条皆根据戴女口述整理。

〔2〕 刘智鹏、周家建:《吞声忍语——"日治"时期香港人的集体回忆》,第130页。

〔3〕 日军在1941年12月8日上午派飞机空袭香港皇家空军启德基地,几乎消灭驻港英军微弱的空中力量。12月16日,日军由台湾及广州派出逾60架双引擎轰炸机空袭港岛军事设施及炮台。日军炮轰港岛北岸期间,市区不时中弹,造成市民伤亡。参阅邝智文《重光之路——日据香港与太平洋战争》,第29—30页。

〔4〕 即极为有钱的人家。本文依据受访者口述照录,未做更改。

在那间房子里生下了他（长子陈向欣）。那时候我们去了肇庆，在上瑶、下瑶那里。"[1]袁耀南也提到了他在英德撞船遇险的事，他称："有一次，在洛洸，就是日本仔到了英德城再出来，去到英德连江口。我们一家人几个坐货船，那船撞上大石头了，破了一个大洞，又是惊险。……船上装了货，船头撞了个大洞，水慢慢进来。我父亲把我们抱上岸。哇！我们都在发抖。"[2]在刘苏的沦陷记忆中，也有关于他父亲想办法让被强征当兵的哥哥逃回家的事，他称："我另一个哥哥叫刘本，国民党当政的时候三丁抽一……抽中了他，他就去当了国民党的兵，与日本仔对抗。他去了广西南宁。……我父亲开船厂……请到一个广西南宁的工人……我父亲想跟他打听一下儿子的消息。后来，他（工人）和家人通信，知道他（刘本）在哪个地方。我们花点儿钱伪造了一个良民证。……让这个工友去南宁打探他在哪里。……我父亲花了一点儿钱，把刘本搞了回来。"[3]这些访谈对象的口述资料充分展示了广州民众沦陷记忆的个体独特性。

以自我经历为基础的沦陷记忆既包括了个人在沦陷期间的遭遇，也包含了个人在面对这些遭遇时的感受和情绪。通过阅读访谈对象的口述资料可知，他们沦陷记忆中最刻骨铭心的部分往往都带有极深的感情印记。如黄丽娥关于在石室[4]避难的记忆，她称："刚刚沦陷的时候，三千多人躲进石室了。我就看着那些还没到1岁的婴儿，父母又不敢掐死他们，就给其他人掐着脖子掐死了。（他们的父母）说：'这是我的儿子，害怕他哭招惹日本仔来，连累石室里躲的几千人，给你们男人掐死吧。'就这样，那些孩子都被掐死了。我看到两三个后，我就走开了。我不敢再去看，也不敢出声。"[5]而黄桂仙则对被日军由香港遣返顺德的经历记忆最为深刻。她回忆称："我7岁的时候，日本仔攻陷香港。接着日本仔就要把我们遣返回去，就是说原来是顺德的就回顺德。顺德的、番禺的，就集中在一个地方，开始说用船运，后来没船过来。我们就睡大街，等船。……等了很久都没车、没船。后来有些不知道什么人说：'走路吧。'那我们就从沙井、大埔、上水一路走回顺德。我们一共走了14天，我最记得的就是走了14天。……我印象最深刻的是当时我穿着那些旧时大人穿的大襟衫，我穿就变成长衫了，衣摆垂到这里（手比画着膝盖）。说起来又好笑又好生气。……我最难忘的就是去到沙井……那里的农民熬些粥分给我们这些难民吃。……去到农村，我们就睡在祠堂里，那些农民给我们一把稻草，让我们垫着睡觉。这样走了14天，足足14天。"[6]这方面的记忆，还包括上文已经提到的戴女对日军掠夺，母亲因

〔1〕 朱瑞琪：《何端口述历史访谈》，广州市海珠区燕子岗路40号，2018年1月25日。
〔2〕 朱瑞琪：《袁耀南口述历史访谈》，广州市海珠区宝岗路49号南北广场，2016年10月3日。
〔3〕 朱瑞琪：《刘苏口述历史访谈》，广州市越秀区建设横马路5号，2016年9月14日。
〔4〕 石室，即广州石室圣心大教堂，位于广州市越秀区一德路。
〔5〕 朱瑞琪：《黄丽娥口述历史访谈》，广州市越秀区北京南路太平沙同庆坊17号，2018年2月5日。
〔6〕 朱瑞琪：《黄桂仙口述历史访谈》，广州市越秀区下塘宝汉直街54号，2018年1月26日。

吃野菜而死的记忆；林鉴好对被日军追逐，与母亲仓皇躲藏的记忆；范少如对在粤北躲避空袭的记忆；等等。

令回忆者印象最深刻的通常都是那些充满了痛苦的经历。这与南京大屠杀受害者常志强对于南京大屠杀的口述特点非常类似，他在描述个人经历的同时，也包括了感情的追溯。[1] 虽然人们在访谈过程中几乎都不会流露太过激烈的情绪，但可以想见，逃难的艰辛、至亲的死亡、空袭的恐怖、日军的残暴等，都会引起当时年龄尚小的访谈对象或惊恐、或悲伤、或仇恨的强烈情绪，并对他们造成巨大的心理创伤，因此，这些记忆才会如此深刻。

广州民众在沦陷期间的经历是形成沦陷记忆的基础，个体经历的多寡对其沦陷记忆是否复杂、丰富有决定性作用。个人经历受年龄、原生家庭情况等因素的直接影响，而社会大环境则为个人经历和个人记忆划定了时空范围。由于经历不同，沦陷记忆具有个体独特性。记忆不仅包括当时发生之事，也包含个人情感。由于痛苦的遭遇会给人带来强烈的心理感受，甚至造成心理创伤，因而成为广州民众沦陷记忆里印象最深刻的部分。

3.2 传闻是组成沦陷记忆的重要部分

通过分析整理已有的访谈资料，不难发现，几乎所有访谈对象的沦陷记忆里都或多或少包含了他们战时或战后初期听到的传闻。

在市民个体的沦陷记忆中，关于家庭成员经历的传闻通常占据十分重要的位置。如上文所述，沦陷记忆以自我经历为原点，向外延伸，而关于家庭成员经历的传闻就是个体在自我经历以外最先接触到的。由于这些传闻都来自亲人的真实经历，并且通常都由当事人或者其他亲属讲述，因而对记忆者具有很强的冲击力和感染力。戴女、黄丽娥、范少如等访谈对象的沦陷记忆里都包含了听到的关于家庭成员遇险或遇难的经历。[2] 戴女称她父亲曾对她说过遭日军殴打之事："我父亲走过他们的关口，他们守着关口的，我父亲忘记点头了，就被他们打了一耳光。我父亲回来跟我们说的。"[3] 黄丽娥的沦陷记忆中关于母亲在江村被飞机炸死的部分，也来自她哥哥姐姐的转述。[4] 范少如的记忆中也有婶婶遭遇空袭的经历，她称："我听我婶婶说，她在韶关市，飞机过来了，她们害怕，就躲在巷子里，一个叠着一个。后面炸了，那时候是燃烧弹，那些碎片飞过来，躲在后面那个就死

〔1〕 杨小平、朱成山：《南京大屠杀受害者与广岛原子弹爆炸被爆者的口述史对比研究》，第三届"口述历史在中国"国际研讨会（北京：中国传媒大学），2017 年 11 月 10—12 日。文章已收入本书。

〔2〕 这与广岛原子弹爆炸被爆者对于原子弹爆炸的口述有类似之处，即口述的经历不仅有自己的，也有从家庭成员那里听到的。参阅杨小平、朱成山《南京大屠杀受害者与广岛原子弹爆炸被爆者的口述史对比研究》，第三届"口述历史在中国"国际研讨会（北京：中国传媒大学），2017 年 11 月 10—12 日。文章已收入本书。

〔3〕 朱瑞琪：《戴女口述历史访谈》，广州市越秀区下塘宝汉直街 97 号，2018 年 2 月 1 日。

〔4〕 朱瑞琪：《黄丽娥口述历史访谈》，广州市越秀区北京南路太平沙同庆坊 17 号，2018 年 2 月 5 日。

了。她'呀'地叫了一声，我婶婶还让她别吵，因为飞机还在。后来她发现那个人已经死了，她都快吓死了。"[1]访谈对象通常都会在回忆日军的暴行以及战争所带来的苦难时提及亲人的经历。可见，记忆家庭成员的经历，既是老人们对自我记忆的一种补充，也是他们表达自己情感与态度的一种方式。

因此，这种记忆现象也常见于其他非广州出生的访谈对象。黄桂仙就称："我的一个堂叔，见到他们（日军）没鞠躬就被他们戳死了。他住在我家隔壁。……我听大人说的，就是那些堂姑姑、堂伯父说的。"[2]何银宽也有类似的记忆，她称："抗战胜利以后，我回去顺德家里探望我舅舅，听我舅舅说，我家里人全被日本仔害死了。我弟弟、父亲都被日本仔打死了。我母亲因为脚疼，躺在床上不能起床干活，就活活饿死了。……我妹妹也被日本仔弄死了。"[3]劳耀颜也称："我有两个表姐，她们是孪生姐妹。日本仔来的时候，她们父亲刚刚去世，就要办丧事。日本仔一听到她们办丧事，就马上过来了。因为他们要找'花姑娘'。我两个表姐当时都十六七岁了，都很漂亮。我表姐的母亲为了保护两个女儿，就刮了一些锅底灰，用水调开，把两个女儿的脸都涂黑了。日本仔到了，他们用东西挑起我两个表姐的脸，一看，发现她们怎么这么丑。……所以日本仔就没有强奸她们。我的姨妈，在另一个地方，当时我姨妈的丈夫已经死了，但是她才50来岁，还是很年轻的。那些日本仔看见她，就强奸了她。……她被强奸后气不过，自尽了。……我舅舅就告诉了我们这件事。"[4]

不少访谈对象的沦陷记忆里还包含了关于其他陌生人经历的传闻。这部分的述说一般都比较简略。如刘苏称："有听说过日本仔专找女人下手，就是找'花姑娘'那些。"[5]邝福民称："就听说过他们（日军）到处杀人、奸淫妇女。"[6]陈少容称："如果不服从他们（日军），他们就灌水，把人的肚子灌胀，再用一块板把水踩出来。他们抛起小孩子，再用剑挑起来，像挑豆卜[7]一样。如果经过他们的关口，没有良民证，他们就一脚踢过来。……这都是我听别人说的，自己没看到。"[8]除上文提到的戴女记忆中关于山村女孩遭到日军强奸的传闻外，比较详细的仅有李礼帮幼年时从长辈处听到的传闻。他称："我读四五年级的时候，大概10岁左右吧，就听我母亲和那些老人说，日本仔来的时候，在江门那里，有些

〔1〕 朱瑞琪：《范少如口述历史访谈》，广州市越秀区元岗中路271号，2018年2月5日。
〔2〕 朱瑞琪：《黄桂仙口述历史访谈》，广州市越秀区下塘宝汉直街54号，2018年1月26日。
〔3〕 朱瑞琪：《何银宽口述历史访谈》，广州市越秀区下塘新村麓湖居43号，2018年1月26日。何银宽，女，1924年生于广东顺德杏坛上地，广州沦陷前夕，与干妈前往江西庐山养病，后因日军进犯广东，被迫留在庐山。抗战期间，曾先后在广东梅县、湖北、湖南、四川等地避难。抗战胜利后，何银宽返回广东，现居广州。
〔4〕 朱瑞琪：《劳耀颜口述历史访谈》，广州市越秀区人民街日间托老服务中心，2018年1月29日。
〔5〕 朱瑞琪：《刘苏口述历史访谈》，广州市越秀区建设横马路5号，2016年9月14日。
〔6〕 朱瑞琪：《邝福民口述历史访谈》，广州市海珠区宝岗路49号南北广场，2016年10月3日。
〔7〕 豆卜，一种由豆腐经高温油炸而成的食品。本文依据受访者口述照录，未做更改。
〔8〕 朱瑞琪：《陈少容口述历史访谈》，广州市海珠区宝岗路41号A3，2018年2月7日。

关卡,那时候交通就不是很方便,在这种情况下,有劳动力的妇女,就从荷塘那边赶去江门那边,把米挑回荷塘卖。她们一到江门北街那边的关卡,就被侵略军捉进去强奸,她们受到了这样的羞辱,在农村,封建思想还是很严重的,甚至有些妇女就这样跳河而死了。"[1]这些传闻虽然看似与访谈对象的个人经历无关,但它们和关于家庭成员经历的传闻一样,有助于广州民众补充完善自我记忆,强化他们对于日军残暴、战争残酷的认知,因此也是民众沦陷记忆的一个重要构成部分。

对传闻的记忆体现了沦陷记忆的集体性和社会性。王明珂指出:"个人从社会中得到与建立部分记忆的同时,他与其他社会群体成员也在各种社会活动中,共同保存、回忆、创造'社会记忆'。"[2]通过考察广州民众的沦陷记忆可以发现,群体记忆与个人记忆通常呈现相互包含的状态,群体记忆由个体记忆组成,个体记忆中渗透着群体记忆。个体通过记忆他人的遭遇补充自我的记忆,理解社会的经历。

这些传闻就像一个引子,在某个特定的时刻,比如在看到某些类似的资料时,比如在与某人谈论相关的话题时,唤起亲历者对那一段历史的记忆。正如莫里斯·哈布瓦赫在《论集体记忆》中所说的那样:"如果我们仔细一点,考察一下我们自己是如何记忆的,我们就肯定会认识到,正是当我们的父母、朋友或者其他什么人向我们提及一些事情时,对之的记忆才会最大限度地涌入我们的脑海。"[3]李礼帮也说:"我们小时候,怎么会去经历那些,都是听长辈说的。这些都是我们长大以后,重新记起来的。"[4]

在广州市民的沦陷记忆中,不仅有自我的经历,还有关于他人经历的传闻。个体市民通过听闻、了解他人经历,不断延伸自我对家庭、社会的记忆,深化对广州沦陷这一历史时期的认知。在这个过程中,他人的经历成为自我记忆的一部分,与个人经历一起共同组成了共性与个性相统一的沦陷记忆。

3.3 抗战宣传教育对构建沦陷记忆的影响

抗战宣传教育在广州民众构建沦陷记忆的过程中发挥着作用,具体可根据时间和影响程度分为两个阶段,一是战时宣传教育,二是战后宣传教育。

战时宣传教育对广州民众有不同程度的影响。由于广州位于沦陷区,留居广州的民众在战时接受的抗战宣传教育有限。沦陷时期曾在广州生活的刘苏、戴女、林鉴好、陈少容、黄桂仙等均表示自己当时并没有听说过有关抗日的宣传。这固然与访谈对象当时年

---

[1] 朱瑞琪:《李礼帮口述历史访谈》,广州市越秀区人民街日间托老服务中心,2018年1月23日。

[2] 王明珂:《谁的历史:自传、传记与口述历史的社会记忆本质》,载定宜庄、汪润主编《口述史读本》,北京:北京大学出版社,2011年,第62页。

[3] [法]莫里斯·哈布瓦赫:《论集体记忆》,毕然、郭金华译,上海:上海人民出版社,2002年,第68页。

[4] 朱瑞琪:《李礼帮口述历史访谈》,广州市越秀区人民街日间托老服务中心,2018年1月23日。

龄较小、文化程度较低有关,但日伪当局对舆论的严密控制也是抗日思想难以广泛传播的重要原因。林鉴好回忆:"没人讨论街头巷尾的事,人们不敢的。怕日本仔来,日本仔经常来巡查。三个一队,三个一队,扛着枪,有枪尾剑,这样巡街的,整天有人巡街的。"[1]李时也称:"他们(父母)不敢对我们说,怕我们年纪小不懂事,就告诉我,总之见到日本仔就避开,不要和他们接触,千万不要得罪他们。"[2]同时,在沦陷初期极度恶劣的环境里,留居的民众往往已因生存精疲力竭,没有余力再去了解相关的教育宣传。如同莫嘉度在1938年11月2日的外交报告里写的那样:"在这里有利益的英国,还有美国、法国和其他这么多民主国家不捍卫自己的利益和自由。那么,那些在这里仅仅是为生计奔波的人们又何必要操心呢?"[3]

由于上述原因,到1945年日本无条件投降时,对于抗战胜利的概念和意义,广州民众的认知程度参差不齐,这从他们对待抗战胜利庆祝活动的不同态度即可体现。部分广州民众,特别是生活在市区以外的下层民众对相关的庆祝活动并没有什么印象。刘苏、戴女、林四妹等均表示自己从没见过或参加过相关的庆祝活动。刘苏称:"抗战胜利的时候哪有什么庆祝呢? 国民党根本不理人民。那时生活很艰难。"[4]戴女回忆:"我们都没文化,哪里懂这些,不管他们(日军)生死。……我们光顾着谋生,卖东西谋生。……没什么庆祝活动,他们(日军)投降,自愿走的。"[5]林四妹称:"没有人庆祝。人人都走了。个个都是农村人,又很穷。村里人口也很少。"[6]这固然与访谈对象个人见识不多有关,但从他们的口述中也可发现,对于部分生活困难的下层民众而言,与庆祝抗战胜利相比,想方法谋生显得更为重要,他们对抗战胜利的意义并没有清晰的认知。

部分生活在市区的民众虽然目睹庆祝活动,但他们同样对此没有深刻的理解。黄丽娥说:"在大新路,人人都举旗,我们就出去看,又不会喊口号。……那些老板就庆祝,我们就是巡行的时候在街口看一下。那些有钱的人当然会去庆祝,我们做女孩的,年纪小,哪里懂庆祝不庆祝?"[7]李时也表示因当时没有老板雇他,让他参加庆祝活动,所以他没去。[8]

然而,另一部分广州民众则积极参加庆祝活动。在黄桂仙和陈少容的记忆中就有民

---

〔1〕 朱瑞琪:《林鉴好口述历史访谈》,广州市荔湾区芳和花园4号,2016年9月29日。

〔2〕 朱瑞琪:《李时口述历史访谈》,广州市海珠区宝岗路49号南北广场,2016年10月4日。

〔3〕 [葡]莫嘉度著、[葡]萨安东编《从广州透视战争:葡萄牙驻广州总领事莫嘉度关于中日战争的报告》,舒建平、菲德尔译,第179页。

〔4〕 朱瑞琪:《刘苏口述历史访谈》,广州市越秀区建设横马路5号,2016年9月14日。

〔5〕 朱瑞琪:《戴女口述历史访谈》,广州市越秀区下塘宝汉直街97号,2018年2月1日。

〔6〕 朱瑞琪:《林四妹口述历史访谈》,广州市白云区石井镇庆丰村兴隆东街东七巷10号,2018年1月31日。

〔7〕 朱瑞琪:《黄丽娥口述历史访谈》,广州市越秀区北京南路太平沙同庆坊17号,2018年2月5日。

〔8〕 朱瑞琪:《李时口述历史访谈》,广州市海珠区宝岗路49号南北广场,2016年10月4日。

众热烈庆祝抗战胜利的场面。黄桂仙说:"日本仔投降的时候,人们就捉了些日本仔游街,抓他们的头头游街。我们住在马路边,他们游过,我就去看。那时候人人都去看,有些人扔东西,有些人就拍拍手掌,说:'哼,你们都有今天!'"[1]陈少容也称:"和平了,当然好啦,那时候烧炮仗[2],开心得不得了。很多人庆祝,为了把他们赶走,我们死了多少人?"[3]虽然他们接受的战时宣传可能不多,他们对日军的憎恨在很大程度上也源于日军的残暴行径,而并未意识到日本侵华是对中国尊严的一种伤害,但出于朴素的民族情感和爱国主义精神,他们由衷地为抗战胜利感到高兴。概言之,虽然广州民众在战时接受的宣传教育可能在个体意义上程度略有差异,但在总体上是有限的,而广州普通民众对抗战胜利意义不同层次的认识则反映了抗战期间大众民族意识产生与发展的动态过程。

与留在沦陷区的民众相比,那些避居在非沦陷区的广州民众,特别是曾在非沦陷区上学的学生,则接受了较多的战时宣传教育。"一个国家的战斗精神往往是靠必胜的信念来维系的。"[4]在国民政府控制区内,对中小学生进行的抗战宣传教育相当普遍。范少如可以清晰地回忆起小学时接受的抗战教育:"唱歌,唱的全部都是抗日战争的歌。就是'张老三,我问你,你的家乡在哪里?''来一个,杀一个。来一双,杀一双。打退东洋保家乡'这些。……还有就是演话剧,我们学生都演话剧的,都是演岳飞、花木兰这些。……都很爱国的。……人人都很活跃。……有些人挑着东西来问,如果你不给钱,就给些货物慰问那些将士。小学里都有挑着一担东西去叫人们捐献的。"[5]李礼帮对此也有印象,他称:"我们那时候还参加了童子军。那时候,一到六年级就演话剧,参加童子军。"[6]虽然这些访谈对象当时都尚属幼龄,对抗战精神的内容未必有深刻的理解,但他们接受抗战教育的过程本身就是个人记忆的一部分,而且抗战教育所宣扬的国家观、民族观、价值观等很可能会在他们成年以后,影响他们对抗日战争及广州沦陷的理解。

战后的宣传教育对广州民众构建沦陷记忆的影响更大。抗战胜利后,由于政府宣传、学校教育等因素,广州民众得以更全面地了解抗日战争。战后宣传教育对个体沦陷记忆的影响之大,以访谈对象谭志明的例子即可说明。他回忆起日机空袭广州时称:"又有轰炸,飞机又来轰炸,集中来炸,白天又来,夜晚又来,没一天不来,八年这么长,日夜都来过,好像哪里没炸过他们就不安生。我在东山那边住,我父亲在达道路里面的平房村(音)那

〔1〕 朱瑞琪:《黄桂仙口述历史访谈》,广州市越秀区下塘宝汉直街 54 号,2018 年 1 月 26 日。

〔2〕 即鞭炮。本文依据受访者口述照录,未做更改。

〔3〕 朱瑞琪:《陈少容口述历史访谈》,广州市海珠区宝岗路 41 号 A3,2018 年 2 月 7 日。

〔4〕 [美]拉斯韦尔:《世界大战中的宣传技巧》,张洁、田青译,展江校,北京:中国人民大学出版社,2003年,第 92 页。

〔5〕 朱瑞琪:《范少如口述历史访谈》,广州市越秀区元岗中路 271 号,2018 年 2 月 5 日。

〔6〕 朱瑞琪:《李礼帮口述历史访谈》,广州市越秀区人民街日间托老服务中心,2018 年 1 月 23 日。

里住,那里炸得最狠。"[1]老人所说的"八年"并不准确,这个说法显然是受到后来"八年抗战"宣传的影响,老人因此误认为日军在八年里都对广州进行了轰炸。可见,在他的沦陷记忆中,战后听到的宣传与个人的亲身经历已混合在一起,以致出现了不准确的记忆而不自知。

战后宣传教育对民众沦陷记忆的影响首先体现在其通过社会舆论强化民众的抗日情感上。"记忆需要来自集体源泉的养料持续不断地滋养,并且是由社会和道德的支柱来维持的。"[2]由于战后宣传教育往往着重揭露侵华日军的滔天罪行,广州社会关于日军可恶的共同印象因此再次得到证明和深化。刘苏称:"那时候(中华人民共和国成立初期)很多人说日本仔的暴行。那时候很多人都说日本仔该失败,日本仔该死,实施'三光政策'什么的。"[3]邝福民也称:"人人都说国民党不行,还优待日本仔,让他们扫街,应该枪毙他们。他们害得中国人民这么惨痛,妻离子散,家破人亡,很多人有这些遭遇。"[4]袁耀南回忆称:"上了年纪的人知道事实,都憎恨他们。解放初期,在越秀山对面有个苏联展览馆,摆过日本展览,很多人想砸烂,群情汹涌,可见人们多憎恨他们。"[5]在社会共识与社会舆论的影响下,个体市民沦陷记忆中关于日军暴行的部分和憎恨侵华日军的情感得到强化。

此外,战后的宣传教育在某种程度上塑造了普通民众对抗战的认知。如上文所述,刘苏、邝福民等在广州生活的访谈对象都认为国民政府和国民党军队在战时和战后表现欠佳。何巧云更指出:"国民党最坏了!国民党失败就是因为这个,没有抵抗,任由他们(日本仔)过来。……我都没有见过国民党的军队,他们全退缩了,不知道去了哪里? ……如果没有美国扔原子弹,国民党的军队就算全部战死,日本仔都不会投降。后来1949年就解放了,共产党来了就好了。"[6]然而,在香港生活的郑秀鸾却认为沦陷时期她利用护士的身份秘密支援东江纵队是犯了"错误"的,她称:"在护士的工作方面,我觉得我犯了些'错误'。当时东江纵队很需要药物,我一直暗中支援他们。……有时候自己回想起来,虽然自己可能犯了错,但我一个人的错,却救赎了很多人,而且我是中国人,我只是凭良心救国,又怎能算犯错呢?"[7]由于香港与内地在战后推行的抗战宣传教育不完全相同,民众对抗战产生差异化的认识和理解有因可循,个体民众的记忆也难免受到影响。正如有学者指出:"个人对于过去的记忆并非是一连串'事实'的组合,个人或群体都选择、重组或遗

〔1〕 朱瑞琪:《谭志明口述历史访谈》,广州市越秀区人民街日间托老服务中心,2018年1月23日。
〔2〕 [美]刘易斯·科瑟:《导论 莫里斯·哈布瓦赫》,载[法]莫里斯·哈布瓦赫《论集体记忆》,毕然、郭金华译,第60页。
〔3〕 朱瑞琪:《刘苏口述历史访谈》,广州市越秀区建设横马路5号,2016年9月14日。
〔4〕 朱瑞琪:《邝福民口述历史访谈》,广州市海珠区宝岗路49号南北广场,2016年10月3日。
〔5〕 朱瑞琪:《袁耀南口述历史访谈》,广州市海珠区宝岗路49号南北广场,2016年10月3日。
〔6〕 朱瑞琪:《何巧云口述历史访谈》,广州市海珠区宝岗路49号南北广场,2016年10月4日。
〔7〕 刘智鹏、周家建:《吞声忍语——"日治"时期香港人的集体回忆》,第205—206页。

忘一些过去,以符合某种社会群体的认同,或作为适存于现实社会的策略。"〔1〕

时至今天,抗战宣传教育的作用还在继续,大众媒体的发展在其中发挥了至关重要的作用。"一切迹象表明,现代大众传播媒介在回忆文化领域所做的工作,其影响力乃是最大的。……而是指除此之外的大量其他报纸、广播、电视节目和因特网服务项目,后者都为公众提供许多回忆内容和回忆启发。"〔2〕不断涌现的有关抗战的书籍、影视作品等,都或多或少地影响着广州民众对沦陷记忆的构建。如陈少容说:"南京杀了多少万人啊。我看电视的时候知道了,一开始我们都不知道。"〔3〕何巧云也表示她通过看电影知道了日军的暴行。〔4〕

在接受抗战宣传教育的过程中,广州民众的国家意识和民族意识也逐步加强。不少老人都表示自己至今仍非常憎恨侵华日军。袁耀南在接受访谈时说,中国人应该永远记得日本的侵略。〔5〕劳耀颜也说,中国和日本本来是两兄弟,日本怎么可以这样欺负中国?〔6〕

由于广州在抗战时期位于沦陷区,战时宣传教育对广州民众的影响有限。战后因政府有力宣传,学校加强教育,大众媒体发展,广州民众对抗战的认识得到进一步提高。抗战宣传教育中所蕴含的价值观念和情感态度通过一定的舆论氛围,对广州社会有关抗战的集体记忆施加作用,并最终影响个体市民沦陷记忆的构建。

4　结语

根据亲历者的回忆,沦陷前夕,日机对广州狂轰滥炸,广州民众死伤惨重。大量市民因日军残暴、政府撤离、无法营生等原因逃离广州,他们或返回原籍,或撤至粤北,或奔逃港澳,或流徙乡下。因此,沦陷前后,广州人口剧烈减少。日军侵占广州初期,军纪败坏,暴行累累,广州民众对其极为恐惧。然而,由于接触的日军个体不同,市民对其的记忆具有独特性。广州沦陷期间,经济凋敝,更兼日伪掠夺,普通民众生活极为贫困,广州市面萧条,治安混乱。可见,空袭可怖、逃难艰辛、日军残暴、贫困饥饿是广州民众对沦陷时期的共同记忆。广州民众的沦陷记忆既是华南抗战历史的一个缩影,又体现了抗战时期广州

〔1〕　王明珂:《谁的历史:自传、传记与口述历史的社会记忆本质》,载定宜庄、汪润主编《口述史读本》,第63页。

〔2〕　[以]摩西·齐默尔曼:《以色列人日常生活中的迫害神话》,载[德]哈拉尔德·韦尔策编《社会记忆:历史、回忆、传承》,李斌、王立君和白锡堃译,北京:北京大学出版社,2007年,第316页。

〔3〕　朱瑞琪:《陈少容口述历史访谈》,广州市海珠区宝岗路41号A3,2018年2月7日。

〔4〕　朱瑞琪:《何巧云口述历史访谈》,广州市海珠区宝岗路49号南北广场,2016年10月4日。

〔5〕　朱瑞琪:《袁耀南口述历史访谈》,广州市海珠区宝岗路49号南北广场,2016年10月3日。

〔6〕　朱瑞琪:《劳耀颜口述历史访谈》,广州市越秀区人民街日间托老服务中心,2018年1月29日。

社会的特点。通过比照可以发现,亲历者的回忆与文献资料相互印证,是广州沦陷时期民生情况和社会状态的生动反映。更重要的是,传统抗战史料往往因其宏大叙事模式而难以顾及普通个体的经历和情感,口述沦陷记忆可以对此有所补充,从而展示以往被忽略的细节。对亲历者记忆的关注有利于克服先行研究中对社会群体脸谱化、片面化的认识倾向,充分体现对作为历史主体的"人"的尊重。

本文认为,个人经历是广州民众沦陷记忆形成的基础和主干,听到的传闻是市民沦陷记忆的重要补充,抗战宣传教育对其沦陷记忆的构建有巨大影响。民众在抗战时期的个人经历为其抗战记忆的形成提供了原始素材,由于痛苦的遭遇会引起当事人强烈的情绪,故民众对此每每刻骨铭心,因而形成了日军可怕、战争恐怖的深刻记忆。同理,抗战时期的传闻常常以他人的悲惨遭遇为内容,且在流传过程中被讲述者筛选和夸大,因此可以引发民众的同情与共鸣,同时也印证民众对日军残暴的认知。由于抗战宣传教育注重向民众揭露日军的罪行,广州社会关于日军可恶的共同记忆再次强化,在社会舆论的影响下,抗战宣传教育中蕴含的爱国主义精神和民族意识在潜移默化中对个体沦陷记忆的构建施加作用,广州民众由此选择性地记忆了自身的沦陷经历和"听到"的传闻。至此,在广州民众的脑海中,逐步构建起了以个人经历和相关传闻为主要内容的,受到个人情感和民族意识深刻影响的个性与共性相统一的沦陷记忆。

综上所述,广州民众沦陷记忆的构建过程反映并影响着广州社会对抗战历史的再认识和再理解,其既是在民众视角下对抗战历史的一种回溯,同时折射了中国大众民族意识与爱国主义精神觉醒与发展的动态历程,是真正意义上的"一切历史都是当代史"的体现。

由于现存广州沦陷亲历者的人数尚未得到确切统计,且还在不断减少中,同时本文所采用的口述资料皆是亲历者在高龄情况下对幼年或少年时期经历的回忆,因此本文的研究内容具有一定的特殊性和极端性。此外,因访谈地点、访谈时间、受访者的个性及其对访谈活动的认知等因素都会对个人口述的沦陷记忆有一定影响,故本话题还有待进一步的探索。

Ⅲ 口述历史与社会传承

Oral History and Social Succession

民间音乐传承人口述史采访视点举要[1]

◎ 赵建斌[2]

摘　要：

音乐传承人口述史料是撰写民间音乐史志的重要材料。为提高采访效率，获取更多有价值的史料内容，笔者认为，在实际采访中，采访者除了做好前期采访功课、录音准备，还需特别关注音乐传承人的身份认定、传承场域的变迁、传承乐种的演变、传承曲目与特技的挖掘、传承人的音乐传承等五个方面的采访视点。

关键词：

非物质文化遗产；口述史；音乐传承人

Key Point in the Interview with Folk Music Inheritor for Musical Oral History

◎　Zhao Jianbin

Abstract：

The oral history of music inheritor is one of the important historical materials to write the history of folk music. In order to improve the interview efficiency and to collect more valuable historical materials，this paper argues that besides necessary preparation for interviewing，such as voice recording equipment，another five points still need to pay more attention. The five points include the identification of the music inheritor，the transition of the music inheritance field，the evolution of the music inheritance species，the historical excavation of the repertoire and stunt，and the music inheritance of the music inheritor.

Keywords：

Intangible Cultural Heritage；Oral History；Music Inheritor

---

〔1〕　基金简介：教育部人文社会科学研究规划基金项目"山西音乐传承人口述史料研究"阶段性成果，项目编号：12YJA60097。

〔2〕　作者简介：赵建斌（1969—　），男，山西师范大学音乐学院教授，硕士生导师。研究方向：中国音乐史、音乐口述史。

前人所修府县志中，音乐文献的记载除去官方祀典用乐在有些史志中略有描述，流传于民间的各乐种史传几乎无一以完整形式见存于内。以中国民间音乐五大集成中所载乐种为例，我们可以想想有哪一个乐种会在府县志中有完整介绍？即使在中华人民共和国成立后所修的市县志，也只是零星简介，笼统而述。这给地方音乐文化深入研究带来许多困难。由此，当代许多学者就将资料搜集点锁定在音乐传承人身上，一方面翻阅已故音乐传承人口述资料，另一方面追访活着的音乐传承人，通过音乐传承人口述记忆探寻即将逝去的民间音乐文化遗迹。

音乐传承人口述史料获取的主要途径是赴民间实际采访。采访有结构性采访（设计问卷采访）和非结构性采访（框架式灵活采访）两种。针对年事已高的传承人口述随意性特点，加之许多老艺人文化水平有限，非结构性采访就成为访谈交流的主要手段。非结构性采访以多引导、少干涉的实际采访为特点，经常能使受访人放松心情、畅所欲言，能获得许多真实可感、有一定史料价值的口述资料。但是非结构性采访基于访谈的自由度，为求交流顺畅不得不在现场允许牵出许多毫无史料价值的"废话"，由此给后续口述整理或影像剪辑造成许多困难。因此，采访需有"法"，需要采访者以适当的时机切入相应的采访视点。

所谓采访视点，就是采访人在实际采访中根据采访目的来引导和捕捉被访人谈话的几个焦点。2007 年笔者开始研究晋陕民歌传承，2012 年又承担主持了教育部人文社科项目"山西音乐传承人口述史料研究"（12YJA60097），迄今为止采访音乐传承人 213 人，录音录像时长 500 多小时，涉及民歌、歌舞、戏曲、曲艺、器乐这五个民间音乐领域的国家级、省市级传承人。经过多次采访和不断深入研究，笔者认为实际采访中要特别关注以下几个采访视点：

1 音乐传承人的身份认定

音乐传承人是掌握中国传统音乐文化遗产知识、技能，以利用、传播音乐文化遗产的人。国家非物质文化遗产中心认定国家级、省市级音乐传承人的身份，意味着他们是承载和传递某一音乐文化项目的代表。但事实并非如此，依笔者采访结果显示，就项目传承人身份而言，有的传承人以一项乐种为传承主体，同时身兼数项艺术技能，这些技能有的与传承主体项目并存，有的与传承主题项目以经历时段先后存在。比如有的传承人最初唱民歌，之后又去唱戏、唱道情；有的在剧团里唱戏，同时又去唱歌、说书，还经常参与红白喜事的各种礼仪表演；有的最初是农民，后来去当兵、当工人、上专业院校、做生意、搞专职行政、在文化馆从事群众文化工作，从而中断音乐传承；等等。这些复杂的经历、艺术身份的纵横变化都严重干扰了现场采访的内容梳理。因此，采访未正式开始之前，先要仔细、无遮掩地让被访者简述自己的生活和艺术经历,以便更好地在正式采访时切入与史料相关的话题。如果进入正式采访,被访人突然谈起一段新的职业经历时,千万不要打断,必须立刻对其内容进行现场跟踪解析,如果话题有史料价值,一定要引导其涉入更深层的话题内容。

传承人身份的多变,并不意味着非主体传承的乐种经历就没有史料价值。反过来,传承人复杂的艺术身份可以促使我们在后续研究中追究和反思他们所承载的乐种发展与其身份变换累积之间的关系。比如[1]晋南道情传承人张贵学之所以能在永济道情基础上加入滚白、蒲剧、眉户等音调,形成表现丰富、极具特色的晋南道情,是因为他有过蒲剧、眉户戏剧表演的艺术经历,体悟到晋南道情与晋南戏剧之间的关系,才促使晋南道情的再发展。因此,认定传承人身份时,不能只关注传承人乐种传承的身份,还要留意并思考传承人复杂身份给传承乐种带来的影响。

根据传承人的社会影响力大小,采访时还可以将受访人大致划定为普通传承人、优秀传承人和著名传承人三种类型来设计相应的采访内容和音乐信息。

普通传承人一般掌握着较为原始的乐种形态,他们在演唱、演奏中都不尚雕饰,唱奏技巧简单,表演对象往往是自己或为自由聚众的朋友、同事和乡邻。比如2012年笔者在襄汾县采访的原爱荣、白改枝等7位民间歌手,她们都是70岁左右的普通农民,缺乏丰富的演唱经历和演唱技巧,只因小时候听会不少民歌,才使一些弥足珍贵的民歌经他们之口传承至今。这类传承人虽然技艺不精,也不善言辞,但是他们却在真实地还原某一朴素的民间文化,他们的生存现状、表演环境和历史环境就在印证一种民俗音乐文化的历史。针对此类传承人,需要在前期做足功课,采访时需要不断设题咨询、考证。

优秀传承人是指经常参与各种民俗礼仪活动的,较为专职的唱奏者。与普通传承人相比,他们掌握曲目多,表演技艺较高,有比较稳定的传承谱系,在当地备受关注。他们的音乐经历往往是地方音乐发展经历的缩影,比如笔者在长治寻访省级乐户传承人刘长有时,在方圆十几里地都能打听到他的住址,而且村民一谈起他,都说他的唢呐吹得好,掌握的曲目多。再如晋城泽州四弦书传承人马丽首次采访就把自己的传承谱系追溯到了上五代。这类传承人一般容易沟通,并且健谈,交流中若涉及一些专业音乐术语,他们大多都能理解,也能针对较为深刻的音乐问题给出较有见地的答案。这类传承人的口述史采访,可以获取更多有价值的地方音乐史志资料。

著名传承人一般为乐种代表的领军人物。他们常常会被冠以"大王""歌王""皇后""泰斗""艺术家"等称誉。如保德民歌杨仲清就被誉为"黄河之滨歌王",左权民歌刘改鱼被誉为"开花调歌后",蒲剧音乐张峰被誉为蒲剧音乐界"泰斗",北路梆子李万林被誉为北

---

〔1〕 文中所有举例都是笔者自2012年以来在山西境内采访传承人所得,具体时间不一一列举。

路梆子第二代领军人物,等等,无论这些称谓是官方认定,还是民间赞誉,至少表明这类传承人从精湛的创作表演到丰富的生活阅历都超出前两类传承人。由于他们身上所承载的信息量大,一两次的采访肯定不够,因此,每次都需要对此类传承人设历史时段、专题进行细致的采访。

2　音乐传承场域的变迁

场域变迁是指音乐传承人的活动场所和传承领域的变迁。场域的变迁大都与历史环境的变化和文化科技的发达程度有很大关系。70 岁以上的音乐传承人都经历过中华人民共和国前期和初期、"文革"时期以及改革开放这四个社会历史发展阶段。他们几乎都清楚,中华人民共和国成立前某些乐种只在山野地头、街衢里巷几人围坐随性唱奏,1949 年后却走上舞台,面对成百上千观众歌唱表演。有的传承人还会带着他的乐种脱离乡村环境,走入省城,登上中央电视台直播,给全国观众表演。尤其 20 世纪 80 年代以后,民俗场所、休闲场所、庆典场所、比赛场所、旅游场所增多,传承场域更是朝多元发展。比如从晋城上党八音会国家级传承人黄一宝的口述中了解到,八音会最初只是民间器乐爱好者临时组织的吹打团体,最初仅在节庆、庙会以及民间喜事中参与娱乐,活跃气氛;中华人民共和国成立后,由于乐户行和红衣行职业的淡化,行内人与行外人(主要指乐户与业余吹打人)的艺术交流频繁,八音会的活动范围也由参与民间娱乐或红白喜事延伸到单位公司的开业庆典、会议开闭幕式的演出、省市县文艺比赛以及非遗展演等场合,而且演奏的曲目也以不同场景做不同曲目裁定。

传承场域的变迁会直接影响到乐种传承的处境和命运。笔者经常思考,山西被称为"民歌的海洋",为什么如今在全国影响最大的却只有"左权民歌"和"河曲民歌"?其实一个最主要的原因就是这两个地方有像刘改鱼、吕桂英、杨爱珍、杨仲清、张美兰、辛礼生、李明珍、冀爱芳、李铭芳等一批自 20 世纪 50 年代起就经常活跃在舞台、比赛场上的优秀民歌手,是他们把民歌的场域从山头上、田野里,扩大到全国民歌的舞台,是场域的变迁改变了民歌传承的命运。

3　传承乐种的演变

乐种由乡村走向城市,由田野步入舞台,由闲散休闲式的喊唱变成歌舞式的专业表演,这些必然会影响到传承乐种形式和内容上的发展变化。这些变化从什么时候、从哪一件事情开始的,我们通过有目的的采访均可获得较为满意的答案。比如山西翼城花鼓,原来只有鼓手和女苗子表演歌舞,在 1959 年以张增发为首的翼城花鼓队参加山西省文艺调演、赴京比赛、巡演后,翼城花鼓享誉国内,而翼城花鼓本身也因这次比赛,在人数、服装、表演动作等方面更具艺术化;1989 年之后的翼城花鼓,随着比赛和演出次数增多,形式也变得更加多样,舞蹈和音乐更加丰富。又如山西锣鼓,最初只是村民为活跃节庆气氛在乡村进行简单节奏的敲打,自 1988 年威风锣鼓走向亚运会后,山西锣鼓迅速发展成为人数众多、服装整体、节奏复杂、动作复杂的艺术品种。再如祁太秧歌,最初只是在地台由打击乐伴奏、业余民间音乐爱好者清唱的干板秧歌形式,中华人民共和国成立初期由于丝弦乐器在当地开始流行,祁太秧歌也就顺势添加了丝弦乐器来伴奏;"文革"期间,样板戏盛行,山西各小品种歌舞戏曲逐渐向四大梆子靠拢,祁太秧歌也慢慢开始向小戏发展,如今的祁太秧歌已经发展成为能够登上大舞台,配备完整乐队,有化妆、服装、专业表演的舞台戏曲。对这些因社会环境和表演目的改变而形成的乐种历史,有历史经验的音乐传承人最能够理清自身传承的乐种在哪一个时段由于什么原因而产生变化,他们复活乐种历史的可能性最大。

传承乐种的生成和发展,几乎都与当地民俗需求息息相关,比如忻州二人台、左权小花戏等歌舞表演都因当地春节表演、元宵节社火需求而存在;上党八音会、晋北鼓吹、洪洞金鼓乐等鼓吹乐表演都伴随民间婚丧嫁娶等各种人生礼仪的存在发展;山西四大梆子、眉户、耍孩儿、罗罗腔等大小戏曲,也都伴随着各种庙会、喜丧、庆典等民俗形式生成发展。这些民俗受社会环境和时代审美的影响也会产生相应的变化,变化的具体形态又会涉及乐种本体内容和形式的改变。因此,当传承人描述到某一节庆民俗乐种参与情况时,一定要让他多介绍当地的民俗习惯和宗教信仰,将重点放在民俗信仰在不同社会发展中的变化形态上,以便后续探源和研究时能有足够的切实材料印证观点。

音乐传承人是乐种的参与者,也是民俗音乐活动的主要组织者和参与者,他们熟知音乐在参与各种民俗仪礼中所扮演的角色以及行乐过程。同是在山西境内参与喜丧礼仪的传承人,不同地方、不同身份的传承人会讲出不同的民俗仪礼和用乐标准。长治乐户、国家级传承人牛其云在口述中不仅能够非常详细地梳理出上党丧葬仪礼,而且对各种仪式中必用或选用的吹奏曲也是了然于心;上党八音会传承人黄一宝不仅能详述八音会与乐户行的区别,还能辨析八音会与乐户仪礼用乐的不同。这些从实践中体会到的礼仪用乐,不仅是民族音乐学研究的主要资料,也是音乐史学诠释地方传统音乐发展史志中所需的一份可贵的音乐民俗史料。

4 传承曲目和特技的历史性挖掘

每一位音乐传承人都有自己的代表曲目,即使纯粹的民间歌手传承人,也会有一两首最拿手的民歌。这些曲目,一方面负载着音乐传承的历史信息,另一方面也倾注着传承人对音乐作品的再度创造和认识。解读这些曲目的产生背景、生存环境、音乐语言、传播途径等方面的内容,除了原创者,音乐传承人是最有发言权的,因为他们是曲目的演绎者。比如国家级左权民歌传承人刘改鱼在讲述1955年唱红北京的代表作《土地还家》时,就道出:"《土地还家》这首歌最初是情歌,叫作《开花调》《一铺滩滩》,或者《杨柳青》,……据说歌词有好几段,可当时是不让唱哥哥妹妹之类的,所以就流传下来一段,我听文化馆的同志唱过。……到了八路军的时候,这首歌演变成了《做军装》……到了1942年,皇甫束玉老师才写了这个《土地还家》。皇甫束玉老师今年95岁,耳不聋,眼不花。他很有学问的,曾在左权当过老师,当时我们左权辽东、辽西,都是抗日的,他是辽东的。因为家里是地主,闹革命总受限制。他给我说:'虽然我家是地主,我还要把土地还给老百姓,所以我就写了这个《土地还家》。'《土地还家》就是这样来的。"

音乐传承人大都文化水平不高,表述也许过于口语化、随意,有时语义前后矛盾、内容含混。这时,适当介入示范演奏或演唱是很有必要的。比如保德民歌省级传承人杨仲清在口述他所演唱的代表作《那是一个谁》的演变,谈到该曲在演唱的咬字、发声、方言、润腔方面的变化时,笔者邀其不断范唱对比来解读歌唱演绎中的差异,并结合他的口述诠释组织语言,最后求证认可。

每一位传承人,不仅可演唱一定数量的曲目,而且个个身怀绝技。许多传承人之所以演唱时的发声、润腔、行腔和即兴变化令人称妙,演奏"乱"到令人瞠目,"绝"到令人叫响,是因为他们的技艺是世代乐种传承人智慧和才能的结晶。河曲民歌国家级传承人辛礼生如今已经70岁高龄,唱起歌来声音依然洪亮、圆通,音域很宽,他演唱的民歌《三天路程两天到》新颖独到,不拘一格。晋城泽州鼓书传承人崔小红双目失明,没有读过一天书,却能说唱百部曲目,编唱许多曲目,他的鼓书唱腔优美,情节动人,书中武将莽夫、丫鬟小姐、哭声笑声、吼声炮声、马蹄声均被他模仿得惟妙惟肖。在以前为求生存,传承人的"绝技"秘不外传,如今乐种需要保护和发展,"绝技"需要在更广阔的空间呈现,有目的地挖掘和总结这些技艺不仅能使之发扬光大,而且从宏观上来讲,这些音乐技艺也是形成中国音乐表演特色的主要基础。

5　音乐传承人的音乐传承

作为传承人,他们不仅是上一代传承人的承续者,也担负着培养下一代传承人的责任,这也是国家非遗中心要求的传承人基本责任。他们承续有承续的门规,有口传心授的教学门径。如今他们的培养方式除去口耳相传,也揉入了教材、网络、磁带、光盘等多种教学手段。现在提倡传统音乐进校园、民歌进课堂,意味着传统一对一的传承模式也逐渐向一对多的更广阔的空间传承。那么,新时代的传承模式是怎样的,音乐传承人在传习所里是怎样传承的,传承基地里的音乐传承是怎样开展的,诸如左权民歌小花戏、河曲民歌二人台进课堂的传承思路是怎样的,盲人琴书传承转向明眼人琴书传承在传承思路及乐种发展上会发生怎样的变体,等等,都是当今优秀传统音乐文化继承、保护与发展的主要课题。了解每一位传承人的音乐传承观以及实践经验,无疑能对传统音乐的有效利用和健康发展产生一定的意义。

总之,音乐传承人口述史是复活音乐人文历史、构筑地方传统音乐体系的基石。不同地域,自有独特的自然环境和社会文化环境,传承人是如何根据自身的文化传统去构建、使用、传播和发展不同的音乐品类,这正是要从他们的口述采访中去发掘和研究。

上述五个采访视点,仅是笔者民间采访的一个小结。进入真正的采访时,基于课题研究,需要关注的采访视点会很多。本文只是抛砖引玉,期待有更为系统的音乐传承人采访理论来指导实际采访,从而获取更加丰富而有价值的口述史料,深入民间音乐文化的研究。

口述历史在少数民族濒危口述史料挖掘中的应用
——以土家族挑花传承人的访谈实践为例[1]

◎彭 燕 李小丽[2]

摘 要：

少数民族口述史料的挖掘与整理，是近年来学术界十分关注的议题。文章以土家族濒临消失的挑花技艺为例，从分析民族口述史料与口述历史的关联入手，探讨吉首大学图书馆应用口述历史方法挖掘土家族挑花口述史料的意义与措施。本文试图通过传承人余爱群的口述访谈，阐释土家族挑花的传承、制作与技艺表现，旨在抢救与保存民族濒危口述史料，促进土家族挑花的传承与发展。

关键词：

口述历史；濒危口述史料；挖掘保存；土家族挑花技艺

On the Role of Oral History in the Discovery of the Ethnic Endangered Oral Historical Materials
—Taking the Interview with an Inheritor of Tujia Cross-stitch Work as an Example

◎ Peng Yan；Li Xiaoli

Abstract：

Recently，the discovery and the collation of oral history of minority nationalities have become a key point in academic. Taking the endangered cross-stitch tradition of Tujia nationality as an example，this paper is based on the analysis of the relationship between the ethnic oral historical materials and oral history，discussing the

---

〔1〕 基金项目：2016 年度国家社会科学基金一般项目"土家族濒危口述史料的征编与研究"（项目编号：16BTQ047）；2016 湖南省图书馆中青年人才库重点课题"原生态文化视角下土家族女红口述历史的挖掘与保护研究"（项目编号：XHZD1010）；2015 年度湖南省社会科学基金西部项目"明清以来土家族口述历史的挖掘、整理与数字化保护研究"（项目编号：15YBX039）。

〔2〕 作者简介：彭燕（1973—），女，本科学历，吉首大学图书馆工作，副研究馆员，主持国家社科、教育部青年、湖南省社科、湖南省教育厅、湖南省图书馆重点及吉首大学校级课题共 6 项，发表学术论文二十多篇，研究方向为少数民族口述历史与图书馆文献学；李小丽（1970—），女，吉首大学图书馆副研究馆员，研究方向为民族地方文献。

significance and the measures of how Jishou University Library has discovered the oral historical materials of Tujia cross-stitch work by using oral history. Through an oral interview with the inheritor Yu Aiqun and her explanation of the inheritance, production and skills of Tujia cross-stitch work, the paper aims to save and preserve the endangered oral historical materials of Tujia nationality, thus to promote the heritage of the cross-stitch skills and its development as well.

Keywords:

Oral History; Endangered Oral Historical Materials; Discovery and Protection; Cross-Stitch Skills of Tujia Nationality

1 引言

我国各民族在漫长的历史发展中,创造了很多优秀的口传文化,但在 20 世纪以来的文化嬗变中遭受重大冲击,很多濒临绝迹。在中华优秀传统文化传承发展背景下,图书馆应用口述历史方法,对少数民族优秀濒危口传文化进行抢救性挖掘研究,获取具有保存价值的口述史料,对实现民族优秀文化的永续传承有着重要的现实意义和深厚的理论价值。

口述历史是通过有准备、以录音设备为工具的采访,记述人们口述所得的具有保存价值、迄今尚未得到的原始资料。[1] 图书馆界应用口述历史记录和抢救藏于民间的文化由来已久,笔者在此不再复述图书馆口述历史研究的缘起、发展和宽泛层面上的意义与价值,因这些主题目前已爬梳出颇为清晰的脉络。[2] 但应用口述历史研究民族领域的相关问题还是近些年来才受到国内图书馆学者的关注,尤其是在抢救无文字民族口传文化领域运用该研究方法进行个案研究的相关实践更是甚少。鉴于此,本文试图以口述历史的相关理论和研究方法对土家族濒临绝迹的挑花技艺进行个案研究,通过对传承人余爱群的口述访谈,旨在挖掘、保存土家族挑花口述史料,以促进土家族挑花技艺的传承和可持续发展。

2 少数民族口述史料与口述历史关联

口述史料是根据个人亲历亲闻而口述或笔记的材料,与文字史料、实物史料一样都是史料重要的遗留形式。口述历史是挖掘和运用口述史料,再现与阐释历史过程的一种方

---

〔1〕 杨祥银:《与历史对话:口述史学的理论与实践》,北京:中国社会科学出版社,2004 年,第 6 页。

〔2〕 肖鹏、张衍:《溯洄的突围:图书馆学与信息科学视野下口述历史的纠葛、误区与可能》,《高校图书馆工作》2016 年第 4 期,第 3—7、17 页。

式,与口述史料虽是两个不同的概念,但两者有着紧密的联系和内在的一致性。正如史学家荣维木所言,"没有口述史料,就没有口述历史,口述历史的发展,促使口述史料的发掘"。[1]

少数民族口述史料内容丰富、形式多样,如"风情万种"的民族习俗、技艺精湛的手工技艺等,是还原和研究少数民族尤其是无文字民族历史文化不可或缺的重要资料。少数民族口述史料根植于人们的记忆之中,如不去挖掘,它只能随着时间的流逝而消失。重视民族学口述史料的搜集和应用,是近年来国际民族学界十分关注的热门议题,其方法已成为民族史书写方法的重要环节。[2]随着我国民族文化传承发展工作的不断推进,应用口述历史方法对少数民族濒危口述史料进行抢救性挖掘研究,是当前保护与传承民族优秀口传文化的重要途径。

3 土家族挑花及其口述史料价值

3.1 土家族挑花概况

土家族世代居住在湘、鄂、渝、黔毗连的武陵山片区,有本民族语言,但没有文字,其历史文化均靠口耳相传的方式传承。挑花是土家族女红文化的杰出代表,俗称"挑纱""数纱"或"扯扯花",是在直纹平布上,按照布纹的经纬十字交点,用与底色布颜色相反的棉线挑织成各种图案,曾是土家族地区广泛流传的一种传统民间手工艺。据《永顺县志》载:土司时期男女服饰一式,头裹刺花(即"挑花")布巾,穿衣裙且绣花边。[3]清代诗人彭秋潭也曾在《竹枝词》中道:"溪州女儿最聪明,描锦挑丝最有名。"[4]由此可见,土家族挑花至今已有1000多年历史,曾在明清广为流传。土家族挑花图案精美、质地结实,曾广泛用于手帕、枕套、床单、被面、帐沿、门帘、服饰等土家人的日常生活用品中(见图1)。

但随着社会的进步,大量机械纺织制品占领了这一市场,土家族挑花的生存空间日渐萎缩。加上现在的青年人不愿居住在闭塞的山沟里学此技艺,纷纷外出打工,而大部分传承人年事已高,挑花制作后继乏人,其技艺濒临失传,亟需抢救与保护。

---

〔1〕 荣维木:《口碑史料与口述历史》,《苏州大学学报(哲学社会科学版)》1994年第1期,第87—91页。

〔2〕 马永真:《中国回族区域性口述史料的内容范畴、特点和价值》,《回族研究》2015年第3期,第91—95页。

〔3〕 永顺县志编纂委员会编《永顺县志》,长沙:湖南出版社,1995年,第544页。

〔4〕 杨发兴:《彭秋潭诗注》,北京:中国三峡出版社,1997年,第186页。

图 1　清代土家族挑花枕套

图 2　口述访谈现场(左为余爱群)

3.2　土家族挑花口述史料的价值

为了解土家族挑花的研究与文献记载现状,笔者在中国知网对关键词"土家挑花"进行检索,结果为无对应的分组数据。通过互联网搜索"土家挑花",仅找到几张土家族挑花图片,以及几家网站同时转载的《土家织锦》中提及的土家族挑花部分内容[1],除此之外,暂无其他相关研究。土家族无文字,要想客观、准确地了解土家族的历史与文化,就必须研究其口述史,挖掘口述史料。[2] 挑花是土家族女红文化的杰出代表,其口述史料具有真实、完整、鲜活的特点,弥补了文献史料记载的缺失,具有以下价值:

(1)历史价值。土家族挑花作为土家族民间流传久远的手工技艺,其口述史料保持原生态特质,存留着从远古到现代人民生活的密切联系,对研究土家族社会发展有着重要的历史价值。

(2)文化价值。土家族挑花图案繁复多样,文化内涵丰富,体现了土家人对美好生态的执着追求,其口述史料可反映出土家族的图腾信仰与风土民俗,对探寻该民族文化基因具有重要价值。

(3)美学价值。土家族挑花集中体现了土家族人们长期生活在与世隔绝的崇山峻岭中,追求独立的民族文化创意理念,形成了独特的审美趋向和审美观。其口述史料体现了实用与艺术共融的统一性,也反映出土家族渗透和交融其他民族和近代艺术的和谐性。

---

〔1〕　田明:《土家织锦》,北京:学苑出版社,2008 年,第 56 页。

〔2〕　彭燕、卢云:《原生态文化视野下少数民族口述史料的保护研究》,《图书馆》2017 年第 4 期,第 97 页。

4　应用口述历史挖掘土家族挑花口述史料的意义与措施

4.1　吉首大学图书馆应用口述历史挖掘土家族挑花口述史料的意义

4.1.1　保护与传承土家挑花技艺的迫切需要

民族学家彭武一曾这样描述:"土家族工艺美术有两朵花,一为打花(织锦,2006 年被列为国家首批非遗名录),一为挑花。……打花取色浓重,色彩对比强烈,挑花取色恬静,色道调和,颇显淡雅……"[1]可见土家族挑花与土家族织锦曾异曲同工,相辅相存,为同根异株的两朵民族工艺奇葩。但目前土家族挑花技艺仅掌握在少数高龄传承人的记忆中,如再不应用口述历史方法对他们的口述信息进行挖掘,土家族挑花必将面临"人亡艺绝"的宿命。口述历史在图书馆界最早是用来搜集、保存人类口述的资料,而口述史料以独特的地域性与原生性迅速成为不同区域图书馆的特色资源。吉首大学图书馆作为武陵山片区的文化信息资源中心,应用口述历史挖掘土家族挑花口述史料,对保护、传承与弘扬土家族挑花技艺具有重要的现实意义。

4.1.2　建设与完善图书馆特色资源的必要举措

图书馆作为信息资源的收藏单位,以往的工作重点大都放在文献史料的收藏中,对口述史料的收藏则关注不多。目前,我国图书馆口述历史研究体系主要由资源建设与重大历史事件组成,如国家图书馆以重要事件、人物为专题的中国记忆项目和湖南图书馆对抗战老兵进行的口述历史研究等。而对少数民族尤其是土家族口述历史,却涉及不多。吉首大学图书馆自 2011 年申报的少数民族口述历史研究项目获教育部基金立项后,一直致力于武陵山区民族口述历史的研究,已初步形成了以土家族口述史料为特色的馆藏体系。应用口述历史对土家族挑花进行研究,不仅能抢救、传承土家族挑花技艺,搜集、保存土家族濒危口述史料,更能建设、完善吉首大学图书馆的特色资源。

4.2　吉首大学图书馆应用口述历史挖掘土家族挑花口述史料的措施

4.2.1　广泛调查,搜集土家族挑花史料

图书馆开展口述史料的挖掘工作,离不开社会各界的支持。土家族地区的各级非遗中心、民委等单位及民俗专家长期从事土家族文化的研究,可为我们搜集土家族挑花史料提供重要的信息。为此,吉首大学图书馆土家族挑花口述历史研究项目组(以下简称"项目组")于 2015 年 6 月至 9 月,先后对土家族集聚区的湘西州、恩施州与张家界市各级非遗

---

〔1〕　彭武一:《土家族心理特质初探》,《吉首大学学报(社会科学版)》1988 年第二期,第 41—46 页。

中心、民委与博物馆等单位进行了走访调查,采访了罗仕松、向光清等土家族民俗专家 12 人。所获文献史料极其有限,仅获土家族挑花文字简介 7 篇、图片 8 张、挑花实物照片 29 张。但他们为项目组提供了 9 位挑花人的珍贵信息,并对我们今后的工作提出了很多宝贵建议。

4.2.2 田野访谈,筛选挑花口述访谈对象

为挖掘土家族挑花口述史料,项目组根据社会各界提供的土家族挑花人信息,于 2015 年 10 月至 2016 年 5 月,对土家族集聚区的十多个村寨进行田野调查。访问了 30 多位土家族挑花知情人,后经项目组成员实地核实,共找到 5 位还能进行挑花制作的人,其概况整理见表 1。由该表可看出,余爱群为土家族挑花目前最具权威的传承人,为此,项目组选定余爱群为土家族挑花的主要口述访谈对象。

表 1 土家族挑花制作人概况

姓名	籍贯	出生时间	所获荣誉	与挑花的渊源
余爱群	永顺	1956 年	2012 年被评为"湘西州土家族挑花传承人";2015 年作为土家族挑花主要传承人被永顺县非遗中心申报湖南省非物质文化遗产名录获批准;2012 年土家族挑花作品《土家迎亲图》获中国工艺美术博览会银奖,《福禄双全》获博艺杯工艺美术精品展金奖等。	从事土家族挑花 50 余年,收藏挑花作品百余件;目前从事土家族挑花的制作与传承工作。
刘代娥	龙山	1955 年	2006 年被龙山县政府评为"优秀工艺大师";2007 年被授予土家织锦"中国非物质文化遗产传承人";1998 年,制作的挑花服饰在"中国民族服饰博览会"上获优秀奖。	从小学织锦,后来学挑花;认为土家族挑花极具特色,希望将土家织锦与挑花结合创新;现偶尔挑花;收藏挑花作品 30 余件。
刘代英	龙山	1960 年	2002 年被评为"湘西州土家族织锦传承人";1998 年,制作的挑花服饰在"中国民族服饰博览会"上获优秀奖。	会挑花、织锦,现偶尔挑花;收藏挑花作品 5 件。
程远英	龙山	1966 年	2006 年被授予"中国优秀织锦工艺传承人"。	会挑花、刺绣、织锦,现偶尔挑花;收藏挑花作品 3 件。
张绣云	张家界	1966 年	2013 年被评为"湖南刺绣工艺大师"。	会挑花、刺绣、织锦,现偶尔挑花;收藏挑花作品 50 余件。

4.2.3 口述访谈,获取土家族挑花口述史料

口述访谈是口述史料搜集的基本方法,也是口述历史研究的基本前提。当确定余爱

群为土家族挑花的主要访谈对象后,项目组建立了一份档案,分别记录她的简历、联系方式等信息,针对性地设计了访谈提纲,并于 2016 年 11 月 24—26 日及 2017 年 2 月 15 日,在湖南省吉首市文艺路余爱群(以下简称"余")家中(图 2),对其进行了 4 天 8 次的正式口述访谈。为保证口述内容的品质,每次访谈时间控制在两小时内,访谈时双方均以湘西方言对话,经余许可,项目组对访谈全程进行了笔记、录音与摄像。

4.2.4 整理保存,访谈所获的土家族挑花口述史料

口述访谈结束后,对所获的资料进行整理保存,是口述历史研究一件必不可少且十分繁重的工作。如不及时进行合理的整理、分析与提炼,搜集回来的资料只能称为原始素材,不能得到有效利用,这样就违背了口述史料作为图书馆特色资源为人们提供服务的宗旨。

(1)将访谈资料转化为文本。通过口述访谈获取了访谈笔记、照片与音像等资料后,项目组首先对访谈笔记进行了逐页审查与补充,以核实记录的完整性。然后将音视频资料逐字逐句地转录成文字(同时对受访者要求不公开的段落进行标记),对土家语与方言进行了注释,如布拉丝卡普(土家语:土家族挑花)、嘎婆(方言:外婆)等话语,以避免口语信息的流失。

(2)查证口述内容的真实性。将口述访谈文本内容作整体分析、诠释,当访谈内容出现特定名词或涉及人物、事件时,一定要求证口述人、知情人或查询文献史料核实。如余爱群曾说,"拉花是湘西土家族独有的一种技艺",项目组为此求证了在土家文化研究上颇有建树的两位专家,永顺县文物局原局长向某和原民委干部罗某,通过访谈证实了余的说法正确。

(3)照片与音、视频的整理保存。整理照片时,首先按不同内容进行分类,每幅照片配以文字说明,并按拍照的时间顺序以图文形式展示,最后将所有图片采用 JPG、BMP、PNG 等格式进行数字化保存。整理录音与视频时,首先将每段音、视频上传至电脑,注明编号、受访者、访谈时间与地点等;然后按访谈内容和时间顺序进行归类整理,对受访者要求不公开的片段进行适当剪辑;最后将整理好的音、视频采用 MP3、WMA、WMV、AVI 等格式进行数字化保存。

5 土家族挑花传承人余爱群的访谈实践

因本文篇幅所限,笔者对 8 次口述访谈的内容进行了整体诠释、归纳与提炼。其间就访谈内容通过电话、微信与余进行了多次沟通,将撰写的访谈初稿请其审阅、征求意见并修改,最后将形成的定稿请其确认、签名认可。访谈正文如下:

5.1 个人从艺经历

问：余老师，您好！您是土家族挑花目前最具权威的代表性传承人，您是什么时候开始学挑花的，能谈谈您的从艺经历吗？

答：学挑花主要是受我嘎婆（外婆）的影响。嘎婆有一手好绣工，家里所有的衣、帽、鞋、床上用品等都出自她之手。我从小由嘎婆带大，经常看她挑花，没事就帮她穿针引线。十二岁那年，嘎婆正式教我各种挑花，并把她收到箱子里头的挑花样品拿给我，让我照样子挑。后来她眼睛看不见了，就把她所有的挑花样品都给了我，并叫我好生收到（好好收藏）。从那后，我只要一有空就拿出嘎婆的挑花样品临摹、潜心研究并不断创新。

我一辈子就对土家挑花情有独钟，不管流行什么风，我都不追，专搞我的挑花创作，五十多年来从未间断，也收集了很多土家族挑花作品。2006 年，因工作原因我来到了北京，也把自己珍藏的挑花实物带到了北京，并在中华民族园展出，受到了好评。土家族挑花是一道靓丽的风景，北京非物质文化遗产发展基金会很重视，让它多次参加了大型民族文化交流会，我的挑花作品也多次获奖。2016 年 12 月，我将收藏多年的大部分挑花实物（文物）及自己的挑花作品捐赠给永顺县老司城世界遗址博物馆收藏，想让更多的人看到、了解土家族挑花，希望大家都能参与到它的保护与传承工作中。

问：您做的这些工作很有意义，希望您的努力能成就土家挑花的发展。可以给我们说一下您成为土家族挑花传承人的经历吗？

答：永顺老司城博物馆现在一样挑花文物都没有，把这些东西交给博物馆也算认祖归宗了。为使土家族挑花能很好地传承下去，我们一起努力吧！成为土家族挑花传承人纯属巧合。那是 2009 年，我的一位同学当时在湘西州民委工作，在一次与县里来的几位非遗办工作人员聊天中，他们谈到了土家挑花，都说此技艺已失传。我同学听后说："我有位同学好像会挑花，并收藏的有实物。"永顺县非遗办主任卢瑞生听后喜出望外，很快与我联系，并让我拿点作品让他看。经确认，才晓得土家挑花技艺并没有失传。随后，永顺县非遗办将我作为代表性传承人申报了土家族挑花县级(2010)、州级(2012)非遗项目，都获得了批准。2016 年我作为主要传承人参与了土家族挑花申报湖南省非遗项目，并获得批准，不久我将成为省级传承人了，今后可能还会继续参与土家族挑花申报国家级非遗项目。

5.2 土家族挑花的制作

问：可以介绍一下土家族挑花的制作过程吗？

答:土家挑花制作前先要准备原材料,原材料比较简单,只要土布、棉线与针就行。棉线与土布过去都是自纺、自织与自染。小时候我都嘎婆做过,要经过种棉花、采棉、弹棉、纺线、浆染与织布等几十道工序。过程比较复杂,但纺出来的线结实耐用,织出来的布经纬分明,很适合挑花的数纱操作。土家人染色大多就地取材,以石灰、靛蓝、五倍子与红高粱杆等为主。染色时先将棉线和土布用石灰水煮沸脱脂,洗净后晾干,然后根据染料的特性染成不同的颜色。用这种方法染出来的颜色古朴耐看,不易褪色。

原材料准备好后,就用不同针法在布上挑花。过去土家人挑花一般不画图稿,多按个人意愿自由发挥。但挑花前还是要根据作品的用途构思图案,如结婚用的就围绕"龙凤呈祥""鸳鸯戏水"等喜庆题材,寿庆围绕"福禄寿喜""福满家园"等。然后根据底布的大小,在心里设计好主花、边花与角花等所处的位置,再根据需要用各种针法数纱进行挑绣。具体先挑哪里由自己的喜好决定,但必须先挑完一个相对完整的图案,再去挑另一个图案。快挑完时,要对边角进行锁边,锁边时先将底布往内折1厘米,然后按顺序用左右斜针结合挑织,使整幅作品看上去更美观、完整。

问:可以给我们介绍与演示一下土家族挑花的针法吗?

答:土家族挑花针法较多,各地称呼不一,但无论哪一种针法都很精细,其针脚正反两面都很整齐,绝不会出现乱纹现象。针法主要有十字针、一字针与回复针等。十字针最常用,它是按照土布的经纬密度在矩形的"单元"中,将对角线相连而组成一个"×"或"十"字形,并以此组合成各种图案。一字针是以单针顺底布经纬线或对角线数纱挑制,通常用于一些花纹的空隙、尖端等需要在直、斜、横等方向加挑一字针,以取得拼接效果。回复针先从布纹的正面每隔三至四根经纬线挑一针,挑出图案雏形,然后从反方向沿原针脚回针进行重复挑戳,使绣线恰好覆盖其空间,至内外两面纹样相同呈现,也称"双面挑花"。针法的运用一般遵循从纹样中心向外挑绣,然后从外又回到纹样中心的工艺程序往返进行。

5.3　土家族挑花的技艺表现

问:土家族挑花的图案题材有哪些?

答:土家族挑花图案题材广泛,大致可分为这几类:①动物鸟兽,如龙、凤、鱼、狮、老鼠、龟与蝴蝶等;②植物花卉,如藤藤花、梅花、菊花、牡丹花与石榴等;③生活器物与几何纹,如桌椅、花瓶、花轿、回形纹、卐字纹与菱形纹等;④天象地物与文字,如太阳、月亮、满天星、福、禄、寿、喜等。

问:这些图案题材一般有些什么寓意?

答:"挑花无巧,闹热为先",土家人挑花没有什么理由与布局,只要好看、热闹、布满图纹就行,所以常将寓意幸福美满、吉祥喜庆、福寿平安的题材用在挑花中。如莲花与鱼组合,寓意莲莲(连年)有鱼(有余);石榴花开、老鼠嫁女等寓意多子多福、幸福美满;金龟、蝙蝠与花瓶寓意长寿平安等。土家族没有文字,为表达对美好生活的向往,土家人常把一些象征吉祥的汉字绣在一个花团里,如福、禄、寿、喜等,让人看了产生无限遐想。

问:土家族挑花是怎样构图的?

答:一副挑花作品是否好看,构图很重要。构图主要由:旋转式、向心式、放射式、平面分割与对称式等组成,一幅图就是一个故事、一段历史。你看我挑的这幅《老鼠嫁女》(图3)除了左右、上下对称,还运用了平面分割把整幅图分成五排,使作品看起来立体感强,给人以喜庆的美感。土家族挑花无论怎样构图,都由主花、边花、角花、填花和花边等几大元素构成。你看我挑的这幅图(图4)就非常明显:主花处于作品的中心位置,也叫团花,是一幅作品的焦点;边花是处于作品左右两边的图案;角花是处在四个边角的点缀图案;填花是用来填充整幅作品空隙的图案;花边是作品四周边上的花纹,具有一定的装饰作用。

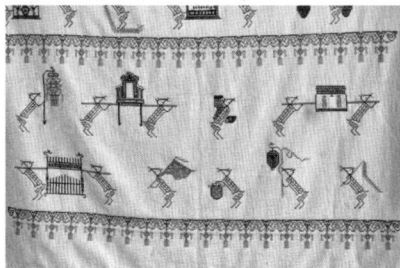

图3 余爱群挑花作品《老鼠嫁女》　　图4 民国时期土家族挑花洗脸帕(余爱群复原)

问:土家族挑花在色彩上有哪些特色?

答:土家族挑花有"彩挑"(图3)和"素挑"(图1、4)之分。"彩挑"是在纯色底布上,用对比度较高的多色线进行挑绣,使整个图案看上去多彩、绚丽。"素挑"一般在黑、白、红等色的底布上,用对比度较高的单色线进行挑绣,挑绣出来的作品只有一种颜色,与底布颜色对比鲜明,十分素雅。配色多依挑花人对颜色的喜好自由搭配,无贵贱高低之分,但有时因场合、性别与年龄的不同而使用不同颜色。女性与儿童挑花制品多用代表吉祥的红色;男性用的挑花制品多用黑色和深蓝色,给人一种庄重稳健的感觉。因图腾信仰,湘西土家人对白色忌讳,但湖北地区土家人崇尚白色,所以在一些喜庆场合我们湘西土家人忌用白色。

问:您认为土家族挑花在传承与发展方面目前最需要做的是什么?

答:我认为首先政府要重视,土家族挑花现在已列入省级非遗名录,地方政府可以此为契机,尽快建立起保护与传承体系。其次,抓紧时间搜集、整理土家族传统挑花图案、技艺等方面的资料。很欣慰,你们图书馆正在做这项工作!今后我们这代人不在了,后人可以根据你们收集的资料,继续传承与研究土家族挑花。再次,加强挑花传承人的培养,提高传承人待遇,激励更多年轻人从事此项工作。土家织锦在龙山办了织锦班,我们永顺也可以办土家挑花班,这样就可以培养出一批技术精湛的传承人队伍。还有,在保留传统风格的前提下,对挑花制品的种类、面料、图案等进行适当改良与创新,结合旅游,开发出更多的挑花产品。只有这样,土家族挑花才能得到长期发展。

问:作为土家族挑花代表性传承人,对未来您有何打算?

答:我有三个心愿:第一,想多收一些徒弟,把我的挑花手艺传承下去;第二,趁我的眼睛现在还看得清楚,抓紧时间多复原一些传统的挑花图案,并对部分挑花作品进行适当创新;第三,希望捐给永顺老司城博物馆的挑花实物能尽快展出,以唤起大家对土家族这朵工艺奇葩的关注。

从余爱群朴实而真挚的话语中,笔者可以感受到她作为传承人发自内心的声音。访谈中当谈到土家族挑花的制作及技艺表现时,余老师表现得精神振奋,说话底气十足。当谈及土家族挑花的传承与发展时,她迫切希望能得到社会各界的重视,很担心土家族挑花在她这一代失传。

6 结语

土家族挑花传承人的访谈资料是研究土家族挑花技艺及传承发展现状的重要史料,应用口述历史方法对土家族挑花口述史料进行挖掘具有无可比拟的优势。研究无文字民族历史与文化,更多依赖口述史料的展开,而口述史料难搜、易失的特性决定其挖掘的紧迫和抢救保护的重要性。在今后的工作中,我们要尽快、多方、系统地挖掘民族濒危口述史料,注重口述历史的理论诠释,去伪存真、严谨建构和阐释传承人口述史,力求最大限度地保护、传承和发展民族优秀的口传文化。

历史书写与公众参与

——以三线建设为中心的考察[1]

◎ 张　勇[2]

摘　要：

中国公众参与历史书写的活动渐趋昌盛。三线建设领域的历史书写大体经历三个阶段的发展，近十年有更多的公众参与到该领域的书写中，进入了真正意义的公众参与历史书写的阶段。参与书写三线建设历史的群体构成比较多元，学者、政府人员、媒体人、"三线人"等群体有着各自不同的书写动因、方式、作用和特点。公众参与三线建设历史书写主要包括研究论著的撰写、口述及回忆资料的整理和编撰、通俗作品的生产、物品及场所的利用等多种形式。不同书写群体之间的互动较为频繁，学者与"三线人"之间的对话与合作对双方都产生了影响。他们正共同书写和解释着三线建设的历史，共享历史的话语权。公众参与，使历史书写的对象和主体都产生显著的变化，会引发历史书写和史学发展的重大变革。

关键词：

历史书写；公众参与；三线建设

History Writing and Public Participation
—A Study based on the Third Front Construction

◎　Zhang Yong

Abstract：

China's public participation in historical writing is becoming more prosperous. The history writing of the Third Front Construction has undergone three stages of development in general. In recent ten years，more public participation in the writing of this field has entered the stage of genuine public participation in historical writing.

〔1〕　基金项目：本文系笔者主持的国家社科基金项目"西南地区三线建设单位的社会文化变迁研究"（项目编号：14XZS022）阶段性成果。该文发表于《东南学术》2018年第2期，本文在此基础上有所增补。

〔2〕　作者简介：张勇（1977— ），男，博士，四川外国语大学社会学系教授、三线建设与社会发展研究所所长，主要从事社会史、中国当代史研究。

The group that participates in the history of the Third Front Construction is diversified. Scholars, government personnel, media, and "the third front people" have different writing motives, ways, functions and characteristics. The form of the historical writing of the public participation in the construction of the third front mainly includes the writing of research works, the collation and compilation of oral and recollection data, the production of the popular works, the use of articles and places, etc. The interaction between different groups is frequent. The dialogue and cooperation between scholars and the "the third front people" have an impact on both sides. They are jointly writing and explaining the history of the Third Front Construction and sharing the right to speak in history. Public participation makes significant changes in the objects and subjects of historical writing, which will lead to major changes in historical writing and development.

Keywords：

History Writing; Public Participation; the Third Front Construction

近十余年,中国公众参与历史记录和书写的活动渐趋昌盛,并形成热潮。伴随着"全民写史"的热潮,学术界开始倡导历史书写的"公众参与",尤其是在公众史学领域。公众史学/公共史学(public history)[1]20世纪70年代中期兴起于美国,经过40余年的发展,现在已颇具声势和规模。[2] 在加拿大、英国、德国、法国、澳大利亚等国家,公众史学也取得了可观的成就。80年代起,就有中国学者开始介绍美国的公众史学,但直到最近十年,国内学界对公众史学的关注才逐步升温。不论国外还是国内的公众史学家,大都认为"公众参与"是公众史学的核心理念之一。例如,美国学者罗纳德·格雷(Ronald J. Grele)提出"参与性史学文化"的概念,认为应帮助公众"构建自己的历史,让他们明了在塑造和理解事件中自己的角色"。[3] 王希指出,"公共史学的目的不仅是让历史回归到公共领域和公众生活中,而且要让'公众'参与到历史的解释中来,赋予他们解释历史和发出声音的机会"。[4] 国内学者眼中的公众史学,更是与公众紧密关联的史学体系。钱茂伟提出了"书写公众、公众参与、公众消费"三大口号,认为公众史学的发展,可以实现史学由小众参与

---

〔1〕 关于public history,中国学者翻译成不同的概念,如"公共史学""大众史学""公众史学"等,并有一定的分歧,争论主要集中于"公众史学""公共史学"这两个概念。本文使用"公众史学"一词,但对两者不作严格区分。

〔2〕 王希:《谁拥有历史——美国公共史学的起源、发展与挑战》,《历史研究》2010年第3期,第34—47、189页;李娜:《美国模式之公众史学在中国是否可行——中国公众史学的学科建构》,《江海学刊》2014年第2期,第149—156、239页。

〔3〕 Ronald J. Grele, "Whose Public? Whose History? What is the Goal of a The Public Historian?", *The Public Historian*, Vol. 3, No. 1(1981), pp. 44-48.

〔4〕 王希:《谁拥有历史——美国公共史学的起源、发展与挑战》,《历史研究》2010年第3期,第45页。

到大众参与的转变。[1] 不过,虽然学界提出了"公众参与"这一口号,并进行了一些理论上的阐述,但并未结合某一历史领域的实践案例,对公众参与历史书写的情况进行具体而深入的探讨。[2]

从中国公众参与历史书写的实践活动来看,公众记录和书写的历史领域大多集中于现当代史。例如,抗日战争、土改运动、"文化大革命"、知青上山下乡、三线建设等领域,既是学者关注的焦点,也是普通民众书写的重点。笔者长期从事三线建设的研究,在收集、整理资料之外,还进行了大量的田野调查,参加了各类相关活动,与许多三线建设的亲历者以及有关政府部门、企业、媒体有较多的接触和交流,察觉到该领域的公众参与颇为活跃。因而,笔者拟以三线建设历史书写中的公众参与为实例,对三线建设历史书写的发展历程、参与历史书写的群体构成、公众参与历史书写的形式、学者与三线建设亲历者之间的互动等问题进行考察,以期对历史书写的实践活动和理论研究有所启发。

1 三线建设历史书写的发展历程

在讨论三线建设的历史书写情况之前,有必要对"历史书写"这一概念作简要的阐释。"历史书写"是最近十几年出现的新名词,它广泛使用于文学界,近些年在史学界流行开来。[3] 除论文外,一些历史类著作也冠以"历史书写"之名,如朱渊清著有《书写历史》[4]一书,姜萌在其博士学位论文基础上出版专著《族群意识与历史书写》[5],倪复生将法国米歇尔·德·塞尔托的著作直接译为《历史书写》[6]。这一术语虽然使用者颇多,但为其明确下定义者却少见。姜萌认为历史书写略带后现代主义色彩,是指带有目的性的历史再现或历史建构。[7] 张振海提出:"历史书写是一个对历史进行叙述、解释和建构的过程。"[8] 综合前人的阐释和实际使用情况,笔者认为,历史书写是对历史进行记录、叙述、解释、分析、建构的过程。朱渊清主张将历史书写分为历史记注、历史撰述、历史研究三大

---

〔1〕 钱茂伟:《公众史学:与公众相关联的史学体系》,《人民日报》2016 年 2 月 22 日,第 14 版;钱茂伟:《中国公众史学通论》,北京:中国社会科学出版社,2015 年,第 40—41 页。

〔2〕 孟钟捷近来以德国历史学界研究"克服历史"之争的进展为例,探讨了德国在公共历史争议研究中的特征及影响,但并未专门探讨公众参与历史书写的问题。参见孟钟捷《公共历史文化中的"克服历史"之争——近来德国公众史学研究中的一个热点问题》,《复旦学报(社会科学版)》2015 年第 6 期,第 55—60、73 页。

〔3〕 检索中国知网,可发现涉及"历史书写"的文学研究论文远多于历史研究论文。

〔4〕 朱渊清:《书写历史》,上海:上海古籍出版社,2009 年。

〔5〕 姜萌:《族群意识与历史书写》,北京:商务印书馆,2015 年。

〔6〕 [法]米歇尔·德·塞尔托:《历史书写》,倪复生译,北京:中国人民大学出版社,2012 年。

〔7〕 姜萌:《族群意识与历史书写》,第 30 页。

〔8〕 张振海:《历史观念、历史书写与中小学历史教科书的编写》,《中学历史教学参考》2015 年第 12 期,第 34 页。

类,他书中的记注是"关于事实的实时记录"。[1] 我们可以将历史记注与历史撰述合二为一,从而把历史书写分成历史记述与历史研究两大类。历史记述是对历史的记录与叙述,处于历史知识生产的初级阶段;历史研究是在历史记述的基础上,对历史进行的分析与建构,处于历史知识生产的次级阶段。三线建设的历史书写,既有初级的历史记述,也有次级的历史研究,下面简要论述其发展历程。

作为中华人民共和国历史上一场规模宏大、影响深远的经济建设,三线建设开始于20世纪60年代中期,横贯三个五年计划,历时17年。从80年代起,国家对三线建设项目进行调整改造,到21世纪初基本结束。关于三线建设及其调整改造的历史书写大致可以分为三个阶段:

第一个阶段是20世纪80年代至90年代前期。在80年代以前,由于三线建设是一场以战备为指导思想的国防、工业及交通建设,在紧张的国际形势背景下,其信息基本处于保密状态,因而这一时期极少有人书写三线建设的历史。进入80年代以后,国际局势趋于缓和,国内着手进行经济领域的整顿与调整,三线建设进入调整改造时期,方才出现记述三线建设历史的各类作品:一是为参加过三线建设的领导撰写的传记或回忆录,如《彭德怀在三线》《程子华回忆录》;二是有关政府部门编写的资料,如《三线建设》《甘肃三线建设》;三是纪实文学,如三线办干部王春才主编的"中国大三线报告文学丛书";四是各三线企业编写的厂史、厂志。这些三线建设的历史记述多具有"官方"背景,或由相关部门牵头编撰,或由企业组织编写,来自民间的个人记述极少。该时期关于三线建设的学术研究主要集中在两方面,其一是针对三线建设的质疑声而对其展开的讨论、评价,其二是从经济学、管理学的角度探讨三线建设的经济得失和三线企业的调整改造策略,[2] 属于严格意义上的历史研究还比较少。可见,该时期三线建设的历史记述官方色彩较浓,普通民众极少参与其中,历史研究的成果也相对阙如,研究处于三线建设历史书写的起步阶段。

第二个阶段是20世纪90年代后期至21世纪初。随着三线建设信息的逐渐解密,三线建设及三线企业见诸报端,加之西部大开发政策的出台,三线建设为学术界和普通民众所关注,对三线建设的历史记录和书写也渐趋增多。这一时期,三线建设的历史书写呈现出两个方面的特点:一是历史研究成果数量增多,内容广泛。该时期发表了100多篇论文,出版了3部著作。[3] 研究涉及三线建设的原因及背景、实施过程、影响效应、历史评

〔1〕 朱渊清:《书写历史》,第1—132页。
〔2〕 李群山、崔一楠:《中国三线建设研究回顾与反思——基于中国学术期刊网络出版总库文献计量分析》,《山西师大学报(社会科学版)》2015年第42卷第5期,第107—111页。
〔3〕 3部著作分别是:陈东林编著《三线建设:备战时期的西部开发》,北京:中共中央党校出版社,2003年;何郝炬、何仁仲、向嘉贵主编《三线建设与西部大开发》,北京:当代中国出版社,2003年;李彩华著《三线建设研究》,长春:吉林大学出版社,2004年。

价、调整改造、三线建设与西部大开发、领导人与三线建设等多方面的内容。不过,研究大多集中于宏观层面。[1] 二是历史记述的方式多样化。除了传统的回忆录、报告文学等形式,人们还采用画册、电影、电视专题片等方式来记录和叙述三线历史。例如,潘科主编的大型摄影画册《三线学兵连》、白宏导演的故事片《彭德怀在三线》、陕西电视台拍摄的九集电视专题片《三线学兵连》都是以三线建设为主题的影像作品。这一时期,开始有一部分三线建设亲历者撰写相关著述,三线建设历史的书写已渐具规模,处于发展阶段。

第三个阶段是 21 世纪初至今。在三线建设的历史研究方面,该时期研究成果大量涌现,发表了近 300 篇论文,还有近 20 篇以三线建设为主题的硕博学位论文。同时研究逐渐深入,呈现出良好的发展趋势:一是从宏大叙事的研究逐渐向微观、细致的研究转变,出现了一些深入的个案研究;二是从以历史学、经济学角度为研究方向逐渐向多学科、交叉学科研究转变,从社会学、人类学、地理学、政治学、语言学等学科视角探讨三线建设历史问题的成果开始出现。[2] 在三线建设的历史记述方面,由于现代网络技术的迅速发展和新媒体工具的广泛使用,记录与书写历史变得更为自由、便捷,[3]记述三线建设历史的作品大量涌现,形式也更为多样。回忆录、老照片在网络上传播于各三线企业的职工之间,对三线建设亲历者的口述历史工作正在开展,利用博物馆、企业遗址来记录和回忆三线建设历史的做法已付诸行动。最为突出的是,近十年三线建设历史的书写群体发生了很大变化,有更多的普通民众(特别是三线建设亲历者及其家属)参与到历史的记录与书写中来。这显然是具有普遍意义上的公众参与,标志着三线建设的历史书写进入了一个新的阶段。

2　参与历史书写的群体构成

公众是三线建设历史记录和书写的主体。"公众"这一术语在法学、政治学领域的含义较为明确,但目前历史学界的解释则不甚清晰和一致。李娜引用德国哲学家哈贝马斯"公共领域"的概念,将"公众"追溯至希腊城邦时期,并认为公众有如下特征:有许多人在表达意见和接受意见;公众所表达的任何一种意见能立即得到有效的回应;由这种讨论所形成的意见在有效的行动中,甚至是在反对主导性的权威体制中,随时可以找到一条发泄途径;权威机构并不对公众进行渗透,因此公众在其行动之中或多或少是自主的。[4] 此种对"公众"的界定略显严格和烦琐。美国公众史学家罗纳德·格雷认为,史学的对象——"公众"范畴是不断变化的,当代史学的"公众"除了史学家和历史专业学生外,还包

---

〔1〕　该时期不仅国内研究如此,国外为数不多的三线建设研究成果也多从宏观角度进行探讨。

〔2〕　张勇:《社会史视野中的三线建设研究》,《甘肃社会科学》2014 年第 6 期,第 116—119 页。

〔3〕　陈新:《自媒体时代的公众史学》,《天津社会科学》2013 年第 5 期,第 137—141 页。

〔4〕　李娜:《城市公众史学》,《复旦学报(社会科学版)》2015 年第 6 期,第 46—54 页。

括史学工作者交往的学院史学范围之外的"公众"。一些政府部门、法庭及管理机构,以及中小学生、历史小说和历史虚构性媒体作品的观众和读者等,都应该包括在"公众"范围之内。[1] 笔者赞同这一观点,认为只要是参与历史知识生产和传播的人群,基本都可纳入历史学的"公众"范围中,而不用过多考虑其背景和身份。从我国历史书写群体的广泛性来看,也确实如此。当然,在不同的历史专题领域,参与历史书写的人群是有差别的。那么,三线建设历史的书写者主要由哪些群体构成呢?

2014 年 6 月,在北京成立了中华人民共和国国史学会三线建设研究分会(简称"中国三线建设研究会")。该组织虽冠以"研究会"之名,但其成员却不止学术研究者。笔者对中国三线建设研究会的第一届理事名单进行了统计。该研究会共有理事 94 人,其中,来自三线企业的领导和职工 44 人,占总人数的 47%;政府相关部门的人员(包括退休的)32 人,占 34%;从事三线建设研究的学者 15 人,只占 16%;媒体从业人员 3 人,仅占 3%。[2] 虽然这只是该研究会理事的来源构成,但也大致反映出涉足三线建设历史领域的人群结构。当然,在三线建设历史书写的实践活动中,企业职工、政府人员、学者、媒体人的实际构成比例有变化,他们参与历史书写的动因、方式、作用和特点也各不相同。

2.1 学者

学者是较早关注三线建设的群体,更是三线建设历史研究的主体,撰写了数量众多的论著。近十年,一些学者在新社会史思潮的影响下,"眼睛向下",开始把目光从国家的宏观层面转向关注普通建设者和日常社会生活。例如,张秀莉撰文论述了皖南小三线职工在日常生活、婚姻、户口等方面的问题;[3] 陈熙、徐有威研究了从上海到皖南的小三线移民的迁移、婚姻及生活状况;[4] 郭旭利用三线建设亲历者的回忆资料,以饮食生活为切口,探讨了"三线人"的生存状态。[5] 除了历史研究,学者们也会做一些历史记述工作,比如利用口述史的方法记录三线建设的历史信息,整理编写"三线人"的回忆文集。此外,学者为了收集文献资料和进行田野调查,需要和有关部门、三线企业及职工打交道,因而与其他群体之间的交流、合作也日渐增多。中国三线建设研究会的成立,就是研究者和政府

---

〔1〕 Ronald J. Grele, "Whose Public? Whose History? What is the Goal of a The Public Historian?", *The Public Historian*, Vol. 3, No. 1(1981), pp. 42-48.

〔2〕 笔者根据该研究会编辑的《三线建设研究·三线建设研究会成立大会专辑》(内部资料,2014 年)统计而成。

〔3〕 张秀莉:《皖南上海小三线职工的民生问题研究》,《安徽史学》2014 年第 6 期,第 145—153 页。

〔4〕 陈熙、徐有威:《落地不生根:上海皖南小三线人口迁移研究》,《史学月刊》2016 年第 2 期,第 106—118 页。

〔5〕 郭旭:《社会生活史视角下的三线建设研究——以饮食为中心》,《贵州社会科学》2017 年第 5 期,第 162—168 页。

有关部门、三线企业联合的结果。

还有一些学者开始面向公众,利用通俗文章、影像作品等多种方式记录和传播三线建设的历史信息。例如,有的学者在进行学术研究的同时,还将三线建设调研过程中的见闻、感悟用田野调查札记的形式呈现出来,具有一定的可读性。[1] 再如,上海大学历史系徐有威教授和多家媒体合作,在《国家人文历史》策划了一组"三线建设:等待战争的日子"专题文章[2];与凤凰大视野合作,推出五集纪录片《千山红树万山云——小三线青春记忆》;和上海电视台等合作,推出多集有关小三线的纪录片;指导学生拍摄口述历史作品,参加大学生"家春秋"口述历史影像计划。[3] 不过,大多数学者还是恪守本职,以历史研究为主,鲜有人秉承公众史学的理念去主动引导公众参与到三线建设历史的记录与书写中来。[4]

2.2 政府部门工作人员

这部分人群,一类来自三线企业曾经或现在的主管部门,如中央和各省市的三线建设调整改造办公室、国防科技工业办公室、工业和信息化委员会等。这些部门中的不少人曾亲身参加过三线建设及调整改造的管理、组织或协调工作,[5] 对三线建设怀有特殊的感情,一些人退休后仍通过书写回忆录、编撰文献资料等方式关注三线建设。另一类来自各地的党史研究室、地方志办公室、档案馆、文化广播新闻出版局或其他文化宣传部门,他们大多是因为工作的关系参与到历史书写的事务中来。出于提升地方知名度、推动当地经济发展的需要,某些三线地区的地方政府也在积极地开展记录和宣传三线建设历史的活动。比如,作为当年三线建设重镇的六盘水、攀枝花、遵义等市,分别在当地兴建了三线建设博物馆(或文化园),组织编写了三线建设志和口述回忆文集,[6] 并先后承办了全国性的三线建设研讨会。政府工作人员的身份为他们在联系亲历者、获取资料、采访记录、召集会议等诸多方面带来便利,因而他们在三线建设历史的记录和传播过程中发挥着明显的作用。当然,他们特殊的身份背景也使其成果的官方话语色彩较为浓厚。

---

〔1〕 如徐有威团队和张勇等研究者分别对"小三线"和"大三线"地区展开调研,撰写了多篇田野札记。

〔2〕 徐有威、陈东林、武力等:《三线建设:等待战争的日子》,《国家人文历史》2014 年第 18 期,第 44—60 页。

〔3〕 参见徐有威、陈东林主编《小三线建设研究论丛》(第一辑),上海:上海大学出版社,2015 年。上述纪录片和口述历史影像作品的文字稿皆收录在此书中。

〔4〕 在 2015 年年底贵州遵义召开的三线建设研讨会上,笔者提出要倡导更多的公众参与其中,得到了一部分学者的响应。

〔5〕 三线主管部门中的一些工作人员还曾参加过三线建设。重庆市三线调整改造办公室副主任陈宏逵接受笔者访谈时称,该三线办的干部"全是从三线企业招来的人"。

〔6〕 如《六盘水三线建设志》(北京:当代中国出版社,2013 年)、《筑城——攀枝花下的三线人》(北京:国家行政学院出版社,2015 年)、《遵义三线建设亲历记》(未刊,2013 年)。

2.3 媒体从业人员

相关媒体人员主要来自期刊、报社、出版社、电视台、文化公司和网络,其成果有专题文章、新闻调查、纪实文学、纪录片、影视作品等形式。尽管参与记录的媒体机构不多,但由于作品形式多样、直观形象,因而影响较大。比如,畅销期刊《中国国家地理》曾两次刊登了关于三线工业遗产和"三线人"经历的文章[1],在读者中引起了不小的反响。中央新闻纪录电影制片厂的大型纪录片《大三线》,在拍摄过程中就受到了学界和"三线人"的广泛关注。此外,也有个别媒体人员出于自身的兴趣,以个人的身份进行三线建设的记述,如《华商报》记者李杰历时十余载,拍摄了大量关于三线建设和"三线人"的照片,并结集出版。[2]媒体人对三线建设的记录和书写,既有对历史事件的回顾与思考,也有对三线企业和"三线人"生存状况的现实关怀,他们以独特的视角和记录形式丰富了三线建设的书写内涵,在传播三线历史信息方面更具有突出的影响力。

2.4 企业及其职工与家属

20世纪60年代中期至70年代末,全国兴建了近2000个大中型三线企业。[3]经历了调整改造和市场化浪潮后,仍有许多三线企业生存下来。在20世纪80至90年代编志的风潮下,大部分企业都编写了本厂的厂史或厂志。近十来年,为了增强内部凝聚力,营造企业文化氛围,加强对自身的宣传,现存的一些三线企业注意挖掘自身历史传统,开始编写企业的三线建设史。如贵州长征电器集团有限责任公司编纂的《长征电器四十年》、湖北卫东控股集团有限公司编印的《卫东记忆》都记述了企业的发展历程,收录了数十篇口述史和回忆录。这些现存的企业通过"官方"组织的方式来书写历史。

三线企业的职工及其家属则往往采用小群体或个人的方式来回忆和书写历史。他们人数众多,遍布全国各地,在群体身份认同感增强、个体意识觉醒以及现代技术发展的背景下,越来越多的人开始参与到三线建设的历史书写中来。三线建设亲历者作为带有明显时代烙印的一个群体,对三线建设怀有强烈而复杂的感情,逐渐形成了对"三线人"这一

---

〔1〕 陈东林:《三线建设:离我们最近的工业遗产》,《中国国家地理》2006年第6期,http://www.dili360.com/cng/article/p5350c3d9b8acc48.htm,最后访问时间:2019年5月13日;聂作平:《三线人生:渐行渐远的激情》,《中国国家地理》2014年第2期,第72—85页。

〔2〕 李杰:《"三线"记忆:一个火热年代的烙印》,北京:人民出版社,2015年。

〔3〕 国防科工委三线调整协调中心:《三线建设调整改造工作总结》,载《三线建设调整改造总结文集》(未刊),2006年,第27—40页。

集体身份的认同。[1] 许多"三线人"退休后有了更多的空闲时间,在日益开放和多元化的社会环境中,其个体意识开始觉醒,经历坎坷人生的他们有了记录、书写这段特殊历史和自己人生故事的强烈愿望。同时,现代技术的发展尤其是网络和新媒体的普及,为更多普通的三线建设者回忆和记录历史提供了便利。在各家三线企业的网站、贴吧、QQ群、微信群中,"三线人"从国家政策、建设历程到企业发展、个人生活的讨论此起彼伏,各种回忆文章和老照片层出不穷。三线职工及其家属成了三线建设历史书写的最广大参与者。

可见,三线建设历史书写的群体来自学界、政界、企业界、媒体界以及三线建设亲历者及其家属,来源构成复杂。从其他国家的情况来看,参与历史书写的"公众"来源构成也比较广泛,如美国公共史学委员会的成员除了受过正规训练的历史学家,还包括博物馆员、图书馆员、档案馆员、在公司或政府部门工作的历史学家、影视业和媒体从业人员、中小学教师等。[2] 中国参与三线建设历史书写的人员构成呈现多元化,历史学者、媒体从业人员、政府有关部门的工作人员在其中都发挥了重要作用,历史事件的亲历者——"三线人"则是参与历史书写的主体人群。

3 公众参与历史书写的形式

金光耀在研究中国知青历史问题时,将后知青时代的知青历史书写梳理成三种形式:文学书写,即以知青生活为题材的文学作品创作;史学书写,即关于知青历史的研究论著撰写;民间书写,即知青回忆录的写作。[3] 他所讨论的书写知青历史的主体都是经历过知青时代的知识青年,且书写手段侧重于文字。三线建设历史书写群体构成则比较多元,书写的成果较为丰厚,书写的手段和形式也更为多样。根据作品的呈现方式,笔者将三线建设的历史书写归纳为以下四种主要形式。

3.1 研究论著的撰写

学者是进行三线建设历史研究的主体,其他群体中也有少数人做了一些研究,比如党史研究室、地方志办公室等部门的研究人员。目前,在这一领域已出版了多部研究著作,

---

〔1〕 关于"三线人"身份认同的研究,详见施文《"三线人"身份认同与建构的个案研究——以陕西省汉中市回沪"三线人"为例》,硕士学位论文,华东师范大学社会学系,2009年。"三线人"这一群体构成广泛,既包括"三线一代",也包括"三线二代""三线三代";既包括三线企业的普通职工及其家属,还包括企业领导干部以及相关主管部门的工作人员。三线建设亲历者具有明显的集体身份认同感,笔者经常在各种场合见到他们使用"三线人"这一概念。

〔2〕 王希:《西方学术与政治语境下的公共史学——兼论公共史学在中国发展的可行性》,《天津社会科学》2013年第3期,第131—136页。

〔3〕 金光耀:《后知青时代的知青历史书写》,《中共党史研究》2015年第4期,第117—121页。

发表了 400 余篇学术论文,还有 20 多篇硕博学位论文,成果数量较多。这些研究成果涉及三线建设的原因及背景、实施过程、影响效应、历史评价、调整改造、三线建设与西部大开发、领导人与三线建设、三线区域研究等多方面的内容。[1] 在 2010 年以前,三线建设领域的研究存在一些不足之处:在研究内容上,大多数研究集中在经济建设与发展、历史背景与评价等内容,而较少关注三线建设带来的社会、文化、环境等问题;在研究视角上,此前的研究大多从宏观层面探讨三线建设的背景、过程及影响,而从微观层面就某一个或某一类三线建设单位深入探索其内部的组织结构、社会生活与文化变迁的研究相对较少;在研究人群上,多集中于三线建设中的重要人物尤其是领导人,而对三线建设的主体——普通建设者的关注较少;在研究方法上,运用文献资料的研究较多,基于田野调查基础上的典型个案分析较少。[2]

　　不过,近些年三线建设的研究出现了一些较大变化,主要呈现出两个方面的发展趋势。趋势之一是从宏大叙事的研究逐渐向微观、细致的研究转变,甚至出现了一些深入的个案研究。例如,胡悦晗以中部地区的两个工厂为例,考察了建设调整改造阶段三线企业迁入城市的问题;[3] 徐有威、吴静以上海建在安徽的八五钢厂为例,分析了小三线职工的婚姻生活;[4] 笔者以四川的三家工厂为例,讨论了三线建设选址及厂址变更过程中三线企业与中央部门、地方政府之间的博弈过程及关系。[5] 趋势之二是从以历史学、经济学为主逐渐向多学科、交叉学科研究转变,从社会学、人类学、地理学、政治学、语言学等学科视角来探讨三线建设历史问题的成果开始出现。例如,笔者从社会学的角度分析了三线企业的社会性质及特征;[6] 段伟从历史地理学的角度研究了甘肃天水市三线企业和安徽宁国小三线企业的分布与选址问题;[7] 陈超从政治学、社会学的角度,探讨了三线企业工人中三类带"标签"群体的职业机会、人际互动和组织依赖性;[8] 施文综合运用社会学、人类学、历史学的理论与方法,以陕西省汉中市回沪"三线人"为例,研究"三线人"的身份认

　　〔1〕　李彩华:《三线建设研究述评》,《社会科学战线》2011 年第 10 期,第 98—102 页;段娟:《近 20 年来三线建设及其相关问题研究述评》,《当代中国史研究》2012 年第 6 期,第 100—109、128 页。

　　〔2〕　张勇:《社会史视野中的三线建设研究》,《甘肃社会科学》2014 年第 6 期,第 116—119 页。

　　〔3〕　胡悦晗:《地缘、利益、关系网络与三线工厂搬迁》,《社会学研究》2013 年第 6 期,第 46—71、243 页。

　　〔4〕　徐有威、吴静:《危机与应对:上海小三线青年职工的婚姻生活——以八五钢厂为中心的考察》,《军事历史研究》2014 年第 4 期,第 34—43 页。

　　〔5〕　张勇、肖彦:《三线建设企业选址的变迁与博弈研究——以四川三家工厂为例》,《贵州社会科学》2017 年第 5 期,第 148—155 页。

　　〔6〕　张勇:《介于城乡之间的单位社会:三线建设企业性质探析》,《江西社会科学》2015 年第 10 期,第 26—31 页。

　　〔7〕　段伟:《安徽宁国"小三线"企业改造与地方经济腾飞》,《当代中国史研究》2009 年第 3 期,第 85—91、127 页;段伟:《甘肃天水三线建设初探》,《中国经济史研究》2013 年第 3 期,第 128—136 页。

　　〔8〕　Chao Chen, "Labeled Clanization: the Social Structure of a Third Line Enterprise", *Labor History*, Vol. 57, No. 5(2016), pp.671-694.

同与构建。[1]虽然研究者的学科背景不同,研究理论和方法也不尽相同,但他们对三线建设这一历史事件的论述与探析,都是历史书写的一种重要形式。

3.2 口述、回忆资料的整理和编撰

三线建设亲历者的回忆录和口述史资料,具有独特而珍贵的史料价值。如今第一代"三线人"年事已高,有一部分已经离开了人世,因而抢救、整理这些回忆录和口述史资料就显得尤为迫切。几乎所有参与三线建设历史书写的群体——政府部门、学者、企业及职工都意识到收集、整理这类资料的价值和紧迫性,都参与到口述、回忆资料的整理和编撰工作中来。

在政府方面,党史研究室、地方志办、档案馆、政协文史委员会等相关部门,针对某一些三线建设者(如领导干部、优秀代表)做过口述访谈或邀其撰写回忆录,整理出版了若干资料文集。例如,重庆市委党史研究室对该地区三线建设调整改造的多位领导干部做了口述史访谈;遵义市政协文史与学习委员会编写的《遵义三线建设亲历记》收录了亲历者的100多篇回忆;攀枝花市总工会采访了54位劳模和领导,出版了口述史文集《筑城——攀枝花下的三线人》。在企业方面,除了编写厂史、厂志,部分三线企业还组织编写了本厂的回忆、口述文集,如贵州长征电器集团有限责任公司编纂有《长征电器四十年》、湖北卫东控股集团有限公司编印有《卫东记忆》。在学术界,也有学者重视对此类第一手资料的收集,甚至做了一些口述史工作。比如,徐有威主编的《口述上海:小三线建设》一书就收录了他们采访的43位上海小三线建设者的口述史,[2]王小平在自贡做了许多当地"三线人"的口述访谈,笔者也主编有关于三线建设亲历者的口述、回忆文集。[3]

回忆录、口述史的主体还是三线建设的亲历者。这些"三线人"对三线建设怀有特殊的感情,虽然大部分年事已高,但凭借现代网络和新媒体工具,或者借助子女的帮助,他们书写了大量的回忆录,部分人还接受访谈,留下了珍贵的口述资料。有的三线建设亲历者自发撰写回忆录,如陈刚《三线的日子:我的1966—1979》、蒋辛《青春的回眸:三线建设者的奋斗故事》都是记述个人的三线经历;也有某些破产企业的"三线人"联合起来,共同收集、整理、撰写本厂职工的文集,如四川锦江厂编印了回忆录《锦江风云》和画册《锦江情韵》,四川913厂编印了回忆文集《中和风雨行》,江西小三线企业人民厂、9304厂分别收集

〔1〕 施文:《"三线人"身份认同与建构的个案研究——以陕西省汉中市回沪"三线人"为例》,硕士学位论文,华东师范大学社会学系,2009年。

〔2〕 中共上海市委党史研究室、上海市现代上海研究中心编著:《口述上海:小三线建设》,上海:上海教育出版社,2013年。

〔3〕 张勇主编《多维视野中的三线建设亲历者》,上海:上海大学出版社,2019年。

回忆录并出版了《我们人民厂》《征程》等书,[1] 重庆晋江机械厂收集并出版了《晋江记忆》等史料文集。[2] 这一类亲历者的回忆、口述文章,如今正如雨后春笋般涌现,尤其在网络上各种文章层出不穷。

三线建设的回忆、口述成果数量众多,但水平却参差不齐,不同书写群体所做回忆、口述作品的特点及风格也都迥异。政府相关部门人员在整理和编撰口述、回忆资料时,通常会选择一些领导干部或"优秀人员"作为对象,内容也多为叙述建设的辉煌和个人的业绩,具有明显的倾向性。部分学者在做口述历史工作时,力图抢救和保存更多的历史信息,但由于口述史进入三线建设领域较晚,目前该领域的口述历史工作在程序的规范性和对象的广泛性等方面尚需进一步提升。"三线人"所做的回忆录和口述史作品最为丰富,涉及内容也较广泛,创业过程、建设成果、工厂生产、厂区社会、日常生活、文化娱乐、教育卫生、个人经历、家庭情感、群体关系等皆是其中内容。他们以此方式,记录共同经历的这段历史,追忆彼此的生活、命运和逝去的岁月,并凝聚集体情感与身份认同,因此"三线人"书写的回忆录和口述作品往往带有浓厚的个人感情色彩。

3.3 通俗作品的生产

以三线建设为主题的通俗作品类型多样,包括文学作品、图片、纪录片及影视作品等。文学作品以报告文学和小说为主,报告文学有王春才主编的"中国大三线报告文学丛书"《中国圣火》《蘑菇云作证》《穿越大裂谷》《金色浮雕》和沙明的《魂系三线》等;小说有《让历史记住:三线学兵》《青春滴血:三线学兵连绝唱》《工人》《上三峡》《失眠时代》《裂谷燃情》《大三线》等。[3] 这些文学作品的作者大多是三线建设的亲历者,他们的作品虽具有明显的文学色彩,却对当年的历史事件及背景有较为真实的反映。正如亲身经历过三线建设的历史学者李天石,在读完于泽俊的小说《工人》后所说,"小说差不多用了一半的篇幅写三线建设","是一曲动人心魄的三线建设的悲壮史诗"。[4]

图片和纪录片也是记录历史的较好形式。各种关于三线建设的老照片、摄影作品大量涌现,有的甚至结集出版,如三线办主编的画册《中国大三线》、潘科主编的《三线学兵连》、李杰拍摄的摄影集《"三线"记忆》。各地电视台策划拍摄过一些三线题材的纪录片,

---

[1] 本书编委会:《我们人民厂:江西"小三线"9333 厂实录》,上海:上海人民出版社,2015 年;本书编委会:《征程:前进中的江西 9304 厂》,上海:上海人民出版社,2016 年。

[2] 该套文集包括《晋江记忆》《晋江风采》《晋江文韵》《晋江影踪》等书,共四卷五册,北京:团结出版社,2016 年。

[3] 更多作品参见王小平《三线建设的历史记忆与当代文化生产》,《"中国三线建设遗产价值与品牌建设"研讨会论文集》2015 年 12 月,第 113—119 页。

[4] 李天石:《三线建设的悲壮史诗——读〈工人〉有感》,新华网"新华读书",2011 年 9 月 20 日,http://news.xinhuanet.com/book/2011-09/20/c_122060941.htm,最后访问时间:2019 年 5 月 13 日。

如四川电视台和四川省三线办共同拍摄的 10 集系列片《三线·创业者的歌》、陕西电视台的 9 集电视专题片《三线学兵连》、中央电视台"见证·亲历"栏目拍摄的《三线学兵》、上海电视台纪实频道拍摄的《那时,阿拉在小三线》,香港凤凰卫视相继制作和播出的《三线往事》《血色青春:我在三线学兵连的故事》《千山红树万山云——小三线青春记忆》。2016 年 8 月,由国家国防科技工业局组织拍摄的 7 集系列片《军工记忆——三线风云》在央视纪录频道播出,摄制组深入三线地区 29 个城市 32 家军工单位进行采访,拍摄音像素材时长近 430 多小时,整理采访资料 250 余万字,积累了大量宝贵的音像图片资料。另一部大型文献纪录片《大三线》历时两年半拍摄,其间走访了北京、贵州、四川、陕西、湖北、重庆等六个省份和地区,采访亲历者超过 500 多人。该片将镜头对准普通的三线建设者群体,通过普通人的故事反映大时代的变迁,已于 2017 年 9 月在中央电视台播出。

此外,还有一些以三线建设为题材而创作的影视作品,如《彭德怀在三线》《二十四城记》《山楂树之恋》《爱在苍茫大地》《大丽家的往事》等。其中,号称三线建设"三部曲"的《青红》《我 11》《闯入者》是在三线企业生活过 13 年的王小帅导演的电影,里面有他对三线建设历史记忆的影像表达。[1]

文学作品、影视类通俗作品,虽然具有浓厚的文学创作和艺术加工色彩,却一定程度上延续了人们关于三线建设的历史记忆,留存了三线建设的历史信息,因而可以算是一类特殊的历史书写方式。

3.4 物品、场所的利用

美国南卡罗来纳大学教授舒尔茨提出,了解和理解原始的历史材料并不仅仅局限于文字材料,还包括建筑物、遗址、场景、文物、口述记忆、影像资料和电子文献等。[2] 三线建设时期的设施、设备、生活用品、建筑、空间等物品及场所,都可以用来记录和传播历史知识,主要有修建博物馆和遗址利用等方式。

历史博物馆或陈列馆通过一定的方式将物品编排,并结合文字、声音、视频等辅助手段,将其信息展示出来,是记述和传播历史知识的一种有效方式。目前,四川广安市已兴建了首个三线工业遗产陈列馆,四川成都大邑县的建川博物馆群中落成了中航工业航空三线博物馆,贵州六盘水市、四川攀枝花市也先后修建了三线建设博物馆。三线建设还留下了大量的三线企业或工程遗址,其中一部分已进行保护、利用甚至开发。遵义、自贡、绵阳、江津等地的遗址正计划改造成文化创业园、三线主题酒店或工业遗址保护区;位于重

---

〔1〕 详情参见王小平《三线建设的历史记忆与当代文化生产》,《"中国三线建设遗产价值与品牌建设"研讨会论文集》2015 年 12 月,第 113—119 页。

〔2〕 Constauce B. Schulz, "Becoming a Public Historian", in *Public History：Essays from the Field*, eds. by James B. Gardner and Peter S. LaPaglia, Malabar：Krieger Publishing Company,2004, pp. 32-33.

庆涪陵的 816 地下核工程,解密之后已作为旅游景点对游客开发。它们的保护和开发思路不尽相同,但都使用了多种方式进行三线建设的历史书写。例如,近年 816 地下核工程正在进行升级打造,其中景前区计划修建三线建设纪念广场和老兵纪念广场,树立三线建设的大事记纪念碑和支援 816 建设的单位纪念碑,镌刻数万名参与建设的工程兵名字,以此铭记建设过程中相关的历史事件和人物。[1]

提供"在场感"是公众历史学家所做的一项重要工作,实物的布置、空间的利用、材料的呈现方式等都是传递历史信息的有效途径与手段,能使受众从再现的历史场景中汲取历史知识,并获得身临其境的感受。[2] 博物馆和遗址,可使普通公众对三线建设的历史有更为直观和形象的认识。同时,博物馆修建和遗址利用过程中,需要向相关学者、亲历者咨询更多历史信息,从三线企业和职工那里征集各种用于展示的物品,这又加强了不同群体之间的互动。

4　历史书写群体之间的互动

三线建设历史书写的群体构成广泛,包括学者、政府人员、媒体人和"三线人"等。这些不同群体之间的交流、合作和互动较为频繁。究其原因,一是网络技术和新媒体工具的迅速发展与普及,使得不同人群之间的联系与交流变得更为方便;二是随着意识形态的松绑和多元文化的发展,不同群体之间的意识壁垒得以打破,交往日益增多;三是三线建设的书写群体建立了专门的组织机构,全国和各地的三线建设研究会及其下属的网站、QQ群为他们之间的互动提供了平台。在共同书写三线建设的过程中,各类群体之间都有不同程度的交流和合作。例如,文献纪录片《大三线》在拍摄过程中,摄制组和攀枝花、六盘水、遵义、重庆等地方政府部门有合作关系,他们还邀请了多位学者提供学术指导,调研了近百家三线单位,采访了 500 多名三线建设亲历者,媒体人和政府人员、学者、企业、"三线人"等各类群体都有不同程度的对话与互动。

在这些群体中,学者是三线建设历史研究的主体,三线建设亲历者——"三线人"则是历史记述的主体。有历史学家认为,"历史知识的生产是历史学家与其研究对象进行对话和合作的结果"[3]。在古代史等领域,史学家无法和"当事人"进行直接对话,而作为当代史的三线建设领域则不一样,学者和研究对象——"三线人"之间可以有较多的交流和对话。因此,下面主要探讨学者与三线人的交流、合作及影响。

---

〔1〕 笔者曾赴这些遗址进行考察,816 工程的升级打造情况为 2016 年实地调研时获知。

〔2〕 张文涛:《在场感与西方公共史学》,《甘肃社会科学》2014 年第 1 期,第 95—96 页。

〔3〕 王希:《把史学还给人民——关于创建"公共史学"学科的若干想法》,《史学理论研究》2014 年第 4 期,第 4—9 页。

学者和"三线人"既有面对面的交流，也有依托网络等媒介进行的交流。近几年各地陆续召开各种主题的三线建设研讨会，参加会议的学者和"三线人"相互交流信息，对一些问题展开探讨，甚至达成某种合作意向。学者在外出调研时，不论实地考察还是口述访谈，接触最多的还是"三线人"，他们之间面对面的交流更为深入。此外，借助电话、邮件、贴吧、QQ、微信等媒介，平日里学者可以和"三线人"进行多种形式的交流。笔者发现，在中国三线建设研究会组建的"三线家园"QQ 群里，研究者和亲历者是最为活跃的两类人群，他们之间的讨论、交流较为频繁。他们交流的话题通常包括三线建设的评价、三线企业的发展、"三线人"的生存状况、个人的经历及生活等方面的内容。

学者还与部分"三线人"在历史资料的整理编撰、工业遗址的保护利用等方面进行了合作。例如，《三线风云》这部厚重的三线建设文集就是由一些三线建设亲历者和陈东林等学者共同策划、收集并整理出版的。[1] 再如，重庆市江津区夏坝镇原有 3 家三线企业，其中之一的晋江机械厂搬迁、合并入巴南区的大江工业集团，在夏坝只留下了厂房、宿舍等遗址。一些退休的原晋江厂职工组织起来，编写本厂的厂史和回忆文集，并计划对工厂遗址进行利用和开发。受他们邀请，包括笔者在内的几位研究者参与这些事务，为其厂史、文集的编撰提供参考，对工业遗产的利用也提出了若干建议。另一方面，研究者在当地做口述访谈、专题调研时，这些"三线人"也积极予以响应和配合。

学者和"三线人"之间的交流、合作对双方都产生了一定的影响。对于学者来说，通过与"三线人"的接触、交流与合作，既有助于调研工作的顺利开展和资料信息的充分收集，还可以深入了解"三线人"群体，纠正某些固有的看法。在"三线家园"群内，曾有学者与数位"三线人"就三线建设与某位领导人的历史评价问题展开了激烈的争论，一度火药味十足。事后，这种争论与交锋使双方都受到了一定程度的触动。参与讨论的"三线人"察觉，学者提供的资料翔实，观点有所依据，不由对这些问题产生新的思考。学者则发现，学界原本已得到公认的一些问题，在这些普通民众和事件亲历者的头脑中却是另外的一种看法，"三线人"的历史认同与情感问题需要重新审视。[2] 对于"三线人"来说，学者不仅可以为其文集的编撰提供指导或参谋，还可能会在意识观念上对其产生影响。笔者在进行三线建设亲历者的个人史访谈和回忆录收集时，与数十位"三线人"进行过交流、合作。最初，有的"三线人"不甚理解，觉得自己只是一个普通职工，没有做口述史或撰写回忆录的必要。经过多次的沟通后，一些人的观念逐渐转变，意识到了个人史书写的意义。有一位三线亲历者在修改他的回忆录时，发来邮件谈起与笔者交流后的感想："（你）从民间的范

---

[1] 倪同正主编《三线风云：中国三线建设文选》，成都：四川人民出版社，2013 年。

[2] 与本文相似，邵鸿在研究曹操墓的认定风波时探讨了历史学家与社会公众之间的争论和对话。不同的是，在三线建设领域，学者是直接与事件的亲历者进行讨论和对话。参见邵鸿《当代史学的公共面向和大众参与——对曹操墓认定风波的初步分析》，《中央社会主义学院学报》2011 年第 1 期，第 65—69 页。

畴引导我将视角由'大'转'小',方开始关注与重视在那个'大时代'背景下所亲历的不仅能够感动自己,而且易于让今人触摸的'小故事'。"他似乎已隐约感悟到"大历史"与"小历史"的史学理念。[1]

许多新史学的实践者一直希望推倒两道墙:"那些将人民与他们的历史分离开来"和"那些将研究历史的人与曾亲历历史的人分割开来"的墙。[2] 美国历史学家迈克·弗里茨提出"共享话语权"理念,也是旨在倡导宽容的历史解释权,主张与公众对话,共同解释历史。[3] 在三线建设历史书写过程中,不仅历史学者、政府人员,还有普通民众(尤其是亲历者)以及媒体都参与进来,相互对话、合作与影响,共同书写和解释这段历史。[4]

5 总结与思考

综上所述,三线建设的历史书写大致经历三个阶段的发展,近十年书写者群体发生了很大变化,有更多的公众(特别是三线建设亲历者)参与到该历史领域的书写中来,进入了真正意义上的公众参与历史书写的新阶段。参与书写三线建设历史的群体构成比较多元,学者、政府人员、媒体人、"三线人"等群体有着各自不同的书写动因、方式、作用和特点。除文字外,录音、影像、物品及场所也是记述历史的重要手段,三线建设的历史书写主要包括研究论著的撰写、口述及回忆资料的整理和编撰、通俗作品的生产、博物馆及遗址的利用等多种形式,成果丰厚。不同群体之间的互动较为频繁,学者与"三线人"之间的对话与合作对双方都产生了一定的影响。他们正共同书写和解释着三线建设的历史,共享历史的话语权。

通过对公众参与三线建设历史书写的探讨,还可以形成如下几点认识:

第一,历史书写形式多样,不同书写人群各有其擅长的书写方式。总体来看,历史书写包括历史研究和历史记述两大类。历史研究由于其专业性,需要研究者具备相应的历史知识和理念,并经受专业的学科训练,因而从事历史研究的主体是历史学者,只有极少数是来自其他领域的人员。历史记述则不同,其进入门槛较低,不仅学者,普通公众也可以进行记述。三线职工及其家属、记者、制片人、政府工作人员等人群都参与了三线建设

---

[1] 赵世瑜:《小历史与大历史:区域社会史的理念、方法与实践》,北京:生活·读书·新知三联书店,2006 年。

[2] James Green, *Taking History to Heart: The Power of the Past in Building Social Movements*, Amherst: University of Massachusetts Press, 2000, p. 1.

[3] Michael H. Frisch, *A Shared Authority: Essays on the Craft and Meaning of Oral and Public History*, Albany: State University of New York Press, 1990.

[4] 在这些不同书写群体的互动过程中,也存在一些矛盾与冲突,并会达成某种程度的共识。这些矛盾、冲突与共识也是公众史学的关注内容之一,但限于篇幅,本文不展开讨论,笔者当另文探讨。

历史的书写,虽然一些亲历者由于年事已高难以亲自书写,但通过口述历史等形式,他们也能参与到历史记述的活动中来。因此,历史研究是小众的,历史记述却可以是大众的。正如钱茂伟所说,"历史研究者不必多,但历史记录者越多越好"[1]。如此,历史书写才可能从小众走向大众。

第二,学者和其他参与历史书写的群体应进行更多的对话和互动。这一点在近些年举办的公众史学研讨会和历史嘉年华等活动中已有所体现,但在具体的历史领域还有待加强。除对话外,历史学者在书写历史时,还应该倡导更多的公众参与其中,并给予一定理念和技术上的引导。目前三线建设的口述史作品虽然数量不少,水平却是参差不齐。原因在于口述历史看似简单,实际操作流程却十分复杂,它要求操作者"除了理解必要的口述史学的理论以外,还需要充足的历史、社会学和人类学等专业训练,以及做大量的案头工作"[2]。并且,公众在参与口述历史活动时,还涉及复杂的伦理问题。[3] 因而在做三线建设口述史时,需要专业人士和普通民众进行更多的交流与合作。"历史知识的生产是历史学家与其研究对象进行对话和合作的结果",不同书写群体之间进行更广泛的对话和合作,才能生产更多有价值的历史知识。

第三,在当代史领域,参与历史书写的主体人群多与该历史事件有关,其书写积极性受历史认同等因素影响。如前所述,三线建设历史书写的主体是"三线人",既包括"三线一代",也包括"三线二代""三线三代";既包括三线企业的普通职工及家属,还包括企业领导干部以及相关主管部门的工作人员。"三线人"的人生或多或少都与三线建设发生过交集,因此他们比其他人更为关注三线建设的历史书写。许多三线亲历者对于书写历史表现得较为积极,这和他们对三线建设的历史评价及自我认同有关。有别于知青群体对"上山下乡"运动的负面评价,大部分"三线人"对国家开展三线建设持理解的态度,并认为他们自身的行动为国家作出了贡献,因而愿意参与该事件的历史书写。[4] 所以,历史事件的相关人群应当是公众史学家引导参与历史书写的重点对象。

倘若从更为宏观的视角——历史书写几千年的变迁历程来看,公众参与历史书写无疑对史学的发展具有重大的意义。以历史的书写对象(内容)和书写者(主体)的变化为参照,中国的历史书写经历了几次大的变迁。在古代的传统史学时期,历史书写最显著的特征是官方书写,由朝廷的史官来进行历史记录与编撰,帝王将相和重大事件是书写的主要对象,因而传统史学被后人称为"君史"。虽然彼时仍存在一些民间书写的因子,但官方以

---

[1] 钱茂伟:《中国公众史学通论》,第 84 页。

[2] 定宜庄、汪润主编《口述史读本》,北京:北京大学出版社,2011 年,导言第 9 页。

[3] 李娜:《当口述历史走向公众:"公众口述历史"中的伦理问题刍议》,《社会科学战线》2016 年第 3 期,第 94—105 页。

[4] 当然,也有一些"三线人"认为三线建设存在若干问题,尤其是对企业发展、个人待遇、子女就业等问题存在一定的看法,这在他们的回忆录和访谈中亦有所流露。

外的历史被称作野史,没有正统地位,其影响远逊于正史。近代之后,在现代国家与国民意识增强和西学东渐的影响下,中国出现了要求书写"民史"的史学理念。梁启超等知识精英提出了抛弃"君史"、倡修"民史"的主张,[1]认为史家应该以"探察人间全体之运动进步,即国民全部之经历及其相互之关系"为目标,[2]"民史"即是以国民为主体的历史。此种"民史"观念的提出,将历史书写的对象从帝王将相扩大到了国民大众,历史书写理念出现了重大的变化。"民史"观虽扩大了历史书写对象,但其书写者仍是以知识分子精英为主,它在 20 世纪上半叶的发展道路不甚理想,可谓"步履维艰"。[3] 在 20 世纪,中国的史学还出现了政治化、学术化、科学化[4]的倾向。政治化的倾向冲淡了史学的平民色彩,而科学化、学术化的倾向则使科学性与人文性呈现二重的"疏离和对峙",[5]历史研究与历史记述渐行渐远,并形成了以历史研究为主的"学院史学"。其间虽有社会史学家倡导"目光向下",关注民间和人民大众,[6]"自下而上"地看待历史,但这仍是职业史家进行的历史研究,少有普通民众参与进来。

进入 21 世纪,随着经济文化水平的提高和社会开放程度的加深,普通民众的历史书写意识得以增强,特别是网络信息的迅速发展和新媒体工具的广泛使用,使得个人进行历史书写更为便捷、自由。官方和职业史家无法再垄断历史的书写与传播,越来越多的公众加入到记录和书写历史的行列中来,并朝着"书写公众、公众参与、公众消费"的趋势发展。学院史学家和公众史学家开始摒弃成见,进行对话,更为重要的是,历史学家和普通民众有了多种渠道的交流与互动。至此,历史书写的对象和主体都产生了显著的变化,并促使书写形式、传播方式乃至史学观念的转变,由此可能会引发历史书写和史学发展的巨大变革。从这个意义上来看,关于公众参与历史书写的研究就显得尤为必要。

公众参与历史书写的专题领域较多,在国内除三线建设史外,抗战史、土改史、"文革"史、知青史、移民史、建设兵团、改革史等领域都有公众参与历史的书写。这些历史领域的公众参与,与三线建设领域有相似之处,比如亲历者都参与书写,也有一些不同的特点,

---

[1] 史文:《斥"君史",倡"民史"——关于 19 世纪末期史学观变革的若干思考》,《史学理论研究》2001 年第 4 期,第 42—52 页。

[2] 梁启超:《中国史叙论》,载《饮冰室合集·文集 1》,北京:中华书局,1996 年,第 1 页。

[3] 钱茂伟:《中国公众史学通论》,第 50 页。

[4] 中国史学的科学化倾向无疑深受西方史学发展的影响。西方史学从德国兰克学派到法国年鉴学派,都体现了追求"科学化"的特点,而中国从近现代的顾颉刚、王国维、傅斯年等人到当代的史学家,仍多有史学"科学化"的倡导者或践行者。参见葛志毅《由社会史研究引发的史学思考——论史学发展中的科学化与大众化问题》,《求是学刊》1997 年第 5 期,第 93—99 页;杨国荣《史学的科学化:从顾颉刚到傅斯年》,《史林》1998 年第 3 期,第 91—101 页;朱发建《史学"科学化"与新世纪中国史学的趋向》,《学术月刊》2006 年第 11 期,第 146—152 页。

[5] 朱发建:《史学"科学化"与新世纪中国史学的趋向》,《学术月刊》2006 年第 11 期,第 146—152 页。

[6] 俞金尧:《书写人民大众的历史:社会史学的研究传统及其范式转换》,《中国社会科学》2011 年第 3 期,第 199—219、224 页。

对此可以展开进一步研究。此外，参与历史书写的群体构成广泛，书写手段和形式多样，因而除了利用公众史学的理论及方法外，还应结合口述史学、网络史学、影像史学等历史学分支学科和社会学、传播学、心理学等相关学科进行综合研究。

日渐消逝的"影视"
——上海皮影戏发展历史与生存状态初探[1]

◎吕奇儒 李依芸 吴映雪[2]

摘 要：

上海皮影戏研究在皮影戏研究和上海戏曲研究中都属于较为空白的区域。除了文献资料，也有必要以口述资料为参照进行研究。上海皮影戏作为一种农村文化，带有半职业性、随意性的特质，同时是近代上海农村生活的有机组成部分。中华人民共和国成立后，由于社会的变迁，上海皮影戏有衰颓的倾向，并且因为"文革"停止了活动。"文革"结束后，政府和民间共同推动了上海皮影戏的复兴。老艺人、机关人员和艺术工作者对重建的共同参与，使上海皮影戏展现出了新的特征和模式。

关键词：

上海皮影戏；口述历史；上海农村；复兴

The Deteriorating Shadow Puppetry
—A Look at Shanghai Shadow Puppetry Developing History and Its Living Condition

◎ Lv Qiru; Li Yiyun; Wu Yingxue

Abstract：

Shanghai shadow puppetry is rarely studied in Chinese shadow puppetry and traditional Shanghai opera fields. Therefore, it is necessary to use dictation, including relevant literature information as a reference to have a deeper research. Undoubtedly, Shanghai shadow puppetry is a kind of countryside culture. It is semi-professional and optional, and has a relationship with peasants' daily life. Because of the social change after 1949, Shanghai shadow puppetry tended to decline and its performance activities even had been stopped in the Culture Revolution. But after that, both the government and civil organizations are trying to rebuild Shanghai shadow puppetry. With

---

〔1〕 本文受到 2017 年上海立信会计金融学院大学生创新创业训练计划项目资助，项目编号：201711047069。

〔2〕 作者简介：吕奇儒（1996— ），男，上海立信会计金融学院本科学生；李依芸（1998— ），女，上海立信会计金融学院本科学生；吴映雪（1997— ），女，上海立信会计金融学院本科学生。

the participation of folk artisans, officials and artists, Shanghai shadow puppetry presents new characteristics and running modes.

Keywords：

Shanghai Shadow Puppetry；Oral History；Shanghai Countryside；Renaissance

皮影戏作为我国的一种民间艺术，一说兴于汉，一说兴于唐，但可以肯定的是在宋代已臻鼎盛。皮影戏广泛流传在我国各省，形成了各自的特色。迟至清光绪六年（1880），上海也形成了本地皮影戏。对于皮影戏的研究，1949年前顾颉刚先生的《中国影戏略史及其现状》与近年来魏力群先生的《中国皮影艺术史》和康保成先生主编的"中国皮影戏的历史与现状"丛书是比较具有代表性的综合性研究成果。但对于较晚形成、地域甚小的上海皮影戏，研究较为缺失。[1] 另一方面，对于近代上海地区的戏剧研究，往往集中在京剧、越剧、沪剧等流行于城市的戏剧。流行于上海农村地区的上海皮影戏研究的缺失，正是与近代上海农村研究的缺失相伴随。

本文的研究中关于上海皮影戏的基础事实主要以上海地方政府主编出版的《七宝皮影戏》《松江皮影戏》和《上海木偶皮影戏志》为来源。关于近代上海农村的情况，则主要参考了黄宗智先生在《长江三角洲小农家庭与乡村发展》中的研究。同时，以上海皮影戏传承人唐洪官、严忠阳的口述材料，上海皮影戏乐师兼十锦细锣鼓传承人彭景良和长宁民俗文化中心非遗办公室主任朱彦的采访为参照：唐洪官在20世纪40至50年代就开始从事皮影戏演出，对于旧时期皮影戏班的状态和新时期皮影戏的重建都提供了资料；彭景良虽然2008年左右才开始从事皮影戏演出，但幼时也曾看过皮影戏，他的口述对于唐述是非常有益的补充；严忠阳一手主导了齐贤皮影的重建工作，他的叙述是新时期皮影戏重建的重要资料；朱彦的口述主要为我们提供了有关于现代艺术对皮影戏改造的部分。

本文将上海皮影戏历史划分为旧皮影时期（1880—1966）和"文革"中断后重建的新皮影时期（1976年至今）。新皮影时期相对于旧时期来说，在环境、性质、从事人员等方面已有较大的不同，因此分开进行研究。笔者试图在本文中对上海皮影戏的历史与特点、历史与近代上海农村的关系进行探讨，同时对上海皮影戏的复兴做出思考。

1 旧皮影时期（1880—1966）

本文中的上海皮影戏仍沿用魏著、康著等一贯的分类方法，是建立并主要活动在今上

---

〔1〕 康著中曾坦言学界对于上海皮影研究薄弱，有待进一步收集资料。参阅卜亚丽《中国影戏的剧本形态叙论》，郑州：大象出版社，2013年，第45页。

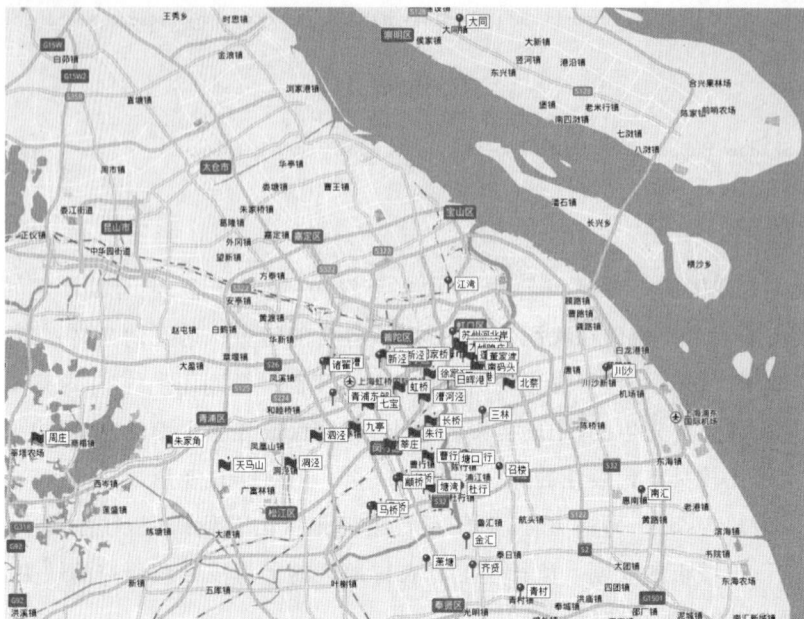

图 1 上海皮影戏(1880—1966)主要活动范围〔1〕

图 2 上海皮影戏(1880—1966)主要活动范围(局部放大)〔2〕

---

〔1〕 根据《七宝皮影戏》、2017 年在泗泾镇和唐洪官的谈话绘制。旗子图标：毛门皮影戏的活动地。定位图标：其他皮影戏班活动地。

〔2〕 同上。

海市范围内的皮影戏班的统称。从分布上(见图1、图2)看,主要集中于旧上海县与松江县地区,这也是上海皮影戏主流——毛门皮影的主要活动区域;在周边如奉贤、川沙等周边地区也有一些皮影戏班活动,但都基本处于旧上海市之外,只有在上海城市娱乐鼎盛时期的20世纪30年代[1],才有个别戏班进入市区进行表演。因此,上海皮影戏总的来说是一种农村娱乐,而非城市娱乐。在旧皮影时期,上海皮影戏持续活动,在日占时期活动有所减少,但并未断绝。

1.1 上海皮影戏的诞生与环境

清光绪六年(1880),上海人毛耕渔组建的"鸿绪堂戏班"在七宝镇解元厅作首场演出——《挑滑车》,开启了上海本地皮影戏的历史。毛耕渔和他的戏班能够一举成功,与早在上海皮影戏形成之前,皮影戏就已在上海农村存在是分不开的。南宋时期,随着宋室南迁,皮影戏也被带到了江南地区并传播开来,逐渐形成了浙江皮影。上海地区亦有浙江皮影戏班进入演出,上海皮影戏的建立亦传承自浙东皮影。[2] 虽有如此的关系基础,但碍于官府的禁止[3]与士绅的反对,皮影戏迟迟不能在上海生根。上海官绅长期将外来的皮影戏与"淫戏"——花鼓戏并称,认为其不务正业、伤风败俗,并称:

> 城市骄侈弥甚,唯乡里曾尚朴陋。然鸠村赛会,引诱招摇,在所垣有。最恶者花鼓村台之献,以及皮人影,甚致子弟游荡废业。咸丰以前,鼓影之献甚盛。粤扰之后,渐次转安。[4]
>
> ………………
>
> 淫词演唱多俚鄙,茶肆柴场闹海滨。影戏更连花鼓戏,伤风败俗害乡邻。[5]

而毛耕渔之所以能成功,一者得益于太平天国和小刀会以来上海农村地区原有秩序的逐渐崩坏,士绅和精英或四处逃难[6],或进入租界避难[7];同时伴随精英城市化的潮

---

[1] 楼嘉军:《上海城市娱乐研究(1930—1939)》,博士学位论文,华东师范大学历史学系,2004年,第58页。

[2] 毛耕渔在金山观看浙东皮影艺人殷茂功的演出后向其学艺,才开创了上海本地皮影戏。张乃清:《七宝皮影戏》,上海:学林出版社,2013年,第10页。

[3] 魏力群:《中国皮影艺术史》,北京:文物出版社,2007年,第72—73页。

[4] 张乃清:《七宝皮影戏》,第7页。

[5] "乡鄙有演唱淫词者,或杂以妇人,曰'花鼓戏'。又有影戏,起于浙江之海盐,近复沿及浦东,伤坏风气,莫此为甚。"出自〔清〕金福曾修、张文虎纂《南汇县志》(第22卷),民国十六年重印本,第1429页。

[6] 邢丙彦:《近代松江土地租佃制度研究》,上海:上海人民出版社,2015年,第249页。

[7] 邵雍、刘锦:《上海绅商与小刀会起义——以郁松年、徐渭仁为中心的考察》,载洪民荣主编《上海研究论丛(第二十二辑)》,上海:上海书店出版社,2014年,第335—336页。

流,对农村的影响力有所削减。二者在于毛耕渔所选用的剧本来自宣传"忠孝节义"的《说岳全传》,其后继者也多延续这一思路选用宣传"忠孝节义"的传统小说为剧本来源,与"淫戏"花鼓戏形成了反差,也使得士绅不再有那么充分的理由禁止皮影戏的演出。三者,毛耕渔的首演戏班[1]不同于后来,成员半数不事生产,又得到了朋友的资助,能够部分脱离生产地进行长期演出,这为上海皮影戏后来的发展壮大奠定了坚实的基础。

1.2 近代上海农村的产物

上海皮影戏作为一种农村文化,孕育于农村又流行于农村,使得它带有农村特点的同时为农村服务,形成了上海皮影戏的独特风貌。

首先,上海皮影戏班的成员都来自本地的农民,这从根本上注定了皮影戏只能是一种农村文化。上海皮影戏演出的时间一般都在春秋两季,秋季最多,主要是在秋收之前的农闲时段。这并不仅仅是因为作为皮影戏主要观众群的农民只有在农闲时间才有空闲,对于同为农民的皮影戏艺人来说,同样也是如此。而这一点也就将皮影戏的主要活动范围局限在了上海农村,因为农村与城市的时间观念是不一样的——农村有闲、忙季之分,而城市没有。作为农民的皮影戏艺人不可能抛下农活而去城市演出,所以20世纪30年代马舜良戏班在上海大世界连续演出的三年里只有冬季才会登台演出,1946年毛门皮影戏班在大世界连续驻演一年有余采取的是轮流交替的演出方式。[2]而皮影戏使用的语言一般也是作为农民的皮影艺人本身使用的当地土语,这自然照顾了本地观众。同时,即使在一县范围之内,皮影戏班的向外扩展也受局限。农民本身重视宗族血缘的特点,使上海皮影戏重视师门关系,其中还带有亲族的特征,上海皮影戏艺人在遇到不认识的同行之间首先要问"你先生谁啊?"来确定师门关系。行业内不同班子的同门师兄弟之间虽然存在竞争,但争斗是不被容许的,一旦出现,先生便会出面斥责双方,担当一种类似父亲的角色。师兄弟之间更多的还是以互相帮助为主,互借成员的现象并不鲜见,而对于剧本的主题内容在允许个人发挥之外也基本保持一致。[3]但在师门之外,关系却非常淡漠,同为上海市市级非物质文化遗产的毛门皮影和齐贤皮影相互间了解甚少:毛门皮影戏艺人唐洪官对同门的其他皮影戏班的近况都有所了解,但却对齐贤皮影闻所未闻;齐贤皮影的传承人严忠阳与海宁皮影、唐山皮影等外地皮影都有过交流,而对上海本土的皮影戏主流——毛门皮影却缺乏了解,并且没有交流。[4]

---

〔1〕 首演成员:落第举子毛耕渔、和尚怀舟、铁铺店主钱连奎、道士陈妙根和职业不明的赵少亭。参见张乃清《七宝皮影戏》,第11—12页。

〔2〕 张乃清:《七宝皮影戏》,第62—63页。

〔3〕 吕奇儒、吴映雪:《唐洪官、唐介昌小组口述历史访谈》,上海泗泾镇马家厅,2017年8月2日。

〔4〕 同上;李依芸:《严忠阳、胡丹小组口述历史访谈》,上海齐贤学校,2017年7月27日。

除兴趣外,生计也是皮影艺人们从事皮影不可忽视的重要目的[1],从这一点上来说,皮影表演和家庭手工业属于同一类,都是生产过密化的一种体现。因此,上海皮影戏的戏班往往是半职业性质的,就笔者所见,似乎未有完全脱产的职业戏班形成。首先,在剧本上,上海皮影戏并没有形成体制完整的剧本,所谓"脚本"只是故事的梗概,有时甚至只是一个新故事就可以很快改编为新戏,因此同一出戏的演出不会也无法固定。其次,由于平时忙于农事,皮影戏在演出之外,鲜有甚至是没有排练,这使得皮影戏班的水平也难有提升。再次,对于场地,皮影戏也不拘泥,不论是大户的室内也好,露天的打谷场也好,只要幕布一张,周围一遮,就可以进行演出了。最后,在收徒上,拜师有拜师礼,出师也必须得到先生给予的《赋札》《图本》《脚本》三册皮影教科书作为证明(毛耕渔即是如此)。但这一规定并没有得到严格的执行,泗泾的皮影艺人唐洪官就言明并未听说过作为出师证明的三册书,本应是《赋札》记载的定场诗,他也是通过观察先生表演学得[2]——口传身教的学徒模式才是皮影戏传授的主流方式。师徒之间很少如其他曲艺一般发生因先生"留一手"而产生的矛盾,在一定程度上也反映了皮影技艺相对简单的情况。但在根本上,上海皮影戏长期处于半职业状态的主要原因还是由于未能形成一个足以供养专业皮影戏班的市场。皮影戏的酬劳长期以来都存在着货币支付和实物支付两种形式,又以实物支付为主,如在泗泾地区,酬劳以白米的形式支付,并且在很长的时期内维持一个相对固定的价格。[3]但在另一方面,当有不止一户人家邀请同一个戏班时,双方往往通过武力而非竞价的方式来决定戏班最后的去向[4],可见观众们也并没有为皮影支付更多酬劳的意向,这可能也与农民对皮影戏班的认识有关。然而在酬劳分配方面,采取股份制会比较精确;但当一户人家的家庭成员在同一戏班,这一户人家每位成员持有的股份数又比较随意了。[5]根据黄宗智在《长江三角洲小农家庭与乡村发展》中的考察,近代上海农村长期处于一种高度商品化的自给自足的小农经济状态,因此农村市场缺乏足够的货币和意愿供养专业的皮影戏班,使上海皮影戏在不长的历史中基本处于半职业的状态,水平较为有限,组织、活动也非常随意。

上海皮影戏在表演内容上也为农民的兴趣爱好服务。题材上,多取于农民耳熟能详的民间故事、传统小说,如《说岳全传》《隋唐演义》《封神榜》《薛仁贵征东》《薛丁山征西》等等。具体又分文场、武场:文场讲故事情节、宣传"忠孝节义"的道理,比如讲张保、王横追

〔1〕 吕奇儒、吴映雪:《唐洪官、唐介昌小组口述历史访谈》,上海泗泾镇马家厅,2017 年 8 月 2 日。

〔2〕 同上。

〔3〕 同上。

〔4〕 同上。

〔5〕 同上。

随岳飞而死,一个尽忠、一个尽义;[1]武场则专演武戏,上海皮影戏尤以武戏见长,以粗犷取胜,而武戏又最得喜爱热闹的农民观众的青睐。

1.3 集体活动——作为村社生活的一部分

近代上海地区的村社一般由几个同姓集团的自然村组成,每个自然村少则不到十户,多则几十户。每个村社或自然村内往往在有事时推举一位道高望重者担任非正式领导。[2]而皮影戏演出,显然成了村社生活的一个有机组成部分。在此,必须先对一场皮影戏演出的一般过程做一个描述。

农闲时节,十几户或几十户人家派出一位有名望的人作为代表联系皮影戏班,如果遇上还有别家邀请同一个戏班,双方往往会通过武力的方式来争夺皮影戏班的演出幕布——决定戏班最终在哪儿演出的标志,以求不会输掉面子。之后,有名望的人会与皮影班子里挑箱子的人——管账的人——商量演出的报酬,一般是默认的、固定的价格,偶尔场方会愿意稍微多出一些。确定之后,代表回到村里开始挨家挨户收集作为报酬的米,有时一些富裕的人家会自愿多分担一些。等皮影班子来后,代表将报酬交给皮影班的人,然后演出进行一两夜到一月不等。[3]

可见,皮影戏演出由一个或几个自然村,甚至是整个村社组织邀请,由于皮影戏演出的费用即使是富裕的人家也难以负担得起,所以皮影戏必然是作为一种村社内的集体活动。原本由于家庭式生产的小农经济,使村民的社交活动囿于同姓集团的自然村之内,在较大的自然村内甚至局限于亲缘关系较近的亲属,而皮影戏演出这样一个由大于村民日常社交范围的村民共同出资、共同参与的集体活动,无疑在参与的村民之间建立了一种经济和社交上的双重联系,有时与作为他者出现的其他自然村或村社的争夺也形成一种刺激,加强了村民对于所属的同姓集团自然村或超族的村社共同体的归属感与认同感。另一方面,根据村社因事设人的原则,德高望重的人被推举为非正式领导,组织皮影班子的演出。有名望者,在村(社)内一方面获得社交活动上的组织权,另一方面获得对村民财产的征收权和使用权;在村(社)外,面对皮影班子和竞争的外村(社)时,以本村(社)代言人和守护者的形象,领导比如村民与外村(社)对皮影戏班的争夺。一次成功的演出,无疑将会在村(社)内外两个方面都为有名望者在本自然村甚至整个村社积累更多的声望资源。虽然自然村或村社的领导人是因事设人的非正式领导,但往往由一人连续担任,正是通过组织皮影戏这种集体活动的演出,他的声望资源得以不断累积。上海皮影戏作为一种集体活动,成了上海村社运作中一个有机的组成部分。

---

[1] 吕奇儒、吴映雪:《唐洪官、唐介昌小组口述历史访谈》,上海泗泾镇马家厅,2017 年 8 月 2 日。

[2] [美]黄宗智:《长江三角洲小农家庭与乡村发展》,北京:中华书局,1992 年,第 148—165 页。

[3] 吕奇儒、吴映雪:《唐洪官、唐介昌小组口述历史访谈》,上海泗泾镇马家厅,2017 年 8 月 2 日。

1.4 上海皮影戏的落幕:缓急相济

中华人民共和国成立后,中国共产党对于经济、社会和文化的改造是深远的,但却不是立竿见影的,上海皮影戏仍然活跃了一段时间。但直到 1966 年"文化大革命"直接禁止上海皮影戏之前,上海皮影戏就已经显露出衰颓的迹象了。

1949 年后,随着"三定"政策的推行,计划经济彻底取代了小农经济,计划经济指导下的上海农民失去了小农经济下的自由选择权,生产活动被计划,被投入社会主义建设之中,改变了原来的生产作息。农民们忙于社会主义建设,不再有农闲时段,也就更少能顾及皮影戏了。[1]

国家也直接对农村社会进行了改造:生产队、生产大队取代了原来的自然村、村社,形成一种人为划分的单位。农村社会的原有领导者——同时也是皮影演出的组织者,为国家任命的生产队长所取代。生产队长固然由国家任命,但在初期,村民仍能对生产队长的人选产生相当的影响。[2] 不可否认的是,不仅是国家机关,还有党政机关也前所未有地深入到基层,乡村已经不再是自治的组织,生产队长也是国家干部,乡村现在直接受国家与党双重管辖,也就难以维持过去的运作方式了。

上海解放后,继承自延安以来一贯的文艺工作精神,政府很快对上海的文艺界进行改造,但或许是皮影流行于农村或职业化程度不高的关系,并不在改造之列。[3] 中华人民共和国成立后很长一段时间内,上海皮影戏主要以半职业私人戏班的形式继续存在于上海农村,其性质很少受到国家的管束。1960 年官方性质的上海木偶皮影剧团在成立两年之后就撤销了皮影队编制。[4] 在 20 世纪 60 年代初期的社会主义教育运动中,皮影戏班都编写了一些社会主义新戏,然而反响不佳。比起前两者,皮影戏带来更为深刻改变的一是娱乐的大众化[5],廉价的电影和戏剧,尤其是流动电影为农村观众带来了更为丰富的选择;二是娱乐的组织化,不仅市民的业余生活被基层行政单位所组织,[6] 这一趋势同样延伸至农村[7]、庙会。虽然皮影艺人唐洪官声称有些年纪的人还是爱看皮影和其剧

〔1〕 吕奇儒:《彭景良小组口述历史访谈》,上海泗泾镇马家厅,2017 年 7 月 13 日。

〔2〕 [美]黄宗智:《长江三角洲小农家庭与乡村发展》,第 188—190 页。

〔3〕 流泽、汪培、郁仁民:《上海戏改三十年》,《戏剧艺术》1979 年第 Z1 期,第 9—26 页。

〔4〕 《上海文化艺术志》编纂委员会、《上海木偶皮影戏志》编辑部、张真主编《上海木偶皮影戏志》,上海:上海市新闻出版局,2000 年,第 14 页。

〔5〕 杨丽萍、[加]陈庭梅:《新中国成立初期上海大众娱乐改造研究——以电影和戏剧为中心的考察》,《中共党史研究》2016 年第 1 期,第 26—36、116 页。

〔6〕 杨丽萍:《从非单位到单位——上海非单位人群组织化研究(1949—1962)》,博士学位论文,华东师范大学历史学系,2006 年,第 246—247 页。

〔7〕 吕奇儒:《彭景良小组口述历史访谈》,上海泗泾镇马家厅,2017 年 7 月 13 日。

本[1],但从另一方面说,当熟悉皮影的观众老去,新的观众已经不再熟悉皮影剧本的故事,而皮影的表演技术依旧有限,新的观众会选择什么也就不言而喻了。这一点也为彭景良所证实。[2]

1966年,"文化大革命"开始,上海皮影戏被作为"破四旧"的对象,皮影戏道具除了小部分被藏起,全数被销毁。[3]"文革"的到来使上海皮影戏活动骤然停止,然而我们无法确知其是否真正已经走向衰落了。

中华人民共和国成立后,得益于上海皮影戏半职业的性质和旧观众的基础,上海皮影戏仍能够存在。但随着上海皮影戏生存的小农社会的瓦解和农村观众娱乐选择的丰富,以及"文革"带来的猛烈冲击,上海皮影戏最终落幕。

2 新皮影时期(1978年至今)

"文革"结束后,随着1978年十一届三中全会召开,上海皮影逐渐复苏。如齐贤皮影,就是在严忠阳老先生的组织下再度恢复:"这样一直到1978年左右,也就是说三中全会以后,国家对这方面呢,政策不同了。那个时候呢,我们奉贤县文化局、领导专门找我们齐贤公社文化站的干部啊,他们讨论研究,一定要把齐贤的这个皮影戏啊,要恢复演出。"[4]

而后的1980年春节,赵金山组建的另一支华漕戏班在上海县文化馆宣告正式公开演出[5]。同年,璩墨熙也重新搭起皮影班子,以恢复七宝皮影。20世纪80年代初,出现了众多的皮影班子,自此上海皮影多以民间组织的形式活动。长宁民俗文化中心非遗办公室主任朱彦称,此类组织大多自发组建,政府对它的保护费用多从民众的娱乐文化费用中拨出,或由艺人自掏腰包,没有法律保护和科学传承。

该情况直至2006年第一批国家级非物质文化遗产项目颁布才得以改善。2007年6月,上海公布首批非遗名录。不置可否,非物质文化遗产项目里"原真性"与"完整性"的保护原则为非物质文化的传承提供了一套系统的传承理论。2009年6月,上海皮影被公布为第一批上海市非物质文化遗产扩展项目名录,用于皮影戏民间组织的费用可经由申报专款专用,上海皮影得以用更为系统的方式传承和发展。非物质文化遗产的出台对于七宝皮影起到了关键性作用,并在上海演化出多种分支,除发源地皮影戏外,还有奉贤区齐

---

〔1〕 吕奇儒、吴映雪:《唐洪官、唐介昌小组口述历史访谈》,上海泗泾镇马家厅,2017年8月2日。

〔2〕 吕奇儒:《彭景良小组口述历史访谈》,上海泗泾镇马家厅,2017年7月13日。

〔3〕 张乃清:《七宝皮影戏》,第83—84页;吕奇儒、吴映雪:《唐洪官、唐介昌小组口述历史访谈》,上海泗泾镇马家厅,2017年8月2日。

〔4〕 李依芸:《严忠阳、胡丹小组口述历史访谈》,上海齐贤学校,2017年7月27日。

〔5〕 沈丹姬:《当代城市化进程中的皮影艺术嬗变初探——以京沪两地皮影为例》,硕士学位论文,中央民族大学历史学系,2010年,第24页。

贤皮影、徐家汇桂林皮影、长宁地区"七宝皮影"等。

2.1 上海皮影复兴的动力

就目前所得的口述材料来看,上海皮影的复兴过程中,起到重要作用的群体大致可以分为三类:经历过"文化大革命"的老艺人,相关机关、机构人员和相关艺术工作者。这三类人虽然都在进行着上海皮影的复兴工作,但实际上对于复兴皮影艺术的态度和自身的生理、心理状态都差别极大,这也对上海皮影的整体发展和走向产生了极大的影响。

2.1.1 老艺人

在上海皮影的复兴过程中必须要最先提及的,就是在"文化大革命"之前参与皮影演出、掌握皮影表演和制作技艺的老艺人。从此次的口述工作的成果来看,直接参与口述的唐洪官老先生当属最典型的老艺人,而彭景良老先生虽在"文化大革命"前就掌握江南丝竹技艺,但在 2008 年至 2009 年才参加皮影表演。另有朱锦洪、陆留其、唐宝良、余友三、陶鸿儒、叶金舟、朱墨钧、李桂珍、凌世涛等老艺人,和皮影收藏者杜继华。

首先应当指出的是,这一批的老艺人到如今大多已经逝世,仍然在世的几位老艺人也都年岁已高,如唐洪官老先生已是 79 岁高龄,彭景良老先生今年也已是 73 岁。这种生理特性对于老艺人复兴皮影技艺产生了极大的限制,皮影制作者复原皮影的精细程度、表演者表演长剧目的体力问题、江南丝竹的演奏人员组成等,都对皮影技艺复兴产生了影响。同时,还有一点不可忽视的就是语言问题——旧时期皮影的方言与现今常用的普通话之间存在着巨大的差别。这种皮影使用的语言难以适应大众审美,甚至产生了理解的缺陷,是皮影艺人无法填补的。[1]

也由于年岁已高,老艺人中多有心态较为消极者,认为只需要将旧时期的皮影基本复原出来即可,传承、发展等问题应交由下一代去思考。[2] 这导致他们对皮影主要以恢复旧形式为主,也仅仅是将旧时期皮影复原出来而已,并无更进一步的发展。

而作为经历过"文化大革命"的老艺人们,大多对"文革"心有余悸,担心会被"秋后算账"。这一点在严忠阳先生复兴齐贤皮影初期困难重重及唐洪官老先生的几番推脱中即可看出。[3]

基于以上限制和认识,老艺人们对于皮影的复兴并非出于自身意愿、主动进行,更多是国家要求下的一种应付,是故对于恢复甚至发展皮影缺乏热情。唐洪官老先生就表示,

---

〔1〕 吕奇儒、吴映雪:《唐洪官、唐介昌小组口述历史访谈》,上海泗泾镇马家厅,2017 年 8 月 2 日;吕奇儒:《彭景良小组口述历史访谈》,上海泗泾镇马家厅,2017 年 7 月 13 日。

〔2〕 吕奇儒、吴映雪:《唐洪官、唐介昌小组口述历史访谈》,上海泗泾镇马家厅,2017 年 8 月 2 日。

〔3〕 李依芸:《严忠阳、胡丹小组口述历史访谈》,上海齐贤学校,2017 年 7 月 27 日;吕奇儒、吴映雪:《唐洪官、唐介昌小组口述历史访谈》,上海泗泾镇马家厅,2017 年 8 月 2 日。

若非国家政策要求,并不会想要去复兴皮影艺术。[1]

同时正如上文所述,皮影虽然会在茶馆、大世界演出,但本质上属于农村,它的特性孕育于农村,同时也为农村服务,才形成了它的风貌。是故,应当特别指出的是,不同于唐山等地,皮影是一种祖传技艺,对于上海皮影老艺人而言,皮影原来只是一种业余的额外收入,最主要的还是种田或是自己的本职工作,如工人、裁缝等。[2]

也正是基于这种认识,他们对于皮影的重视程度在很多情况下不如相关机关、机构人员和艺术工作者,在复兴皮影的过程中就只是将旧时期皮影所需要的皮影人物、道具、剧本等再次制作出来而已,并无更进一步的发展。

2.1.2 相关机关、机构人员

从新皮影时期复兴和发展的整个历史过程来看,不难发现,国家政策和相关机关、机构人员在上海皮影的复兴中发挥了极大的作用。本次口述工作中涉及的严忠阳先生和长宁民俗文化中心就是最典型的代表,前者在齐贤皮影的传承和发展中起到了重要的作用,后者则使长宁地区留存的皮影传承不断。

作为相关机关、机构人员,他们大多原来几乎没有接触过皮影,基本都是在1978年十一届三中全会后,执行国家政策时才在真正意义上接触皮影。严忠阳先生在此后着手恢复皮影演奏并说服了一批过去的皮影艺人成功组建了团队,使得以唐宝良为班首的"齐贤唐家班皮影戏"在1982年齐贤茶馆等地重新恢复演出;后在1990年,在南桥古华公园和解放路街头进行多次演出。[3] 而在长宁民俗文化中心,在非遗项目开展之前,即2007年前,仅璩墨熙与朱默钧二位老人曾以业余兴趣班的形式为退休老人传授皮影技巧。[4]

而这也导致他们在对于皮影的继承和改造上存在一些不足——忽视旧戏目,喜欢表现新时代新风尚的新戏目。严忠阳先生拣选《薛仁贵征东》《薛丁山征西》里的片段写成剧本,虽得以用文字固定下来,但也使得长篇幅、大体量的旧剧本被大幅度地删减;另一方面,他自己编排了反映时代风尚的《媳妇上门》和《连心桥》两处新戏目,并在政府支持下多次演出。[5]

同时,相关机关、机构人员鉴于自己的身份,在发展上更倾向于与体制内的单位合作,行为上有很强的公益性和公营特征。他们在复苏、传播、传承、改革的过程中,可以帮助传承人寻找皮影后辈,并且在宣传皮影方面可以获得比传承人更多的资源。如严忠阳先生

---

〔1〕 吕奇儒、吴映雪:《唐洪官、唐介昌小组口述历史访谈》,上海泗泾镇马家厅,2017年8月2日。

〔2〕 吕奇儒、吴映雪:《唐洪官、康介冒小组口述历史访谈》,上海泗泾镇马家厅,2017年8月2日;李依芸:《严忠阳、胡丹小组口述历史访谈》,上海齐贤学校,2017年7月27日。

〔3〕 本书编纂委员会编《齐贤续志》,上海:上海辞书出版社,2008年,第310页。

〔4〕 吴映雪:《朱彦小组口述历史访谈》,上海长宁民俗文化中心,2017年7月15日。

〔5〕 李依芸:《严忠阳、胡丹小组口述历史访谈》,上海齐贤学校,2017年7月27日。

就推动传统文化进入校园,于 2012 年与齐贤学校的小学部接洽,将皮影引入小学兴趣班,传授、培养小学生的皮影兴趣;与金汇成人学校、老年大学都进行了密切交流,于 2015 年在金汇成人学校成立了皮影戏培训班,亲自进行指导。[1] 2016 年,长宁民俗文化中心请上海戏剧学院皮影专业的老师与他的团队专门打造了一部皮影戏《孔门弟子》,演出人员皆为文化中心的员工,配乐与唱词皆有专门的演出团队和演员录音,并使用普通话,方便观众听懂。[2]

2.1.3　相关艺术工作者

皮影作为传统曲艺中的一种,近年来也越来越受到相关艺术工作者的重视,本次口述工作中涉及的齐贤学校(小学部)的美术老师胡丹和与长宁民俗文化中心曾有合作的上海戏剧学院即为典型。

胡丹老师因所在学校与严忠阳先生合作,从而接触到皮影的表演与制作。由于主要教授对象为中小学生,因此她开始尝试使用其他材料,如塑料板、硫酸纸等,替代牛皮、驴皮;并且不局限于传统皮影人物形象,制作并教授学生制作了大量的卡通人物皮影;还从艺术画中吸取精华,与皮影相融合。[3]

而上海戏剧学院皮影专业[4]的老师与他的团队在《孔门弟子》的编排中,更是强化了皮影人物的动作复杂度,并将西方歌剧艺术与中国传统皮影艺术相融合,利用现代电影技术、现代科技手段打造出蒙太奇、追光等效果,使皮影更易于被当代人所接受。[5]

由此可以看出,相关艺术工作者在传承和发展皮影的过程中,不像传承人那样受到传统皮影表演和制作思想的束缚,敢于对皮影作出极大的甚至颠覆性的改造,按照自己所学的现代艺术观念对皮影进行处理,从而使得皮影在真正意义上成了"新时期皮影""现代皮影",但同时也无法避免地舍去了皮影旧有的一些民俗特征、特色。

2.2　上海皮影的传承现状

非物质文化遗产项目成立后,上海皮影的传承人普遍是过去以皮影为生的艺人或爱好者。笔者发现,上海皮影的传承不单依靠传承人个人寻找后辈及政府补贴的形式,皮影延续的方式逐渐呈现出多样性。

师徒传授是过去上海皮影最普遍的传授方式,在七宝皮影中这种方式依然被沿用至今。七宝皮影现任传承人唐洪官年轻时拜余友三为师,学习皮影技巧,现在他有两位徒

---

〔1〕 李依芸:《严忠阳、胡丹小组口述历史访谈》,上海齐贤学校,2017 年 7 月 27 日。

〔2〕 吴映雪:《朱彦小组口述历史访谈》,上海长宁民俗文化中心,2017 年 7 月 15 日。

〔3〕 李依芸:《严忠阳、胡丹小组口述历史访谈》,上海齐贤学校,2017 年 7 月 27 日。

〔4〕 据笔者调查,上海戏剧学院的皮影源自唐山皮影,它创作出的皮影戏经过大量的艺术加工,已与原本的七宝皮影大相径庭。

〔5〕 吴映雪:《朱彦小组口述历史访谈》,上海长宁民俗文化中心,2017 年 7 月 15 日。

弟,一位学了三年,一位学了两年,其中学了三年的徒弟为唐介昌,是在表演皮影的时候认识的。师徒传授同样体现在另一位七宝皮影艺人朱锦洪身上。由于找不到合适的传承人,自 2014 年起朱锦洪老先生每周三都会去青浦监狱传艺,先后收了六七个徒弟。因为没有后续报道和具体资料,这六位徒弟的现况在朱锦洪老先生去世后也不得而知。

奉贤区齐贤皮影主要由曾经的文化站干部严忠阳一手操办起来。他原先并非皮影艺人,却对齐贤皮影的发展几次起到了决定性作用:第一,"文革"后,齐贤皮影的老艺人没有徒弟且年岁已高,他亲自向老艺人学习皮影表演技艺;第二,他通过街道,将皮影技巧传授给业余的皮影团队;第三,他与齐贤学校中小学部合作,教授儿童基础的皮影表演技艺。[1] 其中又以街道中的教学最为主要。因此,齐贤皮影不同于七宝皮影的师徒传承,而是通过业余兴趣的方式,以街道为媒介,达到延续皮影的目的。不止齐贤皮影,2006 年 8 月,徐汇区康健街道也将一支由民间老艺人组成的皮影戏班重新组建起来,名曰"康健艺术团皮影戏队"——现存的唯一一个还能演出传统连台本戏的民间戏班,并且还提出了定期开展活动、演出及培养皮影戏接班人的设想。[2] 长宁民俗文化中心亦属此类。据长宁民俗文化中心的非遗办公室主任称:"我们三个人坚持了两年,把朱墨钧留下的这些剧本和东西进行再整合。因为没有乐队了,所以就去请原来的乐队录音,出去演出的时候就放录音,我们三个人只要在前面操作就可以了。"[3]

在学校传授方面,以相关艺术工作者为主要动力,以皮影传承人为辅,在齐贤学校和上海戏剧学院体现得最为明显。上文已有叙述,在此不再赘述。

在传承方面,笔者认为,由于非物质文化遗产是基于传承人进行传承,因此它非常依赖于传承人所在基层社区的保护。街道于文化传承的优越性在于它同时囊括了单位与非单位人群,所以比其他文化管理机构容易挖掘人才,并组织日常民俗活动,尤其是此类较为小众的民俗——它们没有专门的协会保护,规模小、分布零碎,因此难以被较大的文化机构察觉,所以此时街道及基层政府机构的作为就显得尤为重要。

2.3 上海皮影的发展现状

上文梳理与分析了三种不同身份的复兴者对于皮影的不同态度和影响:老艺人对皮影主要以恢复旧形式为主,大多对"文革"心有余悸,对恢复发展皮影缺乏热情,少数对恢复皮影极具热情,然而苦于岁数不得不选择放弃;机关、机构的人员作为国家政策的执行者,他们对皮影原来几乎没有接触,在继承上也存在一些不足,在发展上更倾向于与体制

---

〔1〕 李依芸:《严忠阳、胡丹小组口述历史访谈》,上海齐贤学校,2017 年 7 月 27 日。

〔2〕 沈丹姬:《当代城市化进程中的皮影艺术嬗变初探——以京沪两地皮影为例》,硕士学位论文,中央民族大学历史学系,2010 年,第 25—26 页。

〔3〕 吴映雪:《朱彦小组口述历史访谈》,上海长宁民俗文化中心,2017 年 7 月 15 日。

内的单位合作,其行为具有很强的公益性和公营特征;相关艺术工作者勇于对皮影作出极大的,甚至颠覆性的改造,按照自己所学的现代艺术观念对皮影进行处理。

在上海皮影的发展过程中,有一种极为有趣的现象——上海各地区的皮影没有太多的交流,但是其适应新时期的方式高度一致,可总结为四点:

第一,将新时期皮影的主要受众转变为儿童。新时期皮影在发展过程中都不约而同地选择将受众从农闲农民转变为儿童:齐贤皮影的《智斗大灰狼》和《守株待兔》、泗泾皮影中要做的卡通,包括长宁民俗文化中心的皮影剧目《狐假虎威》,及其与上海戏剧学院合作编排的《孔门弟子》,都是专门给幼儿园和小学的小朋友看的。[1] 从严忠阳先生的口述中可以看出,这不仅是上海新时期皮影的发展方向,江苏东方艺术学院(原江苏省木偶皮影剧团)也同样选择了儿童剧目这一发展方向。[2]

第二,剧目的时长大幅缩短。由于主要受众的转变,导致皮影剧目的时长也发生了巨大的变化。齐贤皮影的剧目大多控制在 10 分钟之内,长剧目基本也只是保留和演出了其中的几个章节。长宁民俗文化中心与上海戏剧学院共同编排的《孔门弟子》完整版也仅为 35 分钟,和旧时期皮影需要连续演出一两个月的长剧目也无法相提并论。

第三,江南丝竹配乐使用录音的方式。皮影和江南丝竹二者在传承过程中逐渐分离,新时期皮影班大多不配有专门的江南丝竹乐班。同时,江南丝竹本身作为非物质文化遗产之一,也面临着传承与发展问题,想要在每次皮影表演时都能找齐一个乐班越来越困难,需要的经费也越来越多。因此,新时期皮影的配乐大多使用了播放录音带的方式。

第四,表演多舍弃方言,转而使用普通话。如前文所述,旧时期皮影的方言与现今常用的普通话之间存在着较大的差异,语言问题在较大程度上阻碍了皮影受众的扩大。因此,新时期皮影在语言方面开始选择放弃传统方言,而使用普通话。同时,相关艺术工作者对皮影进行了一定的现代艺术处理,使得皮影有向现代艺术发展的倾向,保留的可能仅仅是皮影这种形式。

2.4 上海皮影的保护意义

旧的上海皮影戏仍旧是一种较为原始、幼稚的艺术,艺人们长期只将其作为主业外的一种补充的糊口方式,因此未能获得职业化、专门化的发展,如今更是早已失去了它的群众基础。那么,在我们对上海皮影戏进行保护的同时,更值得思考的是保护上海皮影戏的意义何在。

首先,从文化的角度来说,对上海皮影戏的保护不仅仅是对中华文化的传承,也是在

---

〔1〕 李依芸:《严忠阳、胡丹小组口述历史访谈》,上海齐贤学校,2017 年 7 月 27 日;吕奇儒、吴映雪:《唐洪官、唐介昌小组口述历史访谈》,上海泗泾镇马家厅,2017 年 8 月 2 日。

〔2〕 李依芸:《严忠阳、胡丹小组口述历史访谈》,上海齐贤学校,2017 年 7 月 27 日。

看到台湾布袋戏大众化、商业化转型的成功范例之后,重新给予受"文革"冲击的上海皮影戏一个转型的机遇;对上海皮影戏的保护也不仅仅是对其本身的保护,在上海市松江区,十锦细锣鼓的传承人同时也担任松江皮影戏的乐队成员,对上海皮影戏的保护完全可以起到"宣传一个,保护一批"的伞状保护作用。

其次,从学术研究的角度来说,上海皮影戏作为旧时上海人民社会生活的有机组成部分,对我们了解甚至是还原近代上海地区的社会和文化、政治和经济,对于比较中国各地区的差异都有极大的意义,在民俗学和历史学上有非常重要的研究价值。

3 结语

上海本地皮影戏虽然历史较短,只有 137 年,但很快融入了近代上海农村,并且参与近代上海村社的运作。但上海皮影戏的农村特质也局限了它的进一步发展,使其在旧时期内基本保持半职业的状态。1949 年后社会的改造与"文革"的打击使上海皮影戏一度沉寂,但"文革"后在政府和民间的合作下,上海皮影戏开始走向复兴。面对与之前完全不同的城市社会与现代文化,上海皮影戏仍然在艰难摸索自己在新时期的定位,而且已经作出了一些尝试。我们相信上海皮影戏在现代依旧有能力再次焕发活力。

本文碍于资料上的缺乏,对于很多问题仍然未能深入探讨,对于上海皮影戏的全貌(尤其是上海木偶皮影剧团、上海民间皮影剧团)缺乏把握。这些问题只能留待笔者的进一步研究。

Ⅳ 口述历史实践个案

Oral History Case Study

机构口述历史实践中的职务作品著作权保护问题与对策研究[1]

◎田丽君　付希金　李竟彤[2]

摘　要：

　　本文从机构口述史及其著作权保护研究的意义出发,阐释了机构口述史职务作品及其著作权的概念内涵与法律界定;从法律和伦理的视角,考察和分析了国内外各领域口述史实践中存在的职务作品著作权保护问题和典型案例。在总结和借鉴的基础上,本文提出我国机构在口述史实践中,应以法律为依据,多维考量、准确定位,科学选题、统筹规划,制定规范、签署协议、明晰职责权利和平衡利益,进而推动机构口述史实践走向依法依规、和谐共赢的发展轨道。

关键词：

　　著作权保护;职务作品;机构口述历史

Issues and Strategies of Copyright Protections for the Works of Institutional Oral History Projects

◎　Tian Lijun; Fu Xijin; Li Jingtong

Abstract：

　　This paper examines the works of institutional oral history and their related concepts and legal definition, from the perspective of the copyright protection. From both legal and ethical angles, it also examines and analyzes different cases of the works of institutional oral history in China and other countries. This paper suggests that when doing institutional oral history in China, we should follow the copyright law, take multiple factors into

---

　　〔1〕 基金简介:吉林省哲学社会科学规划项目"高校口述档案模式研究"(项目编号:2016B140)和吉林省教育厅"十三五"社会科学研究规划项目"高校音像档案长期数字保存仓储模式及服务系统建设研究"(项目编号:2015第547号)阶段性成果。

　　〔2〕 作者简介:田丽君(1962—),女,硕士研究生,研究员,主要研究方向为信息资源管理、口述历史和口述档案等;付希金(1982—),男,硕士研究生,副研究员,主要研究方向为信息资源管理、数字档案馆;李竟彤(1988—),女,硕士研究生,助理研究员,主要研究方向为口述历史、口述档案和档案信息管理。

considerations, select appropriate topics, make general plan and regulations, sign agreements, clearly define responsibilities and rights, and balance different stakeholders' interest and thus the practice of the institutional oral history is towards the way on which it obeys the law and regulation, and gets the harmonious and win-win development.

Keywords：

Copyright Protection; Works in Employment; Institutional Oral History

1 机构口述历史实践及其著作权保护研究的意义

在当今社会快速变革的背景下,口述历史正在为记录和保留时代记忆发挥独特的作用,并在社会多领域得到广泛应用。在世界各地口述历史学家的共同努力下,口述史学的发展呈现出旺盛的生命力,成为国际学术界以及促进社会运动的一支不可忽视的新生力量。[1] 口述历史全球化与口述历史时代已经到来。口述历史的实践蓬勃展开,特别是机构口述历史活动正在不断推动其实践条件的改善,并凸显其作用。

我国有着悠久的口述历史传统,从最早的民间口头传说到官府采风,从史迹实考到歌谣采集和民俗故事等[2],但真正的现代口述历史工作始于 20 世纪 80 年代中期。到 20 世纪末,经历了西方现代口述历史的推介和港台现代口述历史的启发,中国内地(大陆)口述历史正式起步,并开始实践尝试。[3] 进入 21 世纪,我国口述历史迅速兴起,目前已成方兴未艾之势,其中有组织、有计划的机构口述历史实践起到了推波助澜之作用。机构口述历史实践的意义不仅在于它把受访者的所见所闻转化为口述历史,生动鲜活地再现有价值的历史过程,使其成为搜集、记录、传承翔实的历史记忆的一种特殊形式,其优势还在于更有条件规划、组织和实施口述历史项目,存储和管理口述史料,系统整理开发口述历史,使其有效传播,最大限度地体现其价值,发挥其作用。从现实和长远发展上看,机构更有能力适应大数据时代发展之需要,构建口述历史影像数据库,使海量口述历史视频得以安全保管、科学管理、有效开发利用与永久存储,进而推进中国口述历史进一步发展壮大。因此,我国各地的大型科研机构、图书馆和规模化档案馆(尤其是高校档案馆)等不断关注并自发开展口述历史的采集、整理、研究和开发利用工作,这是值得各级领导部门大力支持和鼓励的,其他社会各界也应积极参与并行动起来,这必将促进我国口述历史做大做

---

〔1〕 杨祥银:《口述历史全球化与口述历史时代》,2015 年 9 月 19 日,中国传媒大学崔永元口述历史研究中心主办会议上的发言。

〔2〕 左玉河:《谈中国口述历史发展的最大隐患》,2015 年 5 月 25 日,http://www.aisixiang.com/data/88290.html,最后访问日期:2016 年 7 月 29 日。

〔3〕 同上。

强。这也是美国等西方国家的口述历史模式成功推广和强势发展，并显示其旺盛生命力的经验所在。

机构口述历史实践一般来说属于职务活动，其口述作品无疑是职务作品。当然，另有约定的例外。因此，它比个体口述历史工作具有更多特殊性和复杂性。涉及机构与受访者、访谈者、社会其他组织和个人等多元主体和多种利益关系，其著作权保护上潜藏着复杂繁多的法律问题与风险，是机构口述历史实践必须重视和解决的首要问题。2003年以来有关口述历史作品著作权问题的研究成果不断问世，但是，总的来看，已有的研究成果主要集中在口述历史作品著作权在受访者本人、访谈者、机构之间的归属问题的探讨，其中主要涉及受访者本人、访谈者和机构三者对口述历史作品的创造性贡献的分配，涉及三者间的授权关系和法律关系、著作权归属的限制，以及著作权纷争处理研究。[1] 但是，目前关于机构在口述历史实践中对职务作品著作权保护问题及对策的专门研究尚付之阙如。由于机构不仅是口述历史最重要的采集、创作和研究部门，是其永久存储和安全保管的场所，更是其开发利用、展示与传承的平台。面对更为复杂和多元利益主体的法律关系，机构在口述历史职务作品著作权保护上，容易面临更多的法律问题与风险，它既涉及与受访者、访谈者的法律问题和纠纷风险，也涉及与社会的其他主体，如网络及各种传媒对机构著作权的侵犯问题。因此，研究机构口述历史职务作品的著作权归属与保护问题，寻找应对的措施，具有更重要的现实意义和深远的历史意义。它有助于机构规避其职务作品保护上面临的诸多法律风险，促进机构口述历史实践更加专业化、规范化和科学化，走向依法依规与和谐共赢的发展轨道，从而发挥更大的作用，推动口述历史、机构事业和社会共同的进步与发展。

2　口述历史职务作品著作权的概念与法律界定

对机构口述历史职务作品著作权保护问题展开研究，首先要明晰口述历史、口述历史职务作品、口述历史职务作品著作权的概念和法律界定。

美国口述史学会前主席唐纳德·里奇（Donald A. Ritchie）认为："口述历史是以录音访谈的方式收集口传记忆以及具有历史意义的个人观点。口述历史访谈指的是一位准备完善的访谈者，向受访者提出问题，并且以录音或录影记录下彼此的问与答。访谈的录音（影）带经过制作抄本、摘要、列出索引这些程序后，储存在图书馆或档案馆。这些访谈记

---

〔1〕　王倩：《谈口述档案著作权问题的特殊性》，《档案》2011年第1期，第15—17页；邢幸：《图书馆访谈式口述历史文献的版权问题刍论》，《图书馆学刊》2014年第1期，第8—10页；尹培丽：《口述资料及其著作权问题探究》，《图书与情报》2011年第3期，第53—56、84页；熊咏梅、胡立耘：《口述历史法律问题研究综述》，《兰台世界》2015年第12期，第5—7页。

录可用于研究、摘节出版、广播或录像纪录片、博物馆展览、戏剧表演以及其他公开展示。"〔1〕唐纳德·里奇对口述历史的概念和内涵的界定,国内学术界基本上给予认可,但是,也有学者提出,口述历史的概念不应仅局限于访谈式口述历史,还应注意叙述式口述历史,在飞速发展的数码科学技术手段已被口述历史实践广泛应用的背景下,我们可以对口述历史概念进行新的诠释。从中外口述历史实践的时代特征上看,笔者认为,口述历史的概念内涵可以这样重新界定:人们出于有效记录、保存和保护历史记忆,以及研究利用、传播等目的,依赖特定时空中所具有的录音、录像等现代技术手段,通过历史当事人叙述式口述或访谈式口述形成的口传历史过程,以及具有历史意义的观点。口述历史形式可以是文字记录、抄本、录音和录像等,也可以是再创作的口述历史作品。

按照我国著作权法的规定,职务作品是指公民为完成法人或其他组织工作任务所创作的作品,其特征是创作的作品应当属于作者的职责范围,对作品的使用应当属于作者所在单位的正常工作或业务范围之内。以此法律规定为依据,笔者认为,口述历史职务作品是指机构工作人员为完成其工作任务所创作的口述历史作品,其口述历史作品属于作者的职责范围,对其作品的使用应当属于作者所在单位的正常工作或业务范围之内。

以此类推,口述历史职务作品的著作权问题在于口述历史作品采集、整理、研究和开发利用的全过程,它虽然主要涉及口述历史职务作品的所有权和使用权,但是相对于其他类型的历史作品又有其特殊性。除复制权和信息网络传播权外,它还包括汇编权、广播权、摄制权、翻译权、展览权,以及发表权、修改权和保护作品完整等。

将《中华人民共和国著作权法》第十六条规定,以及《中华人民共和国著作权法实施条例》第十一条和第十二条规定引申到机构口述历史实践中,笔者将口述历史职务作品分为口述历史单位作品、一般职务作品和特殊职务作品,并对其概念内涵及其著作权作以下法律界定。

口述历史单位作品是由机构主持、代表机构意志创作并由机构承担责任的作品。机构被视为作者,行使完整的著作权。口述历史一般职务作品是指除口述历史单位作品外,机构成员为完成机构工作任务而又未利用机构物质技术条件创作的口述历史作品。口述历史一般职务作品的著作权由访谈者和受访者所有,但是机构有权在业务范围内优先使用。口述历史一般职务作品完成后两年内,未经机构同意,作者不得许可第三人或其他组织以与机构相同的方式使用该作品。口述历史一般职务作品完成后两年内,经单位同意,作者许可第三人以与机构使用的相同方式使用作品,所获报酬由作者与单位按规定比例分配。作品完成两年的期限从作者交付作品之日起计算。口述历史特殊职务作品则指科

---

〔1〕［美］唐纳德·里奇:《大家来做口述历史:实务指南》(第二版),王芝芝、姚力译,北京:当代中国出版社,2006年,第2页。

研机构、图书馆、档案馆等成员利用机构的物质技术条件制作，由机构承担责任的口述历史职务作品，或是法律、行政法规及合同约定的著作权由机构享有的职务作品。口述历史特殊职务作品的作者享有署名权，著作权人的其他权利由机构享有，机构可以给予作者奖励。

尽管著作权法对职务作品的著作权保护作了相应的法律规定，但是由于口述历史职务作品的特殊性，即存在机构与受访者、访谈者等共同参与的口述历史的合作性创作和彼此分担的主体、辅助、委托及贡献量等复杂的利益关系，仍然不可避免地存在一些无法清晰定义的法律关系的难题。

3 国内外口述历史职务作品著作权纠纷及相关案例分析

尽管口述历史职务作品著作权的保护法规在不同国家有差异，但是，我们仍然可以透过国内外机构口述历史实践中存在的职务作品著作权纠纷和相关项目案例，来分析口述历史职务作品著作权在多元主体和多种利益关系中涉及的复杂的法律问题与风险。

3.1 《李宗仁回忆录》口述历史著作权纠纷案例

此案例多次被研究者引用，作为分析口述历史作品著作权问题的经典案例，但笔者认为，原有的一些分析存在含糊之处，并且缺乏基于机构口述历史职务作品著作权保护维度的分析。美国哥伦比亚大学曾经以机构的名义委派唐德刚对李宗仁进行口述历史访谈，并撰写《李宗仁回忆录》。唐德刚先生自 1958 年春至 1965 年夏用了近 7 年的时间，在李宗仁先生的热情配合下，写出了《李宗仁回忆录》的中英文两稿。在署名问题上，经哥伦比亚大学提议，李宗仁先生同意，达成以下协议：用"李宗仁口述；唐德刚撰稿；美国哥伦比亚大学·东亚研究所·中国口述历史学部编撰发行"字样，出版时将该书列为哥伦比亚大学"东亚研究所丛书第 xx 号"。而 1965 年李宗仁回国后，写信给唐德刚，让其告知哥伦比亚大学停止出版英文稿，理由是重读这份译稿，觉得与中文底稿出入很大。但是哥伦比亚大学不同意李宗仁的做法，遂将此口述历史职务作品著作权纠纷案移送法院。美国的法院依照美国出版法以及国际版权协议，将此口述历史职务作品判为哥伦比亚大学财产，理由是哥伦比亚大学已经与李宗仁达成协议，即李宗仁只是《李宗仁回忆录》的受访者，编撰者及发行者都是哥伦比亚大学，而撰稿者虽然是唐德刚，但唐德刚是哥伦比亚大学的雇员，其所撰写的口述历史作品著作权归哥伦比亚大学所有，所以哥伦比亚大学对《李宗仁回忆录》有任意处理的全权。据此，哥伦比亚大学根据法律程序将全稿存封。[1] 以往研究者

---

〔1〕 薛鹤婵：《口述档案的知识产权研究》，《兰台世界》2009 年第 12 期，第 31—32 页。

在引用此案例分析时都看到了哥伦比亚大学与李宗仁事先协商的重要性，但是对于此案中《李宗仁回忆录》作品的著作权到底是否完全归属于哥伦比亚大学则持模糊态度。笔者认为，此案中，哥伦比亚大学与李宗仁的事先协商之所以重要，就在于哥伦比亚大学由此获得了《李宗仁回忆录》作品的全部著作权。美国版权法规定，"雇佣作品"包括：雇员在其受雇范围内所制作的作品；经特约或委托的作品，用来作为集体作品的创作部分，作为电影或其他音像作品的一个组成部分，作为译文、补充作品、编辑作品、教学课文、试题、试题解答材料或地图集。如各方以签署的书面文件明示同意，则该作品应视为雇佣作品。[1]就雇佣作品而言，雇主或者作品为其制作的其他人被认为是本法所称的作者，除非各方在由他们签署的书面文件中明确作出另外的协议，雇主或者作品为其制作的其他人拥有版权所包括的一切权利。[2] 而此案中哥伦比亚大学之所以获得对作品任意处理的全权，正是在于事先协议中规定的哥伦比亚大学对《李宗仁回忆录》著作权的持有。而哥伦比亚大学作为机构在取得著作权的同时，虽然考虑到了争取受访者授权这一环节，但是没有充分细致地考虑到受访者可能由于特殊原因所产生的变动要求，也没有充分地考虑到情况变动可能带来的各方利益平衡问题。类似的案例如果发生在中国，按照本文第二部分的分析，案例中的口述历史作品显然属于特殊职务作品。而类似案例中的职务作品无论属于单位作品，还是属于一般职务作品或特殊职务作品，在制作过程中，机构如果没有充分考虑到受访者基于特殊情况可能产生的变动而加以协议规定，那么同样会产生机构与受访者之间的法律纠纷。类似的案例也启示我们，在机构口述历史实践中必须注意告知受访者制作计划、工作程序以及特殊变动可能带来的风险和代价，否则就将产生法律纠纷。

3.2　里加犹太人居住区幸存者学会和哈特恩巴赫博士的诉讼案

20 世纪 70 年代晚期，里加犹太人居住区幸存者学会雇佣哈特恩巴赫博士搜集和撰写里加犹太人居住区历史。哈特恩巴赫博士是一位公认的大屠杀研究专家，他采访了 100 多位大屠杀幸存者，并收集了部分文字材料和纪念品。1982 年双方就著作《里加犹太人聚居区历史》签署了第一份书面协议，协议明确规定，哈特恩巴赫博士将访谈和手稿的著作权授予学会，同时协议规定哈特恩巴赫博士除了获得金钱报酬外，还被列为作者，并拥有对所有档案材料的唯一使用权，直到所有的手稿完成。1985 年初，学会的领导人对哈特恩巴赫博士试图对幸存者之间不同的叙述进行协调的做法表示不同意，学会领导人还反对哈特恩巴赫博士发表在《奥斯维辛声音》杂志上的评论文章。最终学会以哈特恩巴赫博士

---

〔1〕　Looc Office, *Copyright Law of the United States and related laws contained in title* 17 *of the United States code* (October, 2009), http://www.wipo.int/wipolex/zh/text.jsp? file_id=177374，accessed on August 2，2017.

〔2〕　同上。

违背协议为由,于 1986 年向法院起诉。学会坚持要求收回哈特恩巴赫博士对于所有磁带和纪念品的所有权,并要求其赔偿 10 万美元的损失费。同样,哈特恩巴赫教授也以学会破坏协议为由提出反诉,同样要求经济赔偿。[1] 笔者认为,以往有研究把学会定义为受访者和口述档案信息的提供者的分析有误,[2] 与《李宗仁回忆录》著作权纠纷案相比,此案纠纷的主要问题在于:虽然里加犹太人居住区幸存者学会以机构的名义雇用了哈特恩巴赫博士,学会与博士也签署了博士转让著作权给学会的协议,但协议还规定了博士的作者身份和对档案材料的使用权,也就是说,这份协议在著作权的归属上存在着一定时间内的著作权的共享性。关键是在著作权共同分享的情况下,学会没有对共享著作权人在作品的编撰、修改、发表及保护等事务上作出明确规定。类似案例如果发生在中国,同样会产生纠纷,或者可能矛盾关系更为复杂。因此本案启示我们,机构要充分考虑自身与访谈者或撰稿人之间的著作权归属的时间界限和使用权界限,并且要对具体实践中可能出现的情况加以防范,应尽量考虑细致全面,作出明确的协议规定,并及时告知合作者。

3.3 "中国电影人口述历史"项目

我国机构口述历史项目的成功案例不少,其中"中国电影人口述历史"项目为其典型代表。

这是 2007 年由中国电影艺术研究中心、中国电影资料馆和中央电视台电影频道合作推出的,以采访、记录(老一代)中国电影人的生平经历和专业,以及档案收藏为目的的大型集体口述历史项目。为确保其口述历史访谈具有专业水准,项目组成立了编委会、口述历史领导小组和由中国电影艺术研究中心研究人员组成的专家组和工作组,统一调度、集中谋划、合理分工;同时对口述历史工作规范、工作程序、工作细则进行多次研讨,陆续制定了系列相关规章制度。如,会同有关法律专家,起草不同形式的受访人授权文书,由受访人自愿选择,以确保口述历史存档及其未来的版权使用有章可循、合法合理;起草访谈者保密协议,要求每个参与这一工作的采访人、摄像师、录音师签署,确保受访者权益及国家利益都不受损害。[3] 此项目共采访数百人,累计访谈时长达数千小时。项目组提出的30 卷本的口述历史图书出版项目,获国家出版基金会批准立项。

为编纂中国电影人口述历史档案抄本,完成"中国电影人口述历史丛书"编撰任务,项目组起草了《"中国电影人口述历史"编辑条例》(以下简称《条例》)[4]。《条例》规定选编

〔1〕 薛鹤婵:《口述档案的知识产权研究》,《兰台世界》2009 年第 12 期,第 31—32 页。

〔2〕 同上。

〔3〕 陈墨:《"中国电影人口述历史"序》,《当代电影》2013 年第 9 期,第 79—83 页。

〔4〕 陈墨:《"中国电影人口述历史"编辑条例(讨论稿)》,载《口述历史杂谈》,北京:海豚出版社,2014 年,第 134—146 页。

的口述历史材料,必须查证是否已获得受访人的《授权书》,必须在受访人的授权限制条例要求范围内选编;凡是未得到受访人授权公开的内容,不得选编。若受访人的授权限制有所改变,或分册主编与受访人商议扩大编选范围,除取得受访人口头授权外,还须让受访人签署同意扩大编选范围的文字证据。同时《条例》规定"中国电影人口述历史丛书"的图书编辑须有整体性规范,每一个分册主编都必须共同参与规范的讨论,投票通过后的规范,必须共同遵守。每册书的封面及扉页上,都必须清楚地标明该册口述历史的受访者姓名、采访人姓名、分册主编姓名、总主编姓名。《条例》还规定受访口述人应被视为第一作者;若原始抄本中采访人的问题缺漏、语句不全,或受访人答非所问、偏离问题,分册主编有权利和义务增补齐全,或改变问句形式,但所有的增补修订,都必须以恰当方式予以说明。抄本编选必须以录音整理的原始抄本为依据,除非不改动会让受访人的表述内容受到严重损害甚至使人不知所云,否则不得随意改动。如果采访人或受访人因为某种特殊原因需要增加内容或修订说辞,必须以恰当方式予以说明。[1] 经过多方通力合作,"中国电影人口述历史丛书"陆续面世。笔者认为,这是一宗机构在处理自身与受访者、受访者与访谈者、访谈者与编撰者之间权利利益、责任义务等复杂关系的成功案例。

此案中,"中国电影人口述历史"项目组代表国家社会科学基金管理机构,它充分考虑到了启动如此巨大项目后的多元主体、多样利益之间的复杂矛盾关系可能带来的风险。尽管在项目启动后的具体实践中尚存在若干意想不到的烦琐问题,但"中国电影人口述历史"项目遵循法律和伦理规范,注重细节,充分考虑受访者的利益维护对规避口述历史职务作品著作权风险的作用,包括事项变更后各相关利益主体之间权益、风险和责任的约定,既维护受访人和采访人权益,又维护中国电影资料馆口述历史工作声誉,并兼顾出版社利益,在不断商讨的过程中找到合理及合乎多方利益要求的平衡方式[2],规范运作,在大方向上避免了很多琐碎矛盾的产生,因此有效规避了可能产生的法律纠纷。此案例值得业界学习、研究并加以借鉴。

4 机构口述历史实践中职务作品著作权风险缘由与保护对策

4.1 机构口述历史实践中存在的职务作品著作权风险缘由

纵观口述历史的发展和对国内外口述历史典型案例的分析研究,笔者认为机构口述历史职务作品著作权归属问题是其主要的法律纠纷风险点。口述历史职务作品著作权归属界定是一个理论和实践相结合的复杂问题,直接影响机构口述史料的整理研究、开发利

---

〔1〕 陈墨:《"中国电影人口述历史"编辑条例(讨论稿)》,载《口述历史杂谈》,第134—146页。
〔2〕 同上,第137页。

用及口述历史作品的有效传播等。导致其风险存在的原因主要有：

（1）对机构口述历史职务作品著作权的认识偏差。由于对口述历史著作权问题研究不够深入，各方在机构口述历史职务作品著作权保护上，出现理解和认识偏差，会导致一些情况的发生：一是机构认为自身是必然的口述历史作品的著作权人。由于机构和员工处于管理与被管理的劳动人事关系，机构所居优势地位会使其想当然。尽管二者一般来说容易平衡关系，但实际情况却并非完全如此，想当然可能会导致相应纠纷的发生。二是承担了机构口述历史主要工作的员工也会认为自己是当然著作权人，有权支配和处理所取得的访谈内容，可以自行决定其复制、发表、出版与发行等。当机构口述历史职务作品著作权归属上存在如上认识偏差和分歧之时，纠纷会纷至沓来，将影响机构口述历史工作的推进与深化。

（2）忽略机构口述历史职务作品的多元契约属性，协议签订不完整。根据最新著作权法（2017最新版本）第五十七条和第五十八条，本法所称的著作权即版权。著作权人有权支配其具有原创性作品的出版、复制与发行等。机构在口述历史实践中，确实与承担此项工作的员工签订协议的极少，而忽略机构口述历史职务作品的多元契约属性居多。如机构与具有员工身份的访谈者之间、机构或访谈者与受访者之间、机构与口述历史编纂人或联合作者之间、机构与出版机构之间等，未签订契约或契约签订不全，或多重契约贯彻落实和遵守不到位。这些问题的存在都将使机构口述历史职务作品著作权归属界定不清，从而引发一系列的著作权风险问题。主要问题为：一是未经著作权人许可，发表其作品；二是未经合作作者许可，将与他人合作创作的作品当作自己单独创作的作品发表；三是没有参加创作，为谋取个人名利，在他人作品上署名；四是歪曲、篡改他人作品；五是剽窃他人作品等问题，都有发生的可能，最终引发著作权纠纷。

4.2 机构口述历史实践中职务作品著作权保护对策

为规避如上法律风险，防患于未然，机构口述历史实践离不开著作权法律制度的规范，并在口述历史的实践中切实加以贯彻落实。虽然我国目前尚没有专门的口述历史法律制度，但是与此直接相关并对此具有有效制约的著作权法和档案法是机构进行口述历史职务作品著作权保护工作的重要依据与保证。由于口述历史作品的性质、创作关系、利益分配和行使途径等都有特殊性，所以，机构对口述历史职务作品的著作权保护必须依照现行相关法律法规，结合实践中存在的问题认真研究，做到认真学习领会相关法律法规，科学选题，统筹规划，制定规范，签署协议，平衡利益，和谐共赢。

（1）科学选题，统筹规划

随着口述历史公信力的提升，口述历史活动如火如荼地开展起来。机构在其口述历史实践中，首先应成立领导小组，并由专业人员组成工作组，科学选题，统筹规划，合理分工,统一调度,以确保机构口述历史工作达到专业化水准,并可持续深化与科学发展。

(2)制定规范,签署多重协议

首先,机构应认真学习研究和落实著作权法等,以相关法律法规为准绳,结合本机构实际,在访谈前做好周密口述历史计划,本着依法规范、条款全面、表述清晰、公平合理的原则切实开展口述历史职务作品著作权保护工作。

其次,事前与参与各方签订协议,包括与受访者及其继承人、与员工身份的访谈者、与其他合作者如出版方等的多重协议,都必不可少。明晰机构口述历史职务作品著作权的归属,准确其角色定位和各自责权利等,可规避未来各种意想不到的法律纠纷的出现,防患于未然。在口述历史职务作品的创作过程中,需要不同主体相互配合,形成不同的创作关系。由于口述历史职务作品的著作权问题十分敏感,因而绝大多数机构都会考虑到口述历史职务作品著作权的争取和确定问题,但是,这并不表明此种考虑就能有效规避其复杂性带来的著作权纠纷风险。符合逻辑的认识应该是:从机构参与形成口述历史作品的内部关系入手,依照相关法律,分别考虑到职务作品是单位职务作品,还是一般职务作品,或是特殊职务作品。如果口述历史作品的创作是由机构提出构想、积极策划、确定主题、准备提纲、开展访谈,并进行摄录、整理档案、编撰完成,那么就应该考虑口述历史作品作为单位作品的著作权依法维护问题。如果是机构聘用的工作人员为完成机构工作任务,而未利用单位物质技术条件而创作的口述历史作品,那么应该考虑口述历史作品作为一般职务作品的著作权依法维护问题。如果口述历史职务作品的创作主要利用机构的物质技术条件制作,并由机构承担责任的职务作品,以法律、行政法规规定或合同约定著作权由机构享有的职务作品,那么就应该考虑口述历史作品作为特殊职务作品的著作权依法维护问题,由机构行使完整的著作权。在委托创作合同中要对著作权的使用范围和方式作出尽可能细化的明确约定。

最后,制定完备的各项工作规范,并贯彻落实到机构口述历史实践的全过程。口述历史职务作品的著作权源于其创造性,对口述史料进行整理、组合、取舍和加工,加入了选择的表达语言,投入了智力手法,其创作内容是否符合受访者的原意,受访者的表达与访谈者的理解之间是否存在出入,是机构口述历史职务作品保护工作首先要考虑的问题。如果受访者对口述内容的制作产生异议(如泄漏隐私、捏造事实等),那么受访者就会围绕自身的切身利益主张自己的权利而进行诉讼,从而危及口述历史职务作品的著作权。借鉴电影人口述历史项目等成功经验,机构口述历史职务作品保护工作,首先要做好对此类问题的防范,制定规范,推出与此相关的事项细化条款。

(3)平衡利益,和谐共赢

所谓利益,是人们受客观规律制约,为满足生存和发展而努力争取的要求、需要和愿望,反映到法律条文中,就成为法律权利。法律权利就是法律保护的利益。[1] 利益平衡既是其他民事法律研究的重要准则,更是著作权法的关键原则。机构口述历史成果是多元主体劳动协作的结晶。在其口述历史实践中,应依据多元主体对机构作品的贡献大小,兼顾各方利益进行多维考量,建立利益平衡机制。既要考虑访谈者和受访者等个体获得公平合理的权益或报酬,又要兼顾集体利益和机构的发展。实际个案中,虽难能两全,但其平衡目标应是在遵循著作权法的框架下,首先满足最重要的和必须优先考虑的利益,然后再使其他利益作最少的牺牲。[2] 在机构口述历史实践中,优先满足最重要的和必须优先考虑的利益应为机构发展,同时也必须充分尊重访谈者、受访者等多元主体的贡献,兼顾其合法权益诉求,以达到和谐共赢之目的。

---

〔1〕 袁泳:《数字版权》,载郑成思主编《知识产权文丛(第 2 卷)》,北京:中国政法大学出版社,1999 年,第 11—12 页。

〔2〕 王伟亮:《从"一般职务作品"到"特殊职务作品"——利益平衡视角下的新闻职务作品著作权归属分析》,《青年记者》2014 年第 31 期,第 73—75 页。

"口述音乐史"学术实践的六个操作关键[1]

◎丁旭东[2]

摘　要：

　　"口述音乐史"是有着突出实践品格的学术领域。科学操作方能保证学术成果的科学。概括而言,科学操作要把握六个关键:一是具有专业素养的采访人,这是决定"口述访谈史料"学术价值的关键;二是找到各种类型的合适受访人,这是完成任务的关键;三是借助文献搭建"史骨","补配"缺失,是实现"口述音乐史"完整性的关键;四是采用"历时"和"共时"的双重视角构建历史,是解决许多"口述音乐史"书写难题的关键;五是同步建设可共享的"数字化原始口述史料库",是口述史料学术价值发挥与被广泛利用的关键;六是基于信任基础上签订相关资料的授权使用协议,是保障口述史料合法利用与相关参与人合法权益的关键。

关键词：

　　口述音乐史;口述访谈;"四 T 理论";数字化原始口述史料库

Six Main Points of the Academic Practice of Music Oral History

◎　Ding Xudong

Abstract：

　　Academic practice is the characteristic of Music Oral History. Six key points need to be grasped in the process of practice. First, the project team has a professionally trained interviewer. Second, the project team must be able to find suitable interviewees. Third, researchers need to use other documents to complete oral history writing. Fourth, researchers construct oral history through a diachronic and synchronic perspective. Fifth, researchers should establish a shared digital music oral history database. Sixth, the project team must sign the agreement with the parties to authorize the utilization of materials.

---

　　[1]　基金项目:中国博士后科学基金第57批面上项目二等资助课题"中国老音乐人口述史料的抢救性采集、整理与研究"(资助编号:2015M571232)。

　　[2]　作者简介:丁旭东(1975—),男,文学博士,副教授,主要研究方向:音乐口述史。

Keywords：

Musical Oral History；Interview；*FTT*(*Four T* Theory)；Digital Music Oral History Database

"口述音乐史"不等于"音乐口述史"。"口述音乐史"是音乐史学家梁茂春在《"口述音乐史"漫议》[1]一文中提出的。之后，又在其讲座纪实《"口述音乐史"十问》[2]中对概念的基本内涵与性质予以重申及补充。其基本观点可概括为四点。第一，"口述音乐史"是用音乐史的方法整理采访音乐家及相关人有关音乐历史的口述材料。这些口述材料中陈述的相关音乐史就是"口述音乐史"。第二，"口述音乐史"是"音乐口述史"下的子概念，内容主要指涉近现代音乐史。第三，"口述音乐史"是采访也是研究的成果。第四，"口述音乐史"具有三重属性："口述化"文本、民间文本、个案范畴文本。2016年12月，笔者就此问题与梁茂春教授进行了访谈对话[3]，对概念内涵做了进一步探讨，其中包括三方面的表述更新：一、主要专注书写现当代音乐历史；二、是"音乐史"下的一个分支；三、内容构成主体是访谈音乐家及相关人的有关音乐史的口述材料。

国内外"口述音乐史"学术实践的发展状况如何？

从以美国为代表的国外学术实践来看，目前虽然没发现专门探讨"口述音乐史"理论的文献，但实践丰富，如美国音乐口述史先驱薇薇安·帕丽丝(Vivian Perlis)于1969年执行了美国现代音乐作曲家查尔斯·艾夫斯(Charles Ives)的口述史项目后，耶鲁大学在此项目上成立了音乐口述史办公室，并设立、执行了OHAM(美国音乐口述历史，Oral History of American Music)项目，至今该项目已完成对美国古典、现代、流行等各类音乐相关人逾1100次访谈及音像数字转化工作，其核心单元是"美国音乐人物"口述访谈(Major Figures in American Music：Oral History)。据统计，现已存对320位作曲家、音乐表演艺术家的访谈资料，包括阿隆·科普兰(Aaron Copland)、约翰·凯奇(John Cage)、约翰·亚当斯(John Adams)等。目前，在帕丽丝的主持或参与下，已出版《艾夫斯的回忆：一部口述历史》(*Charles Ives Remembered*：*An Oral History*)[4]、《从艾夫斯到艾灵顿作曲家的声音：美国音乐口述史》(*Composers Voices from Ives to Ellington*：*An Oral*

〔1〕 梁茂春：《"口述音乐史"漫议》，《福建艺术》2014年第4期，第11—13页。

〔2〕 梁茂春讲述，刘鹤红记录、整理：《"口述音乐史"十问——2016年5月梁茂春教授在中国音乐学院讲学记要》，《天津音乐学院学报》2016年第3期，第12—32页。

〔3〕 丁旭东：《梁茂春口述历史访谈》，中央音乐学院新六楼梁茂春寓所，2016年12月11日18：00—19：00，抄本修改稿完成于2017年1月31日。

〔4〕 V. Perlis，*Charles Ives Remembered*：*An Oral History*，Illinois：University of Illinois Press，2002.

History of American Music）〔1〕、《完整的科普兰》（*The Complete Copland*）〔2〕等著作。另外，美国罗格斯大学图书馆下属的爵士音乐研究中心还执行了美国爵士音乐口述历史项目（简称 JOHP）。该项目系统收集了美国爵士乐各类史料，其中包括 120 个年龄在 60 岁以上以及部分以下但身体素质不佳的爵士音乐家音视频访谈资料、文字抄本、音乐唱片等。目前资料已完成了数字转化，保存在罗格斯大学数字图书馆，可在线索取，但无相关图书出版。由此可见，美国"口述音乐史"注重的不是理论探究而是实践，其最核心的是音乐家访谈（"口述音乐史料"的采集）、口述史料整理、数字化与共享型"口述音乐史料库"建设。

为便于比较分析，我们再考察国内学术实践状况。

近年来，我国出版了《中国大提琴创作民族化的开拓者：著名大提琴教育家王连三口述史》〔3〕《乐之道——中国当代音乐美学名家访谈》〔4〕《蜀中琴人口述史》〔5〕《史诗〈东方红〉创作者口述史》〔6〕《大型口述历史文献片——百年音乐人物李凌》〔7〕《望：一位老农在 28 年间守护一个民间乐社的口述史》〔8〕《一位指挥家的诞生——阎惠昌传》〔9〕等"口述音乐史"类作品。虽然这些作品体现了国内学者学术探索的自觉，但没有形成具有共识的"操作规范"，正如冯长春所说："我们在访谈与写作时，并没有'口述史'的概念，完全是靠着自身的学术热情、学术自觉和既往的其他学术经验来完成的。"〔10〕 杨晓说："我是早年在香港中文大学攻读博士学位，旁听人类社会学课程时，听到的这一概念。感到它和音乐历史的书写有天然的契合，就期望将来能借鉴这些经验，做出具有独特精神气

---

〔1〕 V. Perlis and L. van Cleve, *Composers Voices from Ives to Ellington：An Oral History of American Music*, N. Y.：Yale University Press，2005.

〔2〕 V. Perlis and Aaron Copland, *The Complete Copland*, N. Y.：Pendragon Press，2013.

〔3〕 杨绿荫：《中国大提琴创作民族化的开拓者：著名大提琴教育家王连三口述史》，厦门：厦门大学出版社，2010 年。

〔4〕 罗小平、冯长春编著：《乐之道——中国当代音乐美学名家访谈》，上海：上海音乐学院出版社，2011 年。

〔5〕 杨晓主编《蜀中琴人口述史》，北京：生活·读书·新知三联书店，2013 年。

〔6〕 该书采访了大型音乐舞蹈史诗《东方红》的主创人员。访谈呈现了《东方红》的生产背景、创作规律、文本解读、传播过程，以及宏观和微观的文化演进轨迹。作为探索中的音乐口述史作品，有的学者认为，该书缺乏严谨的学术推理。总之，其价值没有得到学术界的普遍认可。见黄卫星《史诗〈东方红〉创作者口述史》，北京：清华大学出版社，2013 年。

〔7〕 丁旭东总导演、编剧：《大型口述历史文献片——百年音乐人物李凌》（DVD），北京：中国科学文化音像出版社，2014 年。

〔8〕 该书以访谈的形式，以林中树口述、作者按语的方式，讲述了一个普通的农民林中树为了守护民间乐社，在 28 年间所做的事情及努力。见乔建中编著《望：一位老农在 28 年间守护一个民间乐社的口述史》，北京：中央编译出版社，2014 年。

〔9〕 阎惠昌口述、周广蓁著：《一位指挥家的诞生——阎惠昌传》，北京：生活·读书·新知三联书店，2014 年。

〔10〕 记录自冯长春于 2014 年 10 月 25 日在首届音乐口述历史学术研讨会经验交流单元的发言。

质的音乐史,此后便主动找来了许多口述史理论著述学习。《蜀中琴人口述史》就是在这些理论准备的基础上开展的探索性学术实践。"[1] 之后,她将自己团队的制作经验总结为"文献调研""组建团队""制定访谈提纲""实施访谈""形成抄本""整理编写""交付出版""资料归档"等八个操作步骤[2]。

杨晓的"八步骤'口述音乐史'"操作法,给我们提供了可参考的操作技术路线,但"口述音乐史"制作中常存在的评价失准、史实不确、"罗生门"现象、"谎言"现象、学术利用失范等问题还有待解决。因此,笔者就这些问题,通过与梁茂春教授的学术对话,通过学习迁移口述史学等相关理论,通过分析比较中外学术实践案例等方式对问题进行探讨,并得出结论:高质量的"口述音乐史"学术实践在于把握好六个操作关键。

1　具有专业素养的采访人

做"口述音乐史"最核心、最关键的工作是访谈,更准确地说是深层访谈。访谈即采访者通过"问询""对话"的方式获得受访人口述的记忆信息(包括:人、事件、行为过程、现象评价与持有态度等)。

深层访谈的特征是"三深"。

一、深入。即文格拉夫所说的"细节知识""表面和直接情况下的复杂事实",以及塞格思所说的"更具个人特色的深层思考的内部声音";

二、深刻。即保尔诺所说的"对生存状态的洞察",亦是塞德曼所说的对"存在意义的反思";

三、深究。即探究历史表象背后的真实(包括客观真实、心理真实等)及其发生的内在规律。

要做到"三深",从形式上说,对话要长时聚焦于某一问题;从前提上说,对话双方对探讨问题均要有足够的信息储备;从根本上说,采访人要即时对受访人的口述信息进行理解、加工,并不断提出可引导话题进一步深入,显然,这需要采访人熟悉受访者的专业知识,有敏捷的思维反应和发现问题、提出问题的能力;从学理上说,深层访谈是"半结构式访谈",其中,结构性问题起到提出与转换话题的作用,非结构性问题萌生在开放、互动、即兴的话语环境中,起到话题深化的作用;从心理上说,成功的深层访谈建立在双方平等、信任、愉快的基础上,平等卸下人格面具,实现自由对话,信任消除顾虑性障碍,敞开心扉,愉快形成内心驱动,持续谈话行为。由此可见,只有具备深厚的音乐史学知识素养、熟悉受

---

〔1〕　记录自杨晓于 2014 年 10 月 25 日在首届音乐口述历史学术研讨会经验交流单元的发言。

〔2〕　丁旭东:《一个亟待兴起的新学科——全国首届音乐口述历史学术研讨会概述与简评》,《人民音乐》2015 年第 3 期,第 66—67 页。

访人及其知识结构的圈内专家和学者才能胜任"口述音乐史"采访人的角色,否则就可能因知识性障碍使深度访谈搁浅。就如梁茂春所言:做口述历史最核心的工作是访谈,没有深厚的音乐历史知识储备,就无法进行深层的专业学术对话。所以,做"口述音乐史"访谈人必须要至少拥有深厚专业素养的采访人。[1]

此外,也只有善于把控谈话氛围,把握人的心理,思想中立、态度诚恳、思维敏捷、善于提问、经验丰富的访谈高手才能充分胜任采访人的角色,否则可能因经验性障碍、偏见性障碍、顾虑性障碍等让深度访谈难以继续。所以,大家通常认为采访人还应具备口述史学的专业素养,如熟悉访谈工作的基本环节[包括选择主题—列出问题提纲—寻找受访人—实施访谈—整理访谈录音录像资料(填写访谈计划实施情况表、采访人手记等)—再次访谈—签订口述资料使用设限协议—分类归档等]、掌握口述访谈技巧(包括"乔哈里窗口"人际沟通理论工具[2]、结构式与开放式访谈方法、拉近人际距离技巧[3]、提问技巧、观察技巧、倾听技巧、追问技巧、谈话氛围调控技巧等)、遵守学术伦理(包括保密访谈信息、恪守资料使用设限协议、获得对方授权后发表等[4])等。

通过逻辑推演,我们得到以上论断,但这一结论是否经得起实证的检验?下面,我们找出五个不完全同类的代表性案例,试析之。

表1 五部音乐口述史作品相关学术信息统计表

作品名称	学术引证数[5]	作者基本情况
1.《史诗〈东方红〉创作者口述史》	0	黄卫星,文学博士,副教授,研究方向为文化传播;H指数[6]7;曾发表访谈文章1篇[7]。

---

〔1〕 梁茂春:《"口述音乐史"漫议》,《福建艺术》2014年第4期,第11—13页。

〔2〕 梁茂春讲述,刘鹤红记录、整理:《"口述音乐史"十问》,《天津音乐学院学报》2016年第3期,第12—32页。

〔3〕 比如香港学者周光蓁就曾在中国音乐学院口述史研究讲座课上谈到,他每次拜访受访人之前,都会力争给对方带去小惊喜,比如,找到一些对方可能都记不起来的照片,洗印出来,送给对方,这样,就能很快消除陌生隔阂,拉近人际距离。

〔4〕 丁旭东:《现代口述历史与音乐口述历史理论及实践探索——全国首届音乐口述历史学术研讨会综述与思考》,《星海音乐学院学报》2015年第3期,第145—152页。

〔5〕 学术引证数是指引用本文的文献,体现本文研究工作的继续、应用、发展或评价。本文对引证文献的统计截至2017年7月3日。

〔6〕 H指数(H-index)由美国加利福尼亚大学圣地亚哥分校的物理学家乔治·赫希(Jorge Hirsch)于2005年提出,是一个混合量化指标,用于评估研究人员的学术产出数量与学术产出水平。H代表"高引用次数"(high citations)。赫希认为,一个人在其所有学术文章中有N篇论文分别被引用了至少N次,他的H指数就是N。如黄卫星的H指数是7,说明其发表的文章中有7篇均被引用7次。赫希认为,H指数能够比较准确地反映一个人的学术成就,一个人的H指数越高,表明他的论文影响力越大。见林丹红主编《中医药文献信息检索与利用》,北京:中国中医药出版社,2016年,第126页。

〔7〕 这里所统计的"曾发表文章"指的是其口述史作品出版之前发表的有关口述史类、访谈类或同主题类文章,用以反映作者的前期学术基础。数据采集时间截至2017年7月14日。数据来源包括百度学术、Google学术、中国知网等。

续表

作品名称	学术引证数	作者基本情况
2.《中国大提琴创作民族化的开拓者:著名大提琴教育家王连三口述史》	4〔1〕	杨绿荫,音乐学博士,助教,研究方向为西方音乐史、音乐美学等;H指数1;曾发表史学研究文章1篇。
3.《蜀中琴人口述史》	6〔2〕	杨晓,民族音乐学专业哲学博士,副教授,研究方向为中国传统音乐;H指数9;曾发表对古琴家的访谈类文章3篇。

〔1〕 通过百度学术搜索发现5篇引证论文,知网数据库显示引证文献为3篇,经过逐篇排查,发现两者统计均有误,实际引证文献应为4篇,包括期刊论文3篇,有王淼的《浅谈大提琴与中国传统音乐的结合》(2013)、韩春莲的《浅谈王连三大提琴曲〈采茶谣〉之民族化特征》(2013)、王淼的《弓弦之恋,琴系清流——第五届爱琴杯大提琴比赛暨纪念王连三先生专届有感》(2012),以及硕士学位论文1篇,即李维的《王连三大提琴曲〈采茶谣〉的风格叙事》(中央音乐学院,2015)。

〔2〕 我们排除了对杨晓引证本书发表的论文的引证文献,即间接引用的情况,发现直接引证该书的文献有6篇。包括4篇期刊论文(2014年,杨晓在《中国音乐学》发表的《口述历史书写的琴学实践——以〈蜀中琴人口述史〉制作为例》、赵书峰在《中国音乐学》发表的《当下中国少数民族音乐研究现状评析——以博士学位论文选题为例》;2015年,陈墨在《西南大学学报(社会科学版)》发表的《口述历史与语言学》、周穗敏在《艺术评鉴》发表的《一曲罗浮梦 三弄梅花香——古琴曲〈梅花三弄·罗浮〉初探》)、2篇学位论文(2016年,内蒙古大学刘晓敏的硕士学位论文《乌拉特前旗爬山调传承人及其音乐研究》和同校刘小璐的硕士学位论文《娜仁格日乐对雅托嘎的传承研究》)。

作品名称	学术引证数	作者基本情况
4.《乐之道——中国当代音乐美学名家访谈》	21[1]	罗小平,文学硕士,教授,研究方向为音乐美学、音乐心理学;H指数9;曾发表音乐家访谈类文章5篇,音乐美学类文章数十篇,音乐美学著作多部。冯长春,音乐学博士,教授,研究方向为音乐美学、近现代音乐史;H指数10;曾发表音乐美学类文章10余篇,访谈类文章1篇,音乐美学著作2部。
5.《完整的科普兰》	4[2]	薇薇安·帕丽丝,口述史学家,研究方向为当代美国音乐口述史;H指数≥6[3];曾出版音乐口述史著作多部,访谈文章数十篇以上。

为便于分析,我们将上表信息分为四个"变量":("口述音乐史")作品学术影响力,作者(项目主持者)的学术影响力,作者的口述史学经验值,作者与作品的学术契合度(研究方向)。

---

〔1〕 要说明的是,截至2017年7月3日,通过中国知网检索,可见23则引证文献,其中笔者发表的2篇文章虽把该书列入注释,但仅是为说明该书作者身份,对该书的学术观点无实际引用,因此排除,留下21则实际引证文献。包括17篇期刊论文,分别为王少明的《内外兼修德业双彰——记音乐学家罗小平教授》(2017)、韩锺恩的《于润洋音乐学本体论思想钩沉并及相关研究钩链》(2016)、张乐心的《"知行合一,止于至善"——于润洋专业音乐教育思想与实践述评》(2016)、罗小平的《中国当代音乐心理学的奠基人——张前教授》(2015)、韩锺恩的《中国音乐美学学会成立30周年暨2011—2015中国音乐美学学科建设与中国音乐美学学会工作报告》(2015)、智凯聪的《〈对一种自律论音乐美学的剖析〉中的音乐批评实践特点探微》(2014)、罗小平的《音乐学的领军人物——于润洋教授》(2014)、王少明的《祈向"道际"的求索》(2013)、韩锺恩的《在音乐中究竟能够听出什么样的声音?——勃拉姆斯〈第一交响曲〉第三研究》(2013)、赵仲明的《历史研究与美学评价——于润洋学术思想研究》(2012)、宋瑾的《于润洋音乐学术思想的哲学基础》(2012)、柯扬的《承先贤之法,启后生之思》(2012)、姚亚平的《论于润洋学术旨趣的两个维度》(2012)、韩锺恩的《一个存在,不同表述——中西音乐美学中的几个问题》(2012)、韩锺恩的《判断力批判:置疑音乐美学学科语言并及音乐学写作范式》(2012)与《天马行空再求教——庆贺赵宋光先生80华诞特别写作》(2011);还包括4篇硕士学位论文,分别为王小刚的《移动互联网时代社会化音乐存在方式及其立美研究》(星海音乐学院,2016)、刘国梁的《山西河曲山曲的旋律学研究》(中国艺术研究院,2014)、张向东的《蔡仲德人本主义思想的基本内涵》(西安音乐学院,2013)、孔续茜的《论蔡仲德的音乐美学研究》(山东师范大学,2012)。

〔2〕 截至2017年7月3日,通过Google学术搜索,共发现4篇引证文献,其中包括:Kassandra Hartford, "A Common Man for the Cold War: Aaron Copland's Old American Songs", *The Musical Quarterly*, Vol.98 (2015), pp.313-349; Albert R. Rice, *Notes for Clarinetists: A Guide to the Repertoire*, New York: Oxford University Press, 2017.

〔3〕 这一数据是笔者根据Google学术搜索(镜像)统计所得,其中专著《完整的科普兰》(1984)被引205次,《艾夫斯的回忆:一部口述历史》被引118次。据此,笔者推测帕丽丝的实际H指数应大于等于6,但在数据分析时采取了保守策略,采信其H指数为6。

接下来,我们对这四个变量进行指标设计与合理化赋值。(1)用作品的学术引证数作为作品学术影响力的横向指标,分为五个层级:一是影响力极小(作品被引数为0),二是较小(被引数1—2),三是适中(被引数3—4),四是较大(被引数5—6),五是极大(被引数7及以上)。(2)作者的学术影响力变量直接用学者H指数作为反映指标,其中作品为多人合作的,其影响力指标用所有作者H指数的均值来反映,如《乐之道》的作者罗小平的学术影响力指数为9,冯长春为10,平均下来,这本书的作者学术影响力指数为9.5。(3)作者的口述史学经验值用三个指标进行衡量,即口述史作品出版前发表的口述史学类理论文章和访谈录,以及完成的相关课题。前两类占权重50%,后一类占50%,总分数为10。文章分为五个层级:0篇为没有相关经验值,计0分;之后,每发表1篇文章,则增加1分经验值,总分数不超过5,即最高经验为5。执行课题作为衡量口述史学经验值的一个指标,设定为三个层级:第一层级是没有执行相关口述史项目经历,计0分;第二层级是具有一项执行口述史项目经历,可认为具有相当的学术实践经验,计4分;第三层级是具有执行两个及以上口述史项目的,认为其具有丰富的学术实践经验,计5分。(4)作者与受访人的学术契合度指标,主要看其过往学术研究中与其口述史作品中受访者专业相符的成果数量。每篇论文计1分,每部专著计2分,总分不超过10分。根据以上变量与指标的设定,进行描述性统计,并将结果绘制成如下散点图。

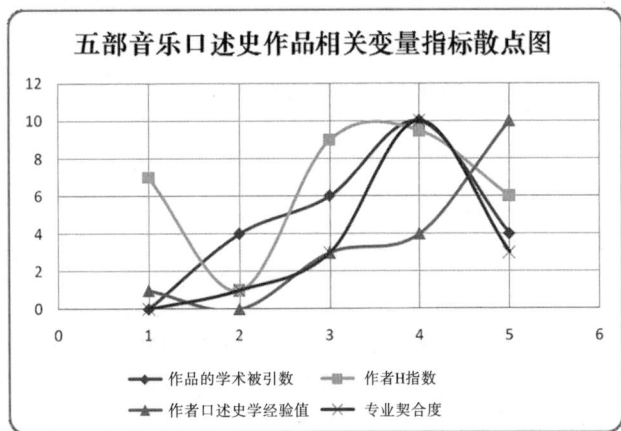

图1 音乐口述史作品变量指标散点图[1]

通过上图可见,音乐口述史作品的学术价值与其他三个变量,尤其是作者的学术契合度具有相关性。因此,我们对四个变量间相关系数进行计算,得出结果如下:

---

[1] 该图横坐标为五部音乐口述史作品编号,排序同表1。纵坐标为四个变量的指标测算值,取值范围是0—10。取值与统计方法见上文说明。绘制时间:2017年7月15日。绘图人:丁旭东。

表 2　音乐口述史作品的学术价值与其影响要素的相关系数表[1]

分　类	相关系数
作品的学术被引数与作者专业契合度	0.921804055843636
作品的学术被引数与作者 H 指数	0.426111659362965
作品的学术被引数与作者口述史学经验值	0.204063493278362

　　计算结果显示：音乐口述史作品的学术被引数与作者专业契合度具有突出的正相关关系，相关系数高达 92.18％。这说明，音乐口述史的制作者和受访人的专业知识结构越接近，越能创造出被同行认可的高价值作品；反之，两者的知识结构越疏离，做出的作品学术价值越低或越难得到专业同行的认可。从这一论断出发，我们可以得出结论：具有高专业素养的访谈人是制作高价值"口述音乐史"作品的关键，其专业素养主要体现为与受访人专业契合以及与作品的专业归属契合。举例来说，一个有相当作曲技术素养的访谈人与作曲家进行关于音乐作品的创作技术的对话，容易产出高学术价值（作曲技术理论方面）的口述史料；如果访谈人的目的是做"口述音乐创作史"，其专业素养又与作品的专业归属契合，那么可以预料，访谈人未来很可能完成一部有高学术价值的"口述音乐史"作品。可是，如果访谈人要完成的是"口述音乐教育史"或"口述音乐社会史"，就要考察他是否具有音乐教育学和音乐社会学方面的专业素养。如果不具有，即他的专业素养和作品的专业归属不契合，我们可以认为，他未来完成的"口述音乐史"作品不具备可靠的学术质量保障。

　　由此可见，梁茂春教授的论断是成立的，即当我们以制作高学术质量的"口述音乐史"为学术实践目的的时候，最关键的工作前提之一就是要有具备现当代音乐史学素养的访谈人。

　　此外，表 2 中作品的学术被引数与作者 H 指数之间的相关系数为 42.61％，意味着两者之间同样具有一定的正相关关系，所以，最佳"口述音乐史"访谈人不应是一般的学者，而是成就卓著、学术影响力大的专家学者。

　　另外，表 2 还显示：作品的学术被引数与作者口述史学经验值的相关系数仅为 20.4％，即两者之间呈现弱正相关，也就是说，访谈人的口述历史的学术实践经验并不会对访谈的学术成果起太关键的影响[2]，这和我们前面的理论推断所得出的结论不太相符，也许是

---

　　[1]　利用 Excel 加载数据分析工具进行的相关系数分析；样本量：5；置信度：95.00％。制表人：丁旭东。
　　[2]　这一论断的依据是本次样本的分析结果。由于样本量较小，所以误差难免。笔者认为，如要对此问题有更准确的把握，还需要时间，以获得更多有代表性的样本数据。

我们的样本量太小造成的统计误差所致,也许是口述史的工作经验和访谈技巧并没有我们想象中那么关键与重要,但至少从目前数据的统计结果来看,做好"口述音乐史"最大的关键是找到专业契合、学术水平高的专家学者担纲访谈人。

2 找到合适受访人

美国口述史学家保尔·汤普逊说:"做口述历史的关键的任务是找到各种类型的受访者。"[1] 这个论断虽然被口述史学界接受,但具体到"口述音乐史"的访谈实践过程,我们难免还要追问:各种类型? 究竟是哪些类型?

为此,我们再来考察一下美国耶鲁大学的"美国音乐人物"口述访谈项目。在该项目的数据库中,口述音像资料的存档条目以受访音乐家的名字命名。显然,这些地位显赫的音乐家(美国重要作曲家、音乐表演家和其他重要音乐家)就是该"口述音乐史"项目的核心要素——关键受访人。由此可见,做"口述音乐史"过程中涉及的重要音乐家就是各种类型受访人中最重要的类型。

然而,这并非是"各种类型"的全部。梁茂春认为:音乐家本人接受访谈是构成"口述音乐史"的基本要件,但也不能囿限于此。梁茂春在做贺绿汀口述历史的时候,不仅对他本人进行了访谈,还采访过他的夫人姜瑞芝,他的艺术合作伙伴欧阳山尊、陈贻鑫,他的同事丁善德、谭抒真,以及他的许多学生等。他们留下的口述资料不仅珍贵,同时也丰富了史料库的内容。[2]

梁茂春的这一观点在耶鲁大学 OHAM 计划的子项目——"阿隆·科普兰口述历史"中得到了进一步证明:该项目存档中,不仅有科普兰的口述访谈资料,还有纳第亚·布朗热(Nadia Boulanger)谈爵士乐对科普兰创作的影响,斯特拉文斯基(Stravinsky)等谈科普兰"十二音技法"的运用,玛莎·格雷厄姆(Martha Graham)谈《阿巴拉契亚的春天》(*Appalachian Spring*, 1958)创作灵感的来源等访谈的录像资料。另外,我们在对OHAM 项目的中后期档案资料考察中发现,其档案资料已经有了清晰的两类区分:一类是音乐家"口述访谈录像"(video recording)资料,一类是相关人"旁证访谈录像"(videotape testimony)资料。

由此我们认为,在现代"口述音乐史"实践中,各类受访人中最关键的有两类:一是占据最大权重的受访音乐家;二是与其有紧密关系的各类"三亲"(亲历、亲见、亲闻)人,如

---

〔1〕 [英]保尔·汤普逊:《过去的声音:口述史》,覃方明、渠东、张旅平译,沈阳:辽宁教育出版社,2000 年,第 333 页。

〔2〕 梁茂春:《"口述音乐史"漫议》,《福建艺术》2014 年第 4 期,第 11 页。

同事、亲人、学生等[1]。

此外,关于受访人的选择,保尔·汤普逊指出:"要尽量排除'记忆混乱或记忆受损的人'和'沉默寡言的人';尽量接纳'各种类型的人'。"[2] 也就是说,在汤普逊的学术观念中,关键受访人一般不包括那些无法清晰表达、记忆力减退的人。

然而事实上,"口述音乐史"和一般的口述史存在不同之处。

大口述史是随着全球新史学兴盛,传统政治精英史至上的地位被动摇后,诸如黑人史、印第安人史、移民史、劳工史和妇女史等才开始受到学术界重视。正如傅光明所言,"(当时)一些观点激进的史学家……要求把研究的视角转向下层平民,以'重新创造那些过去一直被人们所遗忘的历史'"。[3] 因而,口述史顺势发展,并开始兴盛。可见,主流的大口述史学家的学术价值追求导向是"话语权力民主化""平民史学""草根关怀""集体记忆"。

然而,从耶鲁大学的 OHAM 项目实践以及梁茂春的观点阐述来看,"口述音乐史"不是对传统音乐史的反对,而是"添加"与"增值"。所以,它仍属精英史,重要音乐家的口述资料具有不可替代性。

由于我国"口述音乐史"的工作起步晚,目前像罗忠镕(93 岁)、郭祖荣(89 岁)这些高龄音乐家身体状况良好,适合参加口述历史访谈,但像朱践耳(95 岁)、吴祖强(90 岁)等音乐家,身体状况不佳,已无法进行有效的访谈对话。不过,梁茂春认为,即使仅留下影音资料也是很珍贵的,更何况他们的亲人、学生等也能提供许多有价值的口述资料。[4] 可见,在梁茂春看来,这些身体状况不佳的重要音乐家也应包括在"口述音乐史"的关键受访人之列。

3 "史骨"搭建与文献"补配"

"史骨"是民族音乐学家沈洽创造的一个概念,他认为,"口述史需要有编年史的框架支撑,没有'史骨'(大事记、编年史均可)的介入,口述史是一堆肉,没有意义"。[5] 依沈洽的观点,访谈只能采集到一些细碎、零散、片断化的口述史料,要做出完形的"口述音乐史",必须借助一个关键操作——"史骨"。

---

[1] 随着学术实践的进步,这些人的口述资料作为旁证,越来越成为"口述音乐史"制作中不可或缺的组成部分。

[2] 记录自杨晓于 2014 年 10 月 25 日首届音乐口述历史学术研讨会经验交流单元的发言。

[3] 傅光明:《论口述历史》,《河北大学学报(哲学社会科学版)》2007 年第 6 期,第 38 页。

[4] 梁茂春:《"口述音乐史"漫议》,《福建艺术》2014 年第 4 期,第 11—13 页。

[5] 2014 年 6 月,沈洽在对中国音乐学院研究生开设的"音乐口述史的研究方法"系列讲座课上,作了"我对口述史的理解和认知"专题讲座,并发表了这段演讲。这也是"史骨"概念的最早出处。

对此,笔者有切身体会。2014 年,笔者所在的项目组在做"李凌口述史"的时候,传主已离世,我们走访了李凌生前的老领导张颖(原中共中央南方局文委秘书)、老朋友王琦("新美术运动"的领导人)、吴锡麟(赵沨夫人)、老战友孙慎("新音乐运动"领导组成员)、严良堃("新音乐运动"骨干成员),老学生杜鸣心(陶行知"育才学校"音乐班学生)、老下属刘淑芳(原中央乐团著名歌唱家)、罗忠镕(著名作曲家)、孟于(原中央音乐学院音工团歌队队长)、司徒志文(原中央乐团大提琴演奏家)、张棣和(原中央乐团双簧管演奏家)、王铁锤(原中央歌舞团笛子演奏家)、刘诗昆(原中央乐团著名钢琴家),老同事樊祖荫(中国音乐学院原院长)、金铁霖(中国音乐学院原院长)、曹国强(中国函授音乐学院原院长助理),老伴汪里汶等与其有长期接触和密切关系的 43 位受访人。在访谈过程中,我国借助"史骨"依次推进,清晰历史脉络,史料采集工作进展顺利。但在后期,我们将口述访谈资料汇总整理时却遇到问题:受访人所谈的内容虽然情节完整、细节生动,但基本上只是个人视角下的历史片段,而且,虽然我们竭尽全力,但仍发现许多重要史事仍未涉及,就像一个筛子,缺失、漏洞永远百出,无法用这些"残缺的口述史料"完成完整的"历史地图"拼贴。最后,只好采取文献资料"补配"法,即将缺漏的历史事实和发生背景用文献史料填充。这样,才最终完成口述音乐历史的基础文本。[1]

由此可见,仅仅通过"史骨"+"口述史料",有时也不能实现完整的历史书写,还需要文献史料的"补配"。所以,文献"史骨"和文献"补配"有时是共同作为制作"口述音乐史"的关键。

不过,这一论断也是相对的。比如,我们针对一些非高龄的、身体康健、记忆和表达能力很好的音乐家,做他们的个人口述史的时候,这一关键的程度会走低。如陈荃有做的《音乐学人冯文慈访谈录》[2]、杨晓等做的《蜀中琴人口述史》,在其口述历史文本书写时,并未强调"史骨"的支模作用。《音乐学人冯文慈访谈录》由"踏入音乐艺术及学术的门槛""中国音乐史学——我的最终选择""学术理念与人生情怀"三个相对独立的口述专题组成主要内容;《蜀中琴人口述史》是由"琴谈""琴忆"两个专辑分人别类地记录不同琴家的个人经历与艺术思考。

但笔者认为,即便如此,"史骨"和文献"补配"都还有存在的必要。比如为避免书写遗漏,可将"史骨"作为访谈提示器[3];在对口述史料祛赘、勘误、拣选时,"补配"文献材料是对材料必要的佐证、校正、依据和注释。

---

〔1〕 精细制作出的"音乐口述历史",以图文本为例,还要进行注释、配图等;以音像文本为例,还要进行口述音像资料的剪辑、配乐、配其他音像资料等工作。此处不是介绍"口述音乐史"制作,故省略。

〔2〕 陈荃有采访、编著:《音乐学人冯文慈访谈录》,北京:文化艺术出版社,2017 年。

〔3〕 或许有人会指出受访人难以清楚记忆时间、地点等许多细节,或者存在记忆混淆的现象,所以,依然需要"史骨"在音乐家口述史的建构中发挥作用。个人口述史要反复经过十几次,甚至几十次,短则数月、长则数年的跟踪访谈,所以,有机会在访谈中,拿出文献上的记载让受访人证实后口述,即可解决这一问题。

此外,除了"口述音乐家历史",还有"口述专题音乐史",如"口述音乐学院发展史"等,以及"口述断代音乐史",如"改革开放 30 年音乐口述史"等。这种历史,体现的是集体记忆,需要众多见证人集体参与,但通常会有各种原因(如离世、无法取得联系、身体状况不佳等),造成重要亲历人缺席,这时,要做出完整"口述音乐史","史骨"的支撑和文献的"补配"则是不可或缺的。

通过以上分析,总体来说,"史骨"支撑与文献"补配"是有序推进访谈、构建完整口述历史的操作关键之一。

4 采用"双时"结构书写

"双时",即"历时"和"共时",是瑞士结构主义语言学家索绪尔提出的语言系统研究原则[1]。"历时"是同一事物在时间中的有连续性变化的结构;"共时"是事物同一时间内的体现其各个要素之间关系的静态结构。为了厘清两者的关系,索绪尔将这两种结构用两个轴线区分(见图 2)。

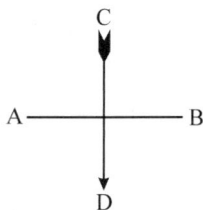

图 2
"双时"轴线图[2]

索绪尔指出:"同时[3]轴线(AB),它涉及同时存在的事物间的关系,一切时间的干预都要从这里排除出去。连续轴线[4](CD),在这条轴线上,人们一次只能考虑一样事物,但是第一轴线的一切事物及其变化都位于这条轴线上。"[5] 对此,他指出:"任何科学如能更仔细地标明它的研究对象所处的轴线,都是很有益处的……我们可以向学者们提出警告,如果不考虑这两条轴线,不把从本身考虑的价值的系统和从时间考虑的这同一些价值区分开来,就无法严密组织他们的研究。"[6]

通过索绪尔的理论阐述,笔者认为,其"历时"与"共时"结构,或者说"同时轴线"与"连续轴线"是制作"口述音乐史"非常有效的理论工具。它统摄并使"史骨"得到合宜的理论阐释支撑:"史骨"的本质是"连续轴线"在史学书写中的工具具体化,作用在于把握事物发展的历史演进脉络,并从中析出记忆中有历史意义的过去。另外,其理论又指导着"史骨"工具的运用,如要在时间连续性变化的历史描述中保持对象的统一性。举例来说,做"口述音乐家个人史",音乐家个体是特定对象,其生命历程中的重要时刻即是"史骨"节点。

---

〔1〕 [瑞士]费尔迪南·德·索绪尔:《普通语言学教程》,北京:商务印书馆,2009 年,第 111 页。

〔2〕 本图引自《静态语言学与动态语言学》,载[瑞士]费尔迪南·德·索绪尔《普通语言学教程》第三章;梁茂春:《"口述音乐史"漫议》,《福建艺术》2014 年第 4 期,第 109 页。

〔3〕 即"共时",见索绪尔《普通语言学教程》第三章《静态语言学与演化语言学》,第 111 页。

〔4〕 即"历时",同上。

〔5〕 同上。

〔6〕 同上。

对重要时刻的重要事件进行针对性史料信息的访谈对话或记忆信息采集,经过考证后,将其灌注于"史骨"的模壳中,即可完成叙事线条清晰的初步历史文本书写。当然,这种统一质素不一定是某个人,也可以是某种音乐风格或其他;不一定是一个,也可能是多元的统一。至于是哪种,取决于口述史的内容主题与写作目的。

这一理论工具的另一重要价值在于"双时"结构,它使立体历史的书写成为可能,由此破了仅靠"史骨"进行线性历史书写的局限。事实上,任何事件的发生,都由多因素所致。这些因素,有的促进,有的阻碍,有的兼具,事件就是在多因素的博弈、对抗、抵销的张力中发生,由多种必然和偶然的因素共同促成。很大程度上来说,口述历史的独特意义就体现于历史书写的立体性、完整性。美国口述音乐史学家帕丽丝曾经和著名的作曲家科普兰通过对话访谈的方式完成了一部"口述音乐史"著作《完整的科普兰》,仅从书名就可以看出撰者对"共时"静态历史结构是多么重视。另外,索绪尔的"同时轴线"也给笔者制作"口述音乐史"提供了操作策略,就是在构建"共时"结构的历史时,把"时间的干扰排除出去",在访谈中去全力采集历史的形成性信息。然后,再用"连续轴线"的演变历史将"同时轴线"的静态历史串联起来,最后形成立体感的历史文本。

5 同步建设可共享的"数字化原始口述史料库"

讨论这个问题之前,我们需要先说明口述历史的几种真实。

左玉河认为,口述历史范畴中的"真实",可分为四个层面:①历史之真,即客观的历史真实;②记忆之真,即历史记忆的真实;③叙述之真,即口述音像的真实;④口述文本之真,即根据口述音像整理的口述文本的真实。[1] 谢嘉幸在此基础上提出两种史实的概念:①史学研究中需要"无限逼近"的历史上发生的事件,包括确定性史实、文本的评价性史实、口述的评价性史实;②亲历者口述的史实记忆,口述者陈述历史过程本身是第二史实的发生;通过口述评价史实与历年史料中评价史实的区别,发现被历史掩盖或禁止的声音;基于第一史实和第二史实,勾勒出的效果历史。[2]

这两位学者的观点各有其真知灼见:左玉河从传统史学的视角条理清晰地描述了口述史中的四种真实;谢嘉幸兼顾了新史学的视角,提出了第二史实,即效果历史中的史实。同时,也各有不足:左玉河在某种程度上忽视了谢嘉幸提出的效果历史中的史实;谢嘉幸的表述过于繁复,不便操作利用。基于此,笔者提出"口述音乐史"中的"四T"理论。所谓

〔1〕 见于 2016 年 6 月 23 日,左玉河在中国音乐学院"口述史研究方法"课上以"口述历史:当代史学的新潮流与新革命"为题所做的讲座。

〔2〕 谢嘉幸、国曜麟:《两种史实——音乐口述史存在的价值与意义》,《天津音乐学院学报》2017 年第 1期,第 17—23 页。

"四 T",即四种真实(TRUE):记录真实、转述真实、心理真实、客观真实。

"口述音乐史"中的"四T"

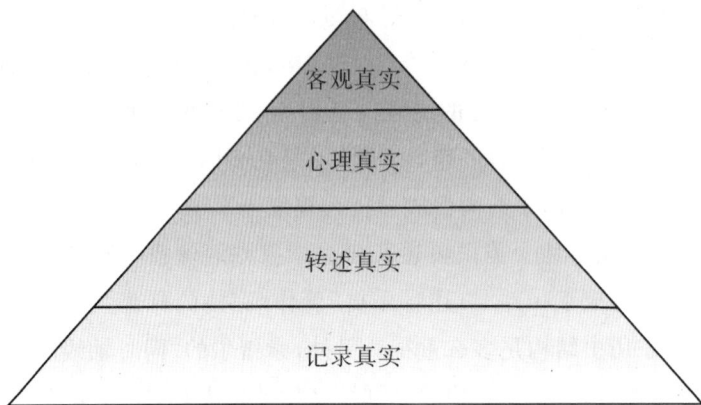

图 3 "四 T"理论结构图[1]

客观真实,即受访人口述内容中体现客观历史真实的信息,包括那些被文献忽略的有史学价值的信息。从某种程度上来说,传统史学的访谈就是以采集这种信息为工作目的。心理真实,即受访人的口述内容,尤其是对历史的心理过程描述、对历史事实的认识和评价是主观意愿的真实表达,不是谎言。这对于研究音乐史这种体现人的精神活动为特征的历史具有重要意义。转述真实,即在将口述访谈的内容进行文字转化、信息提炼、资料利用时,派生出的新文本(包括文字记录、信息阐述等)符合口述人的原意。记录真实,即利用各种设备手段,将访谈现场情形忠实地记录下来,形成保真的记录文献。

这四种真实有不同的史学意义和实现路径。

如传统史学要求历史符合客观真实,口述史料可通过文献互证的方法考证史料的真实性,从而发挥纠偏正史或丰富史料库的功能;第二次世界大战结束后,出现了心理史学、心智史学、精神史学等重视对人的心理活动研究的新史学流派,他们重视口述史料和非官方的非正式编纂的史料,其学术要求史料体现人的心理真实,通过心理方法、结构合成法和历史追溯法等方法实现,从而构建人类思想史、精神史或心灵史[2]。

关于转述真实与记录真实,学界研究成果甚少,对此我们作为重点予以讨论。

实际上,"转述"已构成对原始记录文献进行加工,并生成"一次文献",其本身就具有研究的性质。正如索绪尔所说:"语言符号连接的是概念和音响形象。符合这个词表示整体,能指和所指分别代表概念和音响形象。语言符号所包含的两个要素(能指和所指)都是心理的,而且由联想的纽带连接在我们脑子里。能指对于它所表示的概念来说,是自由

---

〔1〕 丁旭东制图。

〔2〕 马国泉、张品兴、高聚成:《新时期新名词大辞典》,北京:中国广播电视出版社,1992 年,第 1122 页。

选择的。相反,对于它的语言社会来说,却不是自由的而是强制的。语言之所以有稳固的性质,不仅因为它绑在集体的镇石上,而且因为它是处在时间之中。语言无法阻止能指和所指的关系发生转移的因素。关系有了转移,语言材料和观念之间出现了另一种对应。"〔1〕这一段话,索绪尔深刻揭示了转述失真的两大原因。第一,是转述者,或者说语言符号的转码者(将声音叙述转为文字叙述),如果不能和语言符号发出者(这里指访谈人和受访人)出自同样的语言社会或话语系统,那么声音和概念之间就会失去稳定性,而体现出自由性,即我们通常所说的"曲解"。第二,时间因素,即语言符号必须在一定的时间的线条上,或者说口述访谈的语境中,那么语言和观念之间会出现另一种对应,即我们常见的断章取义,而造成对语言符号的误读。第一种情况如何处理? 我们前面已经提到采访人要有音乐专业素养,才能相对保证访谈的质量。其实,转述者也同样要有音乐专业素养,这样才能相对保证转述的真实。第二种情况如何应对? 要把语言符号放到语境中进行转述,才可以保持转述的相对真实性。可是,谁又能保证自己的知识能够和受访人完全同一(即语言社会的同一)? 谁又能保证对语言叙述语境的把握完全准确? 口述人口述同一个概念,但换一个语调(能指变化)就可能会指向另外的观念(对应的所指变化),谁又能完全精准无误地体察到这种能指的变化? 由此可见,仅仅通过专家访谈和转述法,我们只能做到相对的转述真实。

实际上,这个问题也并非完全无解。索绪尔指出:视觉的能指可以在几个向度上并发,而听觉的能指则只有事件上一条线。〔2〕也就是说,充分调用视觉所指的多向度信息,就可以实现信息互证,从而在更大程度上具有判断转述真实的可能。而这一点的实现,从逻辑上说,必须建立在记录真实的基础上。没有记录的真实,就无法考证转述是否真实,这样转述真实就处于无法明确其可靠性的状态。当资料的可靠性受到质疑,其史料价值当然也就无法充分体现。近年来,我国各类期刊上发表的口述史料类文章,之所以没有得到充分利用,转引率低,很大程度上是由于史料内容本身,包括缺乏证明其可靠性的资料依据。

这种资料依据从哪里来? 就"口述音乐史"来说,从原始的口述记录档案中来。这种档案最大意义就是保留了原始口述访谈资料,亦可称"原生态口述音乐史料"。

要实现"原生态口述音乐史料"的即时学术效力,需要具备两个前提。

一是体现记录真实,也就是说它是真实的口述访谈现场记录,同时,它保存了真实的口述访谈信息。前者依靠过去的口述访谈录音资料即可实现,但也存在缺点——录音只能实现口头语言信息的保留,而对于重要肢体语言等形象类信息就只能割舍。所以近年

---

〔1〕 [瑞士]费尔迪南·德·索绪尔:《普通语言学教程》,第 91—103 页。

〔2〕 同上,第 96 页。

来,许多学者指出"口述史记录的声像转向",从史料的角度来说,主要出于肢体语言类信息保存的需要。

二是实现"原生态口述史料"的远程即时查阅。也就是说,当世界各地的人们需要利用这一资源的时候,可以随时查找并阅读相关内容。因为只有这样,史料才能在最大范围和最短时间内实现学术价值的利用。其内在要求是数字化、共享化和资源聚集化:数字化资源才可能在当前信息科技环境中实现远程信息的传播与接收;共享才可能被普遍利用;资源聚集也十分必要,因为在信息爆炸的时代,注意力成了稀缺资源,而口述史料只有通过资源聚集,达到一定的体量,才可能获取较多注意,从而被发现和利用。

综上,我们认为体现记录真实的"口述音乐访谈资料"是"口述音乐史"史料研究与历史书写的必要学术基础,其学术价值发挥效度取决于可共享的"数字化原始口述史料库"建设质量和水平。

从国外学术实践来看,居于学术领先地位的美国学界始终坚持以可共享的"数字化原始口述史料库"或"口述音乐史料"的档案保存工作为核心。如耶鲁大学音乐口述史办公室设立执行美国音乐口述历史项目,虽完成逾1100人次访谈、音像记录与数字转化工作,但仅出版了《艾夫斯的回忆:一部口述历史》等几本图书作品,体量不到访谈总量的5%。美国罗格斯大学爵士音乐研究中心所执行的美国爵士音乐口述历史项目采集了大量的音视频访谈资料,仅仅建设成了保存在学校数字图书馆的数字化资料库,但现在已有数百篇学术论文引用了该库史料。

和国外相比,我国虽然出版了不少"口述音乐史"类的论文、图书,但学术利用率不高,可见忽视可共享的"数字化原始口述音乐史料库"建设,不仅制约其学术价值利用,也限制其学术发展,因此,我们应把其作为"口述音乐史"工作的关键。

另外,做口述历史是要走进"历史田野",因此,研究者也就走入了历史的"第二现场",从中获得大量一手的珍贵历史资料,比如作曲家手稿、音乐小样、私人照片、个人书信、实物,以及许多当前不适宜公开的音像史料等等。这些资料弥足珍贵,它们不仅可以作为口述史料库的资料补充,同时也能作为互证参考材料从本质上显现口述史料的学术价值。所以,这些材料也应成为口述史料库中的重要补充内容。

6　基于信任基础上的相关协议签订

信任,是做"口述音乐史"的一个关键词,这不仅体现在采访人和受访人之间的信任度,决定了受访人记忆资源的可开发程度以及访谈工作进行的顺利程度,还决定了访谈产生的口述资料使用的合法性、利用度、使用权限等诸多方面,突出体现在"口述音乐史"项目承担方和受访人之间签署的各种协议方面。

一般而言,"口述音乐史"工作涉及的协议主要有三种。

第一种是受访人签署的委托出版协议。内容包括:主题(关于某方面的口述访谈资料)、时间(访谈起始与结束时间)、地点(访谈工作的实施地)、目的(如用于学术研究和相关成果出版等)、诚信保证(口述内容是否体现本人的心理真实,如果存在谎言和伤及他人的情况,由此引起的法律责任或经济损失等,责任由口述人完全承担)、权益分配(如完全赠予还是有限赠予,其中规定署名权、稿酬分配等)、委托人和受委托人的签名(附上个人身份证件复印件)、委托书签署时间等。

第二种是口述访谈资料的使用设限协议。内容包括:主题信息描述(如关于某主题的访谈,每次的访谈时间、地点等)、使用文本类型(文字、声音、图片、声像等)、使用范围(学术发表、时间范围、内容范围等,如部分内容延迟公开,要明确何时公开、公开内容等)、使用范围(学术期刊论文发表、图书出版还是数据库保存等)、双方权利和责任义务(如相关成果要经过受访人审阅和签字后发表,是否在版权页上署名还是在注释中说明,部分延迟公开信息要为受访人保密,违约罚则及解决办法等)、项目承担方和受访人签字(如为部门项目,则应加盖公章)、签约时间、地点等。

第三种是次生协议,包括采访团队成员要签署的工作保密协议,最后资料有偿或无偿赠送图书馆等相关机构保存时签署的使用协议以及和出版单位之间签署的出版协议(或合同)等。

口述访谈作为一种有价值的知识生产,项目承担方、访谈双方都拥有各自的权限范围内的知识产权,任何人不得在未经对方同意并在使用协议规定范围外擅自将对方资料公开、出版,如果违反,将是对对方知识产权的侵犯,侵权人将承担民事法律责任等后果。

随着社会的文明进步,人们的法律意识、法治观念不断增强,做"口述音乐史"这类探秘人类心灵的工作,如不能在具有法律效用的协议规定下开展,其必然行之不远且隐患无穷,所以,这项工作虽然容易被人忽视,但非常必要、十分关键。

7 结语

综上所述,笔者认为做"口述音乐史"要把握好六个关键:具有专业素养的采访人是决定口述访谈史料学术价值的关键人物;找到各种类型的合适受访人是完成"口述音乐史"任务的关键任务;通过非口述的其他文献搭建"史骨"、补苴罅漏是实现完整"口述音乐史"书写的关键路径;采用"历时"和"共时"的双重视角构建历史是解决众多"口述音乐史"书写难题的关键方法;同步建设可共享的"数字化原始口述史料库"是实现"口述音乐史料"被广泛利用的关键工程;基于信任基础上的相关协议签订是保证口述史料合法性与相关参与人合法权益的关键工作。

当前,"口述音乐史"的实践理论系统尚处于探索性建设阶段,笔者的观点也仅是阶段性实践经验的总结,还需要进一步细化、深入与完善,比如"口述音乐史料库"的建设、"口述音乐史"的文本体例、"口述音乐史"的相关法律文本的表述规范等。这些问题的解决需要更多学者的实践介入、理论总结与观点砥砺,才能逐步形成具有学术共同体内普遍效力的学术理论,实现"口述音乐史"科学理论系统的建构。

以口述历史开创记忆、历史与部落
智能社区营造的利基
——由金岳部落出发的台湾智慧生活研发新尝试

◎卢忻谧　陈冠烨　蔡笃坚[1]

摘　要:

　　口述历史一直是台湾人文历史实践的重要方法,然而记忆恢复与召唤的力量,蕴含了全新结合科技运用的社群营造量能。本文回顾了参与式的口述历史实践、如何透过医学人文课程发展的需求,在台湾偏乡部落营造了全新的历史记忆回复、创新,乃至于智慧科技运用的动能。由智慧健康的社区互助和营造出发,不只成功地克服了城乡与文化隔阂的数字落差,更重要的是透过历史记忆的交流、转换与再生,开创了全新以人为本的科技运用渴望与机会,涵纳虚拟现实与扩增现实的运用。口述历史在此不只创造了足以影响台湾社区营造模式的动能,健康与文化的交会也因此勾勒出崭新的医养合一实践光谱。

关键词:

　　科技运用;医学人文;数字落差;虚拟现实;医养合一

---

　　〔1〕作者简介:卢忻谧(1978—),女,毕业于淡江大学西班牙语文学系,为台湾社会改造协会副秘书长兼办公室主任,社区医学人文推动专案办公室经理、屏东基督教医院生命伦理暨社会医学中心助理研究员,参与大学医学人文教育、社区营造之推动以及智能科技应用超过十年,与蔡笃坚教授合著论文专书;陈冠烨(1974—),男,台北商业大学助理教授、冠渌企业有限公司执行长,台湾交通大学建筑研究所博士,为台湾智慧城市发展的先驱,目前将口述历史方法结合虚拟现实,扩增现实的科技研发,促成小区文化的恢复与再生,是运用历史记忆打造台湾医养合一示范园区的领导人;蔡笃坚(1962—),男,屏东基督教医院讲座教授,美国密歇根大学安娜堡分校文化与历史社会学博士,为台湾推动口述历史与小区营造结合的领导人之一,具有数十本口述历史以及相关应用的著作,也是运用口述历史协助跨领域高端医疗以及智慧科技政策发展的领导人,历任台湾阳明大学、台北医学大学和台湾"中央"大学等知名学校教授与讲座教授,目前为屏东基督教医院生命伦理暨社会医学中心讲座教授兼主任,也是该院国际医疗视野发展中心执行长,致力于推广口述历史方法协助化解区域政治的歧见,营造和平互助的区域发展模式。

Using Oral History to Create Memorial, Historical and Tribal Niches for

Smart Community Development

—an Innovative Approach for Taiwan Smart Living Model at Jin Yue Treble

◎ Lu Xinmi; Chen Guanye; Cai Dujian

Abstract:

Oral history has been important tool for humanistic and historical practices in Taiwan. Its power with memory recovery and recalling implicates a brand new momentum integrating technological application into community development. This paper reviews participatory oral history practices creating new momentum for rediscovering historical memories and innovative smart technology applications at remote tribes in an attempt to serve the demand for medical humanity curriculum development. Through smart health for mutual supports and community development, we successfully not only overcome the digital as well as cultural gaps between town and city, but also create human-centered aspirations and opportunities in using AR or VR technologies through exchanging, transforming and renovating historical memories. As a result, oral history is not just affecting the momentum of community development models in Taiwan. It is a way facilitating interactions between health and cultural arenas, especially providing an action spectrum bridging medical and social care systems.

Keywords:

Technology Application; Medical Humanities; Digital Gaps; VR; Medical and Social Care

1 导论:参与式的口述历史

台湾整体的文化认同形塑和社区营造,需要将在地文化重建的概念导入社区,以促进整体社区认同形塑。有志于经营社区的人们,应借同理心由所处场域营造互为主体的集体行动可能出发,定义自身为具有社区"媒合"功能的角色,促成新的社区运动发展可能。[1] 在此过程中,不仅是个别的研究者,相关领域的公共卫生和政策研究单位如何援引当代思潮的反省,促成台湾社区运动,乃至市民社会发展的自主性与相对完整性,是整个台湾的专业社群与社会都必须面临的重要挑战。

社区总体营造的理念是培养共同体意识,其成员就是公民。这里的公民是包含青少年在内的社区参与的每一分子,拥有与权利和义务共同的关系,和社区、城市、国家都是共

---

[1] 蔡笃坚:《建立具地方特色的小区健康营造模式——结合口述历史和社会学科分析方法的诊断与建议》,《"行政院卫生署国民健康局"委托研究计划书》,2003 年;蔡笃坚、吕佳蓁:《临界空间和社群想象:跨越多重边界的灾区重建旅程与市民社会催生实践》,"间别千年:临界空间与社会"国际学术研讨会(台中:东海大学),1999 年 12 月 11 日。

同体,透过地方主体性的建立,青少年的公民身份得到认同。

　　台湾独特的认同心理与市民社会力量,不仅赋予体制下全新的现代化意义,更成功地带动经济起飞与政治转型。医师等专业人员扮演着导引现代科技接纳与全新文化转型的关键角色,丰富了台湾医学人文教育的内涵。在台湾,"医学人文"不仅是医疗过度分工后重塑全人照护契机的专业反思,更是让医疗专业持续以怀抱整体社会为改造志业、延续知识分子精神传承的基石。[1]

　　目前部分从事医学教育的人就有类似的主张,期待我们教育出来的医师是个保障病人生命尊严和身体自主的媒介,而不要成为新医疗体系宰制人体的代言人。[2] 这样的反省和思考,在风起云涌的医学人文教改浪潮中,掀起了对专业主义广泛的质疑,尝试打破专业人士高高在上的态度,进而由在校学生发展出"与病人为友"和"社区口述历史"运动[3]。这样的运动打破专业知识具有普遍意义的迷思,进而尝试谦虚地倾听病人和社会一般大众的生命故事,由此建立全新的专业角色和知识坐标,成为目前医学人文教改的重要特色之一。[4] 以此为基础,以"媒介的医病关系为核心"作为理论基础发展叙事认同取向的教学新典范,使医疗从业人员有倾听和理解不同个人与团体叙事逻辑的能力,并以此发展出对当代医疗科技的自觉(self-reflexive),进一步以一般民众和病友的叙事为基础,培育增能(empower)的能力,以专业人员作为增能的媒介,扮演与弱势社群共同开创全知识的有机知识分子(organic intellectuals),以及如氢弹之父欧本海默一般能以专业知识捍卫公义的特殊知识分子(specific intellectuals)角色[5]。

2　台湾的医学人文课程与口述历史

2.1　口述历史导入社区营造

　　共同参与"社区"的概念,将生活的周遭环境当作学习的场域和社会行动的实践开始,

---

　　〔1〕　刘洁心:《健康小区(城市)之理念与发展》,《小区健康营造计划专题班课程资料》,2000 年;蔡笃坚:《时代变迁中医学人文教改的导引》,载蔡笃坚等编著《实践医学人文的可能》,台北:唐山出版社,2001 年,第 1—35 页。

　　〔2〕　蔡笃坚:《时代变迁中医学人文教改的导引》,载蔡笃坚等编著《实践医学人文的可能》,第 1—35 页。

　　〔3〕　陈景祥:《与病人为友到希望彩蝶》,"医学人文课程设计研究会暨教学观摩会",台北:阳明大学,2002 年 11 月 30 日—12 月 1 日;陈炳仁:《以"小区"为导向的校园行动尝试》,"医学人文课程设计研讨会暨教学观摩会",台北:阳明大学,2002 年 11 月 30 日—12 月 1 日。

　　〔4〕　蔡笃坚:《展望新时代的专业人员角色——以医学人文教育的理论架构为范例》,载师范大学教育研究中心编《教育研究方法论:观点与方法》,台北:五南出版社,2004 年。

　　〔5〕　戴正德:《医学教育、医学伦理与社会责任》,载黄伯超等编《"台湾医学教育"研讨会专辑》,台北:台湾大学医学院,1993 年;蔡笃坚:《由变动瞬间的感知迈向追寻永恒的实践:口述历史与台湾主体地位的形塑》,《台湾史学杂志》2007 年第 3 期,第 111—140 页。

这个学习情境最主要的行动基础在于"参与",以彰显试验的(experiential)和发展的(develop mental)学习理论。社区参与学习,是指提供机会让学生在社区的真实情境中试验、类化和运用在课堂上习得的课业知识,以增进学生在心理、社会、智识和社会责任感等方面的发展。它反映出参与公共生活的必要性,进而关怀当地的文化艺术,深化自然生态及国家资源之永续经营与利用。

然而,有志于经营社区的人们,应该借同理心,由所处场域营造互为主体的集体行动的可能出发,定义自身为具有社区"媒合"功能的角色,促成新的社区运动发展可能。在这过程中,不仅是个别的研究者,相关领域的公共卫生和政策研究单位,如何援引当代思潮的反省,促成台湾社区运动,乃至市民社会发展的自主性与相对完整性,是整个台湾的专业社群与社会都必须面临的重要挑战。

"服务"与"学习"的结合,在服务过程中达到学习的效果,是"做中学"(learning by doing)概念的延伸[1]。基本上,服务学习具有教育改革的功效。在美国,1980年代的改革始于重视社区服务的教育价值;1990年代,台湾推动教育改革之后,有些中等学校为培育学生多元价值观和启发青少年社区关怀,着手推动公共服务教育,后来改称"服务学习",由此,服务学习与教育功能着实密切相关。这样的结合将学生的学习扩展至学校范围外,让界定为以课程为基础的社区服务,和服务过程中重视反思的学习要件成为学校与社区的联结与学生实地操作的配套措施,并且对学生、学校、社区(机构)都有扎实互动的强化效果。

攸关实践与社区参与之思想和理念,透过愿意扮演增能同学和同事的教师们,倚靠社区营造具有创造平等知识权力关系的可能,从不同学校既有的努力出发,扩大由医学生开创的、代表专业社群反思的"与病人为友"和对整体知识生产具反省性质的"社区口述历史"课程规划努力,以对整体文化霸权流变更为自觉的方式,结合口述历史的技巧、社区与社群营造的方法和专业知识的传递,透过以"媒介的医病关系为核心"的理论架构导引发展具有增能能力(empowerment)的创作性、实验性的医学人文课程规划。

在目前医学人文课程设计的努力中,尝试打破过度专业的迷思,以前瞻的角度面对生物科技的蓬勃发展和相关研究一日千里的全新时代,是重要而严肃的课题。目前部分从事医学教育的人们就有着类似的主张,期待我们教育出来的医师是个保障病人生命尊严和身体自主的媒介,而不要成为新医疗体系宰制人体的代言人。这样的反省和思考,在风起云涌的医学人文教改浪潮中,掀起了对专业主义广泛的质疑,尝试打开专业人士高高在上的态度。这样的运动打破专业知识具有普遍意义的迷思,进而尝试谦虚地倾听病人和

---

[1] 蔡笃坚:《展望新时代的专业人员角色——以医学人文教育的理论架构为范例》,载师范大学教育研究中心编《教育研究方法论:观点与方法》。

社会一般大众的生命故事，由此建立全新的专业角色和知识坐标，成为目前医学人文教改的重要特色之一。

2.2 医学人文课程设计与目标

为了弥补各医学院校推动社区化的医学人文与通识教育资源的不足，我们特地建立了一个跨校的资源共享平台，尝试协助各医学院与一般大专院校发展不同的小区参与课程，我们也可借此分享课程发展的脉络、理念、设计与相关的经验反省。

首先，借由口述历史来探访社区，不仅是医学院学生自发规划课程运动的重要凭借，也是新社会认同发展的基石。如阳明大学在石牌与天母地区所从事的社区口述史、台北护理学院所尝试的结合口述历史与社区健康的推动、高雄医学大学的同学以自发的方式进行的旗津社区口述历史的探究、慈济大学的同学计划在花东以口述历史的方式探索地区的医疗史等，这些努力也成为医学人文教育理念落实的基础。然而，更重要的是，进行中的口述历史运动，象征着对于台湾本土历史记忆欠缺的醒觉，并进一步彰显其所蕴含的重塑地缘认同内涵和知识生产坐标的格局。

其次，透过参与社群与社区经营反省，我们认为合适的台湾社会学想象应包括感受时代体验的能力，寻找施力空间、倡议社群认同形塑的能力，以及彰显差异分析、诠释主流文化的能力。如此与西洋当代理论为基础的科技论述对话，不仅更进一步将其细致化的在地知识生产变为专业者本身社群认同形塑的基础，也开创了全新的社区参与和知识生产空间。如此学术生产机制的基础，不在于西洋理论的输入，而在于区域文化认同流变细致的探究，让符合在地历史文化经验的社群认同与社会类别成为形塑另类文化霸权的基础。不同于福柯和萨义德所倚的业余者态度，我们主张台湾的专业人员应勇于成为参与者，以利发展行动的知识，而如此的行动知识也唯有本着差异来挑战主流文化霸权所具有的优势，倡议开放被排除之认同形塑可能的另类霸权演变可能。有如此充能社群与社区的观点，口述历史可成为扩大病友团体和社区认同形塑的媒介，而专业团体也在此过程中，发展出具充能内涵的知识生产与专业认同内涵，得以塑造符合 E 世代情境的专业人员角色，落实有机知识分子的风格塑造。

最后，以专业人员为增能的媒介，为了让身体政治的主导权回归民众和今日我们所说的医疗求助者，我们更不能忽略既有专业知识传递的重要性。就专业知识传递而言，我们建议医学人文课程的规划应着重与生物医学科技相关的伦理议题展开探讨，这方面首先应强调的是提醒同学建立宏观的现代科技感知，于是类似"中西社会伦理对生物科技发展的影响"的主题，扣连与所探访社区或社群息息相关的当今生技发展热门议题"复制与道德"成为首应授课的主题。而后，针对当前不同社区或是病友团体相关的生物医学科技项目，如特殊的手术与治疗方式、试管婴儿和安乐死等都可归为由道德视角出发的授课议题。不过设计这些议题时，必须让同学理解攸关本土科技论述发展的脉络，也提醒道德发展往往是立基于科技基础之上，科技与人文因此存在着互动的关系。最后，属于主流社会容易忽略的社会类别，或需要平衡既存权力不平等关系的议题，如"由性别的角度反思基因科技与社会伦理"，也应适度融入课程之中，进而扩大视野涵盖流行的次文化、人口变迁和环境生态等议题，如此课程才能适当导引同学发挥诱导科技论述"媒介"的特质，链接宏观的文化社会环境流变，让医事从业人员运用生物科技新知时能有足够的反省警觉，以更自觉和保障人权与生态环境的方式来导引科技与人文的关系。用这样的方式来传递专业知识，更有着培育专业人员扮演特殊知识分子的效果。

如此运用口述历史在社区营造导引参与式设计的模式，不仅随时都会因为口述历史的要求而留下记录，因为这群人正在写历史，更重要的是透过个人生命经验涵盖社区历史记忆与变迁中现时文化生活的交流，由学生扮演者导引新近概念、与小区耆老共创未来的角色。生活实验室是由美国麻省理工学院媒介实验室的领导人威廉·米切尔（William Mitchell）提出、目前也正在延伸的信息科技互动演法概念。[1] 即使有些实验室是在弱势或是偏远地区执行，也能够让原本具有"知沟"的社区人士较为平等地参与，这是非常难得的台湾经验。经历如此的课程洗礼后，社区的老人家对于参与社区、营造智慧科技的运用和创新产生极高的兴趣，原本商议已久的以自主互助方式服务部落老人家的照顾服务据点顺利开设，老人家每两个星期在金岳社区发展协会聚会一次，做健康促进与互动交流的活动，也开始针对生活的不适应提出用他们熟练的木工制作辅具搭配健康信息设备的运用模式，并共同参访信息公司来健全社区生活实验室的规划。

3 智能科技导入历史记忆的回复

长久以来，对记忆的研究一直由心理学家开展，他们把记忆看成是个人的认知过程。不过最近对记忆的分析，已经变成涉及各学科的研究，并且记忆常常被视为一种社会活动。在哈布瓦赫（Halbwachs）的《论集体记忆》（*Collective Memories*）一书中，提到一个社会里团体与制度的数量决定集体记忆的规模。无论是社会阶级、家庭、协会、法人团体、军队，还是公会，都有各自团体成员构成的独特记忆，这需要追索自身并凭着团体脉络记忆建构自己的过去。更进一步，哈布瓦赫指出集体记忆说明了文化之中共同感的组成性质，以及组成元素的中心与边缘之间的关系，这指导我们如何利用集体记忆打造重建过去意象的工具[2]。在本论文中，我们依循这种想法，运用科技引导对过往生活空间的复原，并

---

〔1〕　William J. Mitchell, *City of Bits: Space, Place, and the Infobahn*, Cambridge: MIT Press, 1996.

〔2〕　Maurice Halbwachs, *On Collective Memory*, Chicago: University of Chicago Press, 1992.

达成文化保存的目的。这利用的是族群生活者对土地抱持的巨大的尊重，和对于祖先的土地抱持的特殊的情感——不仅是对土地的富饶和食物价值的情感。大家对家乡的情感，可借由这些无形的物质发挥，作为史料的一部分。

3.1 场所：生活空间的历史记忆

场所(places)，经常被视为是联结不同空间的一种聚合体，借由人们在场所之中的活动，提供了一种社会经验与人类行为相互影响的场域，也联结了这些空间在个体与环境之间交互作用下的集体记忆。另一方面，我们尝试用描述一个人身处场所之中获得的空间感受是基于一种隐喻(metaphor)与暗示的方式，来再现该场所的"氛围"(aura)，用以传达一个人在场所之中对整体气氛的感受能力。[1]

在现象学对场所、居住的研究里，海德格尔将"居住"视为人存在的本质，提出"存有"是一种定居的现象，人们透过定居的行为彰显自己的本性。在这个过程中，栖居不是筑造的结果，栖居与筑造共同"呈现"(present)人的存有状态，即为"此在"(Dasein)[2]。"空间"是因有地点而得其存有，并非无中生有，因此得以提供"四位一体"的安顿的场域。人和"空间"的关系，乃由人建造地点而有"空间"，"空间"存在于"居住"的本质中。"居住"即置身平安之中，即平安地身处一种自由及保育的状态中。基于生活记忆的流动与变异，以理解结合群众、空间、事件及时间的场所记忆，对历史及延续历史脉络的地方事物加以保存。然而，不同于传统静态的数字典藏形式的思考，如何把具备历时延续性及实时取材的工具运用在记录一场所的生活内容，并将其再现，需要进一步的讨论。

本论文在应用智能科技想法的基础上，讨论场所与记忆所形成的历史脉络，能被口述历史方法学追溯并提出具体的场所意象。场所意象乃经过长时间累积形塑而成，融合了自然特质、文化背景、居民生活形态、城市活动等多样化属性，成为一种能够传达一场所之特色的特有印象与场所感。另外，智能生活为场所意象发展之核心，除了建构在地居民认同之精神性及其意义，另一方面也增进居民对改善自我居住环境质量之向心力，降低生活质量的执行阻力。以智能生活科技应用为主轴之实体实验室(living lab)，绝大多数以生态、绿化、节能为发展重点，结合都市计划，将实验场域扩大至社区及城市，最后直接将研发成果回馈乡里。于是本文以智慧生活为核心，对跨城乡的不同社区尺度进行分析，提出策略规划。这代表了凝聚氛围是文化再现之引导力量，透过住居在场所中的群众，建立自身对于该领域的认同意识，强化这一场所本身的精神象征。

---

〔1〕 陈冠烨、张登文：《传统空间不见了》，"第十六届建筑研究成果发表会"，台北科技大学建筑系(台北)，2004年。

〔2〕 ［德］海德格尔：《筑·居·思》，载孙周兴选编《海德格尔选集(下)》，上海：上海三联书店，1996年，第1188—1204页。

3.2 运用智能科技进行口述历史的记忆再现：虚拟现实与扩增现实

虚拟现实（Virtual Reality，VR）的起源，一般的说法是从文艺复兴时期对天堂（神界）的想象开始，用教堂壁画模拟空间化及可视化，例如从米开朗琪罗绘制的西斯廷教堂的绘画中看到天堂的样貌这种想象的理想化情景。对过去而言，虚拟现实不仅是重现已消失的生活情境，更是真实体验过去曾经存在的，或是复原历史遗址，例如日本桃山时代的安土城。对未来的想象来说，虚拟现实可以具体组织并表现出可想象的整体样貌，比如对一个都市的模拟。

就计算机科学的定义，虚拟现实具备了 3I 特质：沉浸（Immersion）、互动（Interaction）、想象（Imagination）。沉浸是借由人类五感经验的方式，让使用者完全投入虚拟环境中，如同身临其境；互动是借由辅助工具，让使用者在虚拟环境中游走并操控所接触的环境对象；想象则是对真实状态进行模拟，并增加可视化、听觉化、触觉化、嗅觉化等五感体验。[1]

另一方面，扩增现实（Augmented Reality，AR）是虚拟现实技术的延伸。若将环境构成因素分为场景与存在物两种元素，虚拟现实的场景与存在物都是虚拟的，而扩增现实则是将虚拟的存在物经由计算机运算呈现于真实场景中。其主要的概念是经由计算机进行符号的识别与定位，将虚拟存在物之影像迭合于定位点中，再透过软件整合呈现于显示器中，并随着观看者的角度变化，对虚拟对象的呈现状态例如大小、角度等的实时调整，以符合人的自然视觉感受。[2]

扩增现实突破了虚拟现实建构于纯粹虚拟场景的限制，尝试跨越真实与虚拟的界线，将虚拟物体融合至真实世界当中，因此不但在人机接口、行动运算、影像辨识与追踪定位等研究领域引发了本质性的进展，并且在空间信息搜寻、工业组装维修、数位化营建、军警训练、逃生防灾、教育学习、医疗复健、娱乐休闲等应用层面皆显现了高度的开发潜力。世界诸多先进国家已经了解到其未来的开发价值，正如火如荼地展开相关的技术研发与实质应用。

扩增现实与虚拟现实的主要差异在于场景的仿真程度、对影像扫描和呈现的方式。VR 的整个 3D 场景皆是计算机仿真，而 AR 则保留了现实世界的环境——由于有现实世界作为背景，因此更具临场感。AR 具备虚实相间的拟真特性，被广泛利用在展示、教学、

---

〔1〕 沈立胜：《虚拟博物馆》，《博物馆学季刊》（台湾）1999 年第 13 卷第 1 期，第 81—87 页；李佩蓉：《消费者在虚拟现实中的临场感体验与沉浸倾向之研究：以商业动感模拟游戏机为例》，博士学位论文，台湾交通大学经营管理研究所，2010 年。

〔2〕 王雅玄：《多元文化教师图像之批判反思：以"原住民"教师的情境定义为例》，《教育科学研究期刊》2009 年第 54 卷第 2 期，第 1—27 页；王璞：《移动增强现实技术在图书馆中的应用研究》，《图书与情报》2014 年第 158 卷第 1 期，第 96—100 页。

娱乐、工业、营销、训练等各方面,如博物馆的展示或是童书的 3D 图像等。另一个关键差异是对影像扫描及呈现的方式,称为环境空间扫描(Simultaneous Localization and Mapping,SLAM)。SLAM 可以增强 AR 的效果,目前的 VR 也与此技术整合,让模拟效果具备穿透能力,对于未来的智慧机器应用也具有极大的影响力。在实质应用上,博物馆展览可以看到许多有趣的应用,例如美国自然历史博物馆的恐龙 AR 导览应用,把展览信息结合室内定位进行整合。

在口述历史结合智能科技的应用层面,我们考虑的是旧部落文化资产 3D 模拟与文化保存。我们运用虚拟现实及扩增现实这两种科技,以部落生活的集体记忆作为素材,汇流过去与现在的生活记录,由个体记忆的累积扩大到部落集体记忆的数字化,以达成部落生活之再现。具体的方案是进行流兴(Ryohen)部落之虚拟重构,结合口述历史及 AR＋VR 混成实境整合技术,将以动态方式保存的已不存在的生活经验,在特定场所内再现,同时,获得的成果可提供小区部落文化保存,以及作为本地教育和在地文化旅游产业的素材。

3.3 旧部落寻根:口述历史导入台湾泰雅人社区之具体实践

2004 年,宜兰县南澳乡金岳社区发展协会开始办理"金岳旧部落寻根之旅",从懵懵懂懂的状态到现在成效显著。第一年由中青代带着父母亲的记忆回到旧部落,过程虽然感人,却没有耆老证实所有的历史、经验及空间记忆;第二年由耆老带领一群青年人,让青年人体验昔日山上的传统生活,更由耆老述说生活经验及历史文化,并实际走访旧部落的活动空间,加深青年人对文化的认识及认同;第三年同样在耆老的带领下,中、青、幼一同回旧部落,除了诉说旧部落的故事,还制作了详细的旧部落地图,让回旧部落的每一个人找到自己的家,祭祖、打扫,以及找寻维系旧部落生存的水系;第四年与当地小学——金岳小学合作,举办 32 公里的"毕业典礼",将年龄层往下扎根,让小朋友从小就认识自己的部落及其历史文化。如此生生不息的市民社会重建活动,更确立了未来利用影像高科技与智能通信技术,持续维护旧部落文化历史记忆传承与再生之决心,这也是课程将实体实验室建置于金岳部落的原因。课程引介生活实验室是一个系统性的探究,培育跨领域科系的同学赋权社区及运用团队合作落实部落参与的概念,让人们直接参与设计位于偏乡且需要克服文化与知识隔阂的智能生活实验室。课程设计的专业人员必须要有充分设计一般人能够参与的文化的能力,因此运用智慧生活科技来帮助金岳部落的老人,以使用者的创意为核心概念,让南澳乡成为发展新的服务模式与产业模式的实验区。更进一步的,希望智慧生活实验室可以形成透过研发伙伴关系而促成的永续区域计划发展的基础,目的在于使少数群体设计新的产业模式或营运规划,以此实现更大的社会正义。待透过场域实习以攸关长期照护的资通讯科技导入部落,导引大家由对科技与伦理法规务实的体验出发,开拓宏观的视野,以部落志工服务的方式落实和提升部落运用长期照护资通讯设施,促成在地老化的互助组织网络建构,同时也透过数字的方式观察与建构,运用扩增现实技术,再现部落生活文化的场所事件,再现部落的生活与历史,并发展部落群体表决及伦理治理机制,从而落实对跨文化的尊重。

本计划以建置文化导向生活实验室为目标,结合部落文化与科技应用的发展期程,区分为三阶段:

1)场域规划:根据场域场所历史进行调查整理,就过去之生活变化对当地居民进行需求模式的调查,并以口述历史方式进行社区记忆保存及记录,并汇编人文故事。

2)雏形发展:针对文化内容进行分析,选择代表场域场所精神者进行数字化,并利用智能生活科技应用进行信息平台之雏形开发。雏形平台进行反复验证及修正。

3)规模建置:借由信息平台雏形系统,扩大导入场域的各选定场所,并透过积极鼓励居民参与使用,以获得更大的扩展,建立永续营运的基石。

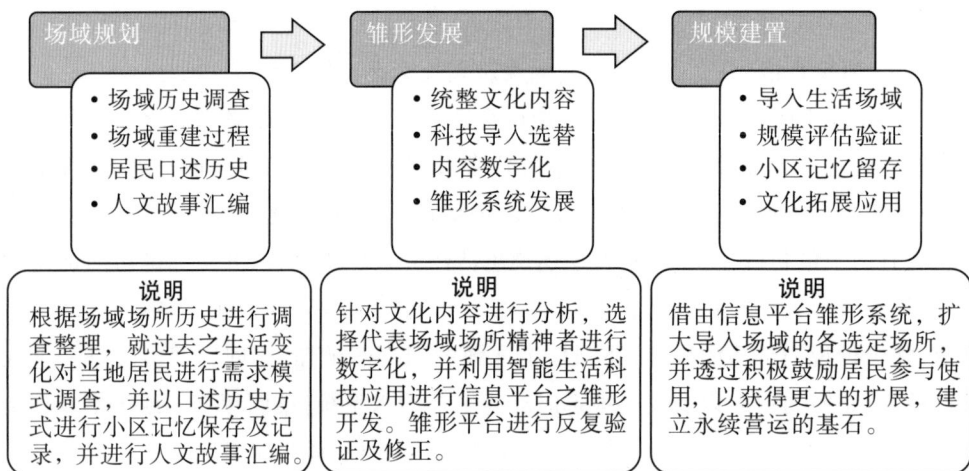

场域规划	雏形发展	规模建置
• 场域历史调查 • 场域重建过程 • 居民口述历史 • 人文故事汇编	• 统整文化内容 • 科技导入选替 • 内容数字化 • 雏形系统发展	• 导入生活场域 • 规模评估验证 • 小区记忆留存 • 文化拓展应用
说明 根据场域场所历史进行调查整理,就过去之生活变化对当地居民进行需求模式调查,并以口述历史方式进行小区记忆保存及记录,并进行人文故事汇编。	**说明** 针对文化内容进行分析,选择代表场域场所精神者进行数字化,并利用智能生活科技应用进行信息平台之雏形开发。雏形平台进行反复验证及修正。	**说明** 借由信息平台雏形系统,扩大导入场域的各选定场所,并透过积极鼓励居民参与使用,以获得更大的扩展,建立永续营运的基石。

图1　文化导向生活实验室之三阶段建置期程

4　口述历史具体实践一个以人为本的智能科技实体实验室

本文阐述的运用口述历史的方法在台湾具体实践一个以人为本的智能科技实体实验室,该实践场域不仅能创造知与学的动能,还能利用课程与小区营造两股力量进行对接,主要朝向两大面向:健康及文化。

4.1　健康面向

借由科技结合生活的社区营造方式,用科技与社区现有的保健器材接收讯号,让信息进入计算机的规划设计，并让社区健康营造相关成员以分组的方式协助需要帮助的社区居民，发挥邻里互助的合作精神，建立社区自主健康营造之辅导机制。而由此建立的社区实体实验室可建立反馈机制，由社区居民提出适合置于社区使用的科技产品，并于使用后回馈使用意见，以此作为科技改进之基础，让科技能够照顾、便利社区生活，这也是利用智慧改善科技，达成科技与生活结合的重要目标。因此，由此社区自主健康营造的机制建立互助家庭的概念，发展社区的新营造方式，让健康生活与科技以分享的方式，用新的科技记录健康信息，既帮助自己也服务他人。因此，我们创造医学领域独特的整合架构，其积极目标在于以交互式网络平台为基础，医疗健康照护为媒介，链接信息科技、公共卫生与社区营造作为区域知识生产协调中心，培育正式修课同学与部落参与学员共同学习与发展知能，使之促成民间社团、健康照护机构，以及信息、网络与健康照护事业链接，公共建构社区导向之在地知识分享与普及机制，辅助多元文化发展与服务学习弱势社群之增能，创造"以人文本、科文共裕"之台湾运用智慧科技辅助在地老化的典范经验。更进一步，结合因特网互动技术与医疗健康照护体系的优势，期待开创一个由社区健康营造联结到整体有能力运用因特网科技的整体生活营造，创造一个足以支持台湾部落地区在地老化制度奠立的健康生活智能平台。

4.2　文化面向

场所记忆的保存牵涉人际关系、生活记忆、空间记忆三项内容的循环关联，本计划借由口述历史的方法，利用虚拟现实技术复旧传统泰雅人生活——以真实生活于该处的耆老的场所经验为基础，辅以部落建筑历史文献的考据。过往记忆的再现，不再只是过往文献记录及考古学者的看法，而是更加接近在地文化的生活原貌。在建立部落之文化数字化的同时，透过多媒体的数字记录方式重现传统部落技艺，不但能延续传统技艺的命脉，让部落青年具备数字时代的竞争力，而且为部落特色产业提供一股不同于传统的力量，让特色产业成为部落自给自足的生产动能，进而增强青年留乡生活的意愿。在拓展跨地域社造交流方面，此文化数字化之经验透过研讨会及社区工作坊的交流与开发，进一步提供跨地域之部落社造合作的机会，配合跨地域学生到台湾进行部落文化的认识与学习，并提供参与部落族人之关怀活动的机会。

4.3　讨论

综上所述，在健康与文化议题的主轴上，揉合城乡发展及社区营造，基于数字媒体强化内容之深度及广度，并运用虚拟现实及扩增现实技术再现过往生活空间及事件，强化并扩大应用于链接健康信息、生活信息与环境信息。这样的联系主题包含场所生活与未来发展、口述历史，包括参与式设计、高龄智能生活与科技应用、智能生活与科技应用、部落生活历史的观察与建构、长期照护导引、攸关参与式设计的伦理反思等题项,透过数字的方式观察与建构,并将健康及文化内容进行数字化。例如扩增现实的技术主要将物理真实环境及数字虚拟信息两相叠合,不但可应用于社区环境中,亦可运用在室内环境,例如在少数民族部落的生活环境中,借由扩增现实技术可以介绍族人古早的烹煮方式及情境,体验者可利用手持行动装置于部落厨房进行学习及体验,这既是结合社区特色景点的方式,更有机会带动部落发展生态旅游,推广文化活动及学习。另外,在专业医学领域上结合卫教信息,利用社区健康促进环境发展亦可达成同等的功能,加入互动功能使得社区居民可以透过云端信息平台更新其健康信息。在口述历史的实践面向上,找寻跨界整合及产生具有涟漪效益的推波作用,使在地生活的脉络及接口得以永久延续。

5 结论

口述历史的意义,在此时已然不是单纯的史料收集,更牵涉到社群记忆的传承与特殊精神意志的彰显。不论是自觉还是不自觉,近来透过民间基金会所呈现的台湾口述历史的努力,有着更为丰富的意涵,由方法学到历史观点,都严苛地挑战着台湾的史学正统传承。透过叙事认同导向的口述历史运作模式,以凝聚集体情愫为导引,示范专业人员将同情共感作为勾勒宏观社会历史变迁的媒介——也是在社区的灾变或承平时期重建、营造的有利媒介,适切地导引其他忠于同情共感之情愫,发展在地知识,以务实的方式开创熔铸在地经验的全球化演变新趋势,以更积极的方式面对在全球化过程中保障在地历史文化经验的挑战,也开创了新的参与式知识生产与理论建构的机运。

智慧通信时代的未来,持续维护旧部落文化历史记忆传承与再生之决心成为部落营造的关键,这也是本院协助部落大学及中小学课程发展,将实体实验室建置于金岳部落的原因。课程引介生活实验室是一个系统性的探究,培育跨领域科系的同学赋权社区及运用团队合作落实部落参与的概念,让公民直接参与设计位于偏乡且需要克服文化与知识隔阂的智能生活实验室。课程设计的专业人员必须充分设计一般人能够参与的文化的能力,并以此与运用智慧生活科技相结合,帮助金岳部落的长者,运用以使用者创意为核心的概念,让南澳乡成为发展新的服务模式与产业模式的实验区。更进一步的,希望智慧生活实验室可以形成透过研发伙伴关系而促成的永续区域计划发展的基础,目的在于使少数群体参与设计新的产业模式或是营运规划,以此促成更大的社会正义。期待透过场域实习,以攸关长期照护的资通讯科技导入部落,导引大家由对科技与伦理法规务实的体验出发,开拓宏观视野,以部落志工服务的方式落实和提升部落运用长期照护资通讯设施,促成在地老化的互助组织网络建构的同时,也透过数字的方式观察与建构,运用扩增现实技术再现部落生活文化的场所事件,再现部落的生活与历史,并发展部落群体表决及伦理治理机制，从而落实跨文化的尊重。

展望未来的台湾社会改造运动欲呈现的台湾主体性，面对更多的理论建构挑战，如何导引既有的理论融入在地的情感经验，跳脱西方与本土等二元对立的关系，以现有理论为媒介铺成截然不同而具台湾特色与竞争力的文化实践趋势，是必然面对的挑战。为了凝聚更开阔的社会力量，迎接新时代的挑战，各医学大学中部分从事医学人文教改的老师特地与实务工作者发起筹组台湾社会改造协会，希望能够以台湾丰富的在地素材与社会动力为基础，建立跨地域理论交流，参与引领符合公平正义的思想与跨界趋势的行列。在此过程中，口述历史只是个媒介，它并不见得是唯一的素材或途径。不过，领导文化霸权转型或民主社会往公义之路转型的基础，在于彻底实践到群众中去、与人民共同生活、向人民学习的自省勇气与担当。在这方面，医学人文教改运动中实行的口述历史方法，提供了一个简便的途径，期待未来有更多的方式开创出来，向世人展现台湾傲人的成就，由方法的突破导引当今文化趋势的变迁。

手艺人口述史操作中的困难及其应对

◎卢敦基　胡丽川[1]

摘　要：

目前,手艺人口述史的记录和研究还处于起步阶段,这个领域存在不少特殊的困难。"永康手艺人口述史"项目自 2009 年启动,2012 年完成。回顾这个工作过程,发现在口述对象选择、口头访谈采录、语言转化文字这三个阶段都存在不同性质和难度的困难。本文是对这些困难的认识以及应对的总结。

关键词：

手艺人；口述史；口述对象选择；口述操作；口述资料整理

Difficulties and Countermeasures in the Practice of Oral History of Craftsmen

◎　Lu Dunji; Hu Lichuan

Abstract：

The record and research of the oral history of craftsmen at present is still on a preliminary stage where many special difficulties exist inevitably. The project "Oral history of Yongkang craftsmen" started from 2009 and was completed in 2012. Looking through the whole process, there were various difficulties in three stages of making oral history including selecting individual narrators, interviewing, recording, and interpreting memories. This article concludes these difficulties and gives solutions.

Keywords：

Craftsmen; Oral History; Individual Narrators Selection; Oral History Operation; Oral Data Collation

关于中国的手艺人,口述史的记录和研究至今仍基本停留在零敲碎打的层面,分散于小报杂志的页间,这就使我们问世已有 5 年之久的《永康手艺人口述史》更具有现实的学术意义。浙江省永康市是历史上著名的"百工之乡",2015 年全市 GDP 达到 483.5 亿元,

---

〔1〕 作者简介：卢敦基(1962—),男,文学博士,研究员,研究方向为文学与浙江文化；胡丽川(1954—),男,记者,研究方向为浙江文化。

财政总收入 77 亿元。[1] 传统的工艺对今天永康成为"五金之乡"产生极大的作用,是当地之共识。基于挖掘现代社会发展之传统动力的认识,我们于 2009 年启动的"永康手艺人口述史"课题,当年被立项为浙江省浙江历史文化研究中心重大课题和浙江省社科规划重点课题。经过 4 年的努力,采访记录了永康市 20 多个手艺人的口述,最后成书 70 多万字的《永康手艺人口述史》,于 2012 年在浙江人民出版社出版。时任浙江省人民政府代省长的李强同志为此书作序,评价"这部书不仅记录了永康手艺人的日常生活和学艺过程,还反映了他们吃苦耐劳、敢闯敢试、永不放弃、讲求诚信的可贵精神;不仅讲述了永康民间手工艺行业的发展历史,还揭示了浙江区域特色经济发展的历史渊源和文化因子;不仅是研究永康民间工艺的宝贵史料,也是解读浙江现象、感悟浙江精神的良好素材"[2]。

　　20 世纪六七十年代,永康农村基本上是一个手艺人的社会。除了女性不能成为手艺人,家庭中凡是有两个儿子或以上的,至少会送一个儿子去学一门手艺。原则上,手艺伴随着人类产生发展。但是在多数场合,手艺人是一个虽必不可少但规模不大的群体。在永康,手艺人如此兴盛,成了一个特殊的经济和社会现象,在全国其实也不多见。但是很难追踪手艺人在永康发源兴盛于何时。查阅存世不多的几种永康县志,康熙《永康县志》卷六《风俗》云:"农亩之外,太平乡多养蚕织绢,清渭多种花织布,其女红之利,几四田租之一,若他乡盖不能尽然。其诸深山中,多种苎、植柿栗。濒溪或操舟,若平原,黄负担而已。民无远虑者,或弃本不事,专力负担。"光绪《永康县志》卷一《地里志·风俗》云:"工土石竹木金银铜铁锡皆有匠,然朴拙不能为精巧。邑皆瓦屋,故抟埴陶旒为伙。织布裁衣锢露多鬻技于他乡。"可见源远流长。到当代,就更蔚为大观:据民国三十六年(1947)的调查,手艺工匠从工门类不下百余种,其中有打铁、打银、打铜、打镴(亦称打锡)、打锉、制锯、钉秤、木作、石匠、瓦匠、漆匠、铸锅、印染、纺纱、织布、草编、竹编、篾匠、皮匠、制鼓、造船、裁缝、琉璃匠、白铁匠、盔头匠、泥水匠、制糕点、酿造、做馒头、刺绣、串棕、弹棉、制陶、榨油、造纸、制皂、腌制、酱作、制糖、制茶、制刷、制椅、制剑、制风箱、雕刻制作玩具、结网、修补等等。因而,永康被人誉为"百工之乡"。[3] 五金工匠,指"以手工或手工为主的金属加工、冶炼铸造行业的从业人员,民国十八年(1929)4827 人,二十五年 5931 人,三十七年 9295人,1949 年 9609 人,1954 年增至 11 980 人"。木匠,民国十八年(1929)有 1000 多人;1950年,木材加工从业人员 1800 多人。篾匠,民国三十七年(1948)有 3030 人。泥水匠,有 800多人。裁缝,民国三十六年(1947)有 1430 人。石匠有 224 人。[4] 据唐先镇镇民施彦福回忆:1970 年前后,他所在的生产队有三十五六户,一百五六十人。有三十几人出门做手艺,

〔1〕 永康市统计局:《永康市 2015 年国民经济和社会发展统计公报》,2015 年。
〔2〕 卢敦基主编《永康手艺人口述史》,杭州:浙江人民出版社,2012 年,序言第 2 页。
〔3〕 永康县志编纂委员会编《永康县志》,杭州:浙江人民出版社,1991 年,第 170 页。
〔4〕 同上,第 171—172 页。

在家专门从事农业的只有三四个正劳力,平均每户一人是手艺人。[1]

当然,稍微放宽视角,即可发现,邻近永康的几个县市皆有类似的情形:例如今天成为全球小商品著名集散中心的义乌和建筑之乡的东阳,在历史上也有"鸡毛换糖"和木雕的传统。从王一胜的研究可知,手工业"行担"自宋代开始便在这一带极为普遍。明清以来,更是发展壮大。这"实际上适应了本地区资源缺乏而又人口众多,水运不便,手工业经营规模较小,同时城镇手工业和近代工业缓慢发展等多种社会经济条件"[2]。这其实就是永康手艺人的显著特征之一。一般来说,农耕社会容许和需要手艺人,但这些手艺人一般都是在几里[3]到几十里的半径内为当地民众服务。永康手艺人则闯四方、游四海,"府府县县不离康,离康不是好地方",当地的民谚最明确地突出了永康手艺人的特征。

在做口述史工作中,我们经历了许多困难,有些是事前预料到的,有些是在实际操作中才意识到的。回顾总结这些困难以及应对,应该是有意义的,至少可以给后来者提供一些借鉴。

口述史工作过程一般可分三个阶段,即选择对象、口述过程、整理过程。每个阶段都有自己的困难,以下就分三个阶段来看一下其中的困难以及应对。

1 口述对象选择

口述史操作的首要任务是寻觅合适的口述对象。对笔者的行业口述史项目来说,选择口述对象大抵符合以下标准:

广泛性。这又可以从两方面来把握。一方面是地域上的广泛性,永康是"百工之乡",全市各个区域都有手艺人,所以考虑口述对象应该有一个全方位的覆盖。另一方面,手艺人分布各个行当,行当的多样性已如上文所述,所以口述对象也必须覆盖尽可能多的行业。

代表性。一项事物一方面呈现出庞杂性,但非均匀分布的本质决定了事物必定具有相对重要的特质特征。当然,关于永康手艺人的特质特征,一直以来从未有人深入思考,各行的手艺人也多倾向于自己行业的重要性。只有经过广泛的摸底和与各方的比较,才能看出其代表性。经过反复的研究和思考,我们最后将永康手艺人的代表集中到五金手艺的"行担"上。"行担"与开店相对,指将做工担子挑在肩上走四方揽生意、边揽边做的状态。永康从事此类行业的手艺人极多,如打铜、打镴、钉秤等。

丰富性。经历较丰富的口述者肯定能得到整理者的青睐。此不赘述。

---

〔1〕 卢敦基主编《永康手艺人口述史》,第 377 页。

〔2〕 王一胜:《宋代以来金衢地区经济史研究》,北京:社会科学文献出版社,2007 年,第 274 页。

〔3〕 1 里＝500 米。

　　还要考虑口述对象是否善于表达。有些手艺人经历丰富,但不善于讲述。事实上,在后来接受访谈的手艺人还是有这样的情形:经历非常丰富,但每一件事情都是说得七零八落,不着边际,刚讲开头,马上"脚踩西瓜皮",滑到完全是另一件事的地方。这可能跟南方基层民众的不善言辞、注重实干有一定的关系。

　　对口述对象有以上的要求,反过来,口述对象对课题的工作者又有何要求? 这也是需要着力解决的问题。

　　这方面主要存在两个问题:首先,由于本课题需要面对一个较为广阔、非私人关系能解决的空间,因此,如何让研究项目的正确性方便地呈现在他们面前,成为至关紧要的一个问题。手艺人不了解学术研究,也难透彻了解研究的必要性,向每一个人苦口婆心地解释显然不可能。其次,由于口述对象不了解学术研究的通例,一小部分手艺人对口述访谈抱着不切实际的得利意愿。

　　面对这些要求和问题,我们设计和采取了一系列措施,综合性地予以应对。所谓综合性,是指实际操作中,做每一项工作,总是要时刻考虑到所有的要求和问题,切勿为了解决某一项问题而完全忽略另一项问题。大致说来,操作如下:

1.1　策划启动会议

　　在永康市委宣传部举行"永康手艺人口述史"课题启动会议,并由宣传部邀请社会各界人士及手艺人代表参加,全媒体报道,呼吁手艺人主动报名参加口述。永康电视台作了新闻报道,第二天的《永康日报》在头版发表了《永康老手艺人,你在哪里?》,呼吁手艺人报名,并附上课题工作人员的联系电话。一两周内便接到 30 多个报名电话。以党委的名义出场,迅速达到了向广大手艺人宣传课题正当性的目的,节约了大量的沟通精力,而且为课题参与的广泛性打下一定的基础。

1.2　注重报名步骤,细心遴选

　　接受报名,不是简单地记下一个姓名、电话就了事,而是在电话中先作一个简单的询问,且边问边记录:报名者是哪个村庄的? 从事什么行业? 现年几岁? 哪年开始做学徒? 师傅是亲戚还是朋友? 为什么要去学这种手艺? 去过哪些地方? 今天为什么要来报名? 等等。经过简单的电话采访,课题组心中就有一个大概的印象,并且当场写下问答印象。比如:可以考虑,仅从技艺上考虑;报名者比较真心,闻此人语气觉得比较好沟通,等等。这样我们就能在选择时参考。

　　在此基础上按以下几个标准进行遴选:

1.2.1　从事本行当时间的长短

　　这是最关键的一项。鉴于永康传统手艺的学徒都是要吃很多苦头的,改革开放以后,越来越少年轻人愿意去学传统手艺,原来的手艺人也陆续改行,所以,我们的访谈对象一般都是 20 世纪 50 年代以前出生的人,60 年代出生的还有个别,70 年代以后出生的就根本没有了。而且,我们要寻找的手艺人也是"越老越好"。1949 年以前开始学艺的人,吃的苦头肯定更多,也正是我们希望记录的。另外,有些人只是学了几个月或者几年就放弃的,可能手艺还没有完全学到手,如果接受访谈,大抵没有太多内容值得我们深入挖掘。

1.2.2 出门离家的路程远近

永康手艺人向来是依靠闯荡全国各地而求果腹、求生存、求发展的,他们也因此自豪。所以我们在选择访谈对象时,也希望对方是足迹踏得更遥远一些,视野更辽阔一些,见过更多的世面的。

1.2.3 分析对方希望访谈的初心

比如在接听的报名电话中,有人直接说:"我现在是办厂的,这样接受采访以后对我企业的名气会有提高。"这就引起我们的警惕。如果接受访谈者有这种心理预期,那么他在访谈过程中会不会如实叙述? 会不会挑选一些对其现在的企业有利的情节来叙述? 所以,我们就尽量放弃这样的报名者。有一个手艺人报名,是他的妹妹看见报纸上刊登的消息后,就立刻为哥哥报了名,也没有征求过哥哥的意见;还有一对年轻兄妹看了报纸,就说"我们外公也可以报名的",立刻就打电话来了。简单地问了几个问题,不是当事人自然答不上来。所有这一类的人选,也只好作为备用。

有一个案例是儿子为父亲报名,因为父亲年纪大了,打电话不方便,而父子之间已经有过沟通。父亲是打铜的蒋招汉,时年 94 岁,小时候没读过书,身体还很好。他的儿子蒋岩金曾任武义县委书记,已经退休在家。打电话来报名时,我们询问了一些简单情况,心中就有数了,觉得这是实实在在的人。后来我们去访谈,发现老人果然思维清晰,口齿伶俐,声音洪亮,讲得很好,内容很丰富。

此外,还要甄别其所报名的行当是否属于我们所需的范畴。这方面的分析源于我们自己对永康手艺这个概念的熟悉与理解。在习惯说法中,永康五金是"金银铜铁锡",但是落实到手艺人的分类上,金和银是同一种工匠制作的,也就是说,分为打金(银)、打铜、打铁、打镴这样四种手艺人。而由此衍生出来的却有专事补锅、补铜壶、补搪瓷脸盆、修钥匙之类琐碎手艺混合的一种行当,当地人称为"打小铁"。对于这些,只要来电报名的人一说,我们马上就明白了。

可是,我们也遇到了一些与传统分类法相去甚远的情况。比如有人推荐了一个行当是"做盘照",而且这还是列入当地非物质文化遗产名录的。细问之,原来是造房子时木工先用绳子拉起略弯曲的木柱,测量横向穿楣的卯榫处凹进或者凸出的尺寸,据此调整楣梁的伸缩尺寸。简言之,这只是木工千百道工序中的一道而已。

在传统的行当里,还没有这样细分的。而且在过去的年代,如果某手艺人只从事这么一个细分出来的活计，那么他的客户会少得可怜，他想以此维持生计也是不可能的。所以，在面对这些报名信息时，我们就依据自己对永康手艺人已有的了解，甄别并决定最终受访者。

1.3　对需要采录但没有报名的情形，采用工作或私人关系补足

比如市非遗办公室，掌握了一批非物质文化遗产传承人的资源，我们从中取得了一些从事凿花、打金（银）、串蓑衣、做锅炉等没有报名的人员名单。采录者也动用了一些私人的关系。

这样，按照工作标准，通过几个步骤，初步确定了采录对象，效果还是比较好的。当然，在具体过程中如能找到更好的线索，或者发现了以前的缺失内容予以临时补充，这些都是工作的题中应有之义。

2　口头访谈采录

访谈过程是口述史工作的主体部分。在手艺人口述史这项工作中，可预见的问题主要有两个：一是如何让手艺人讲述更丰富、更有条理的内容，更有助于人们了解手艺人这个行当。其中的难点有两处：手艺人不明白口述史的初衷，或者即使明白了也无法达到标准。这就要求采录者做好引导和鼓励。二是手艺人从事的行当较为小众，设法让他们的讲述更易为一般人所了解。可将这两个预见性的问题归纳为两种关系：

2.1　准备与灵感

我们选择的都是有相当年龄和从业经历的手艺人，他们经历的生活较为丰富多彩。然而，对象的合格并不必然意味着工作的成功。事先做好各种准备是极为必要的一环。在 2009 年 7 月至 2012 年 10 月这三年多的工作中，我们采访了 20 多位手艺人。在采访每一位手艺人前，我们一定针对其行当准备一些问题设计。比如针对第一位接受访谈的打镴手艺人胡茂汉，形成文字的采访提纲只列了 13 条：1.时代背景；2.寻师拜师经过；3.手艺规矩之获取；4.首次出门之经过，所带行装；5.学艺过程（吃、住、行、学、德、酬）；6.出师，年限，送行头否……一场访谈结束后，课题组将录音和录像拷贝下来，另行存储。然后根据这些原始材料进行总结，主要是总结提纲中是否遗漏了需要通过提问来了解的内容。这样的工作方式使采访提纲一次比一次准备得更详细。到后来，一份采访提纲就是一篇小文章，用五号字打印也是密密麻麻一整页。即使那样，对于在采访过程中不断冒出的新问题，我们就在提纲上迅速将灵感的火花写下，伺机提问。及至访谈结束时，打印的采访提纲上往往布满了手写的小字。

事先准备的功效甚大。在有限的时间内,必须对需要了解的情况有个全面的把握。如果听从口述者的讲述,很可能会遗漏一部分关键的内容。而在我们接触的手艺人中,不善表达的相当多,如果没有恰当的提问,很难引出他们完整的讲述。

但另一方面,最精彩的讲述,又往往发生于我们的提问之外。他们独特的生活工作经验经常是外行人难以想象的。我们的采录者之一以前为篾匠出身,但对于"行担"出外的手艺人其实颇隔膜,许多经历他也闻所未闻,而这些片段有时真让人拍案叫绝。比如箍桶手艺人胡振友用了整整 19 分钟的时间,讲述了他与一名同伴在重庆酉阳的一个深山小村时,同伴突然发病,差点命丧他乡的往事。那天早晨,他的同伴忽然肚子疼痛,但是山里村庄少,医生更少。他肩挑 150 多斤重的担子,同伴强拖病体挑着另一副 50 多斤的担子,两人翻山越岭,饿着肚子走了整整一天,直到天黑才在一个山村找到医生。同伴吃了药后,他彻夜守着。凌晨时分,同伴忽然病危,这位山村中的医生先把病人的眼皮翻上去看了看,接着猛掐人中。见毫无动静,医生用手掌猛击其大腿根,仍无反应。医生遂趴在病人身边,用牙猛咬病人的脚后跟。咬到第二下,病人"哇"地喊了一声,醒过来了!这样的急救方式,一方面是闻所未闻,另一方面,让我们忆起了《庄子》所说的"真人之息以踵"。古人诚不我欺。

所以,灵感在口述史访谈中不可或缺。只有深谙口述史的内容,才能在访谈中不停发现新的问题。目前很多项目多以学生为口述史工作主体,他们精力充沛、时间富余,但他们往往对工作缺少真正的了解和喜爱,对口述者常常做不到真正的理解。他们很难对采访作切实的准备,也难以在过程中产生灵感。这样的工作成果常常失之于浅薄浮泛。

准备与灵感,换言之也就是提问与聆听的关系。在事前要准备好问题,尽可能考虑到各种情况;在口述者的记忆被激活后,要注意聆听,捕捉其内容的亮点。以灵感来充实提问,以提问来激活灵感。

2.2　专业与通则

我们的项目是一个行业史的项目。对这样的项目,特别要考虑到专业与通则的关系。在我们的访谈包括提问中,一定要重视受访者专业的习惯、行为、知识等,但同时也要重视通则,即要让其他行业的一般人能够听懂和理解。

比如说称呼。千百年来,永康手艺人都被称为"老师",如"泥水老师""打铁老师""做篾老师""衣裳老师"等。在面对面称呼时,则是"名字+师",如胡忠发就叫"忠发师",李根溪就叫"根溪师"之类。至于教书的人,历来被尊称为"先生"。所以教书人与手艺人的称呼在以前是没有矛盾的。

中华人民共和国成立后,教书人也被称为"老师",而且适用范围越来越广。这在民间口语中倒也不是大碍,但是应用到文人写文章时就有些麻烦了,有时会让读者产生一些误解。

在我们这个项目中，我们是秉持尽量实录的宗旨，所以，对于这样的称谓，我们坚持实录，受访者讲的是"老师"，我们的文字里也就记录为"老师"。

一些度量衡制度，也尽最大可能按照被访谈者的语言来记录。但是这种十分专业的术语在现代读者看来几乎是云里雾里。

在过去的永康民间，使用最频繁的秤，是一种叫作"廿两"的秤，其重量的衡量标准与现在很不同。但是折合为现行标准衡度应该是多少，在这之前我们也是懵懵懂懂的。钉秤手艺人胡岩华给了我们答案：廿两秤的 14 两等于市秤的 1 斤，也就是半公斤。于是，我们专门加了这么一段注释：

> 至此，永康当年的"市秤"和"廿两"两种重量制度清楚了，分别是：
>
> 第一，市秤。又分为两种：十两秤，一市斤＝10 两；十六两秤，一市斤＝16 两。
>
> 第二，廿两秤的一斤＝20 两，故名。一市斤＝廿两秤的 14 两，则其 1 两约等于 35.714 克，其所谓的 1 斤约等于 714.2857 克。俗称"廿两一斤""一斤廿两""廿两秤一斤"等。
>
> 十六两和廿两这两种秤在 20 世纪 60 年代时候还很流行，但后来就逐渐式微了。或许是因其无法跟现代的重量制度相兼容的缘故。加之近二三十年以来，人们的生活节奏加快了，接触面广了，以公斤为单位的重量制度迅速深入人心，十两秤也更加方便，等等缘故，使廿两退出，连十六两也退出了人们的日常生活。[1]

对于土地面积的独特表达，流传很广的一句话足以佐证："千秧八百，不如手艺盘身。"因为永康人口头上常常说的是"一千秧田""六十把田"之类，翻译成大白话就分别指"一千平方丈的水田""六十平方丈的水田"。一亩水田是六十平方丈，永康人通常称为"六十把"，或者叫作"六十板"。对于这个提法，我们专门在书中做了注释[2]，以便后来人能看懂。

打镴手艺人使用的尺度与市制尺度也是有区别的，但事先我们并不是很清楚。在对打镴手艺人陈天赐访谈时，我们就有意识地提出了这个问题："你们所用的尺，是鲁班尺还是市尺？"他回答了我们："打镴人专用的尺叫三元尺，九寸五等于一市尺。"[3]

至于做木、做泥水、做篾等行业所用的尺，则称为鲁班尺。这种尺倒是普通百姓也有很多人是知道的：鲁班尺一尺二寸等于一市尺。所以，什么"七尺棺材八尺床"之类的俗语

---

〔1〕 卢敦基主编《永康手艺人口述史》，第 286 页。

〔2〕 同上，第 135 页、439 页。

〔3〕 同上，第 166 页。

在当年也是普遍流行的。说房屋的进深一丈六、开间一丈二之类,也是指鲁班尺。

但又有许德龙讲述的过去染布店里用的老尺,一尺等于我们市尺的八寸。[1]可见在20世纪前半叶,民间各行各业的度量衡都还是很不统一。

3　语言转化为文字

我们这个项目最大的工作量,实际上集中在这一段。将录音转化为文字,一般只要一边听录音,一边在电脑上打字就行。但是,我们这个项目却行不通,在试验了一阵子之后,就感觉到,叙述者的口头语言经常没有逻辑性。用方言叙述的颠三倒四的语句,在访谈时听着没觉得怎样,因为自己也是从小听着这种方言长大的,完全懂得其意思。但是等到要将口语如实地转化为汉字,就会发现有很多语句无法一下子就能在键盘上打出来。而必须查字典,甚至旁征博引地进行考证、辨析,才能决定采用哪个字。对于有些混乱的语句,也不得不适当地进行编辑。

所以,我们只好采取比较原始的方法,先是边听录音边誊写在纸上,然后通读全文,进行适当编辑,才录入电脑。至于增加的工作量及其难度,只能是如人饮水,冷暖自知了。

3.1　方言与普通话

一方面,我们要尽量保持原汁原味,使文字与录音之间能够最大限度保持一致,这样,即使是作为资料永久保存,后人有研究需要时,也不至于云遮雾罩。另一方面,许多语词,用方言表达时,显得很生动、贴切,一旦用汉字来表述,就会逊色许多。

这类词不少,常常令人冥思苦想,于是,段注《说文解字》、民国版《辞源》、今版《现代汉语词典》(第7版)以及百度等搜索引擎,都成为经常使用的工具。课题组甚至还在访谈之际有意识地请教受访者,结果是有所收获,但仍旧留下不少遗憾。

试举两例:

3.1.1　镴

在永康方言口语里,"金银铜铁锡"中的"打锡"是讲"打镴"。我们在项目开始操作时也倾向于"锡"。后来发现用"镴"字更妥当,因为中学教科书上说"镴,锡与铅的合金"。

查询《现代汉语词典》(第7版),也的确如此。我们又去咨询永康市非遗中心的人。他们说,申报省级、国家级的非遗项目,都是用"锡"字的。而在永康众多涉及这一行业的文章中,"锡""镴"两字均有使用。

接受访谈的打镴手艺人告诉我们,他们制作的镴器,都不是纯锡的,必须加入一定比

---

[1]　卢敦基主编《永康手艺人口述史》,第545页。

例的铅打制而成。100％的纯锡太软,无法打制成器。

在与几位打镴手艺人访谈时,我们专门就此探讨。最后他们也觉得,用"镴"字更妥当。

于是,我们在此项目中,将这一行业统一确定为"打镴"。我们以为这样既合乎定义,又合乎手艺,且与永康方言发音相同,符合保持原味的转化宗旨。

3.1.2 钐镲

有一种农具,通称镰刀,割稻、割麦时使用。长约 20 厘米,状如初月,刃有细齿。其齿若钝,则需重新錾刻。这个錾刻的环节,专属永康"打小铁"行业。永康人称这种镰刀为"sha-jiàn"。而这两个音节的汉字该怎么对应,让我们一度伤脑筋。

查《现代汉语词典》(第 7 版),有一个金旁加絜的字,读音为"jiē",释义为"〈方〉割稻子用的镰刀,刃有细齿"。本来,这是一个最适合的字,但是,这个字在电脑里始终打不出来。

再查其他工具书,如《汉语大字典》、旧版《辞源》,以及《说文解字》等,这个字都没有载入,却都在"镲"字下有镰刀的释义。特别是《说文解字》,"镲"下只有一个释义,曰:"镲,镰也。从金,契声。"段注曰:"方言曰:刈钩,江淮陈楚之间谓之铚。音昭。或谓之鎌……自关而西或谓之钩,或谓之镰,或谓之镲。镲,郭音结。刀部曰,剀镰也。即方言之刈钩也。"由此可见,镲字的原始释义首先是镰刀。《康熙字典》《辞源》也都将"镰"设为第一义项:"《说文》,镰也。《扬子·方言》刈钩,自关而西或谓之镰。或谓之镲。"

虽然《现代汉语词典》(第 7 版)没有这一释义,但综合其他释义,"镲"已经是最佳选项,遂取而用之。

3.1.3 还有"钐"字

《辞源》释:"大铲也,或曰大镰。"《汉语大字典》释:"〈名〉钐镰,一种把儿很长的大镰刀,又叫钐刀。"又:"〈动〉割,砍。如:钐禾,钐竿。"《现代汉语词典》(第 7 版)释:"〈方〉抡开镰刀或钐镰大片地割。"

由于吴语区方言复杂多样,每个县域都有方言,同一县域内的不同区块,语言又有不同。为此,我们又搜寻到邻近的义乌、金华、兰溪、武义的方言对镰刀这一农具的说法进行对比,结果是,虽然音调略有不同,但读法无异。

再搜索发现也没有更适合的,于是,就强行把"钐""镲"两字组合在一起,虽然显得略牵强。

3.2 地名与时间

3.2.1 地名

手艺人背井离乡,四海为家,对于许多曾涉足的村落名称,会长留脑海。与我们交谈时,从某村到某村之类的话,他们可以像说快板一样报出一大串地名,滔滔不绝。但总有一些地名是我们不能立即判断出名称和方位的,在面对面访谈时如此,事后听录音时更是如此。省级名称自然是一目了然，地市级的也基本有数，县级的名称有许多是该查证的了。

比较典型的有好几位。

打镴手艺人章世昌在叙述他去过的地方时说："到过湖南。是在茶陵、桂东，那旁边还有一个是酃县吧?"[1]

我们此前对酃县比较陌生，当时听受访者声音是"ling县"，及至誊写时就不得不查证了。再三翻阅网上的百度地图，茶陵、桂东都是对的，但旁边没有"临县、林县、灵县"等，拿了几本纸质地图册，也找不到。忽然一想，会不会是改名称了呢? 就找来一本20世纪80年代初期出版的《中国地图册》，才发现在湖南省东部的茶陵县与桂东县之间还有一个酃县。然后到百度地图以及近些年出版的纸质地图册上也找到了这个位置，其标注都为"炎陵"。接下来终于从百度上查证出，酃县于1994年更名为炎陵县。而我们的受访者当然是不知道这个变化的，在他的脑海里还是酃县。于是我们就在文稿中加注，说明酃县已经更名为炎陵县。

类似的还有打镴手艺人吕响阳。他说："湖南是到永安。还有新宁，是广西交界那边了。"[2] 我们也照例要核对这两个地名。结果，新宁是不错的。但是永安呢? 县级的"永安"是由福建省三明市管辖的，湖南省只有东安县。我们生怕自己也听错了，但是反复播放录音，听见受访者说得很清晰，是永安。我们查来查去，还是无奈，只能在文稿中注明"可能记忆有误"。

铸锅手艺人胡经郎讲述，他在江西省乐平县的流芳村铸锅，当地民间有"流三千，戴八百"的说法，是指乐平最大的两个村庄，分别有三千户和八百户。[3] 访谈时根本不知道这几个村庄的名称是哪几个字，所以誊写时我们定要查证过才放心。"流"，很快查出来了，应该是流芳村。"戴"，却一直无法定夺。根据发音，即使是"带"字也有可能。根据百度上能查到的乐平县所有地名进行分析，没有"带"，只有"戴庄"，也是一个大村庄。但我们不敢肯定，只能注明"可能叫戴庄"而已。

3.2.2 时间

时间，对于我们这个项目而言，是很关键的一环。在20世纪30年代与60年代，手艺人的经历有很大的区别。同时，我们也希望讲述者能清晰理出其经历的时间脉络，让读者感同身受。

所以，每一位受访者都被我们问到这样的问题："几岁开始学手艺?"或者他在讲述某一件事情时，我们就追问："发生在哪一年?"这些问题，大多数人都会准确回答。但也有几

---

[1] 卢敦基主编《永康手艺人口述史》，第205页。
[2] 同上，第143页。
[3] 同上，第100页。

个人说得含糊不清，我们就不得不再三追问。实在不行的，在后期做转化时就要反反复复听录音，尽最大努力梳理出来，然后做一些注解来说明。

这样的情况碰到过好几个。仅举一例：

打白铁的胡振水是个经历丰富的手艺人，几十年的手艺生涯坎坷跌宕，吃过不少苦头，却仍旧坚忍顽强。他从 15 岁开始出门，学过打白铁、打小铁，打金打银，做过桶匠，做过椅匠，还钉过秤。后来又是剥白蜡、收兔皮、炀铝灰、做被套，最后这些年定位于收购废旧金属。在两个多小时的访谈中，或许是表达能力的限制，或许是记忆模糊，始终无法说清楚自己的履历。而正因为他的经历这么曲折，我们很想为他整理出一份履历，所以一问再问。及至回来后，又是翻来覆去地听录音，又打开录像查证，最后才勉强将其履历理出顺序，但很难保证准确度。

3.3 器物与命名

永康很多类五金手艺都需要用到一种工具，叫铁墩。这是锻打金属时垫在下面的物体，生铁铸就，方形，左右两耳一尖一扁，重量由几斤到几十斤不等。现在一般用"砧"字。

但是"铁墩"两字切合永康方言发音。不过用"墩"还是"镦"也让课题组一度踌躇，甚至觉得偏旁为"金"更加合适。于是，再次求助于工具书：

墩：〈名〉厚而粗的木头、石头等；座儿：桥～，菜～（切菜用的砧类器具），树～。

镦：〈动〉冲压金属板，使其变形。不加热叫冷镦，加热叫热镦。

新旧几本工具书，都是这种意思。翻来翻去，也没有找到更合适的，就只能用"铁墩"了。本来用"铁砧"或许更好，但就因"铁墩"的发音与永康方言相同，而用"铁墩"。

"錾"这个字在日常的篾器、镴器、木桶等器具中使用较频繁，是指器物中间可供手提的部位，且两端有固定点，在紫砂壶中称为"提梁"。在永康、金华、武义一带，这是个单音节的词，发音"gua"，入声。而查工具书，发现有一个"鋬"字，音"pàn"。《辞源》释：（破患切，攀去声）器系也。凡器之提繫，皆谓之鋬。《现代汉语词典》（第 7 版）释：器物上用手提的部分。

根据我们的生活常识理解，"提梁"适用于相对较小的器物，如紫砂壶。而篾器、桶类、镴器、铜器，皆是相对较大的器物。而且，提梁与鋬，两者都与方言发音相去甚远。而鋬，至少是以一个音节来对应一个音节。所以，我们选用鋬。至于仅一端固定于器的手提部分，通称为柄，与鋬有别。

另外，还有口语中的钩刀"翁"，却是连解释都难。这是指铁器中予以固定木柄的某一部分的名称。我们费了很多时间，也找不出合适的字。谁料想，天无绝人之路，我们淘到了一本书《手艺中国》，是美国学者鲁道夫·P.霍梅尔（Rudulf P. Hommel）研究中国传统手工技艺及其器具的一部力作，1937 年在纽约出版，前几年刚刚翻译过来。其中居然有详细描述。该书的中文翻译者据说是工艺大师之类的人物，所言应是可信，遂将他们所用的词"承窝"借鉴过来。

有些手艺人，在获知访谈的意义之后，更是不遗余力地支持。做泥水的胡振龙因为腿伤，已歇业多年。他是 20 世纪 60 年代初期的初中毕业生，在老手艺人当中已经算是文化程度较高的了。在受访的头天夜里，他认真梳理了自己做手艺的经历、行业的特点，写下思考的要点，还颇为奇特地提出了泥水这行当与数学、物理、化学等学科不可分割的关系，其解析思路令人耳目一新。在谈到失传工艺时，他说，最明显失传的是毛砖地，已经被水泥地冲击殆尽，几十年没人做了。他也只在年轻时做过一次。他说，做毛砖地需要一种特殊的工具，叫作"lù jū"。这两个字怎么写，谁也讲不来，我也只能凭发音找两个汉字"鹿朱"代替，而实物已经无处可觅。

但是，访谈结束以后，胡振龙不肯罢休。寻寻觅觅，终于找到了一棵小松树的树桩，形状极像"鹿朱"。他加以修饰，然后用墨汁涂黑，执于手上，就像模像样了。几天后，他特地把自制的简易"鹿朱"拿过来让我们拍照，说："至少可以有个概念性的认识，知道这工具的形状、大小和功用。"

本论文主要是我们手艺人口述史实际工作的一个经验总结。工作过程中自然存在这样或那样的缺憾，最明显的就是计划中的工艺部分未能完成。但愿本文能给同道同志一些微小的启发和帮助。

追忆 90 岁至善慈母

◎曹淑文　曹书元[1]

摘　要：

一位普通家庭妇女九十年的生活，是近一个世纪从北京农民到胡同平民生活的缩影。当中有亲友关系、邻里往来，涉及学校、居委会、医疗、衣食住行、民风习俗等生活细节，包含了选民证姓名打错、北京城墙拆除、胡同拆迁、高考出国等具体事件。采用口述、追忆与文献考证相结合的方法，记载的内容有据可查，趋近事实。一位母亲的日常言行与至善的内心世界呼应，没有工作、学位、职称，却有口皆碑的女子，展现的是"至善无私暖人心"这一永恒的家庭及社会价值。

关键词：

至善慈母；中国女子美德；北京胡同；西直门南小街；家庭口述史

Memories of a 90-year-old Loving Mother

◎　Cao Shuwen；Cao Shuyuan

Abstract：

Within a century，our mother，a 90-year-old woman's life experience reflects the microcosm of suburban farmers' and Hutong residents' life in Beijing. Oral records about her life show the relationships among family members，friends，and neighbors，and include details of local schools，residential committees，health care，daily life，and customs. Specific events are also mentioned in this paper，such as a name mistake in the election，dismantlement of Beijing city wall，Hutong demolition，studying abroad and so on. The mutual evidences of oral history and documents make records approach fact. Without a degree，employment，or any titles，she touched everyone around her every day. Our mother's reputation perfectly demonstrates family values：selfless and great love.

Keywords：

Loving Mother；Chinese Woman Virtue；Beijing Hutong；Xizhimen Nanxiaojie；Family Oral History

---

〔1〕　作者简介：曹淑文，女，美国普林斯顿大学东亚图书馆专业馆员；曹书元，男，原北京轻型汽车有限公司工人，长年收集家史资料。

1　引言

我们的父母亲双双高寿，年过九十。父母养育四个子女，又帮助带大四个孙辈，还享受了重孙辈的乐趣。父母在世时，家里常年儿孙绕膝、亲朋满座。父母的往事，在日常聊天中述说；父母的品行，在日常的待人接物中传递。

2015 年，我们以《93 岁老父亲的口述史》一文，记录父亲的经历，参加了崔永元口述历史研究中心举办的首届国际研讨会。2016 年，我们以《寻根问祖中的口述史体验》一文，追溯父系、母系的家族传承，参加了该中心的第二届学术研讨会。

在这两篇论文的写作中，我们常常情不自禁地想起慈祥可敬的母亲常秀玲老人家。遗憾的是母亲于 2013 年离我们而去。母亲在世时，我们没有意识到应该记录母亲自己口述的经历。但母亲的音容笑貌还在我们心中，母亲说过的话还留存我们脑海。

家里有母亲保存下来的证件、资料、用品，有按年月编排的大量照片和录像。尤其是与母亲接触过的人还健在。这些人包括母亲的同辈亲戚，母亲的子女、孙辈、侄男外女，与母亲接触过的街坊邻居，散居在北京、上海、洛阳、深圳、山东等地的亲朋好友。对亲友做采访的家庭口述史活动，帮助我们补充了不能由母亲亲自口述的内容；从崔永元口述历史研究中心学到的知识，帮助我们串联零散无序的口

图 1　至善慈母常秀玲（1923—2013），图为母亲 83 岁照，2006年；摄影：曹书元

述资料，还原母亲的经历。本文尝试以他人口述追忆的形式记录母亲的一生，借以珍视"至善无私暖人心"这一永恒的家庭及社会价值。

2　在娘家：北京通州前尖平村（0—17 岁，1923—1940 年）

母亲的娘家在北京通州区漷县镇前尖平村。母亲的常氏家族中保存着两部旧家谱和两部新修的家谱[1]，分别为 1861 年、1924 年、2002 年、2016 年所修。1861 年修谱时立常文学为始祖。常文学生活在明朝万历年间，母亲是常文学的第十二世孙女。

---

〔1〕　曹淑文、曹书元：《寻根问祖中的口述史体验》，第二届"口述历史在中国"学术研讨会（北京：中国传媒大学崔永元口述历史研究中心），2016 年 11 月 11—13 日。已收入林卉、康学萍主编《口述历史在中国（第二辑）：跨学科应用与公共传播》，桂林：广西师范大学出版社，2018 年，第 161—182 页。

2001 年,我们在尖平庄看到了母亲的祖父母常瑷及徐氏的牌位,采访了远房表哥常振起。振起介绍说,常瑷是赶大车的车把式,有三顷地,连骡子带马有五六个,算是富裕户,文化不高。

常瑷有五子,第四子常锡福就是母亲常秀玲之父。常锡福(1909?—1970),是作者的姥爷,在尖平庄务农。1920 年,与鲁家务村高氏结婚。高氏就是作者的姥姥。姥姥生肖属羊,1907 年出生,1951 年去世。姥姥是家里四姐妹中的大姐。

常锡福与高氏结婚后三年,大女儿出生,取名常秀玲。这就是作者的母亲。母亲于 1923 年 3 月 27 日(农历二月十一日)出生,生肖属猪。按一爷之孙大排行的顺序,母亲在常瑷两个孙女中排行第二。常姓亲戚管我们的母亲叫二姐、二姑、二姨。母亲 3 岁时她的祖父去世,12 岁时她的祖母去世。母亲小时候玩过踢毽子和欻子儿。

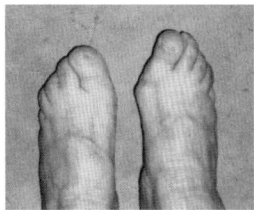

图 2　母亲常秀玲的小脚,2005 年;摄影:张晓宇

母亲说:按那时候的习俗,我在 10 岁前裹了小脚。用布把脚缠得紧实实的,脚上的肉都烂了,流脓,能看见骨头,疼得受不了。大脚的女孩被人瞧不起,找婆家没人爱要。没办法,只能受罪裹着。

母亲有三个弟弟:大弟常檀,1924 年出生,1950 年得痨病去世;二弟常檩,1933 年出生,1995 年去世;三弟常校,1935 年出生,2016 年去世。母亲说,常瑷的十个孙子辈中,有八个男孩,两个女孩,女孩在家中很受疼爱。"家里人个个脾气好,从不大声说话。"母亲在娘家过着温馨的生活。

尖平庄常文学第十二世孙常柏,娶梁家务曹万宝之女曹啓芝。曹啓芝做媒,把常柏的远房堂妹常秀玲介绍给了曹啓芝的侄子曹泽民。

图 3　母亲娘家送的陪嫁首饰,2017 年;摄影:曹淑文

母亲陪嫁的物品中,有花瓶、盆景、首饰。首饰包括戒指、耳环、发簪、手镯,上面分别刻有"囍""吉祥""北京""同春""萬華成"等字,以及凤凰、鹿、梅花图案。母亲极珍视娘家这些陪嫁的首饰,家里至今仍保留着。

3　在婆家:北京通州梁家务村(17—36 岁,1940—1959 年)

3.1　丈夫及婆家

1940 年 12 月 1 日(农历十一月初三),母亲常秀玲与父亲曹泽民在北京通州梁家务结婚。这一年,母亲 17 周岁,父亲 18 周岁。娶亲时,村里专门操办婚事的人用四抬大轿将母亲从尖平庄接来。曹常两家有世代姻缘,曹常一家亲。

父亲曹泽民[1],是梁家务曹万宝一支的长房长孙,1922 年 7 月 16 日在梁家务出生。其父曹启恩,生母曹米氏,继母李秀兰。父亲在梁家务小学读书,7 岁时生母因痨病去世,14 岁去天津三条石全盛德铁工厂学徒做车工,学徒期满后回梁家务结婚。当地口语把梁家务习称"梁府"。

1940 年,母亲嫁到婆家那年,其奶奶婆曹孙氏 66 岁,公公曹启恩 42 岁,继婆婆李秀兰 34 岁,丈夫曹泽民 18 岁,按曹万宝一爷之孙大排行中为老大。两个小姑子,曹桂英 12 岁,曹兰英 7 岁。小叔子曹泽忠刚几个月大。曹启恩的姐姐和妹妹已出嫁,曹启恩的弟弟曹启惠一家也住在梁家务。母亲的叔公曹启惠 32 岁,婶婆毛国芬 30 岁。两个堂小叔子,曹泽君 10 岁,曹泽臣 8 岁。

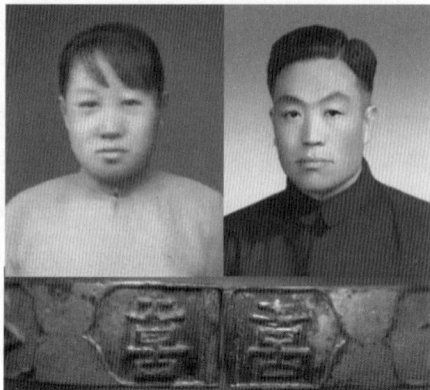

图 4　父亲曹泽民、母亲常秀玲于 1940 年结婚。母亲照片摄于 1941—1945 年间(约 20 岁),父亲照片摄于 20 世纪 50 年代初期;双"喜"字取自母亲结婚手镯

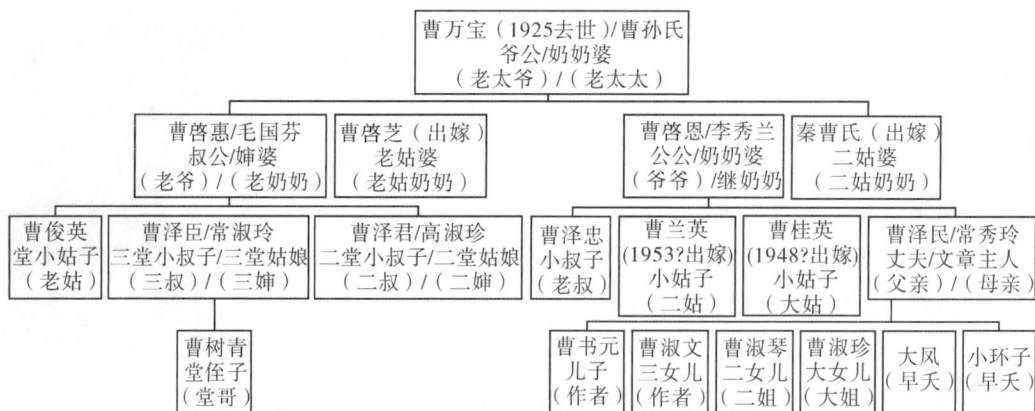

图 5　常秀玲家庭成员简表,1940—1963 年。括号内的称呼表示与作者的关系

3.2　两个孩子早夭

母亲曾对我们讲:在娘家,家里什么活都舍不得让我干;到了婆家,什么活都得干。刚过门时,不敢睡踏实觉,就怕早上起不来,挨说。早上总是趴在窗户上,看外头什么时候天亮。刚有点亮,就赶紧起来干活。

---

[1]　曹泽民生平及其家世,详见曹泽民、曹淑文、曹书元《93 岁老父亲的口述史》,载林卉、刘英力主编《口述历史在中国(第一辑):多元化视角与应用》,桂林:广西师范大学出版社,2016 年,第 160—200 页。

公公和丈夫都在外面做工。虽然婆婆与奶奶婆之间关系不融洽,可是母亲与奶奶婆关系却很好。母亲说:奶奶婆渴了,就让我给她端碗热水。她接过热水,嘴里一遍一遍地说"好孙女,好孙女"。

母亲说:1944 年,结婚三年多后,儿子小环子出生。小环子得了白喉,自己用小手把嘴都抓破了。没瞧好,出不来气憋死了。1947 年,女儿大凤出生。大凤一岁的时候出疹子,我下地干活回家,大凤躺在炕上穿着沙子〔1〕。我看她后背肿,起[liù]子〔2〕。村里人告诉我说,把孩子抱到穆坟(在梁府附近的村)扎一下就好。可惜,婆婆不让去。大凤也没了。

两个孩子接连夭折,令母亲心碎绝望。母亲说:我那时候真想跳井死了,不再受气了。可又怕别人说我是做了什么见不得人的事才寻死,怕给家里人丢脸。我都不知道自己是怎么忍受才活下来的。小环子,是个大胖小子,长得白胖白胖的。要是活着,我重孙子都长得老高了。大凤,大眼睛,可好看了。母亲对两个早夭孩子的思念与惋惜是终生的。

俊英老姑(父亲的堂妹)回忆说:孩子病了,你妈还得下地干活。那时候大凤没了,看着你妈真是可怜。你妈年轻时可没少受苦。

3.3　家里家外操劳

父亲说:结婚后不久,我就去了天津、北京做工。你爷、你老爷、你二叔、你三叔也在外面做工。

成年男人不在家,家里家外的事都需要作为长媳的母亲操劳。母亲曾对我们说:在梁府时,做饭、洗衣服、做针线活、剁猪食喂猪、下地干活,自己从早忙到晚。怀孕挺着大肚子还得去推碾子,没有闲着的时候。你爸回家时把沾满机油泥的工作服带回来,我不仅给他洗工作服,连婆婆、奶奶婆的裹脚布都要洗。那时候是从井里打水用手洗衣服的。一家人穿的衣裳也是我做的,连小姑子、小叔子穿的也要做。下地干活歇工时,我还干纳鞋底的活。我个子不高,又是小脚,干活挺不容易的,连牲口都欺负老实人。家里有头小驴儿,我推碾子时,小驴就不听使唤。家里的牛知道我不打它,也不好好耕地。

除了照顾婆婆这一大家子,婶婆家的事也需要母亲操劳。三婶常淑玲回忆说:我和你妈是远房姐妹,我们姐俩打小一起玩。你妈做媒,把我说给了你三叔。我嫁给你三叔,我和你妈又是姐妹,又是妯娌。我这心里老惦记着我这个姐姐。

俊英老姑讲述了母亲在梁家务的一些往事。她回忆说:1948 年,你二叔跟你三叔在道边捡了一个炸子儿(子弹),你三叔拿石头一砸就炸了,把俩手指头炸烂了。你妈赶紧搀着你老太太从家里过来看。你妈还从水缸里往盆里舀水给你三叔洗。那双手一进盆里,水

---

〔1〕　与现在"尿不湿"的作用相似。

〔2〕　疹子连成一条红线,成绺,土语叫"起 liù 子"。

就变红了,都是血。家里花了一石棒子(玉米)请大夫看手。1951年,你姥姥去世时,你妈抱着你大姐从梁府走到尖平庄给你姥姥送葬。1952年初,你三婶闹月子闹得厉害,你奶奶把小青接过去照顾,而你妈照顾我。我那时候刚上小学三年级。1952年正月,你老奶奶摔了个跟头,一病不起。你老奶奶死之前不放心你爸、你妈。你妈是你老太太的心尖肉,在你老太太眼里可受人疼了。你妈跟你两个姑奶奶处得也很好,谁都不得罪。梁府都知道村里有

图6 母亲在梁家务居住的旧地,2017年;摄影:曹书元

两个受气媳妇,一个是你妈,一个是老邓家的媳妇。她们俩因受婆婆气而出名。你老奶奶有时看不过去,就替你妈说话。你爸在北京做工,不知道什么叫心疼人。有一回,你老奶奶跟你爸说:"你给珍妈(淑珍的妈,即作者母亲)手里多留点钱。她连来例假买纸的钱都没有。"1956年的春节,你妈挺着大肚子,都快生你二姐了,还在锅台前清理灶灰。我什么时候去你妈那儿,你妈都在干活。你妈在村里人缘好,口碑好。村里人说,娶了曹四爷(作者的爷爷,大排行第四)家那样的儿媳妇,是修行得来的。

母亲也曾多次向我们自豪地说:梁府的街坊说,要是娶了曹四爷家那样的儿媳妇,天天给她煮饽饽[1]吃。"我不往挨说上找,没人说我不好。我做事不让人拄脊梁骨(背后挑出毛病)。"

3.4 扫盲班及迁户口

1952—1957年,北京通县开展了扫盲教育[2]。母亲说:"我小时候就想念书,可惜那时候不许女孩上学。我上扫盲班不能耽误家里、地里的活儿,只能中午不睡觉,去识字。"

俊英老姑说:我把扫盲班教的字,写在板凳、锅盖上,让你妈和你三婶认。你妈可爱学了。后来有段时间你爸还让你妈记过家里的账。你妈拿个巴掌大的小本,用一根绳子拴上个小铅笔头,写上最简单的字。不会写"韭菜",就用"九才"代替。

与母亲同样在梁府的姐妹,不去扫盲班,结果是连数字1—9都不会,分不清男女厕所,认不出门牌号码。母亲凭自己的勤奋,能够简单应付生活需要,还能在寄往美国的贺卡上,像家里其他人一样,亲笔签上自己的名字。

---

[1] 煮饽饽就是饺子,是在当时的条件下,过年时才吃的最享受的美食。

[2] "1952年通县成立扫盲办公室,全县参加扫盲学习的近2万人。1956年,通县成立了扫盲协会,全县农村开展扫盲的有475个村,参加学习的有38545人","1957年全县263个村开展了扫盲教育,36319人参加学习"。本书编委会编《北京百科全书·通州卷》,北京:奥林匹克出版社,2001年,第33页。

作者上小学时，看到母亲在田字格本上用铅笔练习写的字，整整齐齐。开家长会时，班主任张申元老师看出母亲的与众不同，说母亲是很聪明的人。我们也常常设想，以母亲聪慧的悟性、勤劳的秉性，假如得到同样的机会，她也可能像女儿那样上北大，像外孙女那样上普林斯顿大学。

1958 年，母亲流经血不止，到北京来看病，把年幼的二女儿淑琴带在身边，把大女儿淑珍留在梁府上学。后来母亲病情好转，还怀孕

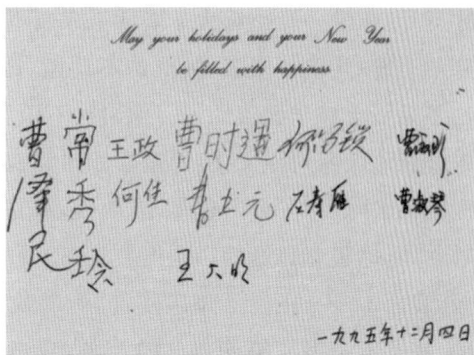

图 7　母亲与家人亲笔签名，1995 年年底寄给淑文小家的贺年卡

了。1959 年 1 月，《中华人民共和国户口登记条例》颁布之后，农村有人开始把户口迁到城里。母亲从北京回到梁府，找到村干部开证明迁户口。母亲说：不是每个想迁户口的人都能开到证明。村里的一个邻居就没开出证明。梁府管开证明的大队干部叫王文忠。王文忠一点儿没耽误，马上就给我开了证明，还说："早点儿迁走得了，省得在家受气。"拿着从大队开的证明，我到马头公社找到了常春。常春在马头公社负责迁户口，是尖平庄的远房亲戚。我把淑珍、淑琴和我的户口顺顺当当地迁到了北京。

那时候，有了大队的证明，就能到公社把户口从农村迁到北京城里；在城里待不习惯的农村人，又把户口迁回农村。在这种松散随意的户口迁移环境中，父母的户口一直落在北京城市中心未变。后来，户口越来越与教育、工作、社保等各项福利相连。父母当初不经意的选择，客观上为他们及后代提供了优越的地域条件和机会。

4　在桃柳园（37—40 岁，1959 夏—1963 夏）

1959 年夏天，父母搬到北京西城区西直门外桃柳园 12 号，租住一个八平米的小南房，直到 1963 年夏天搬走，共在桃柳园生活了四年。笔者二人都在这里出生。

4.1　西直门外桃柳园 12 号

1959 年，母亲带着两个女儿从农村迁到北京，这是父母结婚二十年后小家庭的真正团聚。桃柳园 12 号位于西直门箭楼西南，离城门楼只有十分钟的步行距离。

母亲说：桃柳园的一间八平米小南房，很窄憋。有个四方的小窗户，门里头有个锁门的插销。我不到一米五的个儿，站在炕上，脑瓜顶就够着房顶了。屋子里搭上炕就把地儿占满了，摆不下东西。桃柳园的房是梁府的乡亲老万家的大姑给找的。1959 年在桃柳园怀淑文的时候，正赶上三年自然灾害，没东西吃，挨饿。没人看得出我怀孕。小孩生下来

才三斤,还没一只小鸡大。能活下来真不容易。那时候尽是挨饿的人。抓抓儿大嫂子(父亲的表嫂)到桃柳园来,饿得走不动道,跟我说:"珍妈,给我点吃的吧。"我看她真可怜,就给了她一个棒子面菜团子。你姐可不乐意了,说咱家人都没吃的,还给别人。

淑珍大姐对淑文说:妈是在积水潭医院生的你。从医院回来时,打了个出租车,五块钱,车是黑色的。我抱着你,给你裹着妈做的小花棉被。那时候也没人给妈做饭,我才 10 岁,在院子里跳皮筋,觉着应该给妈做点吃的,我也不会做。妈就自己擀面条,我学着煮。妈告诉我,水开了再把面放到锅里。那三年,舅舅骑自行车从尖平庄往北京给咱家送菜。姥爷在村里看瓜地,农闲的时候也到过桃柳园几次。平常妈不给咱们零花钱。姥

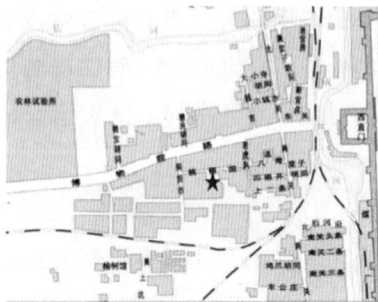

图 8　桃柳园位置图[1]

爷一来,妈给姥爷点钱,给姥爷买煮蚕豆就酒喝。姥爷领着几个外孙女到西直门外大街把角的小卖部买好吃的,买来糖葫芦、小黑枣、米花球、金糕条、橘子瓣糖等。

1961 年春,俊英、淑珍、树青、淑琴姑侄四人在桃柳园附近的西直门外照相馆照了一张合影。

树青大哥回忆说:1960—1961 年,我从梁府来北京,寄养在大爷大娘(即笔者父母)家,在桃柳园住了两年。桃柳园小屋子很小,得绕着炉子走。那时候正是自然灾害时期,挨饿,很不容易。大爷上门头沟的菜地拣回两大麻袋菜帮子,连白菜头都吃。每天都是大娘给做饭。有一次我和淑珍大姐去抬水,两人吵着都要挑轻点的一头,把水洒了,还把水桶颠坏了。大爷罚我们俩跪扁担,大娘脾气好,没说我们。

树青长大后,一直对大爷大娘怀有深厚感情。老人晚年病重时,树青一家祖孙三代人从上海来京探望,给大爷大娘带来了极大的安慰。

淑珍大姐说:桃柳园 12 号是个前后院。前院

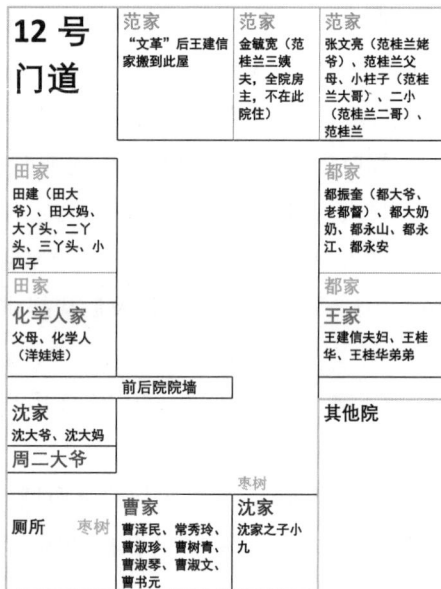

图 9　桃柳园地图及院内住家图;据曹淑珍
提供草图绘制

住着范家、都家、王家、田家和化学人(外号)家。前后院之间有个小矮墙。后院住着沈家、周家和咱们家。桃柳园人情味是令人难忘的。一到周末,家里就来人。爸妈不抽烟、不喝酒,来的人抽烟、喝酒。妈用一个小炉子做一大帮人的饭。三叔、米树才表叔、老姑、家里

〔1〕　侯仁之主编《北京历史地图集:政区城市卷》,北京:文津出版社,2013 年,第 129 页。

人、街坊热热闹闹的，就在院子里铺个凉席，摆上个小桌子吃饭。

俊英老姑说：三年自然灾害时期，好多人怕家里来吃闲饭的，就在门上写着"吃饭交粮票"。你们家老来吃闲饭的，你妈全都招待。你爸好招人来，要是你妈不应，谁也吃不出闲饭来。你妈从来没掉过脸。八平米一间小平房，那哪叫房，就像个小草棚子，自己家的孩子大人都不够住，还收留叔伯侄子。同样条件，要是让你三婶我收养你们住下，我们肯定做不到。你妈这个人实在是太好了，没人能做到你妈那样。

图 10　淑珍、淑琴、俊英、树青姑侄四人合影（从左至右），1961 年春，北京西直门外照相馆

院里的沈大妈、田大妈需要钱时，母亲就把钱借给她们花。搬出桃柳园后，院里街坊也仍到我们家来串门。母亲没和院里任何人闹过别扭，与街坊邻居全都和睦相处。

4.2　选民证、当保姆

不论在哪儿住，不论多简陋、困难的环境，母亲总是把日子过得有条不紊，屋子收拾得整整齐齐，我们从来没有听说过哪个东西找不着了。母亲没有文化，但知道爱惜东西，保存资料，为我们追忆家史提供了证据。

图 11　母亲 1960 年、1963 年、1966 年三届选民证

家里至今留着祖父母、父母两代夫妻在北京两个城区于 1960 年、1963 年和 1966 年三届选民证共十二张，其中三张是母亲的。母亲平时自己写名字用的都是"玲"字，但身份证上用的是"苓"。笔者一直以为是办身份证时出的错，看到选民证才知道，1960 年的选民证上用的就是"苓"。大概母亲从梁府往北京迁户口时，办事人员写成"苓"字。

母亲作为选民，行使过投票权，也很高兴社会允许妇女出去工作。母亲多次念叨过：刚来北京的时候，很好找工作。淑珍大姐说：刚到桃柳园时，妈有空还会参加街道上的活动。展览路街道有个小警察帮了不少忙，对妈印象可好了。

1961 年早秋，母亲经街道介绍，找到了保姆的工作，地点是颐和园，主要负责洗衣做饭、收拾屋子等。淑珍大姐回忆说：那时候可盼着妈回来了，妈每个周末回家一次。一到星期六下午 5 点左右，我就领着淑琴、淑文，像小燕子似的，在西直门门洞的 32 路总站眼巴巴等着妈下车。妈在家待一天，星期天下午再坐 32 路去颐和园。

母亲做了一个多月保姆后,因为奶奶不能再在家照看我们了,不得已,只好辞掉保姆工作。母亲说:那家可舍不得我走了,一个劲地要留我。俊英老姑说:谁家要是找到你妈当保姆,那敢情福气了。你妈从来不多说,总是不闲着,眼里老有活儿。父亲说,你妈到哪儿都受欢迎。

辞掉保姆工作后,母亲又在桃柳园附近的展览路医院找到了看自行车的工作,觉得这样离家近,既可以出去工作,又能照顾家里的孩子。可事实上,工作和看孩子难以兼顾。没做多长时间,母亲不得已又辞掉了看自行车的工作。这之后,笔者之一的曹书元出生了。

4.3 儿子书元出生

儿子书元出生,对于作为曹万宝(作者曾祖父)一支的长门媳妇来说,母亲完成了曹家赋予的天然使命。

母亲 40 岁生子,给曹家带来的喜悦难以用言语形容。爷爷曹启恩得了大孙子,欣喜万分,还让淑珍给姥爷、舅舅写信,向母亲的娘家报喜。淑珍大姐说:那时我 12 岁,从来没写过信。爷教我,我写。大意是,妈生了个男孩,母子平安。接到信之后,常镖舅舅就来了。舅舅骑车从尖平庄带来鸡蛋、红糖等一大堆好吃的。

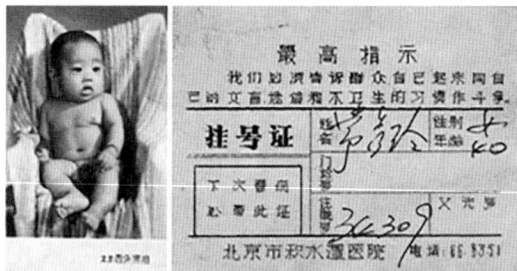

图 12 儿子出生。左:儿子百日照,北京西直门外照相馆;右:记录母亲(40 岁)在积水潭医院生子的挂号证

父亲说,书元出生那年,他是又得儿子又升级,双喜临门。"元"的名字,就是功德圆满的意思。93 岁高龄的父亲在家居住的最后一次谈话,还提到了生子给他带来的快乐:"生书元时,我去报户口,推着自行车往展览路街道办事处走,心里别提多高兴了。呵呵,瞧瞧,我还得儿子了。"

母亲说:书元一百天时照了百日照。从西直门外照相馆取回照片,我一看,不对,书元是戴手镯照的相,照片上的小孩没手镯,又到照相馆去换了一回才弄对。

2015 年,我们发现了一张母亲精心保留的积水潭医院挂号证。上面写着住院号为"34309","年龄 40",这正是母亲生儿子的证件。这张证件对母亲那个年代的人来说,是对做合格儿媳、合格妻子、合格母亲的承认,是一家儿女双全、成为完美家庭的凭证,是把自己及家人从"没有儿子"的枷锁下解救出来的标志。

祖父、父亲、母亲对男孩如此重视,在中国传统家庭中是很自然的现象。儿子承担着传宗接代的任务,养儿防老是家庭的实际需要。从我们家的情况看,父母后三十年的晚年生活中,一年三百六十五天,一天二十四小时都有子女照料、陪伴,衣食无忧,也有儿子随时在眼前的待遇。

1963 年夏,我们家花六百元从姓赵的人家买了房子。房子离桃柳园大约一点五公里,骑车十分钟,地址是北京西城区西直门内南小街 114 号。

5　在南小街(40—75 岁,1963 年夏—1998 年秋)

1963 年夏天,父母及家人搬到北京西城区西直门内南小街 114 号,这是一个六十平米的独门独院。直至 1996 年冬因胡同拆迁搬出,我们在这里生活了三十三年。拆迁后住周转房两年,1998 年秋入住新居。母亲的四个子女在南小街长大、成家,四个孙辈小时候也在南小街居住。

从桃柳园到南小街,是从北京城外迁到了二环内。南小街 114 号位于南小街和弓弦胡同把角处。我们搬来之后,把 114 号原来的门封住,在小院南墙开了个门,这样每天出入的门就在弓弦胡同口。1965年弓弦胡同更名为南弓背胡同,我们家门牌号随之改为南弓背胡同 1 号。

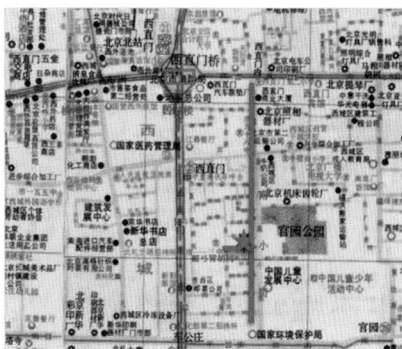

图 13　南小街南弓背胡同[1]

5.1　针线活

母亲自 1940 年嫁到曹家起,接连为奶奶婆、婆婆、父亲、子女、孙辈五代人做针线活。到了南小街后,笔者亲眼看见并亲身享受了母亲做的针线活。

1965 年冬,笔者二人在西直门外照相馆照了一张相。照片中两人的头发都是母亲剪理的。淑文穿的紫红色灯芯绒上衣,兜口上还绣着小猫。姐弟俩穿的棉裤、棉袄、外衣、棉鞋都是母亲做的。

母亲做鞋,要经过打袼褙、纳鞋底、绱鞋多道工序。家里有袜板,母亲用袜板给我们补袜子。袜底儿破得不能穿了,就把袜口到脚腕子

图 14　家里三代人穿着母亲做的衣服。左:作者,1965 年;中:全家福,1978 年(母亲 55 岁);右:外孙女,1990 年

的一截剪下来,缝在棉袄袖口上,便于拆洗。为了不让袖口弄脏,还做好了套袖给我们戴。

---

〔1〕　中国地图出版社编制《袖珍北京生活地图册》,北京:中国地图出版社,1996 年,第 16 页。部分标志为作者所加。

我们每人戴的棉手套、穿的新衣、改的旧衣,缝缝补补,都出自母亲的手。

1969 年,姥爷年岁大,身体不太好,母亲开始给姥爷做装裹(死者入殓时所穿戴的衣物),包括白豆包布染成黄色所做的铺盖、长方形莲花枕头、黑色的棉裤棉袄,还有鞋和帽子。

1970 年,姥爷去世时穿的就是母亲做的这套装裹。母亲回到尖平庄老家给姥爷送行,送走了她忠厚老实的慈父,告别了在贫穷岁月还让外孙女品尝各种小吃的好姥爷。

家里的铺盖也是母亲巧手缝制的。做棉被时,得用手一点一点地续棉套。淑珍大姐说:1968 年冬,我回梁家务插队,妈给我做了厚厚的褥子,里面续的是毛绒,比棉花保暖。1971 年,妈给每人各做了一件灰色的卡其布上衣。1978 年春天,何留锁拍下了第一张全家福。照片中,只有妈还穿着那件灰色卡其布上衣,其他人穿的都是新买的衣服。

图 15　母亲做的棉衣及使用的针线、眼镜

除了给家里人做衣服,母亲还帮助亲友做。父亲的表妹秦宝兰在北京的小姑子李文霞家住。李文霞是读书人,不会做针线活儿。1972 年前后的几年中,李文霞的母亲和丈夫的棉袄都是拿到我们家,由母亲拆洗、缝制。

1978 年,母亲给父亲做了一身黑色的驼绒棉裤棉袄。子女的结婚棉被,都是母亲做的。四个孙辈用的小棉被、棉衣、棉屁帘子也是母亲做的。母亲做针线活时,我们也学着做。四个子女都会补衣服,会做被子。

母亲千针万线缝缝补补,使一家老小在贫困年代仍穿戴整齐。生活好转后,母亲给别人买过新衣,但母亲一生中,没有给自己买过一件新衣服。

图 16　母亲买菜做饭。左:用白面盆和面,1978 年(55 岁);中:在早市买桃,1997 年(74 岁);右:在家中摘菜,2007 年(84 岁)

5.2 家常便饭

一日三餐,母亲做的饭不仅供家里人吃,还招待来自四面八方的亲友。从 1963 年至 1996 年,吃过母亲做的饭的客人达上千人次。

1980 年以前,家里用炉子做饭,很是辛苦。母亲说:有时候隆火,乘着火旺把馒头下锅,馒头还没蒸熟,就该添煤了,馒头就蒸踏乎了。

1963 年至 1973 年,母亲常做的主食是棒子面窝头、棒子面粥、豆馅团子、菜团子、发面丝糕。秋天有白薯时,买一大麻袋白瓤白薯,蒸熟后晾在小院的小棚子顶上,留着冬天吃。那时候,粮食凭票供应,米面有限,吃上馒头、米饭就是好的了。

逢年过节才能吃上炖肉和炖鱼。过春节时,粮店凭票专门供应富强粉,用富强粉包除夕饺子。饺子是猪肉白菜馅。母亲把一分钱钢镚用开水烫了消毒,包在一个饺子里。饺子头一锅煮熟后,全家都来吃,我们小孩更是抢着吃,谁吃到了包着一分钱的饺子,就意味着全年都有好运气。正月十五,母亲给我们摇元宵。母亲告诉我们,吃元宵不许生气不许哭,一哭,元宵就不好消化。母亲还用粘面做驴打滚。

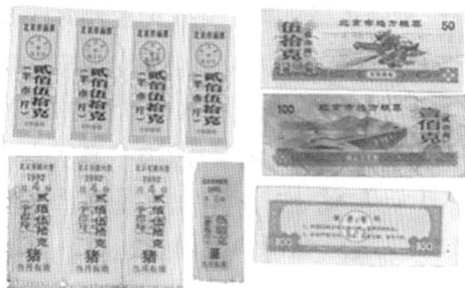

图 17　北京的食品票证:面票、粮票(1986);猪肉票、蛋票(1992)

立春的时候吃烙饼,立夏的时候吃个煮鸡蛋。母亲说,立夏吃个鸡蛋"不苦夏"。端午节,母亲给我们包粽子;中秋节,给我们从副食店买自来红的月饼。

副食店在南弓背胡同东口左拐二十米,家里的油盐酱醋、咸菜、粉丝、鸡蛋、肉都从那儿买。凭票供应的肉,得省着吃,家家都爱买肥肉。我们家还买肉皮,母亲把肉皮上的油刮下来炼油渣吃,把肉皮煮了加上黄豆做成皮冻。

家里一日三餐,按时按点。早上吃完早点上班、上学,晚上全家一起吃晚饭。每个人都心里有数,家里还等着自己吃饭呢。谁有事不能按时回家,母亲会先把饭菜拨出来留着。母亲做的饭菜、摆好的饭桌,是家的归属点、向心力,客观上也堵住了我们在外"惹事生非""胡作非为"的漏洞。日积月累,母亲帮助我们养成了爱家、顾家的习惯。

母亲做的饭菜不是只给自家人吃,母亲照顾的也不仅仅是自家人。父亲和母亲两边的家中,都只有他们一人住在北京。这样,两边的亲戚及其朋友来北京就都到我们家落脚。父亲的同事、我们的同学、老乡、老邻居,来来往往的客人长年不断。

俊英老姑回忆说:我儿子小兴全三岁(1971 年)左右得了肺炎,从梁府到北京看病,住在儿童医院。那时候你妈天天让淑琴给我和兴全送饭。饭盒里装的全是好饭菜,我知道那都是你们家自己舍不得吃的。1973 年,我在梁府没房住,你爸召集六个叔伯兄弟姐妹开

会,说凑钱给俊英盖房。有人不愿意,可你妈毫不犹豫就答应出钱。你们家日子也挺难,
淑文穿的一条裤子补丁摞补丁还舍不得拆,你妈趁着她上学不在家才给拆了打袼褙。大
花、二花(老姑的女儿)小时候每次从梁府来北京,没多有少,你妈总是给她们一两块车钱。
你妈那人真是太好了。

　　母亲也念叨过:梁府的老乡孙德奎骑自行车到北京来,临走让我给他 2 块钱,万一路
上自行车带(链子)崩了,好有钱补带子。我就给了他 2 块钱。那时候学徒工一个月才挣
16 块钱,2 块钱就是很多了。笔者之一的曹淑文 1978 年上大学之前,手里从没拿过零钱。

　　母亲常用的口头语是"好东西留来人吃"。来了客人,总是说"吃完饭再走"。当我们
抱怨来吃饭的人太多时,母亲很平静地说,"有了人缘,才有财源","吃,吃不穷"。

　　淑珍、淑琴、淑文、书元的配偶的兄弟姐妹及其家
人,他们的小学、中学、大学同学和同事都到家里吃过
饭。母亲还常常和街坊四邻互送好吃的。家里做了
换样的,先盛好一碗端给邻居。客人到我们家来,也
常常带来家乡的特产,使我们尝到了"百家饭"。

　　母亲对所有来客都热情相待,带不带东西来都一
样。我们曾发牢骚:小皮鞋(亲戚外号)每次来什么都
不带,吃了午饭还等着吃完晚饭再走,可我们连他的
一块糖都没吃过。母亲说:不带就不带,知道那样不
好别跟着学。母亲对小皮鞋也不给脸色看。大家知
道母亲脾气好、热情,连外地亲戚的同事、邻居到北京

图 18　母亲的做饭用具。小刀、水壶、
案板、大擀面杖,家中四代人使用过;白
面盆底部印有:"北京市日用搪瓷厂二
班 1961.4"

也上我们家来。即使出差来北京有旅馆住,也到我们家来吃饭、凑热闹。青海老舅的朋友
华仕兰带女儿来北京玩,就住在我们家。山东大华表哥回忆说:我的朋友赵慎明及另一个
邻居,两对夫妇旅行结婚都到南弓背住,舅妈像家里人一样招待他们。那样的人情味很难
再有了。

　　我们在客人来来往往的家中长大,从来不知道什么叫寂寞和孤独。母亲的善心、同情
心、平等待人心,温暖了众人之心。大家心中有杆秤:每当我们这几个儿女做得好时,人们
会说,挺像他(她)妈;做得不好时,人们会说,他(她)妈可不这样。

　　母亲常年给众人做饭,却从来不把好吃的先往自己嘴里放,总是做前头、吃后头。大
女婿何留锁回忆说:妈吃鱼都是拣头尾和鱼骨头吃,中间的肉留着给别人。你让她吃,她
总是说吃了吃了,其实一口也舍不得自己先吃。别人不爱吃的、吃剩下的却是母亲爱吃
的。母亲从来没说过自己爱吃什么、不爱吃什么。母亲去世后,我们上供时,竟然不知道
哪个食品是母亲的最爱。

　　到了 20 世纪 80 年代,四个子女都已长大,也都会自己做饭了。等母亲能从做饭中腾

出手来的时候，也到了孙辈出生的时候。

5.3　照看四个孙辈

从 1980 年（57 岁）开始，母亲接连照看了四个孙辈独生子女。

淑珍回忆说：我在东直门婆家坐月子，坐月子讲究喝鲫鱼汤下奶。妈让书元给我送来了大半钢笼锅的鲫鱼。满月之后，我和孩子回南弓背。白天妈看着大外孙，我和何留锁每天下班去南弓背，吃完晚饭才回小家。

图 19　父母与他们的四个孙辈，1992 年（母亲 69 岁）

淑琴回忆说：我休了三个月的产假后，就把小孩送到妈那儿，妈帮着看。孩子小的时候，他爸查出肝病，以为有生命危险。那时候家里人惊慌失措，不知道怎么办。妈心里特惦记，但不是慌慌张张的。妈说淑琴有难处的时候，我就去和她一块儿过。幸好是有惊无险。可妈说的话却感人至深。妈从来不给别人找麻烦。别人有好处的时候，妈从不会往前凑，不张罗着到子女家去住；谁有难处的时候，妈本能地就把自己放在最困难、最需要帮忙的位置上。

淑珍说：两个外孙相差不到一岁半，那时候我们都上班，白天妈一个人看俩小孩。大外孙三岁时，给他联系上福绥境幼儿园。他不愿意去，每天哭着喊着不走，到了幼儿园不吃饭，饿得跟瘦猴似的。姥爷看他瘦得耳朵都透亮，心疼，就说别往幼儿园送了。每天还是妈看着俩孩子。

何留锁回忆说：妈一个人看俩孩子可真不容易。我上班离南弓背近，中午能回家。我到家把孩子放在小车里，一个小车推俩，带他们出去玩，这样妈才能腾出手来做中午饭。小哥俩有一样的玩具，一样的衣裳，一样的帽子，就像双胞胎。晚上我们下了班都到南弓背，买菜、看孩子、做饭，吃完晚饭再走。老大（大外孙）吃完晚饭也不愿意跟我们走。有一回我们把他带回家，他到半夜 12 点还不睡觉，哭着要找姥姥。我们大半夜把他送回姥姥家，到姥姥家他闻着自己的被窝儿味，嘴上咬着他那个破手绢，躺下就睡着了。二外孙（老二）两岁半去了幼儿园。老大后来也跟着去了同一个幼儿园，直到上学。可是老大上学也还是不跟爸妈回家，就住在姥姥家，直到中学毕业。

何留锁说：妈这么多年一直看孩子、做饭、操持家务，从来没发过火，没发过牢骚，真是个好老太太。我能摊上这么一个好妈不容易。我这么说完全是发自肺腑，没有一点夸张，没有半句虚情假意。

淑文回忆说：我怀孕时感冒发烧，再加上曾经心脏不好，所以倍加小心。临产前两个月没上班，是书元厂子的同事开车把我接到南弓背娘家的。我大肚子时穿的是妈做的棉裤、棉袄。棉袄外头套的，是妈穿过的一件黑条绒上衣。有一回我散步时间长了，妈不放心，赶紧让爸来接。我住进妇产医院时，妈给我一包巧克力，嘱咐我没事就嚼巧克力，生孩子好有劲。孩子出生后，大姐夫开车把我们小家三口从医院接到了南弓背。全家人忙上忙下，伺候我和孩子。满月还没到，南弓背的房因太老旧，房顶上往下掉土。为了安全，我们小家三口就回自己平房住，妈放心不下，就跟着去我们的小家。

图20 母亲（67岁）与她的两个外孙，1990年

二姐夫开车送我们。妈平常晕车，不到万不得已不坐车。途中，妈晕车呕吐，不得不停下来。已经64岁了，就这么不顾自己疲惫、难受，没日没夜地伺候月子。我怕小孩的胳膊小容易折，不敢往棉袄袖里穿，每次洗澡、擦澡以后都是妈给穿上棉袄。

中午，三女婿回家吃午饭。饭后，妈就一个人到院里的操场遛弯。我们只有一间平房。妈说是出去遛弯，大冬天的谁愿意出去遛弯，妈其实是放弃自己午觉的时间，给我们留出单独相处的时间。在需要争分夺秒抽空儿休息的时候，妈自己舍不得休息，还那么体贴入微地处处为别人着想。想起这些，我就不禁眼含泪水。

半年产假之后，我回单位上班，把孩子放在南弓背。每天早上，我六点起床去上班，妈也就六点起床。下班后，我差不多晚上六点到南弓背家，我张罗做饭，妈说："你还是看孩子吧，我做饭。这孩子白天不睡觉，我看了一整天没时闲儿。看这一个，比带那两个还累。"妈就这样每天早上六点起，晚上十点多睡，中间没休息，连看孩子带做饭。

图21 父母（母亲64岁）与他们的外孙女，1987年；左上角窗外是南弓背胡同

就这么过了大约四五个月。有一天，妈对我说：你想办法把孩子送托儿所吧，我看不了了。我仔细一问才知道，原来两个多星期前，妈累得犯了心脏病，左手、左臂发麻不听使唤，想给小孩穿袜子却穿不上。妈怕我着急，没敢告诉我，硬挺了两个多星期，实在坚持不住了才跟我说。我知道后，就赶紧把孩子接走，送到幼儿园去了。孩子在南弓背的几个月，我把每月的工资给妈，把奖金留着买菜。从南弓背离开时，妈把我给的钱一分不少地又全都给了我，让我带回自己小家。母亲没有工作，没有工资，父亲也退休了，家里并不富裕。就这样，看孩子受累得了病还硬是一分钱都不要。

三十年后，当我回忆往事，写下这段文字时，几次停笔、擦泪。母爱是忘我无私、感天动地、难以复制的。母亲留下的爱刻骨铭心,融化在我的血液中。

书元回忆说:春雁怀孕几个月时,我们俩去南弓背,当时只有妈在家。我们告诉妈,春雁怀的是个男孩,妈别提多高兴了。在独生子女政策下,小孩性别能不能如愿,全看运气。妈是守老规矩认老理的人,当然盼着独生子能是个男孩。我们把B超结果告诉妈时,妈正在择扁豆,高兴得马上站起来从小院到屋里来回走,还去拿水壶到小院水管子接水。嘴上说着:"哎哟,我到底要干什么来着,我都不知道我拿水壶干么了。"妈性情平和,不大喜大悲,高兴了也不忘乎所以。这是我所见到的,妈一生中唯一的因太高兴而不知所措。70 岁盼来大孙子,妈心中的喜悦和满足难以比拟。

图 22　母亲(70 岁)与她的孙子,1993 年,南弓背 1 号里屋;摄影:曹书元

春雁生子出院当天,先到南弓背待了一会儿,然后妈就到了我们小家,伺候月子。满月之后,春雁带着孩子白天在南弓背,妈帮着看孩子、做饭。春雁休完一年产假后上班,我每天早上先把孩子送到南弓背后再去上班,由妈和大姐看着,我下班后回南弓背,吃完晚饭回小家。就这样,一直到小孩一岁半去了幼儿园。

南弓背 1 号常常是一大家子人。大外孙住在姥姥家,二外孙寒暑假也在姥姥家。孙子、外孙这三人常在南弓背一起玩。外孙女回北京时,四个小孩一起在南弓背玩。

5.4 胡同记忆

1963 年至 1996 年的三十三年中,母亲除了在家看孩子、做家务,还参加街道居委会的工作。社会的变迁也在家庭中留下印记。

5.4.1 居委会、加工活、胡同人

1963 年刚搬来时,南小街114号属于南大安居委会,是南大安居委会最南边的一家。

居委会的办公地点在南大安胡同路北的一个大院内。居委会管辖片内设有委员和组长。我们这一片包括南小街东侧从后广平胡同至前广平胡同之间的临街住户,南小街西侧从北弓背胡同至南弓背胡同的临街住户。母亲是组长,负责通知本片居民开会。

母亲没有正式工作,但仍尽可能地在家做些加工活。母亲先后做过串订《毛泽东选集》、缝帽子、糊纸盒的活儿。1966 年,母亲取来印制折叠好的《毛泽东选集》散页,用细线在折缝上下穿订,串成整本书。母亲经常是晚上才有功夫做,在昏暗的灯光下一针一线地

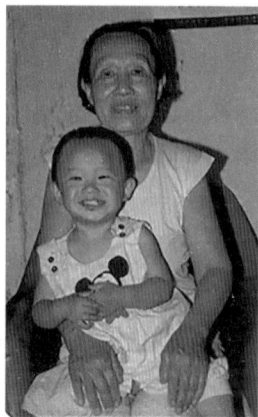

图 23　母亲(61 岁)身份证照片,1984 年

串。我们睡觉后，母亲还在串订。

1968—1970 年，母亲给七一帽厂缝帽子。七一帽厂在南弓背胡同西口往北拐再往西，永祥西巷的一个小红门里。缝帽子的活儿工序挺多。得先把长毛绒碎片比对颜色，把相同颜色的放在一起，再按照"雷锋帽"从耳朵到后脑勺左右对称的单片形状，把一块块小片长毛绒剪好、拼接、一针一针撩好，然后用烙铁把帽片接缝处烫平。缝一片大约一毛多钱，一个月能挣十几块钱。

1971—1974 年，母亲做糊纸盒的加工活。淑琴回忆说：我高中毕业后，有一年多的时间帮妈在家糊纸盒。纸盒供医院装玻璃针剂，好像是 10 个纸盒 3 分钱。一个月能挣 20—30 块钱。

1975—1976 年，母亲去南大安街道生产组上班，地点是南大安胡同 3 号大院的北房，大约有二十来人，做劳保手套。1979 年前后，居委会按居住地重新登记，我们家归到了国英居委会。在南大安、国英居委会工作中，母亲和大家相处融洽。母亲去通知住户开会时总是客客气气，即使"文革"当中也是如此。曾在北弓背胡同 1 号居住的陈丁在回忆小学生活时说："文革"中我们家是"被专政对象"，遭到多少人白眼，可你母亲却总是对我们客客气气。淑文打电话把陈丁的话转告给母亲，母亲回应："陈丁的奶奶挺文明的，是知识分子。她是不是地主也碍不着我什么事儿，我给人家脸子看当什么？"母亲用淳朴的话解释了很多人难以做到的行为，即使是在人性扭曲的动荡年代，母亲善待每一个人的秉性也保持不变。

胡同人在六七十年代，用同一个水管子、同一个公共厕所，小孩在同一个学校上学。放学后，同一小组的学生在一起做作业。母亲对到家里来的孩子们，总是和颜悦色。陈丁回忆说："到别人家去玩，家长烦，嫌闹腾。你母亲总是对我们特和气，从来没有给脸色看的时候。"

胡同里的人低头不见抬头见。谁家有点事，全胡同差不多都知道。母亲从不惹是生非，没有到谁家找大人给孩子告状，也没有大人到我们家给孩子告状。母亲对胡同的男女老少都一视同仁。对送奶的、送煤的、卖菜的、收废品的、查水表的、查电表的，也是和蔼相待。荣家孩子多、生活困难，挨家挨户敲门借粮票时，遭受不少白眼。母亲则同情地把粮票借给他们。南弓背 2 号的白景厚，住我们家对门，1949 年以前在国民党部队工作，"文革"中挨整、扫大街。胡同里的孩子大人常对他指指点点，羞辱唾弃。而母亲仍一直称呼他"大叔"，我们也随着母亲一直叫这对老夫妇"白爷

图 24　父母（母亲 73 岁）与孙子在胡同家门口，1996 年；摄影：曹书元

爷""白奶奶"。

胡同里有的孩子进了劳教所,母亲对我们说,"没事瞎折腾、胡作,那要能折腾出好来才怪呢","好日子不得好过"。母亲也常说,"别嫉妒人","谁都有难的时候","谁好谁带着(意思是为自己的行为负责)"。

与在尖平庄、梁家务、桃柳园一样,母亲在南弓背胡同居住的三十多年中,一直与周围每一个人都和睦相处。

5.4.2　遇事不慌

生活中有意想不到的困难,也有出乎意料的惊喜。不管是难事还是喜事,母亲都能做到遇事不慌、处变不惊。

1963—1964 年,"四清"运动时父亲挨整,主要是因为父亲说话直,发些牢骚。母亲说:那时候你爸差点被定成"坏分子"。单位还回老家梁家务去调查,村里人给说好话,没调查出问题,算是过了一关。

1966 年,"文革"开始,父亲又挨整。主要是因为爱听半导体(收音机),听了短波台还往外说。爷爷和母亲把家里的菜刀都藏起来,怕父亲想不开自杀。母亲虽然担心,但并不慌乱,每天还是照样让一家人按时起居、吃饭。挨了几次整,也没改变父亲听半导体的爱好。父亲听坏了几个半导体,早、中、晚的节目都听,长年不断,直到 93 岁去世。

图 25　父亲的半导体(收音机)及奖状图

图 26　父母(母亲 67 岁)及家人和常檩
舅舅(左一),1990 年,亚运村

"文革"开始后,红卫兵抄家。一些人怕家里宝物被抄出后惹事,就把元宝之类的物品倒进公共厕所。在别人慌乱地销毁宝物时,母亲心里有数。母亲把娘家的陪嫁首饰交给了她信任的弟弟常檩,让他带到乡下的尖平庄保存。母亲在此后的 26 年内没有对任何人说过这件事,直到 1992 年才由书元从尖平庄原封不动地取回,这才有了笔者在前文回忆母亲出嫁时所用的首饰图片。母亲与常檩舅舅秉性一样,温和实诚。姐弟俩患难与共,感情至深。父亲也说:"给常檩什么,我都舍得。"母亲外柔内刚,我们从没有见过母亲掉泪,没听母亲说过自己有多么悲伤。但 1996 年常檩舅舅去世时,母亲说她一宿没睡着。这是笔者记忆中母亲唯一一次因悲伤而失眠。

母亲得了病也不慌。1969 年,得了急性胆囊炎,肚子疼得厉害,躺在外屋床上,忍着病痛一声不吭。到积水潭医院看了之后,不久就好了。1971 年,母亲得了黄疸型肝炎,又黄又瘦,浑身没劲,躺在床上,也干不动活了。常槈舅舅把母亲接去治病。母亲说:尖平庄附近的一个老太太给开了药,喝了药后就吐大盆的绿水,难受着呢。吃了一阵子药,病就好了。

1983 年,母亲 60 岁时,突然便血。家里人都很着急,以为是得了肠癌。母亲也是不慌,好好配合检查。书元回忆说:做肠镜、胃镜检查之前要喝药洗肠胃。妈平时饭量小,吃不了多少,也喝不了多少。为了检查,要喝下大杯的药水,把肠胃洗空。妈可真坚强,不叫苦,不发牢骚,该做什么做什么。妈晕车,我就骑着小三轮带妈到积水潭医院检查。检查结果不是肠癌,只是痔疮。家里人都松了口气。

母亲自己得病不慌,家里人得病也不慌。因为不慌,就免去了乱上加乱,能专注于治病保养。大约 1972 年,爷在梁家务盖房时,不小心被马车压折了小腿。爷到南弓背来住,治病、看病,母亲仔细地照顾爷爷,治腿养伤。淑文回忆:1967 年冬天,我 7 岁时,到南弓背东口斜对面的大院里去玩。院里有一个约三十厘米高、直径四厘米左右的小树干。我用右前脚掌站在小树干上,在空中转圈玩。一不小心摔了下来,胳膊戳在了冰地上。当时吓得脸发白。回到家里,妈也没说我,也没嫌我出去惹事,就用热水给我洗洗手、洗洗胳膊,让我好好躺着,胳膊别乱动,说实在疼得不行、肿起来再到医院去看。结果过些天,胳膊也就好了。

母亲自己遇到难事不慌,看到我们慌张时,母亲常说,"那还算个事儿","至于的吗","瞧这小心眼子","该干么干么"。

母亲遇到喜事也很沉着。1978 年以后,父亲在厂里负责全厂大修设备检验,还得了厂先进。母亲也没跟人吹牛说我家老头子怎么能干了。1977 年恢复高考,淑文考上了北京大学。全家人都很高兴,这是曹家、常家祖祖辈辈中的第一个大学生。对于家里有女儿上北大、出国,母亲当然高兴。也常有人跟母亲说一些羡慕的话,但母亲从来不自己主动吹牛、显摆。

图 27 母亲(65 岁)与在北大上学的淑文,1978 年,家中

母亲看到我们得意忘形,找不着北的时候会说"别搁不下你了";看到我们瞧不起人的时候会说"你还想把人吃了?","砖头瓦块也有翻身的时候";看到我们和别人较劲的时候会说"争来争去当什么","坏心眼跟谁都使不得";形容谦卑的人时会说,"这人不大(不自高自大)"。

母亲遇事不慌,使家里常年保持平静。我们从来没见过母亲闹什么经期、更年期综合征。家里形成了习惯，就事说事，把时间用在解决问题上，而不是用在闹情绪上。一位外柔内刚、保持平常心的母亲，让我们学着以平常心过日子。

5.4.3 城墙、官园大墙

南弓背胡同往西，南顺城街边，就是老北京的西城墙；南弓背胡同往东，前广平胡同路南，就是原官园体育场，现在是中国儿童中心。

北京的城门与城墙，曾是世界级的宝贵遗产。拆除城门和城墙，给住在城墙根下的老北京人心中留下抹不去的遗憾。1969 年，北京市民挖防空洞，母亲在南小街饭馆对面的院里挖防空洞，从地面往下走的时候，不小心撞到了一块横着的木板棱上，脑门骨磕出一个两厘米长的坑，没有再长平，照片中还可以明显看出磕碰过的印记。挖防空洞时，各家到城墙边拆城砖，也挖土、和泥、做砖坯，晒干后拿到砖窑去烧，烧成后用来砌防空洞的墙。

图 28　母亲(60 岁)在南弓背外屋，1983 年；照片可见挖防空洞时，脑门磕出的坑

胡同里几乎家家都有拆来的城砖，垒鸡窝、垒乒乓球台子、摞起来做个小圈子堆煤球，都用城砖。南弓背胡同西口煤厂的围墙是城砖砌的，我们家的小棚子也是城砖砌的。1996 年危房改造，胡同也要被铲平时，有人开始想留点城砖。2017 年，很多人已经意识到，一块带字的城砖很珍贵了。即使是不带字的城砖，也很难得了。我们所见的胡同拆迁废堆里的琉璃瓦上，有"乾隆年制"，城砖上有"皇城墙××""西通合窑""万历三十四年窑户李××""××辛未年"等印记。

图 29　拆城墙、拆胡同时看见的明清带字城砖及琉璃瓦；摄影：曹书元，2017 年

大约 1971 年春，官园体育场开始施工。施工昼夜不停，用于照明的一个大灯泡就挂在我们家窗户外，夜里也和白天一样亮。我们在大卡车轰隆声和大灯泡光照下过了至少半年，全家人练成不怕吵、不怕亮，什么环境下都能睡着觉的能力。眼看着原来的体育场，垒起了一米厚的灰砖夹壁围墙。周围的居民管这个建筑物叫官园大墙，听说是"519 工

程"。1982 年,中央决定把这座建筑改成"儿童少年活动中心"[1]。母亲和家人在大墙外照过相。

近些年,从报刊中看到有关此地的口述回忆,我们对南弓背 1 号十米以外的这个建筑物才有了一点了解。

图 30　左:父母(母亲 67 岁)与家人在家门口对面大墙外,1990 年;中:拆迁前,1996 年;右:拆迁后,2017 年

根据曾任北京市建委主任的赵鹏飞回忆,毛主席曾说:"人民大会堂你们十个月就建好了,我的房子比大会堂小多了,那就半年吧!"[2] 这可以帮助解释我们家窗户底下的大灯泡给施工照明的原因。

5.4.4　胡同拆迁、周转

1995 年前后,胡同周围危房改造,要建新的国英小区。国英小区共涉及拆除南小街西侧的十几条胡同,共动迁居民 1159 户。[3] 1996 年秋,笔者家签了搬迁协议。南弓背 1 号东墙外写上了"拆"字。

图 31　拆迁中的南小街南弓背,据曹书元录像剪辑,1996 年;左:三个孙辈在 1 号东墙"拆"字旁;右:母亲(73 岁)在外屋

图 32　拆迁周转中的母亲(74 岁)

从 1996 年年底到 1998 年秋,在新居民楼盖成之前,父母在子女淑珍、淑琴、书元家里

---

[1]　吴遵民、钱江、任翠英编著:《现代校外教育论:校外素质教育的路径与机制研究》,上海:上海社会科学院出版社,2014 年,第 184 页。

[2]　赵鹏飞:《我在北京工作的几个片段》,《北京党史》2006 年第 1 期,第 34—38 页。

[3]　蔡青:《百年城迹:1990～2010 北京城貌及古建筑的百年嬗变》,北京:金城出版社,2014 年,第 367 页。

周转居住。父母先到了书元家,随后母亲在淑琴家小住。淑琴回忆说:妈到哪儿都不闲着,老干活,把我的屋子收拾得干净利落,连买菜的小塑料袋都一个个铺平、叠好、摞在一起。父母周转的大部分时间,约有一年多,在淑珍家住。淑珍家就成了全家人的聚集地,书元、淑琴常来。1997年暑假,淑文和女儿从国外回北京探亲,也来住。

淑珍大姐说:妈在我们这儿住,买菜、做饭、收拾屋子,和家里人一起逛公园。从1997年8月开始,妈和爸都买了紫竹院公园的月票,有空就进去遛一圈,一张月票才一块钱。书元说:1997年10月17日,妈和家人一起,到人民剧场看五岁的孙子与格伐(Ghaffar Pourazar,1994年由英国来京学习京剧表演艺术,因出演《闹天宫》中的猴王一角,有"洋猴王"的美誉)及中国京剧院同台共演一出戏。这是京剧版的莎士比亚的《仲夏夜之梦》,小孙子扮演剧中仙后所认养的小神童劳亚。演出后,观众很好奇那个剧中的小男孩是谁演的,有中外记者给这位小演员照相。妈为自己的孙子感到由衷的高兴。1998年5月28日晚,妈和家里人一起去人民剧场看京剧演出。在剧场内,妈和武生泰斗王金璐老先生打招呼,还聊了一会儿,互致问候。1998年9月8日,我们家拿到了新楼房的钥匙。

6 在新楼房(75—90岁,1998年秋—2013年)

1998年10月2日,父母入住新楼房。这里属西城区新街口街道管辖。从1998至2013年的15年间,是母亲安享晚年幸福生活的时期。子女有了各自的住处,孙辈们上了大学,有了工作,还添了两个重孙辈。

母亲说:宁吃少年苦,不受老来贫。我年轻的时候受那么多苦,没想到晚年这么享福。

图33 母亲(77岁)在新楼房,2000年;
摄影:曹书元

6.1 四世同堂

搬进新居后,父母及他们的子女、孙辈、曾孙辈四代人虽不是住在一起,但家里人每天进进出出,家庭活动不断,可算是现代版的《四世同堂》。

1998年至2005年,母亲身体硬朗,每天按时起床、按时睡觉,到菜市场买菜,到商店买早点。洗菜、择菜、做饭、刷碗、收拾屋子,整天忙个不停,力所能及的都亲力而为。

2000年起,淑珍、淑琴和书元相继退休或下岗。他们有充裕的时间陪伴父母,帮助料理家务。淑文也以自己的方式尽孝心。母亲惦记着每个子女,惦记着子女小家的每一个人。哪个没来,母亲都会惦记地问上一声;来的人临走出门,母亲常说的话就是"明儿来",

"下礼拜来","有空就来"。淑文常往家里打电话,母亲在电话中每次都会问"什么时候回来?","需要什么提前说一声,给你们买好了带走","家里不缺钱,这儿吃的喝的全有。别往家带东西,人来了就行了"。淑文在国外的几十年中,母亲没有点名要过一样东西,没有为任何事情指定让淑文出钱。直接的没有,间接的也没有;明的没有,暗的也没有。母亲心里有的就是人,就是情。2013 年 7 月,母亲去世前的第四个月,躺在床上已经失忆不认人了,在大孙子的呼唤下有几分钟的短暂清醒,回应说:"你三姑回来了? 孩子来没来?"这是淑文亲眼见到、亲耳听到的母亲最后说的话。

图 34 　父母(母亲 81 岁)与子女及孙辈,2004 年,新楼房

子女给母亲买稻香村的早点,张一元的茶叶,莫斯科餐厅的蛋糕,六必居的咸菜、鱼油和善存片,鄂尔多斯的羊毛衫,瑞蚨祥的衬衣,耐克、内联升、步瀛斋的鞋。这些没有一样是母亲张口要的,也没有一样是指定子女买的。母亲总是对我们说:别老花钱了。平日里就是穿旧衣、吃家常饭。母亲从来不花钱装饰自己,平和的内心与外表自然地和谐。不戴首饰却端庄大方,不抹化妆品却皮肤光滑,不吃保健品还健康硬朗,不染头发却在九十岁仍有黑发。

四个子女都把母亲当作最知心的人,喜怒哀乐都向母亲倾诉。在工作中有了矛盾,母亲会说,"得了,吃点亏就吃点亏,吃亏是福";在社会上有了冲突,母亲会说,"别没事找事儿","都好过才好";夫妻间闹了别扭,母亲总是站在女婿、儿媳的立场劝和;四个孩子为人处事有差距,母亲会说,"十个指头还不一边齐呢","哪个孩子都好","你就叫一声姐,也掉不了一块肉"。母亲听了别人说的好话,会转告;听了议论他人的坏话,就全装在肚里,绝不会传话惹是非。用母亲自己的话说就是"我不挑唆人斗打架","别耍心眼儿","谁心里都明镜儿似的","说话办事儿得到哪儿都说得出去"。

无数次的经验告诉我们,我们自以为是、自作聪明、绞尽脑汁为利己而作出的谋划,总不如母亲以善心诚意作出的本能选择。母亲至善的心,本能地为别人着想,最终结果总是利人又利己;而我们靠损人来利己的谋划,最终结果总是害人又害己。

四个子女谁都说服不了谁的时候,习惯的挡箭牌就是:"妈都这么说了","妈不会这么想","妈才不会这么做呢"。谁要是明着暗着与母亲的言行相反,准是表里不一,见不得阳光,早晚露馅儿。

母亲过日子很节俭,子女给了钱也不乱花。母亲把多年的积蓄返还给后代使用,并以书面形式作出了明确交待。外孙工作挣钱以后,常给姥姥零钱花,逢年过节给姥姥买东西。两个外孙结婚时,我们才知道,母亲把每个人给的钱都单独放着、留着,在他们结婚时一分不少地返还。外孙女回北京探亲时,母亲也把人民币给她。我们不要,说人民币在国

外没法花。母亲坚持让拿着，还说出每一
笔钱的来源。

父母的两居室极具吸引力，子女、孙辈
都爱往这儿跑。外孙媳妇也跟姥姥好，给
姥姥盛饭、盖被子。淑文带孩子回北京时，
孩子们聚在一起打牌、聊天、玩电脑。母亲
从不嫌吵，高兴地看着一大帮孩子玩。孩

图 35　母亲与孩子们。左、中：母亲（85 岁）在一旁
看儿孙们玩，2008 年；右：母亲（90 岁）与重外孙在
家中，2013 年 7 月

子们到了晚上也不走，搭临时床、睡椅子、
睡地铺，横躺竖卧挤在一起，欢聚一堂。有了重孙辈后，小孩儿也过来和太姥姥玩。

在四世同堂的家庭中，母亲包容、吸引了每个成员，吸引了每个成员的心。

6.2　娱乐、聚餐、六十年婚庆

四世同堂的家庭，户外活动也是一起出行。母亲从来没有抛下家，自己单独出去玩
过。母亲不打牌、不玩麻将，也不到街上或楼下与人闲聊。父亲说：你妈没去过健身房，天
天在家转悠着干活，屋里、厨房就成了"健身房"。母亲也不看电视剧，电视里有杂技和马
戏时，会坐下来看会儿。母亲从来没有提出过娱乐要求，家里的活动都是子女向父母尽的
一点孝心。

2002 年，母亲在工人体育馆看了俄罗
斯大马戏团的演出。2008 年，母亲到人民
大会堂听了郭德纲的相声。

母亲晕车，极少坐车出门，一辈子没出
过北京。家里有辆三轮车，父亲和书元用
小三轮拉着母亲出去逛公园。母亲登上过
天安门城楼，去过故宫、中山公园、天坛、亚
运村、动物园、什刹海、紫竹院，还和家人一
起看过荷兰花展。

1983 年，从母亲 60 岁起，每逢父亲母
亲生日，家里人都聚到一起，到餐馆庆祝，

图 36　母亲的娱乐及家庭聚餐。左上：78 岁，在全
聚德；右上：83 岁，在北京饭店；下：85 岁，坐小三轮
游什刹海、天安门

京城的老字号饭庄去了不少，有同和居、砂锅居、柳泉居、烤肉季、烤肉宛、西来顺、又一顺、
厚德福、鸿宾楼、峨嵋酒家、曲园酒楼、北京烤鸭店等。母亲在前门大栅栏外廊坊二条"爆
肚冯"吃过爆肚，在"户部街马记"月盛斋吃过酱牛肉，在外馆斜街"小肠陈"吃过卤煮火烧。
母亲尝过哈根达斯的冰淇淋，吃过自助西餐，还到北京饭店品尝了谭家菜。

2000 年 11 月 28 日，农历十一月初三，是父母结婚六十周年的钻石婚庆日。两位老人

同甘共苦,一起携手度过了六十年。全家人到餐馆庆贺,父母收到了庆贺花篮、贺卡、蛋糕。蛋糕上写着"祝贺曹泽民常秀苓结婚六十周年",点上六根象征蜡烛。外孙女寄来的贺卡上写着:"姥姥、姥爷:最热烈地祝贺你们结婚六十周年! 你们是全世界都羡慕的最幸福的老两口,也是全宇宙最好的姥姥、姥爷。"

1993年,父母曾办好护照、签证,准备到美国探亲,因故未能成行。母亲以坦然的心态面对,万事不强求,没有抱怨,只是说了句:"不去(就)不去吧。"

2005年,母亲的陪嫁首饰、父母结婚六十周年的合影照片,在美国纽瓦克博物馆展出。这项以"十里红妆:中国传统婚礼习俗展"为主题的展览,是美国首次举办的同类型展览。[1]

2010年,是父母结婚七十周年;到2013年母亲去世那年,两位老人已经一起携手走过了七十三年。父母靠媒妁之言走到一起,结婚前两人没说过话,没见过面,连照片都没有。在他们的观念里,只要进了门,就一辈子在一起过日子。家就是家,不是标签,不是摆设,不是空壳。

图37　父母结婚六十周年,2000年;结婚首饰及照片在纽瓦克博物馆"十里红妆"展览中展出,2005年

从1940年至1959年的十九年间,父亲从18岁到36岁,正是青壮年时期,长期一个人在外工作。父母长年分居,两人相互忠诚,从没有和第三者有过任何非分来往,连这种念头都没有。从老人,从他们自己,从家人,从村里、院里、单位、亲戚朋友的嘴中,没有半句关于父母一生中任何阶段的绯闻。

1959年,母亲与父亲在北京城里团聚,直到2013年的五十四年中,父母基本上每天在一起吃饭。我们注意到,老年时,每天一粒的鱼油和善存,当一个人从瓶里拿出来的时候,也会递给另一个人。也就是说,老两口每天连鱼油和善存片都是同一个时间吃的。写作本文和挑选照片时,本想选母亲的单人照,还试着把带有父亲的部分裁掉。结果,需要剪裁的照片太多,也就索性不剪了。生活中的父母本来就是一直在一起,即使是母亲单独的照片,在同样的场景下,也大多有父亲

图38　父亲在自己九十大寿庆宴上向母亲献花,2010年,砂锅居

的照片。他们没有刻意追求白头到老,却实实在在地做到了形影不离、终生相伴。

---

〔1〕《美国新州纽瓦克博物馆办中国传统婚礼习俗展》,《华声报》2005年3月7日,http://www.chinaqw.com/node2/node116/node119/node155/node404/userobject6ai227075.html,最后访问日期:2017年7月10日。

父母性格不同。父亲脾气急，搁不住事儿，说话直，容易得罪人；母亲能忍能让，不得罪任何人。父亲在家发脾气时，母亲不言语，顶多轻声地用反问句表示不同意见。母亲从来没有和父亲大吵大闹，父亲也是发完火就忘了，不往心里去。父母就从来没有赌气不说话的时候。

家里的钱都由母亲管。父亲上班时，每月把钱连工资条一起交给母亲。父亲退休后，也把退休金交给母亲。母亲把家里的钱管得井井有条，不借钱、不乱花钱，也不从别人身上抠门儿省钱。怎么花钱都是商量着来，父母的遗产嘱托也是写在一起。

在父母的观念中，对方的家人也是自己家的人，不分你们家、我们家。家中的亲朋好友来自父母双方。父母不为钱闹矛盾。看到有的夫妻分立账户，相互瞒着，母亲说："一家人不一心过日子，那还叫家？""为了钱给人使坏，人性不好。"

父母没有发过海誓山盟，没有说过"我爱你"，他们对婚姻的忠诚尽在不言中。2010 年 7 月，父亲在九十大寿庆宴时向母亲献上表达爱情的玫瑰花。当着众多亲朋好友的面，父亲即兴发表感言。一向坚强的父亲情不自禁流下眼泪，真诚向母亲致谢。

父母之间的关爱融化在他们的血液中，表现在日常的琐碎小事里。母亲病重躺在医院时，还嘱咐子女，"该到你爸生日了，做点儿面条，你爸能活 100 岁"。母亲临终住院时，家里人忙，顾不上照看父亲，父亲九十多岁了，就自己走着，几次到医院看望老伴儿。

图 39　父亲为母亲九十大寿留言，2011 年

父亲没有给母亲写过情书。但在母亲九十大寿庆宴签名簿上，父亲写下："辛辛苦苦几十年 不愿同生 但愿同死"。这是父亲一生中唯一一表达爱情的笔迹。看到父亲的留言，我们内心极为震撼。《罗密欧与朱丽叶》是剧本里的，《梁山伯与祝英台》是舞台上的，现实中父母这对九十岁老夫妻生死不渝的情感，就在我们眼前，就在生养我们的父母身上，就在我们日常生活的家庭中。

6.3　邻里亲朋、祝寿

搬到楼房后，屋里有了厨房、厕所、煤气、暖气，比平房方便多了。但邻里之间的交往远不如胡同方便了。小区的房被越来越多的外地人买下来，新住户越来越多。邻里中我们家和对门的老两口很好，来往得像一家人一样。

图 40　母亲（后排左三，76 岁）与亲友在家中，2001 年

与对门关系好，源自母亲和蒋大妈好。老姐俩很合得

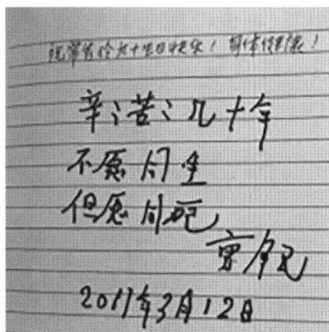

来,两家出门走三步就到了另一家。做了好吃的,从锅里盛出来就端过去了。我们家的椅子垫、锅垫、碗垫都是蒋大妈做的。淑文回北京探亲,箱子打开后,母亲就把好吃的先给蒋大妈送去。蒋大妈的孩子给他们送好吃的来,也先给我们家一份。蒋家老两口去世时,家里不大办丧事,但他们嘱咐孩子要告诉曹大妈家里一声。

两家交往多年后,我们才偶然从旁听说,电视上常看到的面孔,原来是蒋大妈的孩子。母亲与蒋大妈的交情,不带有金钱、地位的杂念,是一股实诚劲儿。母亲说:东西不在多少,就是点儿心意。蒋大妈说:我遇见好街坊了。

楼房街坊来往不多,但亲朋好友来往不断。父母在两边的家庭同辈中,是最年长和长寿的,受到同辈和晚辈的尊敬。大家庭中过生日、婚丧嫁娶、侄男外女生孩子的事,母亲心里都惦记着,都随个份子。母亲与人礼尚往来,传递的是人心,有好的都惦记着给别人;从外国、外地带回来好吃的,都和亲友分享;给别人的东西,没有吹嘘,不夸张,不以次充好,也不过多解释,给的就是诚意;收别人的东西,不论大小多少,都不挑剔、不嫌弃,领的就是人情。母亲不怕人多吵闹。用母亲的话说就是"别弄虚的,人心都是肉长的","过日子就过个人气儿"。

图 41　母亲(虚岁)八十大寿合影,峨嵋酒家,2001 年 3 月

我们为喜欢热闹的父母办了八十大寿。祝寿讲究过九不过十,也就是说,按虚岁算,79 岁时庆贺。2001 年母亲祝寿宴的合影,留下了大家庭成员的难忘瞬间。这是母亲与弟弟常校(图 41 前排右四)及许多亲友唯一的同框照片。

我们还制作了《八十大寿》的录像带,解说词中说:母亲没有参加过正式工作,却天天在工作,没有进过学堂,却在言行中处处体现着古今中外的美德。从来是和颜悦色的外表,却有着不用眼泪面对挫折的刚强内心。不附权贵,不追名利,与世无争,自然随缘。以广博的胸怀把家门向四面八方来客敞开,以宽阔的心胸接纳包容各路亲朋好友。八十岁的人耳不聋、眼不花、头脑清醒、身心健康。即使位高如总统也难得这样的佳境,即使钱财如亿万富翁也难买这样的老年之福。录像结尾,母亲说:"等我们九十大寿时,还请你们来。"

2011 年 3 月,亲朋好友聚集鸿宾楼,为母亲庆祝九十大寿。母亲得到带有"90"的生日贺卡和蛋糕、蒂芙尼的"福"字项链、瑞蚨祥的"福"字棉袄、"寿"字画,收到各种形式的敬意,接受老伴儿的致谢、儿孙辈的鞠躬、亲友的敬酒。来宾们在留言簿上写下对老寿星的感激与祝福。母亲还得到了从瑞典诺贝尔博物馆买来的、与诺贝尔奖章外形一样的巧克力。大家把心目中的诺贝尔奖发给了这位行善九十年、温暖众人心的老寿星。

图 42　大家把心目中的"诺贝尔奖"发给 90 岁的慈善老寿星。母亲虚岁九十大寿庆宴,鸿宾楼,2011 年

6.4　生病、住院、去世

母亲一生没有动过手术,没得过恶性、伤残性疾病,没得过影响日常起居的长期慢性病。在三十几岁时得过宫颈炎,治愈;50 岁上下得过胆囊炎、肝炎,治愈;64 岁,犯过心脏病,之后未再犯;83 岁,因脑梗住院一星期,没有后遗症,仍照常做饭、料理家务;85 岁,再度脑梗住院一星期,没有明显后遗症;88 岁(虚岁 90 大寿),仍可正常说话交流、自己吃饭。

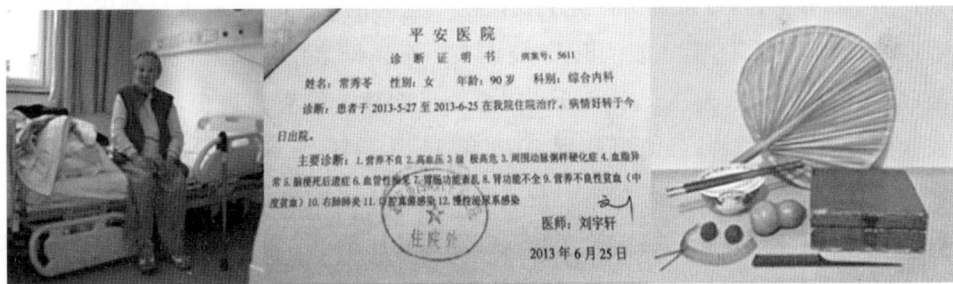

图 43　母亲生病住院。左:在北大医院,2008 年(85 岁);中:平安医院的诊断书,2013 年(90 岁);右:日常用品

在母亲 85 岁至 90 岁这最后五年中,每天都有子女照料。2011—2013 年的最后两年中,日夜都有子女照料。书元每天在,淑珍常常来,淑琴有空就来。母亲每天按时吃活血药、降压药、降血脂药、防痴呆药。母亲只剩下一颗牙,嚼东西不便,吞咽功能退化,每顿饭菜就打碎了再吃。大小便不能自理时,子女帮助接屎端尿、洗澡擦身,衣服被单勤洗勤煮勤消毒,屋里没有臭味,身上没长褥疮。

母亲对子女的每次照料、每个问候都心满意足,没有一句牢骚,没发过一次脾气,还常常说"歇会儿吧","多累啊，喝点水，吃点儿","大热天的，擦把脸"。吃饭、喂药、洗澡、换衣，每一个动作，母亲都会好好配合，从不闹别扭、作对，总让人心情舒畅。淑珍大姐说：妈被伺候时，是最好伺候的人；妈做病人时，是最好的病人。俊英老姑和老姑父回忆说：大嫂躺在病床上动不了，半昏迷中还嘱咐孩子说"你老姑老姑父来了，快去倒茶、点烟、炖鱼，让他们吃完饭再走"，大嫂太让人感动了。

2013年5月27日，母亲突发高烧，住进了离家不远的平安医院。诊断结果没什么大病，属于自然衰老。诊断书中记录的有营养不良、高血压、血脂异常、肠胃功能紊乱、贫血等。我们原以为母亲挺不过去了，结果，经过一个月的治疗，病情好转，于6月25日出院。

图44　母亲（90岁）追悼会，2013年，八宝山文德厅

淑珍大姐说：妈生病住院期间和出院以后，我们写日记，记录妈每天的起居、饮食、用药、状态、探视亲友来访，写下了几本日记。和妈同住一间病室的老大妈，她儿子碰巧与咱家的亲戚是同事，妈跟这位病友相处得好着呢。平安医院的医生护士精心治疗，他们不收分文贿赂。护士打针、测量，一口一个"常奶奶"，妈口中不停地说着"谢谢，谢谢"。我们在平安医院的网站发出了表扬他们真诚为民服务的帖子，还给平安医院赠送了感谢他们医德医术的锦旗。

2013年10月中旬，母亲再次住进平安医院。这时的母亲已经瘦得只剩皮包骨，很难自主吞咽，也说不了话了，但还能认识人，能点头示意。母亲住院期间，家人、邻里、亲朋赶来探望，病房内每天人来人往。家里没有同意给母亲插鼻管胃管进食，靠输营养液、药物和喂安素坚持着。就这样，一直坚持到2013年11月7日，母亲在平安医院，平静安详地去世。

2013年11月13日，母亲的追悼会在八宝山文德厅举行。厅内横幅上写着"常秀玲老人一路走好"，两旁写着"无尽的思念　深切的缅怀"。母亲穿着大栅栏5号瑞蚨祥手工制作的丝绸全套寿衣、内联升的棉鞋，盖着瑞蚨祥手绣凤凰丝绸单，静静地躺在鲜花丛中。一百多位亲友献上花篮、花圈，祝老人在通往天堂的路上走好。

儿子书元致悼词。悼词中说：我母亲是名符其实的贤妻良母。从娘家婆家，到亲朋好友、街坊四邻，不论男女老少，母亲和每一个人都和睦相处，九十多年如一日。母亲勤劳简朴，不争不斗，任劳任怨。说话总是慢声细语，脸上总带着和善慈祥，外表一贯是秀美纯朴整洁。母亲眼里没有坏人，心里能搁得下每件事，容得下每个人。母亲的善良和无私既是与生俱有的，也是多年修行来的。这种善良和无私使母亲能够平静豁达地面对生活，是子孙后代享用不尽的传家之宝。

母亲的遗体火化后,由儿子捧着骨灰盒、孙子捧着遗像,在亲友参加的仪式中入土为安。母亲去世两年后,父亲也离我们而去。父母合葬在一起,在同一块墓碑下长眠。我们以祠堂祭、墓地祭、家祭的形式,祭拜祖先、缅怀父母,在父母生日、祭日、年节日向他们感恩、汇报。

父母相继离去,我们失去了伴随自己成长的最亲的亲人,四世同堂的大家庭结构也随之变化。但父母体现出的人性之善不会远离,父母身上承载的家庭价值观不会逝去。

好友陈丁说:在五十多年国内外见到的所有女人中,你们的母亲是最好的女人。父亲曾说:想按我老伴儿这样的标准搞对象、挑老婆,那你们永远也找不着。

如果吉尼斯纪录需要寻找一个人能在一生中善待每一个人,与每一个人都和睦相处,我们可以说:在东方、在中国、在北京,有位生活了九十年、三万三千零九十八天的老人做到了。这位老人就是我们的至善慈母常秀玲。

7　结语

在写作本文之前,我们并不知道要怎么写。母亲的一生主要就是柴米油盐、看孩子做饭、亲友往来。在按照时间顺序写下母亲的生活经历时,我们渐渐发现:像母亲这样的,九十年中不与人冲突,与每个人都和睦相处的人,我们没有见过第二个。母亲一生善待每一个人,远非"至善慈母"四个字所能概括。我们享受了母亲没有一次吵闹,自然营造的精神轻松家境,享受着母亲没有一个仇敌,真诚结下的人际关系善缘,但我们却不能从理论上解释母亲何以达到这样的境界。我们期待专家帮助解读。

如何以口述史论文的形式记述一位去世的人物,这是本文面对的问题。写作中我们做了一点尝试。文中母亲的口述,是从母亲在世时的随意的口述中选取。公众对母亲追忆所做的口述,有平时聊天随意而谈,有针对本文所做的专题采访。口述、追忆中涉及的时间、地点、事件,经查阅资料核对后,再叙述成文。

在文章结构上,我们采取了时间—地点—主题—口述—追忆—综述的排序,采取了以图片辅助文字的形式。在口述内容杂乱、追忆事件交叉、时间矛盾的原始资料中,我们以时间为线索,按母亲从 0 岁到 90 岁的年代经历分段。每一时间段以地点为标题,每一地点之下分主题,每一主题之下大致按母亲口述、公众追忆、综述及考证的顺序表述。这种结构,比起按口述人物排列,比起按口述时间排列,更能有效地避免将同一事件重复叙述的弊端。

在采访方式上,我们注意因人、因事而异。口述人能够清晰表达的,一般采取电话访谈的方式;年纪大、叙述有困难的,采取面对面访谈的方式;对于回忆去世的人有忌讳的,就避免打扰;口述内容有矛盾的,就采取专题专问的形式追问;口述、文字表达不清的,就征询画图及照片;事件背景难以考证的,就用电子邮件向专业部门、学者询问。

在资料取舍、文章篇幅上，我们希望能做到专业和实用。写作本文时，我们先按照自己的思路，记录现有的资料并加以考证，结果写到了六万字。我们知道这不符合研讨会论文的要求，篇幅太大，必须删减。我们做了三方面的删减：一是把涉及个人，特别是健在人隐私的内容删除，文中尽量不涉及个人的出生、婚姻、住址、工作等；二是把敏感词汇的内容删除，文中尽量不涉及"文革"、颐和园租房、拆城墙、修大墙等细节；三是把与母亲相关度稍远的背景考证删除，如西直门城楼史、胡同历史地图、公交车运行线、祖父母和父母选民票关联、户籍制度变迁、男性传承的家庭结构考察、77级高考录取分数考察等。这样，我们的文章就有了两个版本，一个是供家庭保留、供学者查看的全本，一个是用于研讨会论文的简本。

本文追忆的是母亲九十年的一生，我们把心血、汗水、泪水化作文字向母亲感恩致谢。

感谢父母曹常两家的先辈。父母把两家传统融合在一个家庭中，让我们享受，为我们留下善缘。母亲生前与我们聊天时的讲述是本文主角口述的直接来源，母亲保留的物件、证件，为我们追溯、还原史事提供了依据。父亲在2015年的半年时间内每天不断的口述，为本文留下了珍贵的资料。

感谢俊英老姑用大量时间为我们讲述母亲各个阶段的生活细节，随时回答我们的问题，帮助我们核对时间误差。老姑夫武铭德也耐心接听电话，讲述及评价母亲的善行。大姐淑珍写下对母亲的回忆，画出草图，随时讲述母亲的往事。大姐夫何留锁讲述母亲照看外孙、待人接物、看病住院的细节，并提供采访线索。二姐淑琴讲述、写下母亲在居委会工作、做加工活、照看外孙的往事。

感谢亲友的帮助。老舅常校，老舅母肖桂兰，三婶常淑玲，表哥振贺、振祥、振京、振英、振环，表嫂善芝、新荣，讲述了有关姥姥、姥爷、母亲及舅舅的事。振海表叔、秀荣表姑讲述了尖平庄常家、姑奶奶及母亲的往事。堂哥树青讲述了他小时候寄养在桃柳园大娘家（我们家）的事，堂嫂玉锦、堂侄女曹铮帮助联系采访。街坊都永山大叔讲述了桃柳园的往事，建华表哥讲述了我们的母亲与他，与他的母亲、姑姑、同事的往事。好友陈丁讲述了他儿时的胡同生活记忆，并写下了对我们母亲的印象。

感谢中国国家图书馆的鲍国强和北京大学档案馆的郭女士帮助提供资料、解答疑问。我们找不到相关的背景资料时，得到了中国研究图书馆员学会成员的热情帮助，王立、王成志、杨爱玲、许晔、舒悦、马小鹤、邱葵、周珞、刘雯玲、陈敏捷等提供多角度的线索、回忆及分析。姜和平提出宝贵的修订意见。我们对电脑使用、文献传递有疑问时，曹时遇、张晓宇给予了很多帮助。

这篇文章凝聚着很多人的心血，难以把名字列全。即使您的名字没有在此列出，您的心意仍铭记在我们心中，未留姓名的善举会永久地温暖人心。自2015年起，我们提交论文，参加了崔永元口述历史研究中心举办的研讨会，是该中心的直接受益者、受教育者。

在受教育中,我们学着以口述史的方式,把母亲这样普通人的经历记录下来,把母亲所在的普通家庭的经历记录下来。我们与大家分享的体会是:在九十年的个人、家庭、社会变迁中,母亲所表现的人性至善,造福自己,造福家庭,具有永恒的社会价值。

20世纪70年代吉安姐妹花：如何平衡家庭与生活

◎肖 涵[1]

摘 要：

本文以吉安县[2]一个家庭中三个亲姐妹为访谈对象，以其如何平衡家庭与工作为主线，就其家务分工、婚姻状况、育子状况和工作情况为重点访谈内容。这三位女性分别在24岁左右的年纪结婚；她们的第一胎都是女儿；其生育时间恰好是中国正在实施计划生育相对严厉的阶段，但三人都曾为娘家和婆家所迫，遭遇"必须生儿子"的困境。于各自不同又十分相似的婆家环境中，在运用不同的处理家庭与工作关系的方法后，她们各自的家庭地位和社会地位表现出来的差异变化，让我们清楚看到中国小城市里面，七〇后这一个群体中的部分女人的生存状况和心理状况的发展，从这些普通人的生命体验中体会社会的"进步"与"保守"共存的实况。

关键词：

家庭与生活；平衡；女性

Ji'an Sisters of 1970s：How to Balance the Family and Life

◎ Xiao Han

Abstract：

In this paper, three sisters from Ji'an County were interviewed about their housework division, marital status, childcare situation and work situation. The main line of this article is how three of them balance the family and work. Three interviewers respectively gave birth to a daughter after getting married at the age of 24 or so. They encountered to a period of time during which the government severely implemented Family Planning Policy. However, all of them have get into adversity because of son preference hold by their families.

They once had similar backgrounds and showed very differently in social and domestic status after adopting different methods of dealing with family and work relations allow us to see clearly that the small cities in mainland China, 1970s after this part of the group of women living conditions and the development of psychological

---

[1] 作者简介：肖涵，女，香港中文大学硕士研究生毕业，研究方向为性别研究。

[2] 吉安县隶属于吉安市，位于江西省中部，赣江中游，属于中部经济发展区域。

conditions, from these ordinary people's life experience to experience the social "progress" and "conservative" coexistence of the live.

Keywords：

Family and Life；Balance；Women

本文初为研一期间所做的一篇期末论文。初次接触性别研究方法，感慨于世界女性艰辛获得权利的同时，也给了我一次宝贵的契机重新审视自己和至亲家人作为女性在这世上数十年经历之种种。

2015 年 11 月至 2016 年 1 月期间，我大致列出了一些想要知道的问题，在两三月的时间内，时不时地与受访对象沟通交流。从文章内容大致也可看出，三位受访女性与本人有着很亲密的关系，这是很多特别隐私的事件得以知晓和访谈得以开始的重要原因。

彼时，我并不知道自己用了"口述史方法"。直到一年以后，在工作领域我被要求使用口述史方法研究一个发展了 10 年的公益机构时，我才忽然发现和这一方法结缘在前。对于该方法有了一些粗浅了解之后，我终于可以把第一次经历归于"半结构访谈"和"非结构式访谈"。这一过程中也积攒了对于使用口述史方法的复杂感受：你知道你想要的答案都在话里，所以你很欣喜地出发；但随着对话内容的增多与加深，心里有个声音越来越大，它反反复复地警告，你想要的答案不全在话里；你和访谈者之间会有"情投意合"及谈到"酣畅淋漓"之时，但更多的时候，像是一场角力战——对方试图牵引你到一个地方去，你又尽力拔回你的主线上来；同时，你还会不断怀疑，自己的重点是否也是对方想表达的重点，或这场对话是否最终归于自己一个人强势的主角戏。

期末论文为了压缩文章字数，采用了概括式内容而没有大量引用访谈原话。在回看访谈材料时，我发现，评论也好，分析也好，都是试图在以受访者为主体的那个世界中努力凸显作者话语的重要。

当时的年轻和青涩，我仍然愿意展示于人前，因为那样的过往对于更深入地认识和学习口述史方法必不可少。但当时的无知也造成了一些不良的后果。比如，当我费力从好些年蒙尘的 U 盘中调出当年的资料时，我惊觉于自己并没有对当时的访谈做很完整的保存，成文过程中的种种思考与记录也无从寻觅。回望那些我曾经掉过的坑，希望不会成为后来人的苦；但倘若还有人掉进去，也望为诸君后来之路积攒些经验和教训。

三位访谈对象皆为女性，分别在 24 岁左右的年纪结婚。她们的第一胎都是女儿，其生育时间恰逢计划生育实施相对严厉的阶段。三人都曾为娘家和婆家所迫，遭遇"必须生儿子"的困境。于各自不同又十分相似的婆家环境中，在运用不同的处理家庭与工作关系的方法后，她们各自的家庭地位和社会地位发生了怎样的变化？本文的重点是婚后的她们如何处理家庭与工作之间的关系。当然,任何处理方式的选择都不可避免地受到娘家和婆家的影响,受到她们从小接受的教育的影响,以及周围环境的影响。

表 1　三姐妹人生重要时间点

姓名[1]	出生年份	结婚时间	工作情况	孩子情况
Yun	1970	1993	有	一女(1993)
He	1976	2001	有	一女(2001) 一子(2013)
Xiao	1978	2005	无	一女(2006) 一女(2013)

1　大姐 Yun

1.1　家庭与工作

Yun,1970 年生于农村,主要由奶奶带大。奶奶对第一个孙女特别宠爱,加上 Yun 自幼患有哮喘,所以在家里她基本不参与家务和农活。

到了读书的年纪,Yun 和弟弟妹妹们跟随父亲外出求学,照顾弟、妹的任务自然落在了作为家中长姐的她身上。她开始要为一家人洗衣、做饭,忙碌的生活练就了她雷厉风行的性格。父亲去外地开会,她只能独立负责弟弟妹妹的起居、饮食和学习。

1990 年,Yun 从职业中学财务班毕业。之后在镇上集体企业实习,同年认识之后的丈夫 Liu 先生。三年后,两人结婚,1993 年年底生下女儿。产后还在病房时,Yun 的父亲和公公分别来找她,表示希望她再多生一个男孩,至于超生的罚款费则不用她担心。

Yun 看到女儿不被婆家重视(相对于其他孙子来说),非常气愤,暗自发誓一定要把女儿培养成婆家家族里最优秀的人。加上自己的性格非常强硬和执拗,她坚决不生第二个孩子。她认为,多一个小孩会分散自己的精力,教育一个(孩子)就已经很累。女儿出生后的近两年时间里,Yun 都在家中当全职妈妈。她的公公一直骂她,因为她不出去工作。

女儿 2 岁以后,Yun 开始断断续续地做一些工作,像是酒厂的接待处服务人员,县图书馆幼儿园老师,但时间都不太长,没过多久又重新回到全职妈妈的角色。

---

〔1〕　为保护被访人员的个人隐私,本文全部采用化名。

　　读幼儿园的时候，女儿住在外公外婆家；一年级、二年级的时候是她爷爷奶奶带的，因为我和她爸在外面打工。不过，（那时）我短时间出来又回去，出来又回去，不是长时间的……最长也就两三个月又回去了。还是自己带女儿、教女儿比较放心。

女儿上小学二年级之后，Yun 决定不再出去打工，在家里找一份工作，自己的主要任务放在辅导女儿的学习上面。

　　考试前应该如何复习，周末应该看哪些课外书，练习珠算多久，每天都要写日记、练书法。所有的事情都帮她安排好了。她一点家务都不用做，只做读书这一件事情，如果再做不好，怎么对得起我对她的付出？

2006 年暑假，经亲戚介绍，Yun 得到一个去外省发展职业的机会——做私企会计。考虑到女儿已经上初二，有了一定的自理能力，而且以后上大学需要更多的费用，她决定抓住这次提高家庭经济能力的机会，一个人外出务工。

　　初中之后，很多学习上的问题我帮不了她，都要靠她自己。那时候，我们家里条件不好，所以才下决心出去闯一闯。她的教育费用也是从那个时候开始存的。10 多年在外务工提升了我的经济收入，也让我更加的自信和独立。之后，丈夫出轨，我可以更坦然地接受离婚，重新开始自己的生活，也受益于此。

1.2　评论与分析

从"全职妈妈"到"有工作"，从"不稳定的工作"到"稳定的日臻成熟的职业工作人"，这一切的转变在 Yun 的生命当中，似乎都围绕着"女儿"这一个话题。在独生子女政策的影响下，一个孩子寄寓着一代长辈的全部希望；而在这个相对传统的父系家族中，女儿似乎也成为她抵抗父权体制的一种手段。但是，这也让我们反思：为什么 Yun 把这种反抗完全寄托在自己的女儿身上，而非自己的身上？她把自己作为一个母亲的身份置高于"一个女人"和"一个独立个体"之上，其实已然内化了父权制度中"女人的归宿即母亲"[1] 这一观念。把孩子当作自己的一切，这些母亲定义自己人生的方式缺乏作为人的独立性。[2]

Yun 的公公是基层领导干部，经历过"大跃进""文革"，一直响应毛泽东"铁姑娘"的号

---

〔1〕　Adrienne Rich, *Of Woman Born: Motherhood as Experience and Institution*, New York: W. W. Norton & Co., 1976, pp.22-55.

〔2〕　Ibid.

召,认为"女人在家做全职太太或是妈妈就是'落后''小资'"[1];所以没有收入的 Yun 在家中备受奚落。当社会普遍认为"妇女需要工作"时,传统的性别分工却丝毫未被撼动的话,中国的妇女将面临"双重责任"的压力。她们必须同时兼顾家庭与工作,新形式的不平等关系自然产生了。[2]

在全球化经济的影响下,现代女性有了更多"跨区域"的工作机会。[3] 在幅员辽阔的中国内部,跨省、市、区、城镇的"工作导向型移民妈妈"在增多。随之而来的几大社会问题也都浮现:首先,社会文化不断给"工作移民女性"更多的道德精神压力,指责她们脱离了传统价值下"主内"的家庭责任;[4] 其次,社会把留守儿童病态化。[5] 但是,它忽视了"迁移母亲"通过各种远距离教育手段拉近与孩子之间的距离所付出的努力,忽视了社会、政府应承担的更多的接洽责任,去帮助加强远距离家庭成员之间的沟通与交流。同样的,还忽视了孩子的能动性问题以及父亲角色的重要性。[6] 母亲不在身边,是否可以视为培养孩子自主性与独立性的一次重要机会?Yun 告诉笔者,在她离开孩子之后,她女儿的独立学习能力和生活能力都有了突飞猛进的进步。并不是说孩子们不会遭遇情感上的伤害,但家庭是具有适应性的,每一个成员都有适应新环境的能力。[7] 一味强调母亲必须留在孩子的身边,那么不仅父亲的角色和位置会被忽略,孩子们的主观能动性也会被忽略。[8]

2 二姐 He

2.1 家庭与工作

He 出生于 1976 年,是 Yun 的二妹,也是家中的第三个孩子(除了大姐 Yun 以外,她还有一个哥哥)。He 刚刚断奶就被送给了没有孩子的大姑家收养。

大姑本来有一个孩子,幼年夭折,之后再也没有自己的小孩;后曾领养过一个男孩,养到了五六岁时,男孩被亲生父母要了回去,大姑非常伤心。He 的亲生父亲及爷爷奶奶商

---

〔1〕 Judith Stacey, "Development and Constraints of Patriarchal-Socialism", in *Patriarchy and Socialist Revolution in China*, Berkeley: University of California Press, 1983, pp.203-247.

〔2〕 Feinian Chen, "Employment Transitions and the Household Division of Labor in China", *Social Forces*, Vol. 84, No. 2, 2005, pp.831-851.

〔3〕 Barbara Ehrenreich, Arlie Russell Hochschild(eds.), *Global Woman: Nannies, Maids, and Sex Workers in the New Economy*, New York: Holt Paperbacks, 2004, pp.39-54.

〔4〕 Ibid.

〔5〕 Ibid.

〔6〕 Ibid.

〔7〕 Yang Cao and Chiung-Yin Hu, "Gender and Job Mobility in Post socialist China: A Longitudinal Study of Job Changes in Six Coastal Cities", *Social Forces*, Vol. 85, 2007, pp.1535-1560.

〔8〕 Ibid.

量,家里已经有了一子一女,这第三个小孩,无论是男是女,都给大姑家。

He 的养母非常疼爱她,但是脾气不好的养父经常打她。小时候,He 多次一个人从养父家回到舅舅(亲生父亲)家。到了读书的年纪,He 跟着自己的哥哥、姐姐一起在外求学。

大学期间,He 认识了未来的老公 You 先生,两个人来自相同的城市。毕业后的两年,她曾经去广东打工,试图闯出一番事业,但在 2001 年因为要结婚她还是回了。

婚后她住进了婆家,年末产下一女,与大姐 Yun 一样被婆家和娘家同时逼迫着要生个男孩,她没有答应。结婚初期,没工作的 He 问丈夫要钱的时候,You 先生高兴就给,不高兴就不给。产后休息了一段时间,He 开始找工作,成了一名销售职员。她全身心地投入到自己的工作中,以躲避无休无止的"家庭割据战"。

她的女儿 Xia 从小就在不同的家里借宿:外婆家、大姨家、老舅舅家。Xia 到了上学年龄之后,回到了自己家,生活起居和学习主要由一同居住的奶奶照顾。比较而言,丈夫 You 先生照顾女儿的时间比 He 女士更多。He 由于工作原因多次调整职位,离家的距离时远时近。经过十几年"离家"的奋斗,她的事业很成功,成了地区领域的"一把手"。

2012 年,拗不过丈夫以离婚相要挟,He 去医院取了环。怀孕之后,托熟人作了 B 超,确定了是男孩后才决定留下。He 是国企高管,You 是人民教师,一旦被发现超生,夫妻二人可能面临双双被辞退的困境,在这种情况下,他们仍然坚持生下了这个孩子。

之后,He 偷偷离开公司,没有给出任何解释。直到一年以后再回来,只能从基层职员做起。He 并没有后悔生下这个孩子,但是依旧不愿意做全职主妇。

> 他们家四兄弟,其他兄弟最少四个小孩、两个儿子……我不生都不行……但我绝对不可能待在家里做全职妈妈。儿子,现在主要是我父母(养父母)带,他们跟我住在一起……我经常要出差,加班到很晚……(工作)跟钱不钱没关系……但是我不能(待在家里),光想那样的生活就会疯掉。

2.2　分析与评论

从 He 幼年被收养的经历中,我们看到,不仅是其养父母,还有这个大家族里面的其他人,似乎都认为一个家庭一定要有孩子才算是完整的家庭。He 特别提到,其养母失去第一个养子时的伤心欲绝是导致这次收养的主要原因,当然这也是她从她的舅母(亲生母亲)那里听来的。

女人被区分为"母亲"和"没有孩子的女人"似乎成为一种社会共识。[1] 女人的最终

---

〔1〕　Adrienne Rich, *Of Woman Born：Motherhood as Experience and Institution*, pp.22-55.

定义要依附在自己的孩子身上,而不能由其自身的特点来决定,这是父权体制下"母育"文化的基本概念。[1] 它最终圈定了女人的活动范围就应该是"家中",女人的性质就应该是"看护型"。[2] 这种种理所当然的认识成就了整个社会对于欠缺生育能力女人的另类眼光和同情(另一种形式的"歧视")。而在这次收养程序中,另一个女人——He 的亲生母亲——的决定权也被忽视,所有决定都由其丈夫和公公主导。试想,又有谁想把自己有能力抚养长大的孩子送到别人家去,尤其是对于这些视孩子如自己生命一样的传统女人?

改革开放以后,沿海城市有更多的发展机会,He 也是在这股浪潮中为了追求更好的事业和经济收入来到沿海城市工作的年轻女性。这些女人到了适婚年龄,往往会被催着回家结婚生子。个人的工作期望被婚姻价值打败,很多女人被"男主外、女主内"的父系传统价值困在了家中。[3] 并不是说家庭不重要,但如果必须有人为家庭妥协,为什么这个牺牲的角色一定是女人,这是我们需要反思的问题。

同样,"随夫居住"的父系传统在中国的广大地区仍然保留。[4] 外嫁女,失去了在家乡已有的一切社交关系网和政治资源,来到一个新的地方(婆家),其身份的脆弱性增强,在婆家的地位往往不高。[5] 结婚初期在婆家饱受经济欺凌和精神压抑的 He,同样缺少向娘家求救的途径和资源。

He 的反抗方式不同于自己的大姐,她是发展个人的事业。女性在工作上花费的时间越多,必然导致处理内务的时间减少;但这并不绝对意味着"男性会分享承担更多的责任"。[6] 因为 You 先生也有自己的工作要忙,平日里家务操劳最主要靠 He 的婆婆。

现在中国几代同堂的现象还是很普遍;这种情况下,一同居住的老人,尤其是老一代女性往往会承担更多的家庭责任。[7] 年轻一代女性更多的自由度是以老一代女性身上更加沉重的负担为代价的话,我们便不得不重新审视这种"自由"的含义了。

---

[1] Adrienne Rich, *Of Woman Born: Motherhood as Experience and Institution*, pp.22-55.

[2] Ibid.

[3] Jieyu Liu, *Gender and Work in Urban China: Women Workers of the Unlucky Generation*, London and New York: Routledge, 2007, pp.87-105.

[4] Judith Stacey, *Patriarchy and Socialist Revolution in China*, Berkeley: University of California Press, 1983, pp.203-247.

[5] Ibid.

[6] Feinian Chen, "Employment Transitions and the Household Division of Labor in China", *Social Forces*, Vol. 84, No. 2, 2005, pp.831-851.

[7] Ibid.

3 小妹 Xiao

3.1 家庭与生活

Xiao 出生于 1978 年。20 世纪 70 年代末,计划生育政策实施更加严格;80 年代开始,计划生育政策上升为国家政策。[1] Xiao 的父亲是学校校长,为响应国家号召,先让自己的妻子带头上了环,所以 Xiao 成了家中最小的女儿。Xiao 从小由婆婆带大,因为母亲是家中最重要的农活劳动力。

到了上学的年纪,她跟着哥哥姐姐一起在外求学。2000 年大学毕业后,和二姐 He 一同到深圳打过短工,后二姐回家结婚,Xiao 也跟着回去了。2001 年,经亲戚介绍,在珠海某私企从事财务工作,因做不来假账,被企业辞退。回家之后,在某女子学校执教。

2004 年经亲戚介绍,她认识了之后的丈夫 Yong 先生。过年开亲之后,Xiao 放弃了自己喜欢的工作,跟着未婚夫去外地打工。一年之后,他们回家结婚。此后,Yong 先生在家里找到了专业对口、薪资丰厚的工作,决定不再外出务工。结婚次年,Xiao 生下一女儿。和大姐 Yun 一样,照顾女儿到了 2 岁半,Xiao 才又重新出来工作,在一家私企做财务。

在其工作期间,她的婆婆从老家过来帮忙带小孩,婆媳之间吵架不断:婆婆嫌累,吵着要回家;她又觉得自己婆婆什么都做不好。与此同时,工作中的她又一次因为上司报假账的事,与企业不欢而散。没有了工作的 Xiao 索性当了全职妈妈。

Xiao 的丈夫 Yong 先生是家中的独子。农村“重男轻女”的想法根深蒂固,因为 Xiao 不肯生第二个孩子,两个人吵了很多架,也打了很多架。另一方面,因 Xiao 的女儿是家中唯一的孙女,所以还是得到了整个家庭的关爱。Xiao 和她的大姐 Yun 一样,对于女儿的大小事务都亲力亲为,从不假他人之手。女儿在她的细心照顾下,成绩名列前茅。拿着女儿的成绩单挨家挨户地宣扬,成了 Xiao 最骄傲的事情。

在来自各方家人的压力之下,2013 年初 Xiao 生下了第二个孩子,又是个女孩。在生第二胎之前,无论是她的婆家,还是她的娘家,都要她去做一个 B 超检查,是男孩就留下,是女孩就打掉。但是她一直没有做,最重要的原因莫过于一个母亲的不舍得。生下的这第二个女孩,虽有不被两家人所期待的性别,但她依旧得到了两个家庭非常好的照顾。

没有了父辈的帮忙,这四口之家中,父女、母女之间的依附性加强。小女儿断奶的时候,一直跟着 Yong 先生睡,不让她见妈妈;有时候,大女儿需要开家长会,Yong 先生必须

---

[1] Ming Tsui and Lynne Rich, "The Only Child and Educational Opportunity for Girls in Urban China", *Gender & Society*, Vol. 16, No. 1, 2002, pp.74-92.

请假在家里带小女儿。总之,爸爸和女儿相处的时间,因为没有爷爷奶奶的帮忙,不得不增多。

可能时间真的很久了,两个女孩渐渐长大,大女儿的成绩非常优秀,小女儿也聪明伶俐,Xiao 的丈夫、公公和婆婆对于她把两个孩子教育得这么好也越来越感激,家庭氛围也逐渐变好。今年国庆四人去香港玩了一个星期,这是她们家十几年来第一次的长途旅行。

3.2　分析与评论

Yun 和 Xiao 都特别在意孩子的成绩,这让人自然而然地联系到"虎妈"的形象。为什么中国的家长,尤其是妈妈,特别看重成绩呢?笔者认为,这可能和中国传统社会人们的上升渠道有关系。封建社会,科举制是平民男性进入上流社会、改变命运的主要渠道;那时,由于社会普遍存在对"三寸金莲"的偏爱,平民女子可以通过缠出一双小脚的方式,赢得更好的婚姻,改变自己的生活。[1] 但是,民国时期及中华人民共和国成立后彻底废除了缠足的旧俗,也就关闭了女人这一条"上升渠道"。[2] 相对应地,教育资源向女性的逐渐开放,使得人们开始关注一种新的改变女子人生的机会——读书。

一胎政策的实施,最初只是想要控制人口。但在大城市中,一胎男孩和一胎女孩,在教育方面所占有的资源基本无差别;某种程度上来说,计划生育政策促进了"部分的男女平等"。[3] 毫无疑问,Xiao 的大女儿是独生子女政策的受益者。但是,在广大的农村地区和较封闭、思想更为保守的二三线城市,"重男轻女"的思想依然是主流。计划生育政策,也可能导致性别鉴定、女娃引产或被抛弃等负面后果。[4] 若不是 Xiao 的坚持,她的小女儿可能已经成为这种封建残余思想的受害者。

Xiao 的二女儿和 He 的二儿子出生日期差两天,刚好是被众人不期待和期待的两种性别。在众人的眼中,似乎有儿有女的家庭才是最理想的家庭模式。但实际上,He 和丈夫因为工作原因分居两地,其大女儿与丈夫留在家中;He 与自己的养父母,还有二儿子住在一起。白天需要上班,晚上需要加班,经常出差的 He 其实少有时间照顾孩子。两位老人则一直抱怨带孩子累,想要回老家;而自己的丈夫也担心两位农村老人教不好小孩,总是要求 He 做全职妈妈。所以一直以来,He 的精神压力都非常大。

而做了全职妈妈的 Xiao,不得不承认,她把自己的两个孩子照顾得非常好,她的丈夫

---

〔1〕　高洪兴:《缠足史》,上海:上海文艺出版社,2007 年,第 22 页。

〔2〕　同上。

〔3〕　Ming Tsui and Lynne Rich, "The Only Child and Educational Opportunity for Girls in Urban China", *Gender & Society*, Vol. 16, No. 1, 2002, pp.74-92.

〔4〕　Ibid.

收入很高（相对于县城的消费水平来说），所以两个女儿在衣食住行方面都有良好的资源。Yong 先生和女儿待在一起的时间越多，越容易体会到带孩子的辛劳；看着健康长大的两个女孩，他也不再催促"赶紧生第三个"或"赶紧生儿子"这件事了，夫妻关系缓和很多。曾有学者指出，男性在家中参与更多的家务之后，更容易体会到妻子的辛劳，从而促进两性之间的平等关系。[1] 但是，所有的生活都围绕着家庭的 Xiao，性格变得敏感和多疑，总是怀疑自己的丈夫外遇。当问及解决方法的时候，她又总是说"我死也不离婚"，继而就是一大段对丈夫的侮辱和谩骂。已经被圈禁在自己家庭之中十多年的 Xiao，是否真的有勇气重新迈入社会，改变自己的人生？

一个家庭既不会因为多了一个儿子而更加幸福，也不会因为多了一个女儿而愈加不幸。但在中国的大地上，有多少家庭因为孩子的性别问题而自找了那么多的痛苦？

4 结语

这三位女性于各自不同又十分相似的婆家环境中，在运用不同的处理家庭与工作关系的方法后，她们各自的家庭地位和社会地位表现出来的差异让我们清楚地看到，在中国小城市里，七〇后这一个群体中的部分女人的生存状况和心理状况的发展，并从这些普通人的生命体验中体会社会性别观念的"进步"与"保守"共存的实况。

人们对于男孩的偏好，已经随着时间和具体的情境发生了很多变化。但路漫漫其修远兮，中国社会需要更多的时间、空间和个人的努力来强调和践行性别平等的理念。

---

[1] Noelle Chesley, "Stay-at-Home Fathers and Breadwinning Mothers", *Gender & Society*, Vol.25, No. 5, 2011, pp.642-664.

后　记

林　卉

2017 年 11 月 6—12 日，第三届口述历史国际周如期举行，年度主题"非虚构"。

11 月 6 日，口述历史海报特展及直播，青年说主题分享；

11 月 6—10 日，非虚构创作研习营，杰拉德·J. 阿尔巴雷利（Jerald J. Albarelli）、钱钢、梁鸿、余戈、张谦、张冀六位导师亲临授课；

11 月 7—9 日，年度非虚构影像作品《冈仁波齐》《罗长姐》《二十二》展映及主创到场交流；

11 月 10—11 日，口述历史专家亚历山大·弗伦德（Alexander Freund）教授、朱浤源教授讲座；

11 月 10—12 日，第三届"口述历史在中国"国际研讨会。

一周的时间里，三千多人次来到会场，聆听、分享、交流。

时隔半年，我还常常回忆起 11 月 10 日晚的"中国故事会"上，几个值得铭记的瞬间。

口述历史学者代表陈墨老师用几句话勾勒了口述历史的图景：在人工智能非常发达、在人类计算能力成亿倍增长的当下，人文社会科学可能会面临着一场巨大的、革命性的改变，即把个人作为社会科学和人文科学研究的一个基本出发点。而口述历史正是个人记忆的采集收藏和开发应用，它有可能成为人文和社会科学飞跃发展的一个催化剂。

著名媒体人敬一丹老师在分享自己的新书《我末代工农兵学员》中，含着泪提道：后来我就成了一个经常发问的，甚至以发问为职业的人。当我和我的同学们，一起把我们的记忆用这种方式记录下来的时候，我觉得我们终于做了一件该做的事。

美国哥伦比亚大学杰拉德·J. 阿尔巴雷利教授在分享了自己的非虚构写作内容后说：我不知道在中国是否有相似的故事需要讲述和记录，但是我知道一定有成千上万的第一手的资料，在消失或被遗忘之前需要记录下来。口述历史就承担了这样的重要任务，就是在故事消失以前，在最后的时刻把它抢救下来，使得人们不要遗忘。

这是口述历史的力量,汇聚世界各地的同路人;这也是口述历史国际周的力量,让一个小众的学术词汇在中国逐年放大。

这些瞬间,和那些同样闪光的活动点滴,共同勾勒出一副国际化、公众化、学科化的口述历史发展蓝图。

截至 2018 年,"口述历史在中国"的每一步都值得被记录:

2014 年下半年

"口述历史在中国"策划及建组活动筹备

通过中心官方微信公众号"崔永元口述史中心"释放信息

2015 年

4 月 23 日

系列讲座(一):定宜庄——口述与史

5 月 7 日

系列讲座(二):杨祥银——在学院与公众之间:我的口述历史研究与实践

5 月 21 日

系列讲座(三):游鉴明(中国台湾)——口述历史与台湾妇女史研究

5 月 28 日

系列讲座(四):吴文光——吴文光与"民间记忆"

6 月 10 日

专访英国苏塞克斯大学女性口述史专家玛格丽特·茱莉(Margaretta Jolly)

6 月 18 日

系列讲座(五):赵一工——从实践中认识口述历史

6 月 25 日

系列讲座(六):梁鸿——非虚构文学中的人物自述

7 月 30 日

系列讲座(七):丁东——关于口述历史的八个问题

8 月 24—28 日

专访大英图书馆口述历史馆馆长罗伯特·珀克斯(Robert Perks)

专访国际口述历史协会前主席捷克口述历史学会前会长麦罗斯洛夫·瓦内克(Miroslav Vanek)

专访国际口述历史协会主席英迪拉·乔杜里(Indira Chowdhury,印度)

专访国际口述历史协会南非区代表克里斯蒂娜·兰德曼(Christina Landman)

9 月 10 日

系列讲座（八）：唐建光——通向公民写史之路

9 月 18—20 日

工作坊·北京站

9 月 24 日

系列讲座（九）：叶永烈——我做口述历史走名人路线

10 月 15 日

系列讲座（十）：陈墨——口述史学是什么学

10 月 30 日—11 月 1 日

工作坊·上海站

11 月 26 日

系列讲座（十一）：郭于华——从普通人的日常生活讲述中构建历史

12 月 8—13 日

第一期口述历史国际研习营

系列讲座（十二）：亚历山大·范·柏拉图（Alexander Von Plato，德国）——二战后的德国口述历史

系列讲座（十三）：道格·博伊德（Doug Boyd，美国）——数字时代的口述历史

系列讲座（十四）：英迪拉·乔杜里——口述档案馆：国际传播中的问题和挑战

首届"口述历史在中国"国际研讨会

口述历史行业同人交流

专访美国口述历史协会当选主席道格·博伊德

专访国际口述历史协会前主席德国著名公共史学家亚历山大·范·柏拉图

12 月 18—21 日

工作坊·香港站

2016 年

3 月 25 日

中国传媒大学口述历史社团"白杨记忆"成立

口述历史高校联盟计划启动

4 月 10 日

"家·春秋"口述历史影像记录计划第二季颁奖礼

4 月 22 日

系列讲座（十五）：范海涛——我在哥大学口述史

4 月 22—24 日

春季工作坊"从零开始学做口述史"

5 月 17 日

系列讲座（十六）：周浩——我所理解的纪录片

6 月 6 日—7 月 6 日

口述历史高校联盟——崔永元电影传奇馆助力第三届南京电影论坛"中国电影在海外"海报特展

6 月 15 日

系列讲座（十七）：王宇英——口述历史中的创伤记忆

6 月 16 日

系列讲座（十八）：玛格丽特·茱莉（英国）——口述历史与女性主义

7 月 24 日—8 月 2 日

"口述历史在中国"系列活动："蒹葭影像计划"青少年体验营

7 月 25 日

系列讲座（十九）：纪录片《冲天》放映及导演张钊维（中国台湾）现场交流

7 月 26 日

系列讲座（二十）：纪录片《我在故宫修文物》主创座谈

9 月 5 日

系列讲座（二十一）：热田敬子（日本）——继续回响的声音：日军性暴力受害者证言与回应

9 月 28 日

系列讲座（二十二）：傅光明——文学·历史·口述史

9 月

首届"口述历史在中国"国际研讨会论文集《口述历史在中国（第一辑）：多元化视角与应用》出版

11 月 7—13 日

第二期口述历史国际研习营

系列讲座（二十三）：赖素春（新加坡）——口述历史访谈以后：文档与保藏

系列讲座（二十四）：保尔·汤普逊（Paul Thompson，英国）——口述历史作为人类文化遗产：机遇与挑战

系列讲座（二十五）：钱文忠——从"思痛录""毕竟是书生"谈口述史学

"口述历史＋"国际海报展

口述历史年度影像作品展映

第二届"口述历史在中国"国际研讨会

11 月 26 日

系列讲座(二十六):武汉物外书店"战争阴云下的年轻人"主题分享

11 月

中国首本口述历史类 MOOK《述林 1:战争阴云下的年轻人》出版

12 月 13 日

系列讲座(二十七):郑州松社书店"战争阴云下的年轻人"主题分享

12 月 22 日

《述林》首发暨崔永元口述史中心与广西师范大学出版社新民说战略合作发布会

2017 年

1 月 10 日

系列讲座(二十八):全国巡讲·南京大学站

3 月 21 日

系列讲座(二十九):全国巡讲·同济大学站

3 月 22 日

系列讲座(三十):上海古籍书店"战火中的青春记忆:1931—1945——《述林:战争阴云下的年轻人》"主题分享

4 月 19 日

系列讲座(三十一):全国巡讲·天津师范大学站

系列讲座(三十二):杨祥银——《美国现代口述史学研究》新书分享会

4 月 27 日

系列讲座(三十三):杨渡(中国台湾)——家族记忆 百年台湾

4 月 28 日

"家·春秋"大学生口述历史影像记录计划第三季颁奖礼

5 月 11 日

系列讲座(三十四):全国巡讲·暨南大学站

5 月 22 日

系列讲座(三十五):全国巡讲·山东大学站

6 月 9 日

系列讲座(三十六):全国巡讲·四川外国语大学站

6 月 12 日

系列讲座(三十七):全国巡讲·北京航空航天大学站

9 月 5—7 日

第一届公共史学国际工作坊

11 月 6—12 日

非虚构创作研习营

口述历史青年说分享会

口述历史海报特展

年度影像作品展映

系列讲座(三十八):亚历山大·弗伦德(Alexander Freund,加拿大)——口述历史在加拿大:民主进程中的历史

系列讲座(三十九):朱浤源——捕捉中华廿世纪声影之法:从台湾与大陆一甲子口述历史试论访录锁钥

崔永元和他的朋友们·中国故事会

第三届"口述历史在中国"国际研讨会

2018 年

3 月 21 日—5 月 23 日

《一起来做口述历史展》和《电影、纪录片专题拓展》——"高参小"青少年特色课程走入传媒附小

4 月 20—22 日

春季工作坊"从零开始学做口述历史"

4 月 28 日

系列讲座(四十):伊丽莎白·科博斯(Elizabeth Cobbs,美国)——历史题材创作中的虚构与非虚构:美国第一批女兵档案研究

这是"口述历史在中国"项目的第四年,感谢中国人民大学历史学院、温州大学口述历史研究所、北京市永源公益基金会、中国红十字基金会崔永元公益基金、中国传媒大学教育基金会这些一如既往给予支持的机构,还要对寒夜里前来友情主持的好友王雪纯、百忙中前来分享的敬一丹老师和梁鸿老师、每年的这几天都把时间和版面留给国际周的凤凰网文化中心资深媒体人宋观和他的团队、杰拉德·J.阿尔巴雷利教授、亚历山大·弗伦德教授、赖素春研究员、定宜庄研究员、雷颐研究员、杨祥银教授、姜萌教授、陈墨教授、朱浤源教授、郑月里教授等专门道一声谢。有你们,才有口述历史国际周一年年的延续和完善,才有中国口述历史人一年一度更愉悦的相聚。

同样的感谢和赞赏想给组委会的同事们。口述历史在中国 2017,有大家才有这场非虚构活动的呈现;口述历史国际周 2017,因大家的努力而真实。

2018 年 5 月